Marco Bogade

Kaiser Karl IV. Ikonographie und Ikonologie

**Inaugural-Dissertation
der Fakultät Geschichts- und Geowissenschaften
der Otto-Friedrich-Universität Bamberg**

Erstgutachter: Prof. Dr. F.O. Büttner
Zweitgutachter: Prof. Dr. F. Machilek

Tag der mündlichen Prüfung: 19.07.2004

Marco Bogade

KAISER KARL IV.
IKONOGRAPHIE UND IKONOLOGIE

ibidem-Verlag
Stuttgart

Bibliografische Information Der Deutschen Bibliothek

Die Deutsche Bibliothek verzeichnet diese Publikation in der Deutschen Nationalbibliografie; detaillierte bibliografische Daten sind im Internet über <http://dnb.ddb.de> abrufbar.

∞
Gedruckt auf alterungsbeständigem, säurefreien Papier
Printed on acid-free paper

ISBN: 3-89821-482-6

© *ibidem*-Verlag
Stuttgart 2005
Alle Rechte vorbehalten

Das Werk einschließlich aller seiner Teile ist urheberrechtlich geschützt. Jede Verwertung außerhalb der engen Grenzen des Urheberrechtsgesetzes ist ohne Zustimmung des Verlages unzulässig und strafbar. Dies gilt insbesondere für Vervielfältigungen, Übersetzungen, Mikroverfilmungen und elektronische Speicherformen sowie die Einspeicherung und Verarbeitung in elektronischen Systemen.

Printed in Germany

INHALT

EINFÜHRUNG 9

I. FORSCHUNGSGESCHICHTE ZUR HERRSCHERIKONOGRAPHIE DES SPÄTEN MITTELALTERS UNTER BERÜCKSICHTIGUNG DER BILDNISSE KAISER KARLS IV. 15

II. PORTRÄT UND HERRSCHERBILDNIS IM 14. JAHRHUNDERT: BEGRIFF UND ÜBERBLICK 27

III. KAISER KARL IV. - BILDNIS UND REALITÄT 33

1. Physische und physiognomische Merkmale Karls IV. 33
1.1 Bildquellen 33
    1.1.1 Die Bildnisse Karls IV. in der Karlsteiner Marienkirche 34
    1.1.2 Das Bildnis Karls IV. im Triforium des Prager St. Veitsdoms 35
    1.1.3 Die Bildnisse Karls IV. auf dem Prager Reliquienkreuz und dem Wiener Reliquienkästchen 35
1.2 Textquellen 36
    1.2.1 Zusammenfassung 37
1.3 Osteologische Untersuchungen 38

2. Ornat und Herrschaftsattribute auf den Bildnissen Karls IV. mit Inschrift 41
2.1 Bildquelle 41
    2.1.1 Die Bildnisse Karls IV. in der Karlsteiner Marienkirche 41
    2.1.2 Das Bildnis Karls IV. im Triforium des Prager St. Veitsdoms 42
    2.1.3 Die Bildnisse Karls IV. auf dem Prager Reliquienkreuz und dem Wiener Reliquienkästchen 42
2.2 Siegelbildnisse und Artefakte 43
    2.2.1 Siegelbildnisse 43
    2.2.1.1 Herrschaftliche Insignien und Attribute auf den Siegelbildnissen 44
    2.2.1.2 Wappenschilde auf den Siegeln und Bullen 45
    2.2.2 Attribute und Ornat realiter 46
2.3 Zusammenfassung 49

IV. PHYSIOGNOMIE UND ATTRIBUTE AUF DEN BILDNISSEN KAISER KARLS IV. 51

1. Physiognomie und Attribute auf den Devotionsbildern 51
1.1 Pontifikale des Albert von Sternberg 51
1.2 Lateinische Bibel des Albert von Sternberg 52
1.3 Prag, St Veit, Wenzelskapelle 53
1.4 Votivbild des Jan Očko von Vlašim 54
1.5 Karlstein, Katharinenkapelle, Altarbild 55
1.6 Prag, Relief der Maria-Schnee-Kirche 57
1.7 Prag, St. Veit, Mosaik der Porta Aurea 58
1.8 Prager Universitätssiegel 59
1.9 Zusammenfassung 60

2. Physiognomie und Attribute auf den historischen Ereignisbildern 62
2.1 Miniaturen im Pontifikale des Albert von Sternberg 62

3. Physiognomie und Attribute auf den Dynastischen Bildnissen-Familienbildnissen 65
3.1 Prag, Altstädter Brückenturm 65
3.2 Mühlhausen, Thüringen, Marienkirche 66

INHALT

4. Physiognomie und Attribute auf den Kryptoporträts   69
4.1 Prag, Emmauskloster   69
4.2 Antiphonar von Vyšehrad   71
4.3 Missale des Johann von Neumarkt   72
4.4 Karlstein, Katharinenkapelle, Supraporta   74
4.5 Karlstein, Kreuzkapelle   75
4.6 Morgan-Tafeln   76
4.7 Liber viaticus des Johann von Neumarkt   77

V. EXKURS: FAMILIENPHYSIOGNOMIE UND PORTRÄTREALISMUS AM PRAGER HOF IM 14. JH.   79

1. Familienphysiognomie   79

2. Bildnisse der Gemahlinnen Karls IV. und der Prager Erzbischöfe   82
2.1 Anna von Schweidnitz und Elisabeth von Pommern   82
2.2 Ernst von Pardubitz und Jan Očko von Vlašim   84

VI. IKONOGRAPHIE DER BILDNISSE KAISER KARLS IV.   87

1. Ikonographie der Siegelbildnisse   87

2. Ikonographie der Devotionsbilder   92
2.1. Begriff und Überblick   92
2.2 Devotionsbilder Karls IV.: Ikonographische Typen   94
    2.2.1 Devotion vor dem segnenden Christus   94
      2.2.1.1 Pontifikale des Albert von Sternberg   94
      2.2.1.2 Lateinische Bibel des Albert von Sternberg   95
    2.2.2 Devotion vor Christus am Kreuz   96
      2.2.2.1 Prag, Domschatz, Reliquienkreuz   96
      2.2.2.2 Prag, St. Veit, Wenzelskapelle   97
    2.2.3 Devotion vor Christus und Maria (Sacra Conversazione)   99
      2.2.3.1 Votivbild des Jan Očko von Vlašim   99
      2.2.3.2 Karlstein, Katharinenkapelle, Altarbild   103
    2.2.4 Devotion vor Christus, Maria und Gottvater   104
      2.2.4.1 Prag, Relief der Maria-Schnee-Kirche   104
    2.2.5 Devotion bei einer Weltgerichtsdarstellung   110
      2.2.5.1 Prag, St. Veit, Mosaik Porta Aurea   110
    2.2.6 Devotion von dem Hl. Wenzel   112
      2.2.6.1 Prager Universitätssiegel   112
2.3 Ikonographischer Vergleich der Devotionsbilder   113

3. Ikonographie der historischen Ereignisbilder   116
3.1 Herrscherbildnisse im Pontifikale des Albert von Sternberg   116

4. Ikonographie der Reliquienszenen   121
4.1 Begriff und Überblick   121
4.2 Prag, Domschatz, Reliquienkreuz   122
4.3 Wien, Kunsthistorisches Museum, Reliquienkästchen   123
4.4 Karlstein, Marienkirche   124
4.5 Ikonographischer Vergleich der Reliquienszenen   132
4.6 Zusammenfassung   134

INHALT

5. Ikonographie der dynastischen Bildnisse–Familienbildnisse   136
  5.1 Prag, Altstädter Brückenturm   136
    5.1.1 Beschreibung   136
    5.1.2 Ikonographie   140
    5.1.3 Vorbilder und Vorläufer   145
  5.2 Mühlhausen, Thüringen, Marienkirche   154
  5.3 Prag, St. Veit, Triforiumsbüsten   157
    5.3.1 Beschreibung   157
    5.3.2 Exkurs: Tumben der Přemyslidenfürsten im Chorpolygon und der Büstenzyklus im sog. oberen Triforium von St. Veit   162
    5.3.3 Vorbilder und Vorläufer   163
    5.3.4 Genealogisch-dynastischer Aspekt   167
    5.3.5 Politischer und kirchenpolitischer Aspekt   175
    5.3.6 Memorialer und sepulkraler Aspekt   178

6. Ikonographie der Kryptoporträts   180
  6.1 Begriff und Überblick   180
  6.2 Kryptoporträts Karls IV.: Ikonographische Typen   183
    6.2.1 Karl IV. als Elias   183
      6.2.1.1 Prag, Emmauskloster, Kreuzgang   183
    6.2.2 Karl IV. als Melchisedech   189
      6.2.2.1 Antiphonar von Vyšehrad und Missale des Johann von Neumarkt   189
    6.2.3 Karl IV. als Konstantin der Große   192
      6.2.3.1 Karlstein, Katharinenkapelle, Supraporta   192
    6.2.4 Karl IV. als König in Epiphanie-Szenen   196
      6.2.4.1 Karlstein, Kreuzkapelle, Morgan-Tafeln und Liber viaticus des Johann von Neumarkt   196
    6.2.5 Karl IV. als Christus?   204
      6.2.5.1 Missale des Johann von Neumarkt   204

VII. ZUSAMMENFASSUNG UND AUSBLICK   207

VIII. TABELLEN   213

IX. KATALOG DER BILDNISSE KARLS IV.   227

X. LITERATUR   271

1. Abgekürzt zitierte Literatur   271
2. Quellen   271
3. Kataloge   273
4. Sekundärliteratur   275
5. Register   310
6. Abbildungsnachweis   321

XI. ABBILDUNGEN

Einführung

Die vorliegende Arbeit zur Ikonographie Kaiser Karls IV. soll als Diskussionsbeitrag verstanden werden, der nicht alleine auf eine möglichst vollständige Nennung und ikonographische Kategorisierung der Bildwerke abzielt, sondern im methodischen Ansatz und in der Systematik die vagen Begriffe ‚Porträt' und ‚Bildnis' in den Kontext einer herrscherikonographischen Betrachtung zu stellen versucht.

Die Arbeit ist in verschiedene Teile gegliedert, den Text, einen tabellarischen Anhang, den Katalog, die Literatur sowie die Abbildungen. Kurze Erläuterungen sollen im Folgenden die Systematik erklären und auf Querverbindungen zwischen den einzelnen Abschnitten aufmerksam machen.

Das erste Kapitel liefert eine Forschungsgeschichte zur spätmittelalterlichen Herrscherikonographie unter besonderer Berücksichtigung der Bildnisse Kaiser Karls IV.
Es wurden dabei Arbeiten beachtet, die die Bildnisse Karls IV. im Allgemeinen, monographisch bzw. im Rahmen einer spätmittelalterlichen Herrscherikonographie zum Thema hatten und /oder in Hinblick auf ihre Methodik und Systematik für diese Arbeit von Interesse waren. Auf die der Wissenschaft bekannten Kunstwerke wird hingewiesen. Sie bilden die Diskussions- und Arbeitsgrundlage für diese Arbeit.

Das zweite Kapitel soll zeigen, dass sich ab der Mitte des 14. Jahrhunderts in der bildenden Kunst verstärkt eine Darstellungsweise etabliert hat, die mit Begriffen wie „Porträt", „individualisierte oder naturalistische Bildnisse" umschrieben werden mag. Verschiedene Porträtdefinitionen in der kunsthistorischen Literatur werden behandelt, und auf die Schwierigkeiten bei ihrer praktischen Umsetzung, d.h. bei einer ‚Bildnis'-Betrachtung, hingewiesen. Auf das Wechselspiel und die Symbiose von

EINFÜHRUNG

physiognomischen Charakteristika und (herrschaftlichen) Attributen bei spätmittelalterlichen Herrscherbildnissen wird eingegangen.

Kapitel III untersucht die Bildnisse, die mit hoher Wahrscheinlichkeit der Person Kaiser Karls IV. zugeordnet werden können. Als Bildquellen dienen diejenigen, die zu Lebzeiten Karls IV. entstanden sind und bei denen der Herrscher durch Inschriften auch namentlich genannt wird. Die physischen und physiognomischen Merkmale des Herrschers wurden formuliert, miteinander verglichen und weiteren Quellen gegenüber gestellt. Ornat und herrschaftliche Attribute werden dabei in einem gesonderten Abschnitt untersucht. Die in Hinblick auf ihre Physiognomie bereits angeführten Bildquellen werden durch ausgewählte Siegelbildnisse ergänzt. Der jeweils in den Um- und Inschriften genannte Herrscherstatus Karls IV. ermöglicht eine Konkordanz mit den vorkommenden Attributen, einschließlich der Wappenbilder. Reale tradierte Herrscherinsignien werden am Ende des Abschnitts genannt.

Kapitel IV beschäftigt sich mit dem System aus Physiognomie und herrschaftlichen Insignien und Attributen auf den nicht gesicherten bzw. den (traditionell) Karl IV. zugeschriebenen Bildnissen. Wie im vorherigen Kapitel wurde versucht, die ikonographischen Aspekte (Physiognomie und (herrschaftliche) Attribute) getrennt voneinander zu untersuchen und eine Bewertung abzugeben.
Die Auswahl beschränkt sich – mit einer Ausnahme – auf im Königreich Böhmen entstandene Werke mit den geographischen Zentren Prag und Karlstein, und erhebt keinesfalls den Anspruch auf Vollständigkeit. Den zeitlichen Rahmen bilden das Geburts- und Todesjahr Karls IV., d.h. der Zeitraum zwischen 1316 und 1378.
Die Ordnung erfolgt nach ikonographischen Gruppen: den Devotionsbildern, den historischen Ereignisbildern, den dynastischen und/oder Familienbildnissen sowie den Kryptoporträts. Die von den verschiedenen Quellen beschriebenen physischen

EINFÜHRUNG

und physiognomischen Charakteristika Karls IV. wurden in einen Zusammenhang mit den jeweiligen Bildnissen gestellt, die Insignien und Attribute dementsprechend verglichen und eine Bewertung in Hinblick auf eine personale Zuschreibung versucht.

Kapitel V stellt das Phänomen ‚Porträt' in Beziehung zur Prager Hofkunst in der zweiten Hälfte des 14. Jh.

Am Beispiel des Büstenzyklus im Prager Triforium wird gezeigt, dass verwandtschaftliche Beziehungen mit Hilfe durch die Wiedergabe gleicher oder ähnlicher physiognomischer Charakteristika verbildlicht werden können.

Zudem soll ein Ausblick geben werden, dass die Darstellung physiognomischer Charakteristika nicht alleine auf Karl IV. bzw. auf Herrscherdarstellungen im Allgemeinen beschränkt war, sondern weitere Mitglieder des Prager Hofs des 14. Jh. mit einbezog.

Auf Probleme bei der Porträtbestimmung und ihre Grenzen wird hingewiesen.

Kapitel VI befasst sich mit der über die Physiognomie und die Attribute hinausgehende Ikonographie der Bildnisse Karls IV. Die Gliederung erfolgt nach den bekannten ikonographischen Gruppen, wobei die Siegelbildnisse an den Anfang gestellt sind. In der Gruppe der Devotionsbilder werden weiterhin die 'Adressaten' der Devotion unterschieden, bei den Kryptoporträts entsprechend die eingenommene Tugend-, Standes-, etc. Rolle.

Verschiedene Aspekte waren für den Verfasser bei der Betrachtung der Ikonographie von Interesse: zum Einen fand eine Einbindung und eine Bezugnahme zu Bildnistraditionen im Allgemeinen und insbesondere zu Herrscherbildern des frühen und hohen Mittelalters statt, an deren Ende die karolinischen Bildnisse stehen. Unter Berücksichtigung von Textquellen soll einerseits gezeigt werden, dass der Zusammenhang von Ikonographie und Textquellen einen entscheidenden Betrag zu Datierungs-

EINFÜHRUNG

fragen leisten kann, andererseits sollen potentielle Funktionsbestimmungen der Bildnisse vorgenommen werden. Nicht zuletzt wird auf das Wechselspiel und eine mögliche gegenseitige Beeinflussung der Bildnisse untereinander eingegangen. Schließlich sollen die für die Bildanalyse und -interpretation wichtigen wechselseitigen Beziehungen und Abhängigkeiten im System aus historischen und ikonographischen Daten beleuchtet werden.

Die Tabellen fassen die Bildnisse nach ikonographischen Gruppen zusammen. Sie geben die für den Verfasser wichtigen Parameter in Bezug auf physiognomische Charakteristika und (herrschaftlichen) Attribute wieder.

Im Katalog werden Bildnisse bzw. Bildnis tragende Werke angeführt.
Die Siegelbildnisse sind dabei an den Anfang gestellt. Ihre Ordnung ist chronologisch.
Die übrigen Einträge sind nach Orten, bei Handschriften nach Aufbewahrungsorten alphabetisch geordnet.
Die Orthographie ist tschechisch mit deutscher Übersetzung. Mit der Katalognummer wird auf die jeweiligen Abbildungen verwiesen; eine Bibliographie bildet den Abschluss des Eintrages

Das alphabetische Literaturverzeichnis nennt publizierte Textquellen sowie für das Thema wichtige und/oder zitierte Sekundärliteratur. Tschechischen Titeln wurden vom Verfasser eine deutsche Übersetzung beigefügt; deutschsprachige, englische oder französische Textzusammenfassungen sind mit Seitenzahlen genannt.
Auf die Abbildungen wird aus dem Text sowie aus dem Katalog verwiesen. Sie erscheinen in der Reihenfolge, wie sie im Text behandelt werden. Ein vorangestelltes Verzeichnis ermöglicht einen Überblick.

EINFÜHRUNG

Die Forschungsgrundlagen der Arbeit bilden an erster Stelle die Bildnisse und Bildnisträger selbst, an zweiter Stelle die damit korrespondierenden primären Textquellen. Als Bildquellen wurde jene definiert, die die Person Karls IV. als den Dargestellten benennen. Berücksichtigt wurden zudem naturwissenschaftliche Untersuchungen.

Zur Auswahl der Bildnisse diente ein intensives Studium der im Literaturverzeichnis angeführten Primär- und der Sekundärliteratur. Die Verweise darauf finden sich an den entsprechenden Stellen im Text; eine Bibliographie zu einzelnen Bildnissen ist im Katalogteil angegeben. Deutschsprachige Übersetzungen sowie Verweise auf Textzusammenfassungen dienen der größtmöglichen Transparenz und Zugänglichkeit zur tschechischen kunsthistorischen Forschung.

Die für ein flüssiges Lesen oft hinderlichen Absätze und Rücksprünge im Text sind vom Verfasser gezielt gewählt. Zu Grunde lag einerseits die Absicht, verschiedene ikonographische Aspekte eines Bildnisses getrennt zu betrachten und gegeneinander abzuwägen. Diese beziehen sich einerseits auf die physischen bzw. physiognomischen Qualitäten einer Darstellung sowie die Attribute bei den Bildquellen (Kapitel III), und die darüber hinausgehenden ikonographischen und ikonologischen Besonderheiten und Verbindungen im zweiten Teil (Kapitel IV und VI). Als sinnvolle und übersichtliche Unterteilung haben sich für den Verfasser dabei jeweils die oben genannten ikonographischen Gruppen erwiesen. Andererseits soll durch dieses System die Methodik erkennbar bleiben sowie Anreize und Ansatzpunkte für weiter führende Diskussionen und Forschungen gegeben werden. Diesem Zweck dient auch der tabellarische Anhang, der, vom Verfasser als Arbeitsmittel verwendet, einen abschließenden Überblick geben kann und gleichsam eine knappe Zusammenfassung bietet.

Es wurde versucht, die verschiedenen Untersuchungsansätze bei der Betrachtung der Bildquellen auf potentielle, nicht eindeutig der Person Karls IV. zuschreibbaren Dar-

EINFÜHRUNG

stellungen zu übertragen, eine Wertung abzugeben sowie ihren ikonographischen Kontext zu beschreiben.

Für die Betreuung meiner Doktorarbeit danke ich Prof. Dr. F.O. Büttner sowie Prof. Dr. Franz Machilek. Wertvolle Hinweise und Anregungen erhielt ich von Dr. phil Jirí Fajt, Birgitta von Malinckroth, Jörg Rieker, Wolfgang Rössler und Christian Wiesmann. Mein Dank geht weiterhin an die Biblioteka Jagiellońska in Kraków, das Muzeum hlavního města Prahy, Mag. Martin Halata vom Archiv der Prager Burg sowie Dr. Ferdinand Hutz von der Bibliothek des Chorherrenstifts Vorau für die unkomplizierte Bereitstellung von Fotomaterial, an Prof. ThDr. Jan Matějka vom Metropolitankapitel in Prag und schließlich an meine Familie und Freunde für die tolle Unterstützung.

Marco Bogade

I. FORSCHUNGSGESCHICHTE ZUR HERRSCHERIKONOGRAPHIE DES SPÄTEN MITTELALTERS UNTER BERÜCKSICHTIGUNG DER BILDNISSE KAISER KARLS IV.

Die historische und kunsthistorische Forschung befasst sich seit längerem mit Bildnissen und Porträts Kaiser Karls IV. Im Folgenden werden Arbeiten genannt, die in größerem Umfang auf diesen Themenbereich eingehen. Bibliographische Hinweise zu einzelnen Bildnissen sind im Text und/oder im Katalog genannt.

SCHEFFLER publizierte bereits im Jahre 1910 eine Zusammenstellung mittelalterlicher Herrscherdarstellungen vom späten 13. Jh. bis zum frühen 16. Jh.[1] Die vor allem als Materialsammlung konzipierte Arbeit gliedert die Bildnisse in die Kategorien Literarische Porträts, Künstlerische Porträts und Siegel, Medaillen und Münzen. Sie ist deshalb nicht nur für die (ikonographische) Kunstgeschichte, sondern auch für ihre Nachbardisziplinen aufschlussreich. Die Appendices geben einen Überblick über ikonographische Bildtypen. Belehnungsbilder werden ebenso berücksichtigt wie Krönungsdarstellungen römischer Herrscher, einschließlich Literaturverweisen zu den Krönungsinsignien und zur Heraldik. Krönungsdarstellungen nicht römischer Herrscher sowie Dichterkrönungen bilden den Abschluss. Eingehend auf Herrscherdarstellungen Karls IV. zitiert SCHEFFLER in der ersten Kategorie die Beschreibung des Kaisers in *Thomas Ebendorfers Chronica regum Romanorum*, sowie die des Chronisten *Matteo Villani* aus dem 14. Jh., der physische und physiognomische, sowie einzelne charakterliche Eigenschaften des Kaisers aufführt. Der Aufzählung der künstlerischen Bildnisse Karls IV. fehlt eine ikonographische, geographische oder auch chronologische Gliederung; die wichtigsten in und um Prag entstandenen Werke sind genannt: die Triforiumsbüste von St. Veit, die Statue Karls IV. am Altstädter Brückenturm, die Szenen auf dem Prager Reliquienkreuz, die Votivtafel des

---

[1] SCHEFFLER, W., Die Porträts der deutschen Kaiser und Könige im späten Mittelalter von Adolf von Nassau bis Maximilian I. (1292-1591), in: Repertorium für Kunstwissenschaft 33, 1910, S. 222-232, S. 318-338, S. 424-442, S-509-524

FORSCHUNGSGESCHICHTE

Jan Očko von Vlašim, die Reliquienszenen in der Karlsteiner Marienkapelle und die Bildnisse in der Katharinenkapelle auf Karlstein. Des weiteren werden auch solche berücksichtigt, die außerhalb des Königreichs Böhmen und /oder posthum entstanden sind.

Im Rahmen seiner Arbeit über die gotischen Wandmalereien in der Forchheimer Kaiserpfalz von 1912 geht KEHRER[2] auch auf den Herrscherbildtypus Kaiser Karls IV. ein. Anhand der Bildnisse in der Karlsteiner Marienkirche, dem Altarbild in der dortigen Katharinenkapelle sowie der Plastiken im Triforium des Prager St. Veitsdoms und am Altstädter Brückenturm in Prag stellt er im Vergleich zur Beschreibung des Chronisten *Matteo Villani* folgende physischen und physiognomischen Charakteristika fest: dunkle, schulterlange Haare, einen vorgenommenen Kopf, einen stark gewölbter Rücken, große Augen, betonte Backenknochen, eine kurze, breitflügelige Nase, einen nicht geteilten Vollbart sowie einen nach unten gestrichenen Schnurrbart.[3]

Die mehr als lückenhafte Zusammenstellung mittelalterlicher Kaiserbildnisse von KIESSLING aus dem Jahre 1937[4] erwähnt auch diejenigen Karls IV. am Altstädter Brückenturm und im Prager Triforium. Er konstatiert diesbezüglich erstmalig einen Porträtwillen in ‚modernem Sinn'. Die Physiognomie des Kaisers auf dem Votivbild des Jan Očko von Vlašim sei gekennzeichnet durch die „gewölbte, blasige Stirn; große hervorquellende, wenig ausdrucksvolle Augen; breite Backenknochen; spitze, konkav gebogene Nase mit breiten Nasenflügeln; weicher, nach innen gezogener Mund mit herabhängendem Schnurrbart und kurzem, vollen Kinnbart (...)"[5]

---

[2] KEHRER, H., Die gotischen Wandmalerein in der Kaiser-Pfalz zu Forchheim. Ein Beitrag zur Ursprungsfrage der fränkischen Malerei, München 1912 (= Abhandlung der Königlich Bayerischen Akademie der Wissenschaften Philosophisch-philologische und historische Klasse 26, 3)
[3] vgl. KEHRER, H., Forchheim, 1912, S. 37-40
[4] KIESSLING, G., Deutsche Kaiserbildnisse des Mittelalters. Ein Beitrag zur Geschichte mittelalterlichen Kaisertums und zur Entwicklung der Porträtkunst, Leipzig 1937
[5] KIESSLING, G., Kaiserbildnisse, 1937, S. 48

FORSCHUNGSGESCHICHTE

Mit den *Denkmalen der deutschen Könige und Kaiser im 14. Jahrhundert* beabsichtigte COLSMANN im Jahre 1955[6] einen Katalog dessen zu erstellen „(...) was sich aus dem Lebensbereich und Besitz der deutschen Herrscher erhalten hat – die Gegenstände selbst und das, was an Nachrichten über sie schriftlich überliefert wurde; Dinge, die sie einmal besessen oder verschenkt haben, also Herrschaftszeichen und Gewänder, Gebrauchsgegenstände und Stiftungen an Kirchen, Bücher und Bilder. Einbezogen wurde auch, was sich über Wohnungsausstattungen in Erfahrung bringen ließ. Wandgemälde und Möbelstücke, Teppiche und Fensterscheiben (...).“[7] Berücksichtigt werden Denkmale Albrechts I. und seiner Gattin Elisabeth, Heinrichs VII., Ludwigs des Bayern, Friedrichs des Schönen und Isabellas, Günthers von Schwarzenberg, Karls IV. sowie Wenzels IV. Von den Denkmalen, die gleichzeitig Träger eines Bildnisses Karls IV. sind, nennt COLSMANN das Tympanon von Maria-Schnee in Prag, die Reliquienszenen auf Karlstein, das Altarbild und die Supraporta in der dortigen Katharinenkapelle, das Kryptoporträt in der Kreuzkapelle auf Karlstein, das Mosaik und die Triforiumsbüste von St. Veit in Prag, das Prager Reliquienkreuz und das Wiener Reliquienkästchen. Die Plastiken des Altstädter Brückenturmes werden den Denkmalen Wenzels IV. zugeordnet.

Die ebenfalls lediglich als maschinenschriftliche Dissertation vorliegende Studie von ZINSERLING aus dem Jahre 1957[8] hat die formale Gestaltung von Stifterdarstellungen in der altdeutschen Tafelmalerei zum Thema. Ein Abschnitt widmet sich böhmischen Stifterbildern in der zweiten Hälfte des 14. Jh. In diesem Zusammenhang wird auch auf das Votivbild des Jan Očko von Vlašim eingegangen. Am Rande nennt sie die Tafel als frühes Beispiel porträtrealistischer Herrscherdarstellungen

---

[6] COLSMANN, G., Die Denkmale der deutschen Kaiser und Könige im 14. Jahrhundert, 2 Bde., Diss. masch., Göttingen 1955
[7] vgl. COLSMANN, G., Denkmale, Bd. 1, 1955, S. 1
[8] ZINSERLING, L., Stifterdarstellungen in der altdeutschen Tafelmalerei. Eine Untersuchung ihrer formalen Gestaltung, Diss. masch., Jena 1957

FORSCHUNGSGESCHICHTE

Die Vortrag MATĚJČEKS zum böhmischen Anteil bei der Entstehung des Porträts im 14. Jh. von 1937[9] geht über eine reine Aufstellung hinaus und bildet – oft zitiert – quasi den Beginn der kunsthistorischen Forschung zu den Bildnissen Kaiser Karls IV.: eine neue Formensprache habe sich in der zweiten Hälfte des 14. Jh. etabliert; als ein frühes Beispiel dafür nennt MATĚJČEK das Bildnis Jean le Bons im Louvre in Paris. Bezogen auf Böhmen, respektive auf den Umkreis Karls IV., erwähnt er den lediglich durch Kopien aus dem 16. Jh. tradierten Stammbaum der Luxemburger auf Karlstein, er umreißt die Ikonographie der Reliquienszenen in der dortigen Marienkirche und beschreibt kurz das Votivbild des Jan Očko von Vlašim.

Vor allem zwei Aufsätze geben einen umfassenderen Überblick bezogen auf Auswahl und Auflistung der Bildnisse Karls IV. PEŠINA[10] beschränkt sich in seinem Aufsatz von 1955 zur Gestalt und zu den Porträts Kaiser Karls IV. im Wesentlichen auf die in und um Prag anzusiedelnden Werke und stellt diese „(...) in den allgemeinen Entwicklungszusammenhang der europäischen Bildniskunst des 14. Jh. (...)"[11]. Wie bereits SCHEFFLER stellt er die Karl IV. beschreibenden Quellen an den Anfang, und zieht als erster die den Exhumierungen der böhmischen Herrscher im Jahre 1928 folgenden osteologischen Untersuchungen in seine Betrachtung mit ein. Die Ikonographie einschließlich der Berücksichtigung porträtrealistischer Elemente beginnt er mit den Siegel- und Münzbildnissen; es folgen die Karlsteiner Bildnisse (Reliquienszenen der Marienkirche, die beiden Bildnisse in der Katharinenkapelle, der Luxemburger Stammbaum, das Kryptoporträt in der Kreuzkapelle), das Votivbild des Jan Očko von Vlašim, das Mosaik der Porta Aurea, das Devotionsbild in der Wenzels-

---

[9] MATĚJČEK, A., Podil Čech na vzniku portetu ve 14. stoleti. Vorlesung auf dem 14. Internationalen Kongress der Kunstgeschichte in Bern, 6. Oktober 1936, publiziert in: Matějček, A., Cesty umění, Praha 1984, S. 35-39 (Der böhmische Anteil an der Entstehung des Porträts im 14. Jahrhundert)

[10] PEŠINA, J., Podoba a podobizny Karla IV. Příspěvek k poznání českého portrétního realismu ve 14. století, in: Universitas Carolina, Philosophica vol. 1, no. 1, 1955, S. 1-60 (Gestalt und Porträts Karls IV. Ein Beitrag zur Erkenntnis des böhmischen Porträtrealismus im 14. Jahrhundert)

[11] WAMMETSBERGER, H., Individuum und Typ in den Porträts Kaiser Karls IV., in: Wissenschaftliche Zeitschrift der Friedrich-Schiller-Universität Jena, Gesellschafts- und sprachwissenschaftliche Reihe, 16, 1967, S. 79-63, S. 79

kapelle, die Triforiumsbüsten von St. Veit sowie die Miniatur im Pontifikale des Albert von Sternberg, die Bildnisse auf dem Prager Reliquienkreuz und auf dem Wiener Reliquienkästchen und die Plastik am Altstädter Brückenturm. Außerdem zieht er Parallelen zu der sog. Altan-Szene an der Marienkirche in Mühlhausen sowie zu den posthumen Bildnissen in den Grandes Chroniques de France um 1380 und dem sog. Iglauer Stadt- und Bergrecht von 1406/7 (Jihlava, městský archiv).

Auf der Grundlage PEŠINAS versuchte WAMMETSBERGER 1967[12] in enger Zusammenarbeit mit CHADRABA[13] den Individualisierungs- und Typisierungsgrad der Bildnisse Karls IV. zu definieren. Über das Königreich Böhmen hinaus werden dabei auch jene deutscher, französischer und italienischer Provenienz berücksichtigt; was ihren Entstehungszeitraum anbelangt, werden die aufgeführt, die bis in die zweite Hälfte des 15. Jh. entstanden sind. Die historischen Begleitumstände und daraus resultierenden Interpretationen werden kurz erörtert und mögliche Gründe für die Verwendung eines individualisierten bzw. typisierten Kopftyps genannt. Man vermisst eine kritische Auseinandersetzung bei der Frage, was die Begriffe eigentlich bedeuten, was eine individualisierte, typisierte oder idealisierte Darstellung auszeichnet. SUCKALE bemerkt zurecht, dass „(...) das Begriffsinstrumentarium unseres Faches und – untrennbar davon – die gängigen Betrachtungsweisen zu wenig differenziert sind; d. h. sie sind der Komplexität der Verhältnisse nicht gemäß und genügen für eine angemessene Analyse nicht. ‚Realismus vs. Idealisierung', ‚Individuum vs. Typus' sind zu grobe Alternativen; die vielen Übergänge fehlen."[14]

Ein ausführliches Werkverzeichnis mit Literaturhinweisen bildet den Abschluss der Arbeit. Es gliedert sich in die in Böhmen entstandenen Siegel- und Münzbildnisse seit 1344, die Kryptoporträts, die Wandmalereien auf den Burgen Karls IV., die

---

[12] WAMMETSBERGER, H., Individuum, 1967
[13] CHADRABA, R., Der Triumph-Gedanke in der böhmischen Kunst unter Karl IV. und seine Quellen, in: Wissenschaftliche Zeitschrift der Friedrich-Schiller-Universität Jena, Gesellschafts- und sprachwissenschaftliche Reihe, 16, 1967, S. 63-78
[14] SUCKALE, R., Die Porträts Kaiser Karls IV. als Bedeutungsträger, in: Büchsel, M., Schmidt, P. (Hg.), Das Porträt vor der Erfindung des Porträts, Mainz 2003, S. 191-204, S. 193

Stifterbildnisse, die Plastiken sowie die posthumen Miniaturen. Ein weiterer Abschnitt befasst sich mit den deutschen, französischen und italienischen Bildnisse, ohne jedoch ikonographisch oder nach Kunstgattungen zu unterteilen. Dem 600. Todesjahr Kaiser Karls IV. widmete das Schnütgen-Museum in Köln 1978 die Ausstellung *Die Parler und der Schöne Stil*. Der von LEGNER[15] herausgegebene Ausstellungskatalog bietet einen umfassenden Einblick in die Kultur und in das Kunstschaffen in der zweiten Hälfte des 14. Jh. in Europa mit Schwerpunkt in Böhmen. HOMOLKA[16] stellt in seinem Aufsatz *Zu den ikonographischen Programmen Karls IV.* das sog. Relief der Maria-Schnee-Kirche in Prag an den Beginn der Bildnisreihe des Kaisers. Er widmet besonders den Bildzyklen sowie ihren historischen und ideologischen Begleitumständen seine Aufmerksamkeit.

Im selben Jahr erschien von STEJSKAL *Karl IV. und die Kunst und Kultur seiner Zeit* in deutscher und tschechischer Sprache.[17] In einem eigenen Kapitel behandelt er das in Bild- und Textquellen tradierte Bild Karls IV. Er zitiert dabei die Beschreibung des Chronisten *Matteo Villani*, und nimmt auch Bezug auf die osteologischen Untersuchungen der sterblichen Überreste aus dem Dom St. Veit von MATIEGKA aus dem Jahr 1932, in Zusammenhang mit biografischen Ereignissen aus dem Leben des Kaisers. Er bezieht sich auf den tschechischen Historiker PALACKÝ[18], der bereits in der Mitte des 19. Jh. nicht nur die Bildnisse im Triforium, am Altstädter Brückenturm, in Karlstein und auf der Votivtafel des Jan Očko von Vlašim Karl IV. zuschrieb, sondern auch eine Übereinstimmung der physiognomischen Charakteristika mit der Beschreibung *Villanis* konstatierte. Was die charakterlichen Eigenschaften des Kaisers angeht, verweist er auf das literarische Werk Petrarcas sowie auf die Beschreibung über seinen Besuch in Frankreich 1377-78, den die Grandes Chroniques

---

[15] LEGNER, A., (Hg.), Die Parler und der Schöne Stil 1350-1400. Europäische Kunst unter den Luxemburgern. Ausstellungskatalog, 4 Bde., Köln 1978
[16] HOMOLKA, J., Zu den ikonographischen Programmen Karls IV., in: Legner, A. (Hg.), Parler, Bd. 2, 1978, S. 607-618
[17] STEJSKAL, K., Karl IV. und die Kultur und Kunst seiner Zeit, Prag 1978 = DERS., Uměni na dvoře Karls IV., Praha 1978
[18] PALACKÝ, F., Dějiny národu českého II, Praha 1939, S. 524 (Geschichte der tschechischen Nation)

de France (1378-80, Paris, Bibliothèque Nationale, ms.fr. 2813) bieten. Schließlich gibt er selbst einen allgemeinen Überblick über die Bildnisse Karls IV., beginnend mit verschiedenen Siegel- und Münzbildnissen, dem Altstädter Brückenturm, den Bildnisse in Karlstein, bis hin zur Votivtafel des Jan Očko von Vlašim. Er versucht neben einer kurzen Beschreibung des Porträtcharakters jeweils eine Verbindungen zur kaiserlichen Biographie herzustellen.

Im Rahmen des im Jahre 1978 von SEIBT herausgegebenen Sammelbandes *Kaiser Karl IV., Staatsmann und Mäzen* erschien von VON HERZOGENBERG ein Aufsatz über die Bildnisse des Herrschers.[19] Die Autorin stellt verschiedene Werke deskriptiv zusammen und versucht sie in einen historischen Zusammenhang zu bringen. Ihre Gliederung ist dabei keine ikonographische; sie ordnet zuerst geographisch, dann nach Kunstgattungen. Zu den von ihr erwähnten Beispielen gehören das Votivbild des Jan Očko von Vlašim, der Altstädter Brückenturm, die drei Bildnisse im und am Dom von St. Veit und Bildnisse auf Karlstein: der nicht mehr erhaltene genealogische Zyklus, die Reliquienszenen der Marienkirche, das Kryptoporträt in der Katharinenkapelle. Aus dem Bereich der Buchmalerei zieht sie die Autobiografie Karls IV. sowie die Grandes Chroniques de France heran.

In Bezug auf die Wiedergabe physiognomischer Charakteristika Karls IV. zitiert sie die Quelle *Villani*, ohne jedoch einen Zusammenhang zu den beschriebene Bildnissen selbst herzustellen. Zu den Merkmalen, „(...) die eine gewisse Individualität schaffen (...)", beschreibt sie lediglich die „ (...) großen, weit hervorstehenden Augen (...)" näher.[20]

Dem Verhältnis von Kunst und Propaganda widmete ROSARIO[21] ihre Arbeit. Die Untersuchung basiert auf der These, die Herrscherbildnisse Karls IV. dienten als Mittel „(...) to promote and aggrandize the emperor in the eyes of his contemporaries

---

[19] HERZOGENBERG, J.v., Die Bildnisse Kaiser Karls IV., in: Seibt, F. (Hg.), Kaiser Karl IV. Staatsmann und Mäzen, München 1978, S. 324-334
[20] HERZOGENBERG, J.v., Bildnisse, 1978, S. 326
[21] ROSARIO, I., Art and propaganda. Charles IV of Bohemia, 1346-1378, Woodbridge 2000 (Rezension von J. FAJT, in: Speculum. A journal of medieval studies, 78, 4, 2003, S. 1383-1385)

and later generations. Thus the image of the emperor incorporate ancient methods of bolstering a ruler's superiority and legitimacy such as depicting him as an earthly personification of divinity, emphasizing his sacerdotal powers, and by linking him by blood and inheritance to heroic and saintly predecessors."[22]

Berücksichtigt werden vor allem die böhmischen Werke, daneben auch die skulpturalen Programme von St. Stephan in Wien und der Marienkirche in Mühlhausen. Die Gliederung und Zusammenfassung der Bildnisse folgt dabei den konstatierten, vor allem politischen Aussagen und Inhalten. Die Schwerpunkte sind, nach einer einführenden historisch-politischen Kontextuisierung triumphale, das Königs- und Kaiseramt legitimierende Bildnisse, Bildnisse, die die Rolle Karls IV. als (heiliger) römischer Kaiser und als böhmischer König beschreiben, kryptographe Darstellungen religiöser Natur zur Legitimation des Herrscheramtes und nicht zuletzt Darstellungen, bei denen die Beziehung Karls IV. zur Kirche den Hintergrund bildet. ROSARIO zählt zu den charakteristischen physiognomischen Eigenschaften Karls IV.: „(...) a wide face with prominent cheekbones, a broad, high forehead, slightly protuberant large eyes with overhanging eyelids and a large nose with wide, prominent, nostrils, slightly bent to the left (...)."[23] Den Realitätscharakter der Bildnisse umschreibt die Autorin mit dem Kategoriensystem RICHTER SHERMANS für die Bildnisse Karls V. von Frankreich. (s.u.) Eine intensive Auseinandersetzung mit physiognomischen Aspekten der Bildnisse fehlt.

Einen interessanten Beitrag lieferte zuletzt SUCKALE mit seinem Aufsatz zu den *Porträts Karls IV. als Bedeutungsträger.*[24] Er bezieht sich auf die Arbeit von WAMMETSBERGER[25] und stellt einen Wechsel von einer idealisierenden zu einer individualisierenden Darstellung mit dem Jahr der Kaiserkrönung Karls 1355 fest. Auf Grundlage der böhmischen Hofchronistik und literarischen Panegyrik, besonders

---

[22] ROSARIO, I., Art, 2000, S. XV
[23] ROSARIO, I., Art, 2000, S. 15
[24] SUCKALE, R., Porträts, 2003, S. 191-204
[25] vgl. WAMMETSBERGER, H., Individuum, 1967, S. 86f.

des Heinrich von Mügeln, liefert der Autor interpretative Überlegungen zu verschiedenen Identifikations- oder Kryptoporträts, zum Votivbild des Jan Očko von Vlašim sowie zur kaiserlichen Triforiumsbüste von St. Veit. Er diskutiert, ob und inwiefern die Individualisierung der Bildnisse als Instrumentarium zur Verbildlichung politischer, ideologischer, ganz allgemein programmatischer Absichten diente. Die Urheberschaft der Bildnisse wird dabei nur am Rande betrachtet. Die Frage nach der Identifikation oder Wiedererkennbarkeit des Kaisers in den Kryptoporträts lässt er unbeantwortet.

Neben den verschiedenen Arbeiten zu Karl IV. selbst existieren zwei umfangreichere Herrscherikonographien für das späte Mittelalter:
Den Bildnissen Karls V. von Frankreich (geb. 1338-1380) gilt die Arbeit von RICHTER SHERMAN von 1969.[26] Konsequent ikonographisch werden Dedication Portraits, Portraits in Official- Historical Narrative, Devotional and Donor Portraits, Dynastic and Family Portraits, Tomb Portraits sowie Independent Portraits vorgestellt. Die Dedikationsbilder sind dabei ausschließlich in den Handschriften Karls V. zu finden und bilden eine Darbringung ab. Die Devotions- und Stifterbilder fasst RICHTER SHERMAN zu einen Typus zusammen; man vermisst jedoch die Unterscheidung zwischen dem Devotionsbild als ikonographischen Typus und dem Stifterbild, welches eine Funktion beschreibt. Die Portrait in Official- Historical Narrative entspricht dem „historischen Ereignisbild" HAGERS.[27]
Eine ikonographische Gliederung hat den Vorteil das Mäzenatentum Karls IV. aus ikonologischen Gesichtspunkten zu untersuchen, die Funktionalität der Bildnisse, ihren Entstehungsanlass und geistigen Hintergrund zu beleuchten. Sie fragt nach der Funktionalität der Bildnisse und stellt „(...) die Frage, wie weit der Porträtcharakter

---

[26] RICHTER SHERMAN, C., The Portraits of Charles V of France (1338-1380), New York 1969. Die Besprechung dazu von SCHMIDT, G., in: Zeitschrift für Kunstgeschichte 34, 1971, S. 72-88
[27] vgl. hierzu HAGER, W., Das geschichtliche Ereignisbild. Beitrag zu einer Typologie des weltlichen Geschichtsbildes bis zur Aufklärung, München 1939

jeweils vom gegenständlichen Zusammenhang und wie weit er von künstlerischen Faktoren (etwa dem besonderen „Stil" oder auch bloß der Geschicklichkeit der ausführenden Hand) bestimmt wurde."[28] Was den Porträtcharakter der Bildnisse angeht, stellt sie drei Gruppen fest: die „conventional images" zeigen dabei „no visible reference to Charles V's specific appearance". Die „individualized or naturalistic images (...) permit identification of Charles V as a definitive person on the basis of distinctive facial features and bodily proportions which can be corroborated by other likenesses and literary descriptions." Die dritte Gruppe schließlich bezeichnet sie als „ a type of Charles V, which offers a simplified and sometimes stylized summary of destinctive facial traits."[29] Das zum grundsätzlichen Verständnis der historischen Voraussetzungen und die Basis jeder ikonologischen Analyse notwendige Quellenstudium hat sie ebenfalls betrieben.

Zum unmittelbaren kulturellen Umfeld Kaiser Karls IV. darf man wohl auch Kaiser Sigismund rechnen. Als Sohn Karls IV. hatte er in der Nachfolge seines Bruders Wenzels IV. von 1433-1437 das römische Kaiseramt inne. Eine Ikonographie hat KÉRY im Jahre 1972[30] verfasst. Die Arbeit ist weder konsequent chronologisch und/oder ikonographisch gegliedert. Zu Beginn referiert der Autor über die Begrifflichkeit und die Entwicklungsgeschichte des Porträts. Von den Bildnissen Karls IV. beschreibt er die auf dem Votivbild des Jan Očko von Vlašim, die Reliquienszenen auf Karlstein, das Kryptoporträt in der dortigen Katharinenkapelle sowie den Büstenzyklus in St. Veit näher. In Bezug auf ihren Porträtrealismus zitiert er die Kategorisierung WAMMETSBERGERS und auch CHADRABAS nach individualisierten oder typisierten Darstellungen. An das Ende stellt er die Porträtserie Kaiser Sigismunds von Pisanello. Im dritten Kapitel gibt er einen Abriss über die Ikonographie des Hl. Sigismund im hohen Mittelalter, das vierte Kapitel widmet sich den Handlungs-

---

[28] SCHMIDT, G., Besprechung, 1971, S. 73
[29] vgl. hierzu RICHTER SHERMAN, C., Charles V., 1969, S. 4
[30] KÉRY, B., Kaiser Sigismund Ikonographie, München 1972

porträts des Kaisers. Was KÉRY unter diesem Begriff zusammenfasst spiegelt weder einen einheitlichen ikonographischen Typus wider, noch können einheitliche narrative Parallelen im Vergleich der Bildnisse untereinander gezogen werden. Der Ikonographie und dem Porträtcharakter der Siegelbildnisse gilt ein weiterer Abschnitt, ebenso den posthumen Porträts und den Inkognitoporträts. Letztere finden eine ikonographische Einteilung, bei der die versteckten Porträts in Epiphanie-Szenen eine besondere Betonung erfahren.

II. PORTRÄT UND HERRSCHERBILDNIS IM 14. JAHRHUNDERT: BEGRIFF UND ÜBERBLICK

"Das Porträt im modernen Sinn des Wortes, d.h. der Versuch, das Einmalige und Zufällige einer menschlichen Physiognomie bildlich festzuhalten, in ihm das Charakteristische der darzustellenden Persönlichkeit zu sehen und sich mit Hilfe einer möglichst unvoreingenommenen Bestandsaufnahme, einer Art von Naturstudie, von der Tyrannei der generellen Stilformel, des traditionsgebundenen Similes, zu befreien, hat anscheinend mit dem Fürstenbildnis begonnen."[31]

In der kunsthistorischen Literatur zum Problem des Porträts und des Porträtrealismus wird traditionell das Tafelbild des Jean le Bon, König von Frankreich, (um 1360, Paris, Musée du Louvre) als eines der ersten erhaltenen selbstständigen Porträts betrachtet. (Abb. 1) Im Umfeld von Herrscherpersönlichkeiten finden sich in allen Kunstgattungen Porträtdarstellungen. So sind etwa Porträtbildnisse des Sohnes Jean le Bons, Karls V. von Frankreich und seiner Gattin Jeanne de Bourbon erhalten[32], ebenso wie Kryptoporträts Karls V. Auf deutschsprachigem Gebiet tritt das Bildnis Herzog Rudolfs IV. von Österreich (um 1360-65, Wien, Dom- und Diözesanmuseum) in Erscheinung. (Abb. 2) Aus der Zeit um 1350 sind aus Schriftquellen weitere Herrscherbildnisse tradiert, die wohl ähnlich dem Bildnis Jean le Bons einen porträthaften Charakter hatten. In den Inventaren der Hinterlassenschaften des in der ersten Hälfte des 15. Jahrhunderts verstorbenen Herzogs von Berry wird von einem Quadryptichon berichtet, das König Karl V., Jean le Bon, Karl IV. von Böhmen und Eduard II. von England zeigte.[33] Genannt wird zudem ein verloren gegangenes Ge-

---

[31] PÄCHT, O., Die Gotik der Zeit um 1400 als gesamteuropäische Kunstsprache, in: Europäische Kunst um 1400. Ausstellungskatalog, Wien 1962, S. 56
[32] vgl. dazu: RICHTER SHERMAN, C., Charles V., 1969
[33] „Item, quatre tableaux de painture, ployans esquelz sont au vif les visages du roy Charles, de l'Empereur, du roy Jehan et de Edouart, roy d'Angleterre, prisez par Julien Simon, Albert du Moulin et Hermant Rainse, le XVIIe jour d'aoust, à XX escus, valent XXII liv. X sous t."..Nachlassinventar von 1416, No. 1077 zitiert nach: GUIFFREY, J., Inventaires de Jean Duc de Berry, Bd. II, Paris 1896, S. 275

mälde mit der thronenden Gottesmutter, flankiert von einem Bischof einerseits, von Jean le Bon und seinem Sohn Karl V. andererseits.[34] Nach RICHTER SHERMAN hat es den Anschein, dass die „(...) portraits of Charles V and his family executed for the French court between 1360 and 1380 belong to a general movement at the end of the middle ages which markes the emergence of the inividualized, naturalistic portrait."[35]

Die Bildniskunst in der Zeit um 1350 befasst sich nördlich der Alpen offensichtlich überwiegend mit Herrscherdarstellungen. Diese Bildnisse werden mit Begriffen wie ‚porträtähnlich', ‚individualisiert' oder ‚naturalistisch' beschrieben, ihr Grad der Stilisierung beurteilt.

Es stellt sich nun die Frage, was eigentlich unter dem Begriff ‚Porträt' zu verstehen ist[36]. Im Jahre 1912 bezeichnet DELBRÜCK ein Porträt im allgemein verstandenen Sinn des Wortes als die „(...) als ähnlich beabsichtigte Darstellung eines bestimmten Menschen."[37] Trotz der Probleme, die das Wort ‚beabsichtigt' in dieser Definition mit sich bringt, darf wohl das Hauptaugenmerk auf die von ihm angesprochene Ähnlichkeit gerichtet werden. Hierbei stellt sich nun die Schwierigkeit, dass eine Porträtähnlichkeit objektiv wohl nicht festzustellen ist und selbst bei der direkten Gegenüberstellung von Porträt und der porträtierten Person das Urteil über den Porträtrealismus in Bezug auf die Ähnlichkeit bei verschiedenen Betrachtern unter-

---

[34] „Item, un autre tableau de bois, de paincture, où il a un ymaige de Nostre Dame tenant son enffant, et en l'autre main un livre, et devant ledit ymaige, à l'un des costez est le Roy Jehan et Monseigneur de Berry darrières, et, de l'autre costé, un evesque tenant sa croce et un livre devant lui;..." Inventar von 1413-1416, No. 35 zitiert nach GUIFFREY, J., Inventaires de Jean Duc de Berry, Bd. I, Paris 1894, S. 23f.

[35] RICHTER SHERMAN, C., Charles V., 1969, S. 3

[36] Zum Problem des Porträts siehe vor allem: BUCHNER, E., Das deutsche Bildnis der Spätgotik und der frühen Dürerzeit, Berlin 1953, S. 130ff; BUSCHOR, E., Bildnisstufen, München 1947 - BUSCHOR, E., Das Porträt. Bildnisse und Bildnisstreifen, München 1960; DECKERT, H., Zum Problem des Porträts, in: Marburger Jahrbuch für Kunstwissenschaft 5, 1929, S. 261-282; DELBRÜCK, R., Antike Porträts, Bonn 1912 - PÄCHT, O., Die Gotik der Zeit um 1400 als gesamteuropäische Kunstsprache, in: Europäische Kunst um 1400. Ausstellungskatalog, Wien 1962, S. 53-65; RAVE, P.O., „Bildnis", in RdK, Bd. 2, Sp. 639 - 680; WAETZOLD, W., Die Kunst des Porträts, Leipzig 1908

[37] vgl. DELBRÜCK, R., Porträts, 1912, S. 7

schiedlich und subjektiv ausfällt. Die Übereinstimmung zwischen Abbildung und dem Abgebildeten wird subjektiv beurteilt – dazu kommt, dass die Physiognomie des Menschen dem Alterungsprozess unterworfen ist, d.h. dass eine Porträtähnlichkeit eigentlich nur in einem begrenzen Zeitraum in Gegenüberstellung mit dem Modell nachzuprüfen ist. Wie auch KÉRY[38] feststellt, ist die Ähnlichkeit für Porträts ein äußerst unsicheres Bewertungskriterium. Im Jahre 1928 erweitert SCHRAMM den Porträtbegriff: "Wir verstehen hier unter Porträt das Bild eines Menschen, das eine bestimmte Persönlichkeit wiedergeben soll. (...) Die Scheidung von Porträt und Bildnis ist für das Mittelalter deshalb schon früher mit Recht abgelehnt, so daß nichts anderes übrigbleibt, als den Porträtbegriff in der genannten, umfassenden Bedeutung zu benutzen. Man wird dann allerdings genötigt, auch ein Bild als Porträt anzuerkennen, bei dem nur durch den beigeschriebenen Namen, die Wiedergabe eines Amtsattributs oder die Andeutung einer bestimmten Barttracht der Wille des Künstlers, einen ganz bestimmten Menschen wiederzugeben, zum Ausdruck kommt."[39]

Bei dieser Porträtdefinition wird ein Aspekt angesprochen, der bei der wissenschaftlichen Diskussion um Herrscherbildnisse gerade des 14. Jahrhunderts meist im Hintergrund steht: das Vorkommen von Attributen, sei es in Form von Inschriften, heraldischen Elementen oder auch dem Ornat:

Auf dem Bildnis Jean le Bons nennt eine Inschrift am oberen Bildrand, den Namen und seinen Status als König von Frankreich: *Jehan Roy deff[r]ance*. Die Kleidung ist schlicht, schwarz mit einem weißen Kragen. Neben der Inschrift treten keine weiteren herrschaftlichen Attribute auf. Der österreichische Erzherzog wird ebenfalls durch eine Bildüberschrift beschrieben: *Rudolfus Archidux Austrie [e]t cetii*. Rudolf IV. trägt auf seinem Kopf eine mit einem reichen vegetabilen Muster verzierte sechszackige Bügelkrone. Ihre Dominanz im Bildnis wird dadurch noch gesteigert, dass

---
[38] vgl. KÉRY, B., Sigismund, 1972, S. 24
[39] SCHRAMM, P.E., Die deutschen Kaiser und Könige in Bildern ihrer Zeit, Teil 1. Bis zur Mitte des 12. Jahrhunderts (751-1152), 2 Bde., Berlin 1928, S. 9

sie sich nicht dem Halbprofil des Gesichtes anpasst, sondern flächig, en face vor dem Kopf zu schweben scheint. Die Ornamentik der Krone wird in der Kleidung des Herrschers in abgewandelter Form wieder aufgenommen.

Ein wichtiger Punkt darf bei der Diskussion des Porträtrealismus nicht vergessen werden: Verwandtschaftsgrade, die sich im Übereinstimmen physiognomischer Charakteristika widerspiegeln können. Vergleicht man das Bildnis Jean le Bons mit dem seines Sohnes Karl V. in devotionaler Haltung auf dem sog. Parament de Narbonne (um 1373-78, Paris, Musée du Louvre) und setzt man voraus, dass das Bildnis Karls V. eigenständig entstanden ist, ohne auf frühere Bildnisse zurückzugreifen, so lassen sich in Hinblick Formierung der Nase und der Stirnpartie Parallelen feststellen. **(Abb. 3)** Man ist geneigt zu behaupten, dass individualistische Züge der Herrschergestalt Jean le Bons auf dem Tafelbild sich dann ebenfalls bei seinem Sohn zeigen. Die Methode, den Porträtrealismus anhand von physiognomischen Merkmalen innerhalb von Familienbeziehungen festzumachen, birgt auch Probleme in sich: zum Einen ist zu berücksichtigen, welchen Einfluss die zeitgenössische Mode auf ein Bildnis hatte. Eine vergleichbare Haartracht Jean le Bons und Karls V. unter den Aspekt von physiognomischen Familienähnlichkeiten[40] zu stellen, ist fragwürdig. Zum Anderen ist zu berücksichtigen, ob und inwiefern man bei Herrscherbildnissen auf standardisierte Kopftypen zurückgegriffen bzw. ältere Herrscherbildnisse zitiert und übernommen hat.[41]

Zieht man eine Bilanz, so ist festzustellen, dass beim Herrscherbildnis in der zweiten Hälfte des 14. Jahrhunderts verschiedene Aspekte aufeinander treffen: zum Einen sollte das Herrscherbildnis den Herrscher als solchen für den Betrachter erkennbar zu machen, zum anderen ist offensichtlich die Tendenz vorhanden, seine individuellen physiognomischen Merkmale darzustellen, ihn „porträtähnlich" abzu-

---

[40] so bei Kéry, B., Sigismund, 1972, S. 24
[41] vgl. dazu Schramm, P.E., Kaiser, 1928, S. 4-11

bilden. Die verschiedenen Attribute auf der einen und der Porträtrealismus auf der anderen Seite bilden eine Symbiose.

Vergleicht man nun das Bildnis Jean le Bons mit dem Rudolphs IV. von Österreich, werden die verschiedenen Tendenzen deutlich: Kéry meint dazu: „König Jean ist barhäuptig abgebildet, seine hohe Stellung wird nur durch den ernsten und energischen Gesichtsausdruck betont; anstatt einer Krone schwebt eine Inschrift ‚Jehan Roy de France' im Bildfeld dicht über seinem Kopf. Das Gesicht Rudolfs zeigt einen milderen, meditierenden Zug. Die von ihm eingeführte ‚Zackenkrone' steht dominierend in der oberen Bildhälfte. Jean ist im Profil, Rudolf im Halbprofil abgebildet. Man sieht, daß die Kopfhaltung einen Einfluss auf den Gesichtsausdruck der Dargestellten hat. Die im Profil Abgebildeten bekamen in der Regel einen geradeaus gerichteten Blick, der kraftvoll und bestimmt wirkt. Beim Halbprofil bewirkt der niedergeschlagene Blick einen Abstand zwischen Augenbraue und Wimper und der Gesichtsausdruck wird dadurch milder, aber auch unpersönlicher. Die Stirn bildet in den Profilporträts eine markante Kontur, im Halbprofil wird das Gesicht von Haar eingerahmt, und daher ist eine entsprechend harte Linie nicht vorhanden."[42]

Im Rahmen der ikonographischen Untersuchung der Bildnisse Karls IV. soll das Wechselspiel von Attributen und Porträtrealismus, der als Wiedergabe physischer und physiognomischer Charakteristika verstanden wird, beleuchtet werden. Als Grundlage dienen Bildnisse, die den Dargestellten namentlich benennen. Die verschiedenen Aspekte der Bildnisse werden getrennt betrachtet.

---

[42] Kéry, B., Sigismund, 1972, S. 25

III. KAISER KARL IV. – BILDNIS UND REALITÄT

1. PHYSISCHE UND PHYSIOGNOMISCHE MERKMALE KARLS IV.

1.1 Bildquellen

Im böhmischen Kunstkreis ist vor allem im zweiten und dritten Viertel des 14. Jh. in den verschiedenen Kunstgattungen eine Reihe von Herrscherbildnissen entstanden, die mit relativer Sicherheit der Person Karls IV. zugeschrieben werden können. Ausgehend von den gesicherten Bildnissen bzw. Bildquellen Karls IV. soll ein qualitativer Katalog der physischen, vor allem der physiognomischen Merkmale des Herrschers erstellt werden. Betrachtet man in diesem Zusammenhang Bildnis und Bildnisträger als primäre Quelle der ikonographischen Untersuchung, ist zunächst festzuhalten, dass unter den eindeutig Karl IV. zuzuordnenden Bildnisse diejenigen gemeint sein sollen, bei denen Karl IV. Durch Inschriften auch namentlich genannt wird.

Aus der Fülle der Herrscherbildnisse sind dies aus dem Bereich der Goldschmiedekunst die Reliquienszene auf der Vorderseite des Wiener Reliquienkästchens und die Reliquienszene sowie das Devotionsbild auf dem Prager Reliquienkreuz. Von den Wandmalereien werden die drei Reliquienszenen der Marienkirche in Karlstein, von den plastischen Bildnissen schließlich die Triforiumsbüste im Prager St. Veitsdom herangezogen.

Die genannten Bildnisse sind in den verschiedensten Kunstgattungen anzutreffen, die mehr oder weniger gut geeignet sind, die physischen und physiognomischen Merkmale Karls IV. wiedergeben zu können. Einen hohen Grad an Stilisierung weisen dabei die mit Niello gefüllten Gravuren der Goldschmiedearbeiten auf. Interessant ist deshalb der Vergleich von Bildnissen aus der Flächenkunst mit plastischen Bildnissen in Hinblick auf die Fragen, inwieweit sich diese untereinander gleichen und inwiefern Textquellen und andere Quellen die Herrscherbilder bestätigen.

Lassen sich somit anhand der so gesicherten Bildnisse in Korrespondenz mit den Quellen physiognomische Kriterien zusammenstellen, die sich später auf versteckte Herrscherbildnisse bzw. Kryptoporträts anwenden lassen?

1.1.1 Die Bildnisse Karls IV. in der Karlsteiner Marienkirchef (*Kat. Nr. 4*)

Der Name Karls IV. erscheint am oberen linken Rand der sog. Reliquienszenen der Karlsteiner Marienkirche.[43] Die Figur des Kaisers findet sich in allen drei Szenen wieder. In den ersten beiden Szenen nimmt er jeweils eine Reliquie von einem anderen Fürsten entgegen, in der dritten Szene legt er eine Reliquie in ein Reliquienkreuz ein.

In der ersten Szene ist Karl IV. im Dreiviertelprofil zu sehen. (**Abb. 4**) Er hat große, etwas auseinander stehende Augen und hervorstehende Wangenknochen. Seine spitze Nase mit breitem Nasenrücken ist lang und gerade. Die hochgezogenen Augenbrauen sind geschwungen, die Stirnpartie zwischen Augenbrauen und Nasenwurzel steht hervor. Er trägt schulterlange Haare und Vollbart. Mit erstaunlicher Präzision gleichen sich die physiognomischen Merkmale den Bildnissen Karls in der zweiten und dritten Szene. (**Abb. 5 und Abb. 6)** Der Kopf ist jeweils ins Profil gewendet und besitzt große Augen, ausgeprägte Wangenknochen und eine große, leicht konkav geschwungene Nase mit breiten Nasenflügeln. Die Stirnpartie zwischen Nasenwurzel und Augenbrauen steht hervor, die Stirn selbst steigt fast senkrecht nach oben. Zudem ist ein leichter Überbiss am Oberkiefer festzustellen. Karl IV.

---

[43] vgl. auch Kapitel VI. 4.4 und Kat. Nr. 4
Der Verfasser geht davon aus, dass sich die Inschrift nicht nur auf die nicht mehr erhaltene Malerei im oberen Bereich der Südwand der Marienkirche bezieht, sondern vielmehr als Hinweis für eine personale Zuordnung der Herrscherfigur(en) im Allgemeinen betrachtet werden muss. Diese gleichsam retrospektive Bewertung wird sich im Laufe der Arbeit durch den Vergleich mit anderen Bildnissen in Bezug auf physiognomische Charakteristika, herrschaftliche Attribute und historischen Kontext erhärten.

trägt langes Haar bis auf die Schultern und einen Vollbart. Im Unterschied zur zweiten ist in der dritten Szene zusätzlich ein Ohr angedeutet. In allen drei Szenen sind zudem Vorwölbungen (Prominenzen) oberhalb der Augenbrauenpartie nachweisbar, in der zweiten Szenen zusätzlich auch zwischen den Augenbrauen.

1.1.2 Das Bildnis Karls IV. im Triforium des Prager St. Veitsdoms *(Kat. Nr. 8.1)*

Die Inschrift oberhalb der Büste im Triforium von St. Veit benennt den Dargestellten als *Karolus IIII Imp[er]ator ro[ma]noru[m] et boemie rex.*[44] Karl IV. ist frontal zum Betrachter gerichtet. **(Abb. 7 und Abb. 8)** Er hat ein längliches Gesicht mit hoher Stirn und deutlich erkennbaren Wangenknochen. Die große Nase mit breitem Nasenrücken und breiten Nasenflügeln ist leicht konkav gebogen. Die Stirnpartie zwischen Augenbrauen und Nasenwurzel tritt hervor, die Stirn selbst steigt fast senkrecht nach oben. Die großen Augen stehen etwas auseinander; darüber finden sich hochgezogene und geschwungene Augenbrauen. Karl trägt einen Vollbart und zumindest schulterlange Haare.

1.1.3 Die Bildnisse Karls IV. auf dem Prager Reliquienkreuz und dem Wiener Reliquienkästchen *(Kat. Nr. 18, 21)*

Alle drei Bildnisse benennen Karl IV. namentlich[45] Der Kaiser erscheint jeweils gebückt, mit Buckel im Schulterbereich, wodurch sein Kopf eigenartig nach vorne verschoben erscheint. **(Abb. 9, Abb. 10 und Abb. 11)** Die jeweiligen Assistenzfiguren sind dabei dieser Haltung angeglichen. Bei der Reliquienszene auf dem Reliquienkreuz steht der Herrscher, sein Gesicht befindet sich im Dreiviertelprofil. Es ist insgesamt eher länglich, sich nach unten verjüngend; Karl hat ein relativ aus-

---

[44] vgl. auch Kapitel VI. 5.3 und Kat. Nr. 8.1
[45] vgl. auch Kapitel VI. 2.2.2.1, 4.2 und 4.3 sowie Kat. Nr. 18 u. 21

geprägtes Kinn und ausgeprägte Wangenknochen, zudem eine relativ lange und gerade Nase mit breiteren Nasenflügeln. Seine Augen stehen etwas auseinander. Er trägt einen langen Oberlippenbart und einen langen, zweigeteilten Kinnbart. Seine langen, gewellten Haare fallen auf seine Schulter. Auf dem rechten Querbalken des Prager Reliquienkreuzes kniet Karl IV. zusammen mit seinem Sohn Wenzel. Der Kaiser hat sein Haupt gesenkt und seine halb geschlossenen Augen zum Boden gerichtet. Der Gesichts- bzw. Kopftypus ist derselbe wie der eben angeführte, mit dem Unterschied, dass der Herrscher hier einen Vollbart trägt, der am Kinn zweigeteilt ist. Fast zum Profil gewendet erscheint der Kopf Karls IV. auf dem Wiener Reliquienkästchen. Das Gesicht weist die physiognomischen Merkmale der beiden Bildnisse auf dem Reliquienkreuz auf, jedoch wirkt es etwas gedunsen. Der Herrscher trägt auch hier einen Vollbart, der sich am Kinn zweiteilt. Zusätzlich lassen sich Prominenzen oberhalb der Augenbrauenpartie feststellen.

1.2 Textquellen

Um sich ein Bild von den physischen und physiognomischen Charakteristika Kaiser Karls IV. machen zu können, ist man nicht alleine auf die überlieferten Werke der bildenden Kunst angewiesen. Dazu geben einerseits zwei Textquellen aus dem 14. Jh. Auskunft, andererseits die Ergebnisse der beiden osteologischen Untersuchungen der sterblichen Überreste Karls IV. aus dem 20. Jh.

Die beiden „literarischen Porträts"[46] liefern zu einen der italienische Chronist *Matteo Villani*, der zum Jahr 1355 im 74. Kapitel seiner *Istorie die Matteo Villani, cittadino florentino, che continua quelle di Giovanno suo fratello*, Buch 4, S. 288f. über Karl IV. schreibt: *„Secondo che noi comprendiano da coloro che conversavano intorno all' imperadore, la sua persona era di mezzana statura, ma piccolo secondo gli*

---

[46] der Begriff ist der Arbeit Schefflers entlehnt; vgl. SCHEFFLER, W., Porträts, 1910

Alamanni, gobetto, premendo il collo e'l viso innanzi, non disordinamente, di pelo nero, il viso larghetto, gli occhi grossi e le gote rilevate in colmo, la barba nera, e'l capo calvo dinanzi. Vestiva panni honesti e chiusi conti novamente, senza niuno adornamento, ma corti appresso al ginocchio."[47] *[(...) seine Person war von mittelgroßer Gestalt, gemäß den Deutschen jedoch klein; er war buckelig, Hals und Gesicht waren gestaucht und nach vorne gerückt, nicht übermäßig; er hatte schwarze Haare, ein breites Gesicht große Augen, stärker hervorragende Wangen, einen schwarzen Bart und einen vorne kahlen Kopf]* In seiner Chronica regum Romanorum schreibt Thomas Ebendorfer zu Karl IV.: *„Hic Karolus et si parvus statura, in ampliandis tamen suis dominiis pariter et Pragensis civitatis gloria, acute plurimum, ymoverius astute, desudabat."*[48] *[Wenn auch von kleiner Gestalt bemühte sich dieser Karl, scharfsinnig und schlau in den meisten Dingen, um die Vergrößerung seiner Herrschaft sowie um den Ruhm der Stadt Prag]*

1.2.1 Zusammenfassung

Glaubt man den Textquellen, war Karl IV. nicht übermäßig groß. Die Aussage wird von den hier angeführten Bildquellen weder bestätigt noch widerlegt. Auf den beiden relevanten Reliquienszenen der Karlsteiner Marienkirche erscheint der Herrscher größer als die die Reliquien überbringenden Herrscher. *Villanis* Hinweis auf die Wirbelsäulenverkrümmung im Schulterbereich findet sich jedoch sowohl bei den drei Reliquienszenen in Karlstein als auch bei den drei Szenen der Goldschmiedearbeiten belegt. Interessanterweise scheinen sich die jeweiligen Assistenzfiguren dabei dieser physischen Eigenschaft anzupassen, d.h. auch sie sind gebückt und ihr Kopf ist leicht nach vorne verschoben.

---

[47] Istorie di Matteo Villani lib. IV. c. 74; zitiert nach SCHEFFLER, W., Porträts, 1910, S. 325; vgl. dazu auch PEŠINA, J., Podoba, 1955, S. 2f.
[48] PRIBRAM, A.F., Thomas Ebendorfers Chronica regum Romanorum, in: Mittheilungen des Instituts für österreichische Geschichtsforschung, Ergänzungsband 3, S. 38-223, S. 96

Der Vergleich der Bildquellen bringt wenige, jedoch häufig wiederkehrende physiognomische Eigenschaften Karls IV. zu Tage: er hatte offensichtlich ein durch hervortretende Wangenknochen bedingtes breites Gesicht, relativ große Augen und eine große, an den Nasenflügeln auch breite Nase. Charakteristisch sind wohl auch die Prominenzen, d.h. Knochenauswölbungen vor allem oberhalb der Augenbrauenpartie. Nicht physiognomisches, sondern eher modisches Charakteristikum ist die Haar- und Barttracht des Herrschers: auf den Bildnissen erscheint er stets mit schulterlangen Haaren, er trägt einen Vollbart, bzw. Oberlippenbart und Kinnbart; letzterer kann auch zweigeteilt sein.

Der Übersicht wegen sind die wichtigsten Ergebnisse in Hinblick auf Physiologie und Physiognomie Karls IV. im Vergleich der angeführten Bild- und Textquellen tabellarisch zusammengefasst (vgl. dazu Tabellen 1.1 und 1.2).

1.3 Osteologische Untersuchungen

Im Jahre 1928 untersuchte und vermaß MATIEGKA die Gebeine in der Krypta des St. Veitsdoms in Prag[49], einschließlich derjenigen Kaiser Karls IV. Zur Rekonstruktion des ursprünglichen Aussehens des Kaisers zieht er nicht nur die Daten seiner Knochenvermessungen heran, sondern stützt sich auch auf die Beschreibung des *Matteo Villani* sowie auf zeitgenössische Bildnisse. Aus dem ersten Vergleich kommt er zu dem Ergebnis, dass „(...) Charles était d'assez petite taille, un peu penché en avant. Cela s'explique par la forte courbure antérieure de la colonne vertébrale (...)."[50] Des Weiteren meint er: „Ze současných plastických podobizen Karla IV. jest známo poprsí na triforiu chrámu svatovítského a celá postava, sedící na staroměstské věži Karlova mostu. Ono poprsí předvádí jej s poměrně širokou

---

[49] MATIEGKA, J., Tělesné pozůstatky českých králů a jejich rodin v hrobce svatovítského chrámu v Praze, Praha 1932 (Die körperlichen Überreste der böhmischen Könige und ihrer Familien in der Krypta der Kathedrale St. Veit in Prag, franz. Zf. S. 21-24)
[50] MATIEGKA, J., pozůstatky, 1932, S. 22

tváří, s nízkým, širokým, tupým nosem a se silnější dolní čelistí. Také malovaných podobizen se zachovalo několik. Na votivním obraze arcibiskupa Jana Očka z Vlašimě (...) jest tvář Karla IV. (...) podána s temnohnědým (téměř černým) vlasem, s hnědým vousem, hnědýma očima, s širokou tváří a s rovným, poměrně dlouhým, dolní části širokým nosem. Podobně zobrazen jest Karel IV. (...) na malbě v svatováclavské kapli chrámu svatovítského."[51] [Von den zeitgenössischen plastischen Bildnissen Karls IV. ist die Büste im Triforium des St. Veitsdoms bekannt und die Figur, die am Altstädter Turm der Karlsbrücke sitzt. Die Büste zeigt ihn mit relativ breitem Gesicht, mit kleiner und breiter Stupsnase und mit markantem Unterkiefer. Auch einige gemalten Bildnisse haben sich erhalten. Auf dem Votivbild des Erzbischofs Jan Očko von Vlašim ist das Gesicht Karls IV. wiedergegeben mit dunkelbraunen Haaren (fast schwarz), mit braunem Barthaar, braunen Augen, mit breitem Gesicht und mit gerader, relativ langer, im unteren Teil breiter Nase. Ähnlich dargestellt ist Karl IV. in der Malerei der Wenzelskapelle des St. Veitsdoms.]

MATIEGKA kommt zu dem Schluss: "Le buste placé dans le triforium de la cathedrale de Saint-Guy correspond aux caractères constatés sur le crâne."[52]

Im Jahre 1976 untersuchte und vermaß VLČEK die Gebeine Karls IV. erneut.[53] Um das ursprüngliche Aussehen des Herrschers zu rekonstruieren verfährt er methodisch gleich MATIEGKA. Den Ergebnissen der osteologischen Untersuchung stellt er ebenfalls Text- und Bildquellen gegenüber. Im Unterschied zu MATIEGKA greift er bei den Bildnissen jedoch vor allem auf solche zurück, bei denen der Herrscher im Profil dargestellt ist. Das sind in diesem Falle die Bildnisse der Supraporta der Karlsteiner Katharinenkapelle sowie die zweite und dritte Reliquienszene in der Karlsteiner Marienkirche. Diese deuten an, dass Karl große und leicht vorstehende Augen hatte

---

[51] MATIEGKA, J., pozůstatky, 1932, S. 8
[52] MATIEGKA, J., pozůstatky, 1932, S. 22
[53] siehe dazu VLČEK, E., Karel IV., jeho tělesné vlastnosti a zdravotní stav, in: Staletá Praha 9, 1979, S, 79-91 (Karl IV., seine körperlichen Eigenschaften und Gesundheitszustand, dt. Zf. S. 307f.) Zur Physiognomie v.a. S. 83-86; siehe auch VLČEK, E., Telesné vlastnosti Karla IV., in: Vaněček, V. (Hg.), Karolus Quartus, Praha 1984, S. 471-493

BILDNIS UND REALITÄT

mit vorspringenden Augenlidern, eine große Nase mit fleischigen Nasenflügeln und einem gewelltem Nasenrücken. Er trug zudem einen Oberlippenbart, der bist unter den Kiefer herabhing sowie einen kurzen Vollbart. Die Haare reichten ihm bis zur Schulter. Zur weiteren Rekonstruktion zieht VLČEK die Bildnisse in der Wenzelskapelle des Prager St. Veitsdoms sowie das Votivbild des Jan Očko von Vlašim heran. Demnach erscheint der Nasenrücken des Herrschers uneben und gebogen, die Augen wiederum groß. Er kommt zu dem Ergebnis, dass durch den Vergleich der Knochenuntersuchung mit Text- und Bildquellen ein Rückschluss auf die authentische Physiognomie Karls IV. möglich sei. Folgende Merkmale treten in den Vordergrund: „Především vyznačení hranice vlasové (čelní pleš), tvar oční štěrbiny, měkkých částí oka, jako očních víček, tvar obočí, dale utváření hřbetu nosu, jeho hrotu a formování masitých nosních křídel. (...) Druhou použitou metodikou byla superpoziční fotomontáž lebky Karla IV. orientované v laterálním pohledu s přísným profilem císaře, zachyceným soudobými malíři na malbách na Karlštejně. Obě vyobrazení jak z kaple sv. Kateřiny, tak i ze svatyně P. Marie odpovídají obrysu kostěného podkladu lebky, tj. tvaru a klenutí čela, utváření a zaříznutí nosího, horní části kostěného nosu, poloze očních bulev a štěrbiny ústní."[54] [Vor allem der markante Haaransatz (Stirnglatze), die Form der Augenöffnungen, der Augenweichteile sowie der Augenlider, die Gestalt der Augenbrauen, des Weiteren die Form des Nasenrückens, ihre Spitze und die Form der Nasenflügel. Die zweite verwendete Methode war die übereinander liegende Fotomontage der Knochen Karls IV. aus der Seitenansicht mit dem strengen Profil des Kaisers, festgehalten durch zeitgenössische Maler in den Malereien auf Karlstein. Beide Abbildungen, sowohl aus der Katharinenkapelle, als auch aus der Marienkapelle stimmen mit dem Umriss des Schädelknochens überein, d.h. Form und Gestalt der Stirnwölbung, Form und Einschnitt der Nase, die oberen Teile der verknöcherten Nase, die Position der Augäpfel und die Mundöffnung.]

---

[54] VLČEK, E., Karel IV., 1979, 84ff

BILDNIS UND REALITÄT

2. ORNAT UND HERRSCHAFTSATTRIBUTE AUF DEN BILDNISSEN KARLS IV. MIT INSCHRIFT

2.1 Bildquellen

2.1.1 Die Bildnisse Karls IV. in der Karlsteiner Marienkirche *(Kat. Nr. 4)*

(Abb. 12 - Abb. 14) Die Form der Kopfbedeckung Karls IV. unterscheidet sich in den drei Reliquienszenen allenfalls in Details. Über einer zweiteiligen weißen Mitra mit infulae trägt der Herrscher eine Bügelkrone. Diese ist reich mit Edelsteinen versehen und am Kronreif mit kleinen und großen Dreipässen, am Bügel selbst mit kleinen Krabben besetzt. Seitlich hängen Pendilien von der Krone herab. Im Unterschied zu den primären Herrschaftsattributen variiert das Ornat in den drei Szenen. Die Kleidung besteht in der ersten Szene aus einem langärmeligen roten Untergewand und einem ärmellosen Mantel darüber. Dieser ist innen grün gefüttert; die Außenseite ist weiß mit grünem Muster: zwischen vegetabilen Ornamenten finden sich paarweise einander zugewandte grüne papageienähnliche Vögel mit roten Schnäbeln und roten Krallen. Schließlich trägt der Herrscher grüne Beinkleider und gelbe, spitz zulaufende Schuhe mit schwarzem Streifenmuster. In der zweiten Szene trägt Karl IV. ein rotes, langärmeliges Untergewand und rote Beinkleider. Der rote, ärmellose Mantel ist innen mit Hermelin gefüttert und hat einen grünen Kragen. Die gelben Schuhe tragen außen ein schwarzes Streifenmuster. In der dritten Szene ist der Herrscher in ein rotes Untergewand mit langen Ärmeln gekleidet, worüber sich ein zweites, ebenfalls rotes Gewand mit langen Ärmeln befindet. Ein roter Brokatmantel mit goldenem vegetabilem Muster und grünem Innenfutter bildet den Abschluss. Außerdem trägt Karl rote Beinkleider und gelbe Schuhe.

BILDNIS UND REALITÄT

2.1.2 Das Bildnis Karls IV. im Triforium des Prager St. Veitsdoms *(Kat. Nr. 8.1)*

Von der ursprünglichen Kopfbedeckung Karls IV. hat sich ein Kronreif bzw. der Untersatz für eine Metallkrone erhalten, von dem links und rechts fünfendige Pendilien auf die Schultern fallen. **(Abb. 7 und Abb. 8)** Zu beiden Seiten der Büste befinden sich Wappenschilde mit heraldischen Emblemen. Das zur Rechten des Karls IV. zeigt den Löwen den Königreiches Böhmen, das zu seiner Linken den Adler des Römischen Reiches. Die Wappenbilder haben im ersten Fall ihr Pendant auf dem Wachssiegel mit Karl als Markgraf von Mähren (Kat. Nr. 1.1), dem Siegel mit Karl als böhmischer König und Graf von Luxemburg (Kat. Nr. 1.2), dem Wachssiegel mit Karl als böhmischer und römischer König (Kat. Nr. 1.3), der (Kaiserlichen) Goldbulle (Kat. Nr. 1.5) sowie dem Wachssiegel mit Karl als böhmischer König und römischer Kaiser (Kat. Nr. 1.6). Der Adler findet sich entsprechend auf dem Wachssiegel mit Karl als böhmischer und römischer König (Kat. Nr. 1.3), der (Kaiserlichen) Goldbulle (Kat. Nr. 1.5) und dem Wachssiegel, auf dem Karl IV. als böhmischer König und römischer Kaiser in Erscheinung tritt. (Kat. Nr. 1.6)

2.1.3 Die Bildnisse Karls IV. auf dem Prager Reliquienkreuz und dem Wiener Reliquienkästchen *(Kat. Nr. 18, 21)*

Karl IV. trägt auf den beiden Bildnissen des Reliquienkreuzes jeweils eine zweigeteilte Mitra mit infulae, die auf seine Schultern fallen. **(Abb. 9 und Abb. 10)** Darüber befindet sich eine mit stilisierten Lilien besetzte Bügelkrone. Der Bügel selbst weist am Scheitelpunkt einen Knauf auf. Die Kopfbedeckung auf dem Reliquienkästchen unterscheidet sich lediglich dadurch, dass der Bügel dieser Krone eine Reihe von Knäufen besitzt. Das Herrscherornat setzt sich auf dem Reliquienkreuz jeweils aus einem bis zu den Knöcheln reichenden Untergewand mit langen Ärmeln und einem ebenso langer Pluviale zusammen. Dieser wird an der Brust von einer

Rundfibel zusammengehalten und ist an der Vorderseite mit einer breiten Bordüre versehen, bestehend aus kleinen aneinander gereihten Vierpässen bei der Reliquienszene, und aus einem Kreuzmuster im Devotionsbild. Der Mantel bei der Reliquienszene ist weiterhin mit einem Muster aus Vierpassreihen überzogen. In den Vierpässen und in den Feldern dazwischen ist jeweils ein stilisierter, nach links blickender Adler zu finden. Zudem trägt der Herrscher auf diesem Bild Schnabelschuhe mit Kreuzmuster. Auf dem Reliquienkästchen trägt der Herrscher ein langärmeliges Untergewand und einen Mantel. **(Abb. 11)** Letzterer ist wie gehabt mit einer Bordüre mit Kreuzmuster versehen; außerdem weist er ein Muster aus vegetabil- geometrischen Ornamenten auf.

Ornat und Attribute auf den Bildquellen wurden der Übersicht wegen tabellarisch zusammengefasst. (vgl. Tabelle 1.3)

2.2 Siegelbildnisse und Artefakte

2.2.1 Siegelbildnisse

Aus welchem Grunde soll in einer kunsthistorischen Arbeit nun ein Abschnitt den Siegeln und Münzen gewidmet sein? Münz- und Siegelbilder sind, wie andere Erzeugnisse der bildenden Kunst auch, Bildquellen, die nicht nur traditionell den Historiker, sondern auch den Kunsthistoriker beschäftigen müssen. Unabhängig davon, welche rechtliche und auch ideologische Funktion sie hatten, und auch abgesehen von der Frage nach der Datierung erläutern, erklären und definieren sie Bildelemente, die auf den anderen Bildnissen Kaiser Karls IV. ebenfalls auftreten: gemeint sind Wappen und herrschaftliche Attribute. Innerhalb der Herrscherikonographie Karls IV. sind die Münz- und Siegelbildnisse wohl diejenigen mit dem am offensichtlichsten politischen Gehalt: der Herrscher erscheint im Herrscherornat, ergänzt durch die entsprechenden Herrschaftsinsignien. Um- und Inschriften benennen den Herrscher und sein begleitetes Amt. Die Ikonographie der Siegel und Münzen[55] Karls IV. findet an dieser Stelle vor allem deshalb Berücksichtigung, um ein Verzeichnis der herrschaftlichen Insignien und Attribute erstellen zu können, korrespondierend mit dem jeweils in den In- und Umschriften genannten Herrschaftsstatus. Entsprechend wird ebenfalls auf die vorkommenden heraldischen Elemente eingegangen. (vgl. dazu Tabelle 2)

2.2.1.1 Herrschaftliche Insignien und Attribute auf den Siegelbildnissen

Auf dem Reitersiegel *(Kat. Nr. 1.1)* trägt Karl IV. Rüstung, Flügelhelm, ein gezücktes Schwert in seiner Rechten und ein mit heraldischen Emblemen versehener Schild in seiner Linken. **(Abb. 15)** Auf den übrigen Siegeln und Bullen sind es im wesentlichen drei Insignien und Attribute, die den Herrscher als solchen auszeichnen: Reichsapfel, Szepter und Krone. **(Abb. 16 - Abb. 20)** Die Ikonographie des Reichsapfels unterscheidet sich auf den Siegeln und Bullen nicht. Er ist jeweils mit einem Kreuz am oberen Ende versehen. Das Szepter wird jeweils von der rechten Hand des Herrschers gehalten und endet am oberen Ende über einem Halsring in einer stilisierten, dreiblättrigen Lilienform, auf der kaiserlichen Goldbulle (Kat. Nr. 1.5) in einer fünfblättrigen. Auf den Siegeln, Kat. Nr. 1.2, 1.3, 1.5 und 1.6 ist das untere Ende des Szepters dabei jeweils in die Hüfte gestützt, auf der königlichen Goldbulle *(Kat. Nr. 1.4)* auf die Thronbank selbst. Der Typus der Krone, die Karl IV. auf seinem Haupt trägt ist abhängig vom Herrscheramt, das er auf den Siegel und Bullen vertritt. Auf den Siegeln, Kat. Nr. 1.2 und 1.3 wird der Herrscher unter anderem als römischer König ausgewiesen. Er trägt jeweils eine Lilienkrone, die

---

[55] Zu den Siegel- und Münzbildnissen siehe vor allem: Diederich, T., in: Parlerkatalog, Bd. 3, 1978, S. 151ff; Posse, O., Die Siegel der deutschen Kaiser und Könige, Bd. 1, Dresden 1909; Bd. 2, Dresden 1910; Volkert, W., Die Siegel Karls IV., in: Seibt, F. (Hg.), 1978, S. 308-312; Zelenka, A., Heraldische Bemerkungen, in: Seibt, F. (Hg.), 1978, S. 312-317

oberhalb des Kopfreifes in vier stilisierten Lilien endet. Auf der kaiserlichen Goldbulle *(Kat. Nr. 1.5)* und dem sog. Kaisersiegel *(Kat. Nr. 1.6)* trägt Karl IV. Mitra und Bügelkrone mit einem Kreuz auf dem Bügel. Von der Krone auf dem Kaisersiegel fallen zudem infulae auf die Schultern des Herrschers herab. Die Krone auf der sog. königlichen Goldbulle *(Kat. Nr. 1.4)* wird seit Posse[56] als Laubkrone bezeichnet, erscheint jedoch wie eine Kombination aus Lilienkrone und eine um neunzig Grad gedrehte Bügelkrone mit Kreuz als oberen Abschluss. Beidseitig fallen infulae auf die Schultern des Herrschers.

2.2.1.2 Wappenschilde auf den Siegeln und Bullen

„Unter Karl IV. werden in weit stärkerem Maße Wappen des Reiches und der Hausmachtländer auf Siegeln abgebildet, als dies bei den früheren Königen der Fall war."[57] Erst im 14. Jh. scheint sich die Siegelform zu etablieren, bei der Wappenschilde mit heraldischen Emblemen den thronenden Herrscher flankieren. In Hinblick auf Form und Anbringungsort derselben stehen die Siegel Karls IV. in der Tradition der Majestätssiegel der Přemysliden Otokars II. und Wenzels II. Das Majestätssiegel Johanns von Luxemburg[58] zeigt dieselbe formale Gestaltung.
Mit Ausnahme der Königlichen Goldbulle *(Kat. Nr. 1.4)* finden sich auf allen bisher genannten Bullen und Siegeln Karls IV. heraldische Embleme; auf dem Markgrafensiegel *(Kat. Nr. 1.1)* in Form eines Wappenschildes, das der Reiter vor seinem Leib führt, auf den übrigen als Wappenschilde, die den thronenden Herrscher flankieren. Vergleicht man nun die Siegel und Bullen untereinander, parallel zu den in den Um- und Inschriften genannten Herrschertitel, so ergibt sich eine eindeutige Zuordnung der Embleme zum jeweiligen Herrscherstatus bzw. zum topographischen Herrschaftsbereich. Die Markgrafschaft Mähren wird demnach repräsentiert durch den

---

[56] vgl. Posse, O., Siegel, Bd. 2, 1910, Tf. 2,1 mit Anmerkungen
[57] vgl. Volkert, W., Siegel, 1978, S. 311
[58] vgl. Posse, O., Siegel, Bd. 1, 1909, Tf. 48,6

sog. geschachten Adler, einer mit einer quadratischen Einteilung überzogenen Adlerfigur. Der geschachte Adler findet sich auf dem vierten Feld des viergeteilten Schildes auf dem Reitersiegel *(Kat. Nr. 1.1)*. Das Emblem für Luxemburg ist der Löwe auf einem neunfach geteiltem Feld. Es ist angebracht auf dem zweiten und dritten Feld des Schildes auf dem Reitersiegel *(Kat. Nr. 1.1)*, zudem auf dem Wappenschild des Siegels Kat. Nr. 1.2, das sich rechts vom Thron befindet. Ein Löwe mit einem doppelten, verschlungenen Schweif steht stellvertretend für das böhmische Königreich. Er findet sich im ersten Feld des Schildes auf dem Reitersiegel *(Kat. Nr. 1.1)*, außerdem in Form von Wappenschilden auf den Majestätssiegeln *(Kat. Nr. 1.2, 1.3, 1.5, 1.6)*. Nicht zuletzt wird die römische Königs- und Kaiserwürde wiedergegeben durch den sog. Reichsadler in Form eines einfachen, nach rechts blickenden Adlers. Wiedergegeben ist er auf den Wappenschilden der Majestätssiegel *(Kat. Nr. 1.3, 1.5, 1.6)*.

2.2.2 Attribute und Ornat realiter

Ein wesentliches Merkmal von Herrscherbildnissen sind die herrschaftlichen Attribute. „Die Insignien des hohen Mittelalters waren jedoch nicht bloße Hoheitszeichen, die den Rang ihres Besitzers zum Ausdruck bringen. Ihr Besitz verbürgte vielmehr die Rechtlichkeit und barg die Kraft einer geistigen Macht. Das Mittelalter schied nicht zwischen Symbol und Tatsache. Sinnbild und Wirklichkeit waren identisch, weil das mittelalterliche Weltbild geistige Wurzeln hatte und weil das Mittelalter im Geistigen seine wahre Realität sah. So lag, dem Glauben der Zeit folgend, in den Insignien auch eine Macht, eine Kraft, die dem Herrscher zustand und ihm in der Ausübung seiner Sendung Hilfe war."[59] Die herrschaftlichen Attribute definieren gerade vor und auch noch während der Zeit um 1350, als es ‚Mode' wurde porträtähnliche bzw. porträtrealistische Bildnisse anzufertigen, den Herrscher als

---

[59] FILLITZ, H., Die Schatzkammer in Wien, Wien, München 1964, S. 94f.

solchen. Mit Hilfe von Attributen und/oder dem Rückgriff auf tradierte Bildschemata war es möglich, ein Bildnis zu einem Herrscherbildnis zu machen. Durch das Anbringen von Inschriften und mit Hilfe des Porträtrealismus konnte und kann ein Bildnis einer bestimmten Persönlichkeit zugeordnet werden. Im Folgenden werden die wichtigsten noch erhaltenen und auf den Bildnissen häufig auftretenden Herrschaftsinsignien vorgestellt:

Die in Wien verwahrte Reichskrone[60] (2. Hälfte 10. Jh. (?) mit späteren Ergänzungen, Wien, Kunsthistorisches Museum, Schatzkammer, Inv.-Nr. XIII 1) setzt sich aus acht mit Filigran, Edelsteinen und zum Teil mit Emaille besetzten Platten mit rundbogigem Abschluss an der Oberseite zusammen. **(Abb. 21)** Die Platten an Stirn- und Rückseite, sowie die beiden Schläfenplatten sind dabei größer als die anderen. Von der Stirn- zur Nackenplatte spannt sich ein mit Rundbögen besetzter Bügel, an der Oberseite der Stirnplatte ist zudem ein Kreuz angebracht. Wahrscheinlich befanden

---

[60] Zur Reichskrone siehe vor allem: COLSMANN, G., Denkmale, Bd. 2, 1955, S. 328f.; DECKER-HAUFF, H. (in Zusammenarbeit mit P.E. Schramm), Die ‚Reichskrone', angefertigt für Kaiser Otto I., in: Schramm, P.E., Herrschaftszeichen und Staatssymbolik. Beiträge zu ihrer Geschichte vom dritten bis zum sechzehnten Jahrhundert, Bd. 1-3, Stuttgart 1954-1956, S. 560-637 (= Monumenta Germaniae Historica 13, 1-3); DRECHSLER, H., „Regalia", in: Enciclopedia dell'arte medievale 9, 1998, S. 863-868; EICHMANN, E., Die Kaiserkrönung im Abendland, 2 Bde., Würzburg 1942, S. 57ff; FILLITZ, H., Die Insignien und Kleinodien des Heiligen Römischen Reiches, Wien, München 1954, S. 15ff und S. 50ff; FILLITZ, H., Die Krone des Heiligen Römischen Reiches. Zur Rekonstruktion der ursprünglichen Form, in: Dettweiler, F. u.a., Studien zur Buchmalerei und Goldschmiedekunst des Mittelalters. Festschrift für Karl Maria Usener zum 60. Geburtstag am 19. August 1965, Marburg 1967, S. 21-26; FILLITZ, H., Die Reichskleinodien, in: Kramp, M. (Hg.), Krönungen. Könige in Aachen – Geschichte und Mythos. Ausstellungskatalog, 2 Bde., Mainz 2000, S. 141-149; FILLITZ, H., Schatzkammer, 1964, S. 95ff und S. 136; Kaiser Karl IV. 1316-1378. Führer durch die Ausstellung des Bayerischen Nationalmuseums München auf der Kaiserburg Nürnberg, München 1978, S. 76f.; KUGLER, G.J., Die Reichskrone, Wien u.a. 1986²; SCHALLER, H.M., Die Wiener Reichskrone – entstanden unter König Konrad III., in: Die Reichskleinodien. Herrschaftszeichen des Heiligen Römischen Reiches, S. 58-105 (= Schriften zur staufischen Geschichte und Kunst 16, 1997); TRNEK, H., Die Insignien des Heiligen Römischen Reiches in der Schatzkammer in der Wiener Hofburg, in: Die Reichskleinodien. Herrschaftszeichen des Heiligen Römischen Reiches, S. 10-29 (= Schriften zur staufischen Geschichte und Kunst 16, 1997), S. 10-12; WIECZOREK, A., HINZ, H.-M. (Hg.), Europas Mitte um 1000. Ausstellungskatalog, Stuttgart 2000, Nr. 27.01.03; WOLF, G., Die Wiener Reichskrone, Wien 1995 (= Schriften des Kunsthistorischen Museums 1)

sich ursprünglich über den Schläfenplatten und der Nackenplatte Aufsätze aus Kolbenperlen, von den beiden Schläfenplatten hingen Pendilien herab.[61]

Die Krone auf der Reliquienbüste Karls des Großen[62] in Aachen (um 1350, Aachen, Domschatz, G 69), die traditionell als die von Karl für die Büste gestiftete Kaiserkrone betrachtet wird[63], besteht aus einem reich mit Edelsteinen verzierten Kronreif mit stilisierten Lilien und Blattformen auf der Oberseite. Von der Lilie über der Stirn zu der am Nacken verläuft ein mit Blattformen verzierter Bügel.

Der Reichsapfel[64] (Ende 12. Jh.), der sich ebenfalls in der Schatzkammer in Wien befindet, besteht aus der mit Goldblech überzogenen Kugel und einem an der Oberseite angebrachten, reich mit Edelsteinen verzierten Kreuz. Auf den Bildnissen Karls IV. tritt der Reichsapfel stets in Kombination mit dem Szepter[65] (1. Hälfte 14. Jh., Wien, Kunsthistorisches Museum, Schatzkammer) auf.

Die sog. Adlerdalmatika[66] (1. Hälfte 14. Jh., Wien, Kunsthistorisches Museum, Schatzkammer) besteht aus purpurnem Damast. Neben den figürlichen Darstellungen auf den Borten sind auf dem Stoff selbst runde Medaillons aufgebracht. Auf Goldgrund erscheinen heraldischen Darstellungen entlehnte schwarze Adler, die ihren Kopf jeweils zur linken Seite drehen.

---

[61] vgl. FILLITZ, H., Krone, 1967
[62] Zur Aachener Karlskrone siehe vor allem: KRAMP, M. (Hg.), Krönungen, 2000, S. 548; HILGER, H.P., in: Parlerkatalog, Bd. 1, 1978, S. 137; SCHRAMM, P.E., Herrschaftszeichen, Bd. 3, 1956, Tf. 96
[63] vgl. KAVKA, F., Karl IV. (1349-1378) und Aachen, in: Kramp, M. (Hg.), Krönungen, 2000, S. 477-488, S. 479f; KRAMP, M. (Hg.), Krönungen, 2000, S. 548
[64] Zum Reichsapfel siehe vor allem: FILLITZ, H., Insignien, 1954, S. 23f. und S. 55f.; FILLITZ, H., Reichskleinodien, 2000; FILLITZ, H., Schatzkammer, 1964, S. 98f. und S. 136f.; Kaiser Karl IV. 1316-1378. Führer durch die Ausstellung des Bayerischen Nationalmuseums München auf der Kaiserburg Nürnberg, München 1978, S. 77; TRNEK, H., Insignien, 1997, S. 26
[65] Zum Szepter siehe vor allem: FILLITZ, H., Insignien, 1954, S. 27 und S. 62; FILLITZ, H., Reichskleinodien, 2000; FILLITZ, H., Schatzkammer, 1964, S. 99; Kaiser Karl IV. 1316-1378. Führer durch die Ausstellung des Bayerischen Nationalmuseums München auf der Kaiserburg Nürnberg, München 1978, S. 77; TRNEK, H., Insignien, 1997, S. 28
[66] Zur Adlerdalmatika siehe vor allem: FILLITZ, H., Insignien, 1954, S. 27 und S. 61; FILLITZ, H., Reichskleinodien, 2000; FILLITZ, H., Schatzkammer, 1964, S. 104 und S. 139; POCHE, E., Pražské umělecké řemeslo za Karla IV., in: Staletá Praha 9, 1979, S. 126-146 (Das Prager Kunsthandwerk zur Zeit Karls IV., dt. Zf. S. 310), S. 129ff

Die dominierende Stellung unter den böhmischen Herrschaftsinsignien nimmt die Böhmische Königskrone oder Wenzelskrone[67] (1346 mit Überarbeitungen aus der Zeit zwischen 1354 und 1387, Praha, Poklad svatovítský) ein. Der Stirnreif, der reich mit Edelsteinen besetzten Krone, setzt sich aus vier mit Scharnieren verbundenen Teilen zusammen; jedes Teil trägt an seiner Oberseite eine stilisierte Lilie. Am Scheitelpunkt zweier vom Fuß der Lilien abgehender und sich kreuzender Kamaren (Bänder) sitzt ein Kreuz. Die Grundform dieser Krone und der Aachener Karlskrone ist relativ ähnlich. Die böhmische Krone zeigt vier große Lilien auf der Oberseite, die Aachener vier kleinere mit jeweils einem stilisierten Blatt dazwischen. Des Weiteren besitzt die böhmische Krone zwei sich kreuzende, den Oberrand nicht überragende Kameen, wogegen der eine Bügel der Aachener Krone weit über die Oberseite hinausreicht.

2.3 Zusammenfassung

Die Bildquellen, d.h. diejenigen Bildnisse, bei denen Karl IV. namentlich genannt ist, wurden in Hinblick auf Ornat, heraldische Elemente und herrschaftliche Attribute untersucht. Berücksichtigt wurden auch die Bildnisse auf den Siegeln und Bullen.

---

[67] Zur böhmischen Königskrone (Wenzelskrone) siehe vor allem: BĚLOHLÁVEK, A., Die böhmischen Krönungsinsignien, in: Zeitschrift für Kunstgeschichte 53, 1990, S. 209-215; BĚLOHLÁVEK, A., Osudy českých korunovačních insignií, in: Společenské vědy ve škole 3, 1986/87, S. 70-74 (Die Ursprünge der böhmischen Krönungsinsignien); České umění gotické 1350-1420. Ausstellungskatalog, Praha 1970 (Böhmische gotische Kunst 1350-1420)), Nr. 417 (mit Hinweisen auf ältere Literatur); OTAVSKÝ, K., Die Sankt Wenzelskrone im Prager Domschatz und die Frage der Kunstauffassung am Hofe Kaiser Karls IV., Bern u.a. 1992 (= Europäische Hochschulschriften, Reihe XXXVII, Kunstgeschichte, Bd. 142); POCHE, E., umělecké řemeslo, 1979, S. 126-146, S. 139ff, S. 310; SCHRAMM, P.E., MÜTHERICH, F., Denkmale der deutschen Könige und Kaiser, Bd. 2, Ein Beitrag zur Herrschergeschichte von Rudolf I. bis Maximilian I. 1273-1519, München 1978, S. 57f.; STEJSKAL, K., Kultur, 1978 S. 232; SCHWARZENBERG, K., Die Sankt-Wenzelskrone und die böhmischen Insignien, Wien u.a.1982²; SKÝBOVÁ, A., České korunovační klenoty, Praha 1982 (Die böhmischen königlichen Krönungskleinodien, dt. Zf. S. XI-XV), v.a. S. XI, XIV; Zur Genese der böhmischen Königskrone Karls IV. vgl. POCHE, E., Zwei böhmische Königskronen, in: Umění 26, 1978, S. 481-494

Es lässt sich eine eindeutige Konkordanz von genanntem Herrscherstatus, heraldischen Elementen und herrschaftlichen Attributen feststellen: dem Titel *imperator* lässt sich bei den Siegelbildnissen (Kat. Nr. 1.5 und 1.6) die Bügelkrone zuordnen, die über einer zweiteiligen Mitra getragen wird. Der Bügel erhebt sich dabei zwischen den beiden Schläfen. Grundsätzlich ist die Art der Kopfbedeckung auch bei den Bildquellen wieder zu finden. Die Bügelkrone mit doppelspitziger Mitra erscheint auf dem Wiener Reliquienkästchen sowie zweimal auf dem Prager Reliquienkreuz. Der Bügel verläuft dabei von der Stirn zum Nacken. Als Ergänzung der Mitra sind infulae erkennbar, die auf den Rücken bzw. die Schultern des Kaisers fallen. Eine weiße, doppelspitzige Mitra mit infulae trägt Karl IV. in den Reliquienszenen der Karlsteiner Marienkirche. Von der Bügelkrone mit dem von der Stirn zum Nacken verlaufenden Bügel hängen goldene, trapezförmige Pendilien über die Schläfen bis auf die Schultern. Die nur rudimentär erhaltene Bekrönung der Büste Karls IV. im Prager Triforium zeigt fünfendige Pendilien beiderseits des Kopfes. Eine Krone in Form der Karlsteiner Bildnisse ist anzunehmen. Als reales, noch erhaltenes Pendant zu den angeführten Bügelkronen ist die im Kunsthistorischen Museum in Wien verwahrte Reichskrone zu betrachten.

Ebenfalls als Zitat verstanden werden darf wohl auch der Mantel Karls IV. in der Reliquienszene auf dem Prager Reliquienkreuz, vielleicht auch der Mantel, den der Kaiser in der ersten Szene in der Karlsteiner Marienkirche trägt. Als Gegenstück ist die sog. Adlerdalmatika im Kunsthistorischen Museum in Wien heranzuziehen.

Szepter und Reichsapfel als Attribute wie auf den Siegeln, Kat. Nr. 1.2-1.6 sind auf den übrigen Bildquellen nicht wiedergegeben. Flankierende Wappenschilde wie bei den Siegeln, Kat. Nr. 1.2, 1.3, 1.5 und 1.6 sind bei der Triforiumsbüste Karls IV. in St. Veit zu finden. Diese tragen den Böhmischen Löwen auf der linken und den Reichsadler auf der rechten Seite. Die gleichen Wappenbilder sind dem *rex romanorum* und *rex boemie* bzw. dem *imperator romanorum* und *rex boemie* auf den Siegeln beigegeben. Vertauscht sind lediglich die Seiten.

IV. PHYSIOGNOMIE UND ATTRIBUTE AUF DEN BILDNISSEN KAISER KARLS IV.

1. PHYSIOGNOMIE UND ATTRIBUTE AUF DEN DEVOTIONSBILDERN

Der Vergleich der Text- und Bildquellen lässt einige häufig wiederkehrende physiognomische Eigenschaften erkennen, die sich mit dem authentischen Aussehen der Person Karls IV. zu decken scheinen. Die Siegel- und Münzbildnisse geben zudem Auskunft über die dem jeweiligen Amt entsprechenden herrschaftlichen Attribute und heraldischen Emblemen. Lassen sich alleine anhand dieser Daten weitere Bildnisse eindeutig der Herrscherpersönlichkeit Karls IV. zuordnen? Die Reihenfolge der Bildnisse lehnt sich dabei an die Gliederung in Kapitel VI der Arbeit an.

1.1 Pontifikale des Albert von Sternberg *(Kat. Nr. 12)*

Im Pontifikale des Albert von Sternberg findet sich auf fol. 34v Christus in der T-Initiale, links und rechts flankiert von zwei männlichen Figuren in devotionaler Haltung. Christus steht zentral aufrecht in der Mitte, leicht nach links gewendet. Der rechte Unterarm ist erhoben, die linke Hand vor dem Leib vollzieht den Segensgestus. Die beiden Devotionsfiguren knien zu beiden Seiten Christi, die gefalteten Hände jeweils vor die Brust genommen und ihren Blick nach oben gerichtet. Die Figur zur Rechten Christi trägt priesterliches, bischöfliches Ornat, die zu seiner Linken das eines Herrschers. Man sieht in den beiden einerseits den Stifter der Handschrift Albert von Sternberg, andererseits Kaiser Karl IV. selbst. Die Personenzuschreibungen finden sich bei PEŠINA, STEJSKAL, WAMMETSBERGER sowie dem Prager Ausstellungskatalog von 1970.[68] KRÁSA[69] nennt lediglich Kaiser Karl IV. namentlich.

---

[68] vgl. PEŠINA, J., Podoba, 1955, S. 30; vgl. STEJSKAL, K., Kultur, 1978, S. 231; vgl. WAMMETSBERGER, H., Individuum, 1967, S. 90, České umění gotické 1350-1420. Ausstellungskatalog, Praha 1970, S. 276f.
[69] vgl. KRÁSA, J., in: Parlerkatalog, Bd. 2, 1978, S. 741

PHYSIOGNOMIE UND ATTRIBUTE AUF DEN BILDNISSEN KAISER KARLS IV.

Eine relativ große Nase, etwas eng stehende Augen, einen hohe Stirn und ein Vollbart charakterisieren das Antlitz der knienden Herrscherfigur zur Rechten Christi. Die Form der Nase ist in der Art vergleichbar mit der auf der ersten Karlsteiner Reliquienszene, die hohe Stirn beschreibt *Villani*; sie ist ebenso deutlich ausgeprägt in der Triforiumsbüste von St. Veit. Einen Vollbart trägt die kaiserliche Figur, die in devotionaler Haltung auf dem Prager Reliquienkreuz auftritt, sowie die in der Reliquienszene des Wiener Reliquiars. Zusammen mit der doppelspitzigen weißen Mitra und der Bügelkrone auf dem Haupt (vergleiche dazu die Bügelkronen auf den Siegeln, Kat. Nr. 1.5 und 1.6, den Reliquienszenen der Karlsteiner Marienkirche, dem Prager Reliquienkreuz, dem Wiener Reliquienkästchen sowie die in Wien verwahrte Reichskrone) kann man die Identifikation mit Karl IV. in kaiserlicher Rolle als gesichert ansehen.

1.2 Lateinische Bibel des Albert von Sternberg *(Kat. Nr. 5)*

Auf fol. 4r der Lateinischen Bibel in Krakau findet sich in einem Medaillon am unteren Ende der Seite. **(Abb. 22)** In der Mitte thront Christus, seine rechte Hand zum Segensgestus erhoben, flankiert von zwei Devotionsfiguren. Die rechte im bischöflichen Ornat wird von AMEISENOWA und STEJSKAL[70] als Albert von Sternberg, die linke Herrschergestalt als Karl IV. angesehen. Das Gesicht der knienden Herrscherfigur zur Rechten Christi ist nicht vollendet worden. Die Vorzeichnung lässt eine große Nase, eine hohe Stirn und einen Vollbart erahnen. Die Charakteristik des oberen Gesichtsbereiches deckt sich mit den Bildnissen Karls IV. im vorher erwähnten Pontifikale des Albert von Sternberg, sowie mit der Reliefbüste im Triforium von St. Veit. Erkennbar sind zudem eine Bügelkrone und eine doppel-

---

[70] vgl. AMEISENOWA, Z., Rękopisy i pierwodruki illuminowane Biblioteki Jagiellońskiej, Wrocław u.a. 1958, S. 90 (Handschriften und Erstausgaben der Jagiellonischen Bibliothek); vgl. PEŠINA, J., Doplňek k ikonografii Karla IV., in: Umění 6, 1958, S. 188-189 (Ergänzung zur Ikonographie Karls IV.)

spitzige weiße Mitra (vergleiche dazu die Bügelkronen auf den Siegeln, Kat. Nr. 1.5 und 1.6, den Reliquienszenen der Karlsteiner Marienkirche, dem Prager Reliquienkreuz, dem Wiener Reliquienkästchen sowie die in Wien verwahrte Reichskrone) auf dem Haupt, was eine Zuschreibung zur Person des Kaisers, respektive Karl IV. plausibel macht.

1.3 Prag, St. Veit, Wenzelskapelle *(Kat. Nr. 9)*

Die Wandmalereien an der Ostwand der Wenzelskapelle im Prager Dom zeigen Christus am Kreuz, flankiert von Maria zu seiner Rechten und Johannes zu seiner Linken. In Höhe des reich mit Edelsteininkrustationen verzierten Kreuzfußes knien zwei Figuren in devotionaler Haltung; die weibliche Herrscherin zur Linken Christi wird als Johanna von Bayern, der männliche Herrscher zu seiner Rechten als Wenzel IV. angesehen. Die Szene wird gerahmt von zwei weiteren Herrscherfiguren in devotionaler Haltung: beide knien in Hüfthöhe von Maria und Johannes und überragen ihre Köpfe. Die weibliche Figur auf der rechten Seite wird als Elisabeth von Pommern, die männliche auf der linken Seite als Karl IV. interpretiert.[71]

Die männliche Devotionsfigur zur Rechten Marias hat ein breites Gesicht, was auch *Villani* bestätigt. Die markanten, hervortretenden Wangen finden sich in der Art in

---

[71] so etwa bei: České umění gotické 1350-1420. Ausstellungskatalog, Praha 1970, Nr.277; HERZOGENBERG, J.v., Bildnisse, 1978, S. 325; HETTEŠ, K., O původu skla svatovítské mosaiky v Praze, in: Zprávy památkové péče 18,1958, S. 22-30 (Über den Ursprung der Gläser des Mosaiks von St. Veit in Prag), S. 22; PEŠINA, J., Kaple sv. Václava v chrámu sv. Víta v Praze, Praha 1940 (Die Kapelle des Hl. Wenzel in der Kirche St. Veit in Prag); PEŠINA, J., Podoba, 1955, S. 29; ROSOARIO, I., propaganda, 2000, S. 58.
Bei HAUSSHERR, R., Zu Auftrag, Programm und Büstenzyklus des Prager Domchores, in: Zeitschrift für Kunstgeschichte 34, 1971, S. 21-46, S. 24f., HOMOLKA, J., Ikonografie katedrály sv. Víta v Praze, in: Umění 26, 1978, S. 564-575 (Die Ikonographie der Kathedrale St. Veit in Prag), S. 567, KRÁSA, J.,The New Cathedral and the Subjects of ist Pictorial Decoration, in: Dvoráková, V. u.a., Gothic mural painting in Bohemia and Moravia 1300-1378, London 1964, S. 66-70, STANGE, A., Deutsche Malerei der Gotik, Bd. 2. Die Zeit von 1350-1400, Berlin 1936 und VÍTOVSKÝ, J., Nástěnné malby ze 14. století v pražské katedrále, in: Umění 24, 1976, S. 473-502 (Wandmalereien aus dem 14. Jh. in der Prager Kathedrale, dt. Zf. S. 503), S. 473ff wird lediglich Kaiser Karl IV. namentlich genannt.

den Bildquellen wieder, die relativ lange Nase in den Reliquienszenen der Karlsteiner Marienkirche, auf dem Prager Reliquienkreuz und auf dem Wiener Reliquienkästchen. Die Augenpartie mit den etwas auseinander stehenden Augen hat ihre Parallelen in der ersten Karlsteiner Reliquienszene, in der Reliefbüste von St. Veit sowie in den Bildnissen auf den Goldschmiedearbeiten. Auf den Vollbart und die schulterlangen Haare sei ergänzend hingewiesen. Die genannten Charakteristika widersprechen der Identifikation mit Karl IV. nicht. Auf dem Haupt befindet der Typus der Bügelkrone mit zweispitziger Mitra, der aus der Karlsteiner Katharinenkapelle, der Marienkirche, den Goldschmiedearbeiten und von den Siegeln, Kat. Nr. 1.5 und 1.6. bekannt ist.

1.4 Votivbild des Jan Očko von Vlašim *(Kat. Nr. 17)*

Das Votivbild des Jan Očko von Vlašim ist in zwei Register geteilt. Das untere zeigt Bischof Jan Očko von Vlašim im Profil kniend und seine Hände vor der Brust gefaltet. Die zentrale Figur des Stifters ist umgeben von vier stehenden Heiligen. Im oberen Register befindet sich in der Mitte eine Maria Dexiokratusa, flankiert von zwei männlichen Herrscherfiguren in devotionaler Haltung. Der Figur auf der rechten Seite ist als Attribut ein Wappenschild mit dem Böhmischen Löwen, der auf der linken Seite ein Wappenschild mit den Reichsadler beigegeben. Bei der Identifikation der Personen ist man sich in der Literatur einig. Die beiden werden als Wenzel IV. rechts und Karl IV. links angesehen.[72] Hinter den beiden Herrschern

---

[72] vgl. dazu: Les Primitifs de Bohême. L'art gothique en Tchécoslavique 1350-1420. Ausstellungskatalog, Bruxelles 1966, Nr. 34; České umění gotické 1350-1420. Ausstellungskatalog, Praha 1970, Nr. 304; FRIEDL, A., Theodorikův epigon, in: Kniha o Praze 1958, S. 91-110 (Theoderichs Epigon); FRIEDL, A., Magister Theodoricus. Das Problem seiner malerischen Form, Prag 1956; KÉRY, B., Sigismund, 1972, S. 26; MATĚJČEK, A., PEŠINA, J., Gotische Malerei in Böhmen. Tafelmalerei 1350-1450, Prag 1955, S. 58f.; PEŠINA, J., Podoba, 1955, S. 27; ROSARIO, I., Art, 2000, S. 91, S. 117f.; Staré české umění. Sbírky Národního Galerie v Praze, Jirský Klášter. Katalog., Praha 1988, Nr. 26; STEJSKAL, K., Kultur, 1978, S. 227; WAMMETSBERGER, H., Individuum, 1967, S. 90

steht zudem noch jeweils eine Heiligenfigur, eine Hand auf den vor ihm Knienden legend.

Das Antlitz der linken Devotionsfigur zeichnet sich aus durch große braunen Augen, eine lange und breite Nase und eine hohe Stirn. **(Abb. 23)** Der Herrscher trägt Vollbart, seine Haupthaare fallen auf die Schultern. Die reich verzierte Bügelkrone auf dem Haupt ist mit Spitzen und Dreipässen besetzt, Pendilien hängen seitlich herab. Die doppelspitzige weiße Mitra unter der Krone ist mit infulae versehen. Der Herrscher trägt einen außen weißen Mantel mit goldenem Muster und grünem Innenfutter. Das weiße Untergewand weist das gleiche Muster auf wie der Mantel und wird am Bauch von einem goldenen Gürtel zusammengehalten. Darunter findet sich ein zweites, rotes Untergewand, an den Füßen zudem rote Schuhe.

Entsprechend den Siegeln, Kat. Nr. 1.3, 1.5 und 1.6 befindet sich ein Wappenschild vor dem Herrscher auf dem Boden, das den Reichsadler zeigt. Die Bügelkrone mit doppelspitziger Mitra ist auf den Siegeln, Kat. Nr. 1.5 und 1.6 sowie in der Marienkirche auf Karlstein, auf dem Reliquienkreuz und dem Reliquienkästchen wiedergegeben. Hinsichtlich der Physiognomie wiederholt die Herrscherfigur auf dem Votivbild den Kopftypus an der Porta Aurea und der Wenzelskapelle. Die großen Augen finden ihre Parallelen in den Reliquienszenen der Karlsteiner Marienkirche und in der Triforiumsbüste von St. Veit; die breiten Nasenflügel charakterisieren Karl IV. in der 2. und 3.Reliquienszene auf Karlstein, im Triforium in Prag sowie auf den Goldschmiedearbeiten. Die bereits von *Villani* beschriebene hohe Stirn charakterisiert auch die kaiserliche Reliefbüste im Prager Dom.

1.5 Karlstein, Katharinenkapelle, Altarbild *(Kat. Nr. 2.1)*

In der Altarnische der Karlsteiner Katharinenkapelle findet sich ein Altarbild mit der Maria Hodegetria im Zentrum auf einem Thron sitzend. Dieser wird beiderseits flankiert von einer weiblichen Herrscherfigur auf der linken und einer männlichen auf der rechten Seite. Beide knien in devotionaler Haltung. Die weibliche Herrscherin ergreift dabei die ihr von Maria gereichte Hand, die männliche entsprechend die ihm von Jesus entgegengestreckte. Die beiden Devotionsfiguren werden als Anna von Schweidnitz und Karl IV. interpretiert.[73]

Bei der rechten Herrscherfigur lässt sich trotz der Devotion eine leicht gebückte Haltung feststellen. Die Stirn ist hoch mit Prominenzen über den Augen. Zudem trägt der Herrscher einen Vollbart. Trotz der für die Analyse physiognomischer Merkmale und für die Erkennbarkeit einer Person ungünstige Darstellung im Profil, und obwohl das Bildnis im Bereich der Nasenpartie Zerstörungen aufweist, stimmen die wenigen genannten Charakteristika mit den aus den Bild- und Textquellen ermittelten überein: die hohe Stirn bzw. eine Stirnglatze beschreibt auch *Villani* und ist im Triforium von St. Veit wiedergegeben. Die hervortretende Augenbrauenpartie oder Prominenzen zeigen sich in der Karlsteiner Marienkirche, in der Triforiumsbüste und bei den Goldschmiedearbeiten. Der Herrscher trägt auf dem Haupt eine mit Dreipässen oder stilisierten Lilien besetzte Bügelkrone, darunter eine zweiteilige weiße Mitra mit infulae, die auf den Rücken fallen. Diese Art der Kopfbedeckung findet sich auf den Siegeln, Kat. Nr. 1.5 und 1.6 wieder, auf denen Karl IV. als *imperator romanorum* in Erscheinung tritt, sowie in den Reliquienszenen auf Karlstein, dem Prager Reliquienkreuz und dem Wiener Reliquienkästchen.

---

[73] vgl. dazu etwa: BOUŠE, Z., MYSLIVEC, J., Sakrální prostory na Karlštejně. Příspěvek k problematice jejich programu, in: Umění 19, 1971, S. 280-293 (Les sanctuaires du château de Karlštejn, franz. Zf. S. 293-295), S. 280; České umění gotické 1350-1420. Ausstellungskatalog, Praha 1970, S. 187f.; DVOŘÁKOVÁ, V. u.a., Gothic mural painting, 1964, S. 58; DVOŘÁKOVÁ, V., MENCLOVÁ, D., Karlštejn, Praha 1965, S. 86; HERZOGENBERG, J.v., Bildnisse, 1978, S. 332; STEJSKAL, K., in: Parlerkatalog, Bd. 2, 1978, S. 722; WAMMETSBERGER, H., Individuum, 1967, S. 89. PEŠINA nennt als Gegenüber des Kaisers Blanche de Valois oder Anna von Schweidnitz (vgl. PEŠINA, J., Podoba, 1955, S. 22)

1.6 Prag, Relief der Maria-Schnee-Kirche *(Kat. Nr. 16)*

Das dreieckige tympanonähnliche Relief der Maria-Schnee-Kirche in Prag beinhaltet im oberen Register den Gnadenstuhl, wobei Gottvater das baumähnlich gebildete Kruzifixus zwischen den Knien hält. (**Abb. 24**) Im unteren Register findet die Marienkrönung statt. Maria thront dabei auf der linken Seite, Christus auf der rechten. In den beiden unteren Ecken des Dreiecksgiebels knien zwei Figuren in devotionaler Haltung, auf ihre Wappenschilde gestützt. Der linke Schild zeigt den Böhmischen Löwen, der rechte den Mährischen Adler[74]. Die beiden Figuren werden von DENKSTEIN, HOMOLKA, KUTAL, SCHWARZ, WAMMETSBERGER sowie vom Verfasser als Johann von Luxemburg links und Karl IV. rechts angesehen.[75]

Auf dem Relief sind die Köpfe aller Figuren stark beschädigt bzw. nicht mehr vorhanden. Ein Hinweis auf die Persönlichkeit der Devotionsfiguren mittels physiognomischer Vergleiche entfällt somit. Der Wappenschild auf der rechten Seite ist mit dem Mährischen Adler versehen. (Vergleiche Siegel, Kat. Nr. 1.1), der auf der linken Seite zeigt den Böhmischen Löwen wie auf den Siegeln, Kat. Nr. 1.1-1.3, 1.5 und 1.6. Es ist somit ein böhmisch-mährisches Herrscherpaar dargestellt. KUTAL[76] hat zudem am Gewand der rechten knienden Figur Reste eines Ornamentstreifens nachgewiesen, der alternierend eine Rose und den Buchstaben ‚K' zeigt. Die Identi-

---

[74] vgl. STEHLÍKOVÁ, D., Některé problémy v uměleckohistorickém bádání o českém středověku, in: Heraldická ročenka 1984, S. 81 (Einige heraldische Probleme in der Kunstgeschichtsforschung zum böhmischen Mittelalter); zur Diskussion der heraldischen Elemente auf dem Relief der Maria-Schnee-Kirche siehe Kapitel VI. 2.2.4.1

[75] vgl. DENKSTEIN, V., Původ a význam kamného reliéfu (tzv. tympanonu) ze hřbitovní zdi kostela Panny Marie Sněžné v Praze, in: Umění 41, 1993, 76 - 100 (Bedeutung und Ursprung des Steinreliefs (sog. Tympanon) in der Friedhofsmauer der Maria-Schnee-Kirche in Prag, dt. Zf. S. 97-100), S. 97; HOMOLKA, J., Programme, 1978, S. 608; KUTAL, A., O reliéfu od P. Marie Sněžné a některých otázach českého sochařství 1. poloviny 14. století, in: Umění 21, 1973, 480-496 (Über das Relief der Maria-Schnee-Kirche und einige Fragen der böhmischen Skulptur der 1. Hälfte des 14. Jahrhunderts, dt. Zf. 495-496), S. 495; SCHWARZ, M., Höfische Skulptur im 14. Jahrhundert. Entwicklungsphasen und Vermittlungswege im Vorfeld des Weichen Stils, Worms 1986, S. 334; WAMMETSBERGER, H., Individuum, 1967, S. 90. Zur Frage nach der Identifikation der Devotionsfiguren auf dem Relief der Maria-Schnee-Kirche siehe Kapitel VI. 2.2.4.1

[76] vgl. KUTAL, A., o reliéfu, 1973, S. 483

PHYSIOGNOMIE UND ATTRIBUTE AUF DEN BILDNISSEN KAISER KARLS IV.

fikation mit Karl als Markgraf von Mähren ist nahe liegend. Für den Herrscher links ist folglich der böhmische König Johann von Luxemburg in Betracht zu ziehen.

1.7 Prag, St. Veit, Mosaik der Porta Aurea *(Kat. Nr. 10)*

An der Südfassade von St. Veit in Prag befindet sich oberhalb der drei Bogenöffnungen des Portals ein Mosaikbild. Entsprechend den spitzbogigen Arkaden ist es in drei Bildfelder geteilt. In der Mitte erscheint Christus in der von Engeln getragenen Mandorla. Zwei Engel blasen die Posaune. Darunter knien in zwei Dreiergruppen die durch Inschriften benannten Heiligen Prokopius, Sigismund, Veit, Wenzel, Ludmilla und Adalbert, ihren Blick jeweils auf Christus gerichtet. Die beiden Bildfelder links und rechts ergänzen die Darstellung des Jüngsten Gerichts. Zur Rechten Christi erheben sich die Toten aus ihren Särgen und werden von Engeln ins Paradies begleitet, zu seiner Linken werden die Verdammten in die Hölle getrieben. Unterhalb des Spruchbandes des mittleren Bildfeldes, das die böhmischen Landespatrone nennt, treten zudem zwei durch Krone und Ornat erkennbare Herrscherfiguren in Erscheinung. Die männliche Figur auf der linken Seite **(Abb. 25)** wird in der Literatur als Karl IV., die weibliche Figur auf der rechten Seite als seine Gemahlin Elisabeth von Pommern bezeichnet.[77] Beide Personen knien, ihre Hände sind vor der Brust gefaltet und ihr Blick nach oben auf Christus gerichtet.

Der männliche Herrscher auf der linken Seite nimmt eine gebückte Haltung ein, sein Kopf ist dabei leicht nach vorne verschoben. Er hat leicht eng stehende Augen, eine lange Nase und eine hohe Stirn. Die Haare fallen auf die Schulter. Die Barttracht setzt sich aus Oberlippenbart und zweigeteiltem Kinnbart zusammen. Wichtige

---

[77] vgl. dazu etwa: BENEŠOVSKÁ, K., HLOBIL, I., Peter Parler & St Vitus's Cathedral 1356-1399, Prague 1999, S. 158; HERZOGENBERG, J.V., Bildnisse, 1978, S. 325; HETTEŠ, K., O původu, 1958, S. 22; HOMOLKA, J., Programme, 1978, S. 613; České umění gotické 1350-1420. Ausstellungskatalog, Praha 1970, S. 198; MATĚJČEK, A., Das Mosaikbild des Jüngsten Gerichtes am Prager Dome, in: Jahrbuch des kunsthistorischen Institutes der k.k. Centralkommission für Denkmalpflege 9, 1915, S. 106-139, S. 110; PEŠINA, J., Podoba, 1955, S. 28f.; ROSARIO, I., Art 2000, S. 86; WAMMETSBERGER, H., Individuum, 1967, S. 90

physiognomische Charakteristika aus den Bild- und Textquellen finden sich hier wieder. Die Verkrümmung im Bereich der Halswirbelsäule wird von *Villani* erwähnt und findet sich in den Reliquienszenen auf Karlstein sowie in den Arbeiten der Goldschmiedekunst wieder. Eine hohe Stirn hat die kaiserliche Reliefbüste von St. Veit, was *Villani* ebenfalls bestätigt. Die Kopfbedeckung ist die von den Siegeln, Kat. Nr. 1.5 und 1.6 bekannte Bügelkrone über einer doppelspitzigen weißen Mitra. Sie hat ihre Parallelen in Bildnissen der Karlsteiner Marienkirche, dem Prager Reliquienkreuz sowie dem Wiener Reliquienkästchen.

1.8 Prager Universitätssiegel *(Kat. Nr. 1.7)*

Vor einem mit rautenartigem Gitter und Rosetten überzogenen Hintergrund findet sich auf einem Podest stehend die nimbierte Figur eines Heiligen. (**Abb. 26**) Er ist frontal zum Betrachter gerichtet und in ein Kettenhemd gekleidet, das von einem Brustpanzer, einem gepanzerten Rock und kniehohen Stiefeln ergänzt wird. Am Gürtel zu seiner Linken trägt er ein Schwert. Mit seiner Linken hält er ein Schild an seine Seite, das auf der Vorderseite eine Adlergestalt, vielleicht den Wenzelsadler, trägt. Seine Rechte umfasst eine Lanze, an deren Spitze eine dreieckige Fahne ebenfalls einen Adler zeigt. Der Buchstabe W befindet sich direkt unterhalb des Wimpels und lässt in Kombination mit den Attributen, vor allem dem Wenzelsadler an der Lanze[78], die Figur des Hl. Wenzels, identifizieren.[79] Die eine Lilienkrone tragende Figur zur Rechten des Heiligen kniet diesem zugewandt im Profil. Das Ornat ist vom Hl. Wenzel übernommen, an seiner Linken ist ebenfalls ein Schwert erkennbar. Mit beiden Händen hebt der Regent wohl ein Schriftstück vor seine Brust. Die Szene der Devotion wird gerahmt von einem Wappenschild mit Adler im Bild auf der linken Seite sowie einem Schild mit dem Böhmischen Löwen auf der rechten. Sie haben in

---

[78] vgl. ŠMAHEL, F., Das Rätsel des ältesten Prager Universitätssiegels, in: Bohemia 43, 2002, S. 89-115, S.92
[79] zur Ikonographie des Hl. Wenzel vgl. LCI, Bd. 8, Sp. 595ff

PHYSIOGNOMIE UND ATTRIBUTE AUF DEN BILDNISSEN KAISER KARLS IV.

Inhalt und Anordnung ihr Pendant bei den Siegeln, Kat. Nr. 1.3, 1.5 und 1.6. Die Form der Krone erinnert in diesem Zusammenhang an die Kopfbedeckung Karls IV. auf den Siegeln, Kat. Nr. 1.2 - 1.4.

1.9 Zusammenfassung

Eine deskriptive Analyse der physischen und physiognomischen Eigenschaften der angeführten Devotionsbilder kann eine personale Zuordnung natürlich nicht beweisen, allenfalls zuschreiben. Ich denke es hat sich jedoch gezeigt, dass das Vorhandensein auch weniger Charakteristika einen Wiedererkennungswert schaffen. Die hohe Stirn oder Stirnglatze ist meines Erachtens in der Reliefbüste Karls IV. im unteren Triforium von St. Veit in Prag besonders deutlich ausgeprägt. Durch Beschreibung des Kaisers durch den Chronisten *Villani* ist sie mit Ausnahme der Miniatur in der Lateinischen Bibel des Albert von Sternberg und im Altarbild der Katharinenkapelle auf Karlstein in allen Devotionsbildern vorhanden. Die in der Textquelle ebenfalls erwähnte gebückte Haltung findet sich in der Karlsteiner Katharinenkapelle sowie im Mosaikbild von St. Veit wieder. Eine große Nase scheint ein zweites wichtiges physiognomisches Charakteristikum zu sein. Abgesehen davon trägt Karl IV. sowohl bei den Bildquellen, als auch bei den Devotionsbildern entweder einen Vollbart oder einen Oberlippenbart zusammen mit einem Kinnbart. Die schulterlangen, zum Teil gewellten Haare finden sich bei den Bildquellen mit Ausnahme der Triforiumsbüste von St. Veit, zudem im in der Wenzelskapelle in Prag, auf dem Votivbild des Jan Očko von Vlašim sowie auf dem Mosaik am St. Veitsdom. Zur Übersicht wurden die beschriebenen physischen und physiognomischen Eigenschaften tabellarisch zusammengefasst. (vgl. Tabelle 3.1)

Nicht minder wichtig für ein Wiedererkennen haben sich die herrschaftlichen Attribute erwiesen. Der Vergleich der Siegel Karls IV. in Hinblick auf seinen in den Inschriften genannten Herrscherstatus mit den vorkommenden Attributen konnte nicht nur die meisten Wappenbilder definieren, sondern auch die Bügelkrone über einer zweiteiligen Mitra dem römischen Kaiseramt zuordnen. (vgl. Tabelle 2) Die Kronenform findet sich bei allen Bildquellen (die Kopfbedeckung der Triforiumsbüste von St. Veit wurde zerstört; eine entsprechende Kronenform ist als authentisch anzunehmen) und bei allen Devotionsbildern mit Ausnahme der im Kopfbereich beschädigten Plastiken des Reliefs von Maria-Schnee in Prag sowie auf dem Prager Universitätssiegel (vgl. Tabelle 3.2 und 3.3). Sie zitiert die in der Schatzkammer in Wien verwahrte Reichskrone.

2. Physiognomie und Attribute auf den historischen Ereignisbildern

2.1 Miniaturen im Pontifikale des Albert von Sternberg *(Kat. Nr. 12)*

Die Miniatur mit dem segnenden Christus zwischen zwei Devotionsfiguren auf fol. 34v des Pontifikale des Albert von Sternberg wurde bereits im Rahmen der Devotionsbilder behandelt, die kniende, herrschaftliche Figur zur Rechten Christi ist relativ sicher als die Kaiser Karls IV. identifiziert. Dies begründet sich zum einen auf den wenigen, dem Bildnis zu entnehmenden physiognomischen Charakteristika. Zum anderen sind die doppelspitzige Mitra und die Bügelkrone kaiserliche Attribute. Bei den weiteren Herrscherfiguren in den Miniaturen des Pontifikale ist eine mögliche Identifikation mit Karl IV., basierend allein auf der Wiedergabe physiognomischer Charakteristika, schwieriger.

Die Königskrönung auf fol. 161r zeigt einen Herrscher auf einer Thronbank frontal zum Betrachter sitzend, flankiert von zwei Geistlichen, die ihm die Krone auf das Haupt setzen. In seiner rechten Hand hält er die Sphaira, in seiner Linken das Szepter. Sein Kopf- und Gesichtstypus ist verwandt mit dem des thronenden Christus im Missale des Johann von Neumarkt auf fol. 184r. Im Unterschied dazu trägt der Herrscher jedoch keine Bügelkrone, sondern eine einfache Reifkrone mit stilisierten Lilien an der Oberseite. Auch die doppelspitzige Mitra fehlt.

Die Attribute sind keine kaiserlichen, sondern königliche.

Die Physiognomie des Herrschers ist charakterisiert durch ein mondförmiges, rundes Gesicht mit kleinen, eng stehenden Augen, schmalen Lippen, einer langen, geraden und spitzen Nase und einer hohen Stirn. Braune, schulterlange, gewellte Haare fallen auf die Schultern; ein Bart ist nicht vorhanden. Die für Karls IV. untypischen Gesichtszüge sowie das Fehlen der kaiserlichen Beigaben machen eine Identifikation mit Karl IV. anhand physiognomischer Charakteristika und oder der herrschaftlichen Attribute nicht möglich.

PHYSIOGNOMIE UND ATTRIBUTE AUF DEN BILDNISSEN KAISER KARLS IV.

Auf zwei weiteren Miniaturen derselben Handschrift sind ebenfalls Herrscherfiguren zu finden. Fol. 224v zeigt die Kommunion am Krankenbett. Vor vegetabilem Hintergrund befindet sich das Bett, in dem der gekrönte Herrscher liegt. Sein Gesicht ist ins Dreiviertelprofil gewendet, sein Haupt trägt eine Krone mit stilisierten Lilien, die Hände sind vor der Brust gefaltet. Auf fol. 226v ist das Thema der Krankensalbung verbildlicht. Wie bei der Darstellung der Hl. Kommunion befindet sich das Bett im Bildvordergrund, der Herrscher liegt mit entblößtem Oberkörper darin. Auf dem Haupt trägt er die schon bekannte Krone mit drei sichtbaren stilisierten Lilien auf der Oberseite des Kronreifs. Die Salbung vollzieht der neben, respektive hinter dem Bett stehende Bischof; mit der einen Hand hält er den Arm des Königs, mit der anderen scheint er einen seiner Finger zu salben. Die dazu benötigten Utensilien stehen auf einem kleinen Tisch vor dem Bett. Am Kopfende stehen der den Bischofsstab haltende Mönch sowie eine weitere Figur. Im Unterschied zum Krönungsbild auf fol. 161r ist auf fol. 224v und fol. 226v der Herrscher im Dreiviertelprofil zu sehen. Hier und bei den beiden kaiserlichen Devotionsfiguren auf fol. 34v derselben Handschrift und auf fol. 4r der Lateinischen Bibel aus Krakau ist nicht nur dieselbe Profilstellung des Kopfes wieder zu finden, man greift direkt auf den bekannten Kopf- und Gesichtstypus zurück. Dieser zeichnet sich vor allem durch eine relativ große Nase, eine hohe Stirn und einen Vollbart aus.

Der Vergleich der physiognomischen Charakteristika deutet an, dass bei dem im Bett liegenden Herrscher auf fol. 224v und fol. 226v im Pontifikale des Albert von Sternberg Karl IV. abgebildet ist.

Die Insignien der beiden oben genannten Devotionsfiguren - die Mitra und die Bügelkrone - sind kaiserliche. Die Figur des Herrschers bei der Krankensalbung und der Heiligen Kommunion trägt lediglich eine einfache Reifkrone mit stilisierten Lilien an der Oberseite.

PHYSIOGNOMIE UND ATTRIBUTE AUF DEN BILDNISSEN KAISER KARLS IV.

Das königliche Attribut wirkte in Anbetracht der Tatsache, dass die Handschrift für das Jahr 1376 datiert ist, als Anachronismus. Karl IV. hatte sein Kaiseramt seit 1355 inne.

Die Physiognomie auf dem Krönungsbild spricht nicht für Karl IV., ebenso wenig wie die Attribute. Die ‚Bettszenen' ließen sich durch die Betrachtung der physiognomischen Eigenschaften dem Kaiser zuordnen. (vgl. auch Tabelle 4.1 und 4.2)

3. Physiognomie und Attribute auf den Dynastischen Bildnissen-Familienbildnissen

3.1 Prag, Altstädter Brückenturm *(Kat. Nr. 19)*

Die Ostfassade des Altstädter Brückenturmes ist dreigeschossig. Im Untergeschoss befindet sich oberhalb der Torchurchfahrt ein Wappenfries mit zehn Wappenschilden. Das erste Obergeschoss wird von einem Wimperg gegliedert, der seinerseits von vier senkrechten Dienstbündeln mit Filialen gerahmt und geteilt wird. Zwischen den beiden mittleren Dienstbündeln befindet sich unterhalb eines dem Wimperg eingeschriebenen Halbkreises eine Skulpturengruppe: in der Mittelachse steht eine Heiligenfigur auf dem zweibogigen Brückenmodell der Karlsbrücke, zu jeder Seite sitzt ein thronender Herrscher. Die Figur auf der rechten Seite wird als König Wenzel IV., die auf der linken Seite als Kaiser Karl IV. angesehen. Alle drei werden von durch Wappen getragenen Baldachinen überhöht. Zwischen der Heiligenfigur und den Herrscherfiguren findet sich zudem jeweils ein auf dem Brückenmodell stehender Wappenschild, einen Flügelhelm mit Krone tragend. Im zweiten Obergeschoss erscheinen oberhalb einer Blendmaßwerkbrüstung in den beiden mittleren der acht Maßwerkarkaden zwei Standfiguren von Heiligen.

Der Kopf der linken Herrscherfigur am Altstädter Brückenturm (**Abb. 27**) zitiert die Reliefbüste Karls IV. im Prager Dom. Ihre physiognomischen Merkmale sind nahezu identisch: das Gesicht ist relativ breit mit großen Augen und hervortretenden Wangenknochen. Die lange Nase endet in breiten Nasenflügeln, die Nasenwurzel tritt hervor. Es zeigt sich eine prominente Partie zwischen den Augenbrauen. Die Barttracht setzt sich aus Oberlippenbart und Kinnbart zusammen. Die insgesamt leicht gebückte Haltung des thronenden Kaisers wird von der Quelle *Villani* bestätigt.

PHYSIOGNOMIE UND ATTRIBUTE AUF DEN BILDNISSEN KAISER KARLS IV.

Der Herrscher mit einem Szepter in der rechten und dem Reichsapfel in der linken Hand spiegelt die Siegelikonographie Karls IV. seit seiner Zeit als böhmischer König wider. (vgl. die Siegel, Kat. Nr. 1.2 - 1.6) Auf dem Haupt trägt er eine doppelspitzige Mitra, darüber eine Bügelkrone. Die allgemeine Form der Bügelkrone über einer zweiteiligen Mitra findet sich in den Bildnissen der Reliquienszenen auf Karlstein sowie in den Goldschmiedearbeiten. Sie steht zudem in direktem Bezug zu der in der Weltlichen Schatzkammer in Wien verwahrten Reichskrone, und setzt sich aus zwölf aneinander gereihten Platten mit rundbogigem Abschluss an der Oberseite zusammen, wobei die Platten an Stirn und Nacken sowie die beiden Schläfenplatten größer sind als die anderen. Von der Stirn- zur Nackenplatte spannt sich ein breiter Bügel über die Mitra. Von den Schläfenplatten hängen Pendilien herab. Die Pendilien ihrerseits finden ihr Pendant im Rest der Kopfbedeckung der Triforiumsbüste Karls IV.

An den Konsolen des Baldachins über dem Herrscher finden sich Wappenschilde mit heraldischen Emblemen. Der Schild an der rechten Konsole zeigt den Böhmischen Löwen (vgl. die Siegel, Kat. Nr. 1.1, 1.2, 1.3, 1.5 und 1.6), der auf der linken Seite den Reichsadler (vgl. die Siegel, Kat. Nr. 1.3, 1.5 und 1.6). Der Reichsadler ziert zudem den Wappenschild zur Linken des Herrschers, das den Flügelhelm trägt. (vgl. auch Tabelle 5.1 und 5.2)

3.2 Mühlhausen, Thüringen, Marienkirche

Auf einem Scheinaltan an der südlichen Querhausfassade der Marienkirche in Mühlhausen stehen vier lebensgroße Figuren. Das Paar in der Mitte wird in den Stadtchroniken seit dem 18. Jh. als Kaiserpaar tradiert.[80] Auch BADSTÜBNER und DINGELSTEDT bezeichnen es als kaiserliches Herrscherpaar[81], von HILGER, KUNZE, MÖLLER, PINDER und NEUMAYER werden die Figuren konkret als Kaiser Karl IV. mit

---

[80] vgl. PUTH, A., The Emperor on the Gallery: the South Transept Façade of St Mary's at Mühlhausen, Magisterarbeit, London 2000, S. 6, Anm. 2, S. 19

PHYSIOGNOMIE UND ATTRIBUTE AUF DEN BILDNISSEN KAISER KARLS IV.

seiner Gemahlin[82] betrachtet. Die männliche Herrscherfigur ist ab der Hüfte leicht nach vorne gebeugt und über die Brüstung gelehnt. **(Abb. 28)** Der Kopf ist dabei leicht nach links geneigt. Der nicht mehr erhaltene linke Unterarm war ursprünglich vermutlich vom Körper weg gestreckt. Der rechte ruht auf einer Art Kissen, das auf der Brüstung liegt. Die Physiognomie ist charakterisiert durch ein ovales Gesicht mit hervortretender Wangenpartie, eine flache, hohe Stirn, eine lange gerade Nase sowie einen leichten Überbiss des Oberkiefers. Die Augen liegen etwas auseinander, die Augenbrauenpartie tritt leicht hervor. Die Figur trägt ein langarmiges Untergewand, ein kaselartiges Obergewand und einen mit Knöpfen im Schulterbereich versehenen Umhang darüber. Auf dem Haupt befand sich ursprünglich vermutlich eine Krone. Das untere Ende des Kronreifes bzw. die Basis für eine mögliche Krone aus Metall hat sich erhalten.

Der Vergleich der Physiognomie der männlichen (Herrscher-)Figur in Mühlhausen mit der Prager Triforiumsbüste Karls IV. zeigt wichtige Parallelen: die markanten Wangen, die Augenpartie mit den etwas auseinander liegenden Augen, die flache, hohe Stirn, nicht zuletzt die Barttracht und die rudimentär erhaltene Kopfbedeckung. Unterschiede sind im Bereich der Nase festzustellen, die in Mühlhausen insgesamt etwas filigraner ausfällt. Ein breites Gesicht bzw. markante Wangen werden auch vom Chronisten *Villani* genannt. Die Profilierung mit der fast senkrecht ansteigenden hohen Stirn, die im Vergleich dazu großen Nase sowie der leichte Überbiss des Oberkiefers ist in der Art zudem in der zweiten und dritten Reliquienszene der

---

[81] vgl. etwa BADSTÜBNER, E. u.a., Die Marienkirche zu Mühlhausen, Berlin 1962 (= Das christliche Denkmal H.49), S. 16; vgl. DINGELSTEDT, K., Stilströmungen der mitteldeutschen Plastik im späten 14. Jh. unter besonderer Berücksichtigung des böhmischen Einflusses, in: Sachsen und Anhalt 8, Magdeburg 1932, S. 373-424, S. 393

[82] vgl. HILGER, H.P., Die Skulpturen an der südlichen Querhausfassade von St. Marien zu Mühlhausen, in: Wallraf-Richartz-Jahrbuch 22, 1960, S. 159-164, S. 159; KUNZE, H., Die Plastik des vierzehnten Jahrhunderts in Sachsen und Thüringen, Berlin 1925, S. 56; vgl. MÖLLER, R., Steinkonservierung. Skulpturen der Marienkirche in Mühlhausen, in: Denkmale in Thüringen, Weimar 1973, S. 172-184; vgl. NEUMAYER, A., The meaning of the balcony scene of the church of Muehlhausen in Thuringia. A Contribution to the History of 14th century illusionism, in: Gazette des Beaux Arts 50, 1957, S. 305-310 (Reprint 1968), S. 305; vgl. PINDER, W., Die deutsche Plastik des 14. Jahrhunderts, München 1925, S. 65

Karlsteiner Marienkirche anzutreffen. Der Kopf des Herrschers in Mühlhausen greift auf denselben physiognomischen Typus wie im Prager St. Veitsdom oder der Karlsteiner Marienkirche zurück. Eine Identifizierung mit der Person Karls IV. scheint plausibel. (vgl. auch Tabelle 5.1 und 5.2)

4. PHYSIOGNOMIE UND ATTRIBUTE AUF DEN KRYPTOPORTRÄTS

4.1 Prag, Emmauskloster *(Kat. Nr. 11)*

Im dritten Joch des Südflügels des Kreuzgangs wird eine männliche Figur, vielleicht der reuige Schächer von Golgatha, von Gottvater durch den Eingang zum Paradies geführt. Sie wird von STEJSKAL und STOCKHAUSEN als ein verstecktes Bildnis Kaiser Karls IV. angesehen.[83] Die Figur ist insgesamt kleiner als Gottvater und ist vom Betrachter im Profil zu sehen. Leicht nach vorne gebeugt besitzt sie kleine Augen, eine gerade Nase und eine kleine, gewölbte Stirn. Die Nasen- und Stirnpartie geht ohne Unterbrechung an der Nasenwurzel ineinander über und weist denselben Winkel auf, der gleichzeitig die Stirn als fliehend erscheinen lässt. Der Bart ist ein Vollbart, die Haare fallen bis auf die Schultern. Das Ornat besteht aus einem blauen Untergewand und einem roten Mantel darüber. Die Quelle von *Villani* bestätigt zwar die leicht gebückte Haltung der Figur, ansonsten zeigen die physiognomischen Eigenschaften kaum Übereinstimmungen mit anderen gesicherten und zugeschriebenen Bildnissen Karls IV. Aus dem Bereich der Flächenkunst sind hierbei vor allem diejenigen heranzuziehen, bei denen der Herrscher im Profil erscheint; so etwa in der zweiten und dritten Karlsteiner Reliquienszene und in der Supraporta der Karlsteiner Katharinenkapelle und von den plastischen Bildnissen sei auf die Büste im Triforium von St. Veit und auf die Sitzfigur am Altstädter Brückenturm verwiesen. Vor allem

---

[83] vgl. STEJSKAL, K., Das Slawenkloster zu Prag – Emmaus und seine künstlerische Ausstattung, in: Alte und moderne Kunst 16, Nr. 116, 1971, S. 11-17, S. 17; vgl. STEJSKAL, K., Nástěnné malby kláštera Na Slovanech v Praze-Emauzích z hlediska etnografického a kulturně historického, in: Český lid 55, 1968, S. 125-150 (Wandmalereien im Kloster "Na Slovanech" in Prag-Emaus vom ethnographischen und kulturhistorischen Standpunkt, dt. Zf. S. 150-152), S. 141 und STEJSKAL, K., O malířích nástěnných maleb kláštera na Slovanech, in: Umění 15, 1967, S. 1-65 (Die Wandmalereien im Emmauskloster zu Prag und ihre Meister, dt. Zf. S. 62-65), S. 9, S. 62 jeweils mit Verweis auf STOCKHAUSEN, H.A., Der erste Entwurf zum Straßburger Glockengeschoß und seine künstlerischen Grundlagen, in: Marburger Jahrbuch für Kunstwissenschaft 11/12, 1941, S. 579-618, S. 610

die Formierung der Stirn- und Nasenpartie ist bei diesen Beispielen eine deutlich andere, als bei der Figur des ins Paradies Geführten in Emmaus.

Im zweiten Joch des Nordflügels findet sich in der Mitte des unteren Registers die Szene, in der die Witwe von Sarepta dem Elias Wasser reicht.[84] Die Figur des Elias wird in der Literatur mit Karl IV. in Verbindung gebracht und als Kryptoporträt des Kaisers angesehen.[85] Das Bildnis weist gerade im Gesichtsbereich starke Beschädigungen auf. Nichtsdestotrotz lassen sich einige physiognomische Eigenschaften festhalten. Die gesamte Figur erscheint im Profil leicht nach vorne gebeugt. Die Wangen treten markant hervor, die Nase ist relativ groß, leicht konkav geschwungen mit breiten Nasenflügeln. Die Stirn steigt senkrecht nach oben. Elias Haare fallen wohl bis auf die Schultern, er trägt Oberlippenbart und Kinnbart. Der Ausschnitt des Gesichtes, die Profilierung, nicht zuletzt die Form der Nase und die senkrecht aufsteigende Stirn erinnern an die Herrscherbildnisse Karls IV. in der Karlsteiner Marienkirche, respektive auf die Supraporta der Karlsteiner Katharinenkapelle. Die Bildnisse der zweiten und dritten Reliquienszene mit ihrem nach rechts gerichteten Profil erscheinen beinahe als Spiegelbild des Emmauser Beispiels. Die auffällige Stirnpartie und die Nasenformierung spiegelt sich ebenfalls in der Triforiumsbüste Kaiser Karls IV. wider.

---

[84] 1 (3) Könige 17,8ff
[85] vgl. NEUWIRTH, J., Die Wandgemälde im Kreuzgange des Emausklosters in Prag, Prag 1898, S. 48; POLLEROSS, F., Das sakrale Identifikationsporträt. Ein höfischer Bildtypus vom 13. bis zum 20. Jahrhundert, 2 Bde., Worms 1988, S. 88 mit Verweis auf WAMMETSBERGER, H., Individuum, 1967, S. 83, S. 87, Nr.16; STEJSKAL, K., Emmaus, 1971, S. 17; STEJSKAL, K., Nástěnné malby, 1968, S. 141 mit Verweis auf STOCKHAUSEN, H.A., Entwurf, 1938/1939, S. 610; STEJSKAL, K., O malířich, 1967, S. 9, S. 62 mit Verweis auf CIBULKA, J., Český řád korunovační a jeho původ, Praha 1934 (Die böhmische Krönungsordnung und ihr Ursprung), S. 5; WAMMETSBERGER, H., Individuum, 1967, S. 89

PHYSIOGNOMIE UND ATTRIBUTE AUF DEN BILDNISSEN KAISER KARLS IV.

4.2 Antiphonar von Vyšehrad *(Kat. Nr. 20)*

Im Antiphonar von Vyšehrad befindet sich auf fol. 8r eine Miniatur mit der Initiale S des Wortes *sacerdos*. **(Abb. 29)** Die Initiale bildet den Bildvordergrund vor einem mit Zinnen versehenen, turmartigen Gebäude mit Torbogen. Die Halbfigur eines Herrschers ist der rundbogigen Öffnung annähernd eingeschrieben. Sie wird als Karl IV. angesehen.[86] Im Unterschied zu seinem Körper im Dreiviertelprofil ist sein Kopf nach rechts ins Profil gedreht, den Blick dabei nach oben gerichtet. In beiden Händen hält er einen goldenen Kelch, über dem eine Hostie zu schweben scheint. Er trägt einen innen blauen, außen roten Umhang über einem grünen, mit Gürtel versehenen Untergewand. Die Physiognomie wird charakterisiert durch große runde Augen, eine relativ lange und große Nase, ein leichter Überbiss des Oberkiefers sowie eine leicht gewölbte, kleine Stirn. Der Herrscher trägt gewelltes, kopflanges Haar und einen grauen Vollbart, der am unteren Ende zweigeteilt ist. An der goldenen Krone sind drei von vier dreipassförmigen Aufsätzen an der Oberseite sichtbar. Das Bildnis zeigt die physiognomischen Charakteristika des Kaisers nicht eindeutig; wichtige Details wie etwa die markante Wangenpartie, die hohe Stirn oder auch die schulterlangen Haare sind nicht wiedergegeben. Eine gewisse Verwandtschaft mit anderen Herrscherbildnissen Karls IV. ist jedoch nicht zu leugnen. Hingewiesen sei in diesem Zusammenhang auf die Devotionsbilder in der Karlsteiner Katharinenkapelle, in der Lateinischen Bibel in Krakau sowie auf dem Prager Reliquienkreuz. Hinzu kommt, dass die Krone mit den stilisierten Dreipassformen an der Oberseite als Zitat oder Abbreviatur der böhmischen Königskrone verstanden werden kann. Die Tatsache, dass Karl IV. auch im Missale des Johann von Neumarkt

---

[86] so etwa bei: HENSLE-WLSAK, H., Der Bilderschmuck im Codex 259 der Vorauer Stiftsbibliothek. Ein Beitrag zur böhmischen Buchmalerei des Spätmittelalters, Diss. masch. Graz 1988, S. 368; LADNER, G., Die Anfänge des Kryptoporträts, in: Deuchler, F. u.a. (Hg.), Von Angesicht zu Angesicht. Porträtstudien. Michael Stettler zum 70. Geburtstag, Bern 1983, S. 78-97, S. .91; MACHILEK, F., Privatfrömmigkeit und Staatsfrömmigkeit, in: Seibt, F. (Hg.), Karl IV. Staatsmann und Mäzen, München 1978, S. 87-101, S. 100; POLLEROSS, F., Identifikationsporträt, 1988, S. 80; WAMMETSBERGER, H., Individuum, 1967, S. 89

relativ eindeutig die Rolle des Melchisedech aufgreift, macht eine derartige Identifizierung auch für das Vyšehrader Antiphonar wahrscheinlich.

Im zweiten Band des Vyšehrader Antiphonars findet sich auf fol. 2r ein herrschaftliches Paar in der unteren Randleiste. (**Abb. 30**) Jeweils als Halbfiguren einander zugewandt, ragen die beiden aus mit Vögeln besetzten Blattranken. Die Identifikation der rechten Gestalt als Mann oder Frau ist unsicher, die linke wird in der Literatur mit Kaiser Karl IV. in Verbindung gebracht. Im Dreiviertelprofil ist dieser nach rechts gewendet und hält in seiner linken Hand ein Szepter mit einer stilisierten Lilie als oberen Abschluss. Sein rechter Arm ist angewinkelt und deutet mit der Hand auf sein Gegenüber. Auf dem Haupt trägt er eine blaue, mit gestelzten Dreipässen versehene Krone. Sein Ornat besteht aus einem blauen Untergewand und einem blauen, schulterfreien, mit Hermelin besetzten Mantel. Das Antlitz des Herrschers zitiert zwar in den Grundzügen den Kopftypus Karls IV. auf dem Prager Reliquienkreuz respektive auch den im Missale des Johann von Neumarkt und den auf dem Morgan-Diptychon. In den physiognomischen Details sind jedoch auch erhebliche Unterschiede festzustellen. Die Nase ist groß und spitz zulaufend, angedeutet sind zudem ein fliehendes Kinn und eine flache Stirnpartie. Insgesamt erscheint der Bereich von der Nasenspitze über die Nasenwurzel, zusammen mit der Augenbrauenpartie stark hervortretend. Die Kopfhaare sind von brauner Farbe und fast schulterlang. Sie liegen jedoch nicht am Körper an, sondern stehen ab. In ähnlicher Weise ist der am Kinn zweigeteilte, in seinen Proportionen sehr dominante Vollbart wiedergegeben.

4.3 Missale des Johann von Neumarkt *(Kat. Nr. 13)*

Im Missale des Johann von Neumarkt ist auf fol. 184r eine Miniatur zu sehen, in der Christus zwischen den beiden Aposteln Petrus und Paulus thront. (**Abb. 31**) Verschiedene Forscher schließen ein Bildnis des kryptoporträtierten Kaiser Karls IV.

nicht aus.[87] Hinter dem Kopf der thronenden Figur strahlt der Kreuznimbus. Das Gesicht selbst ist schmal mit ovaler Form und besitzt einen kleinen Mund mit dicken Lippen und relativ nah zusammenliegenden Augen. Die bräunlichen Haare fallen auf die Schultern. Die physiognomischen Merkmale unterstützen die Vermutung, in der Figur des thronenden Christus sei Karl IV. selbst dargestellt, nicht. Anders verhält es sich in Hinblick auf die Präsenz herrschaftlicher Insignien und Attribute. Die Sphaira in der linken und das Szepter in der rechten Hand verweisen auf die Siegel, Kat. Nr. 1.2 - 1.6. Die weiße, doppelspitzige Mitra in Kombination mit einer Bügelkrone, die in diesem Fall am Reif mit stilisierten Dreipässen besetzt ist und deren Bügel sich von der Stirn zum Nacken erstreckt, findet sich auf den Bildnissen Karls IV. in der Karlsteiner Marienkirche, auf dem Prager Reliquienkreuz, dem Wiener Reliquienkästchen sowie auf den Siegeln, Kat. Nr. 1.5 und 1.6.

Eine gekrönte Figur ist ebenfalls in der Initiale C auf fol. 83r dargestellt. In Dreiviertelansicht auf einer stilisierten Erdformation kniend hält er einen Kelch in beiden Händen vor seiner Brust, auf dem Haupt trägt er eine Krone. (**Abb. 32**) Sein Blick ist auf die Wolkenformation über ihm gerichtet. Ikonographisch wird die Darstellung mit dem Priesterkönig Melchisedech in Verbindung gebracht[88], in der Literatur sieht man in der Figur ein verstecktes Bildnis Kaiser Karls IV.[89]

Mit seinen langen gewellten, bis auf die Schultern fallenden Haaren und dem Vollbart, der sich am Kinn zweiteilt, greift die Darstellung auf bekannte Bildnistypen zurück: so die Devotions- und Reliquienszenen auf dem Prager Reliquienkreuz, mit Einschränkungen das Mosaik der Porta Aurea und ebenfalls mit Einschränkungen das Wandbild in der Wenzelskapelle des Prager Domes. Die von *Villani* beschriebenen dunklen Haare und der dunkle Bart Karls IV. haben hier eine braune bis blonde Färbung. Das Antlitz erscheint relativ breit mit markanten Wangen, hoher

---
[87] so bei VANĚČEK, V. (Hg.), Karolus, Abb. 20 und ROSARIO, I., Art, 2000, v.a. S. 92
[88] Melchisedech erscheint hier ohne Brot bzw. Hostie. Zur Ikonographie vgl. LCI, Bd. 3, Sp. 241f.
[89] so etwa bei: CHADRABA, R., Triumph-Gedanke, 1967, S. 74; HENSLE-WLSAK, H., Bilderschmuck, 1988, Rezension in: Das Münster 43, 1990, S. 353ff, S. 354; POLLEROSS, F., Identifikationsporträt, 1988, S. 80; WAMMETSBERGER, H., Individuum, 1967, S. 89

PHYSIOGNOMIE UND ATTRIBUTE AUF DEN BILDNISSEN KAISER KARLS IV.

Stirn und langer, gerader Nase. Die Augenbrauen umschreiben halbe Ellipsen. Nicht nur die Physiognomie, auch die Form der Barttracht kommt den beiden Darstellungen auf dem Reliquienkreuz sehr nahe. Die Krone besteht aus einem schlichten, relativ dünnem Kronreif mit Aufsätzen aus gestelzten Dreipässen an der Oberseite. An der Kreuzung der Kamaren ist ein weiteres Lilienmotiv zu finden. Außer die in Hinblick auf die Proportionierung grundsätzliche Ähnlichkeit, hat die Krone auf dem Haupte Melchisedechs mit der böhmischen Königskrone nichts gemein. Auch bei den Siegel- und Münzbildnissen ist eine vergleichbare Kopfbedeckung nicht anzutreffen. Wohl erinnert sie jedoch an die auf dem Reliquiar Karls des Großen in Aachen. Ein Tribut an die Mode ist die Wiedergabe des Schuhwerks des Königs in Form von Schnabelschuhen, wie sie ebenfalls in den drei Reliquienszenen der Karlsteiner Marienkirche und bei der Reliquienszene des Prager Reliquienkreuzes zu finden sind.

4.4 Karlstein, Katharinenkapelle, Supraporta *(Kat. Nr. 2.2)*

Die Supraporta der Katharinenkapelle auf Karlstein beinhaltet ein tympanonförmiges Wandbild, das auf der rechten Seite das Brustbild einer gekrönten Herrscherin, auf der linken Seite einen gekrönten Herrscher zeigt. Das Gesicht der weiblichen Figur tritt dabei im Dreiviertelprofil, das der männlichen im Profil in Erscheinung. Zwischen ihnen befindet sich ein Kreuz, das beide, einander zugewendet in ihren Händen halten. Ikonographisch wird das Bild mit Konstantin und Helena in Verbindung gebracht, in der Literatur sieht man darin die versteckten Bildnisse Kaiser Karls IV. und seiner Gemahlin Anna von Schweidnitz.[90]

---

[90] so etwa bei: CHADRABA, R., Der "zweite Konstantin". Zum Verhältnis von Staat und Kirche in der karolinischen Kunst Böhmens, in: Umění 26, 1978, S. 505-520; CHADRABA, R., Rex Cyrus Christum Significat. Typologische Dimensionen des idealen Herrscherbildes, in: Umění 42, 1994, S. 339-358, S. 351; LADNER, G., Kryptoporträts, 1983, S. 90; POLLEROSS, F., Die Anfänge des Identifikationsporträts im höfischen und städtischen Bereich, in: Frühneuzeit-Info, Jg.4, Heft 1, 1993, S. 17-36, S. 23; REINLE, A., Das stellvertretende Bildnis. Plastiken und Gemälde von der Antike bis ins 19. Jahrhundert, Zürich, München 1984, S. 144; STANGE, A., Deutsche Malerei,

PHYSIOGNOMIE UND ATTRIBUTE AUF DEN BILDNISSEN KAISER KARLS IV.

Der Kopftypus des Herrschers in der Katharinenkapelle (**Abb. 33**) findet ebenfalls in der zweiten und dritten Reliquienszene der Marienkirche Verwendung. Der Kopf Karls IV. in der zweiten, vor allem aber in der dritten Reliquienszene scheint direkt von der Supraporta der Katharinenkapelle übernommen bzw. für die Darstellungen wurde ein und dieselbe Vorlage verwendet. Die Übereinstimmungen zeigen sich in der grundsätzlichen Form des Gesichts mit einer parallel zur Körperachse verlaufenden Stirnlinie mit schwacher Wölbung, der Form der Nase mit den breiten Nasenflügeln, der Form und Lage der Augen, dem Schwung der Augenbrauen, der Form der Barttracht und nicht zuletzt der farbigen Fassung. Auf dem Haupt trägt Karl IV. eine doppelspitzige weiße Mitra mit infulae, darüber eine Bügelkrone mit Pendilien, die auf die Schulter fallen. Der Kronreif hat an der Oberseite Aufsätze aus dreipassförmigen Kolbenperlen und kleineren Dreipässen oder stilisierten Lilien dazwischen. Der Bügel spannt sich von Stirn zum Nacken über die Mitra und ist an der Oberseite mit Krabben besetzt. In Hinblick auf ihre Grundform als Bügelkrone mit seitlichen Pendilien sei an die Reichskrone erinnert. Der relativ schmale Kronenreif mit großen Aufsätzen findet sich unter anderem in der böhmischen Königskrone wieder. Sollte die Krone eine Synthese beider widerspiegeln?

4.5 Karlstein, Kreuzkapelle *(Kat. Nr. 3)*

In der nordöstlichen Fensternische der Kreuzkapelle auf Karlstein findet sich eine Szene mit der Anbetung der Magier. Der dritte der Könige wird in der Literatur mit Karl IV. in Verbindung gebracht, sein Antlitz als verstecktes Porträt des Kaisers angesehen.[91]

1936; STEJSKAL, K., Kultur, 1978, S. 111; WAMMETSBERGER, H., Individuum, 1967, S. 89
[91] so etwa bei: COLSMANN, G, Denkmale, Bd. 2, 1955, S. 185-187; NEUWIRTH, J., Mittelalterliche Wandgemälde und Tafelbilder der Burg Karlstein in Böhmen, Prag 1896, S. 75; vgl. WAMMETSBERGER, H., Individuum, 1967, S. 89

Der dritte König ist im Profil zu sehen. **(Abb. 34)** Wie bei dem Bildnis des Herrschers der Supraporta in der Katharinenkapelle ist die Verbindung zur zweiten und dritten Reliquienszene in der Marienkirche nicht zu leugnen. Vor allem mit dem Bildnis Karls IV. in der zweiten Reliquienszene lassen sich physiognomische Übereinstimmungen feststellen: die leicht konkav gebogene Nase, die in breiten Nasenflügeln endet, die Prominenz zwischen den Augenbrauen, der Schwung der Augenbrauen selbst, die Form und Anordnung des Auges und nicht zuletzt die Mundpartie mit dem leichten Überbiss und der Gestaltung der Barttracht.

4.6 Morgan-Tafeln *(Kat. Nr. 7)*

Das in der Pierpont Morgan Library in New York verwahrte Diptychon zeigt auf seiner rechten Tafel die Anbetung der Magier. Der zweite König wird in der Literatur als der kryptoporträtierte Kaiser Karl IV.[92] betrachtet. **(Abb. 35)** Die stehende Figur ist im Dreiviertelprofil Maria zugewendet und hält mit beiden Händen einen Kelch vor seiner Brust. Auf dem Haupt trägt er eine Krone.

Wie im Missale des Johann von Neumarkt zitiert das Antlitz hier die beiden Bildnisse auf dem Prager Reliquienkreuz. Das breite Gesicht mit den großen Augen, den hervortretenden Wangen, der hohen Stirn, der langen und geraden Nase, der Formierung der Mundpartie und letztendlich der Barttracht ist in vergleichbarer Weise wiedergegeben. In Abweichung dazu ist ein fliehendes Kinn angedeutet. Der Herrscher hat schulterlanges Haar und trägt Vollbart. Im Unterschied zur Beschreibung *Villanis* ist die Haarfarbe im Missale und auf der Morgan-Tafel nicht dunkel, sondern braun bis blond.

---

[92] so etwa bei: KUTAL, A., Gotische Kunst in Böhmen, Prag 1971, S. 64; Pešina, J., Imperium und sacerdotium. Zur Inhaltsdeutung der sog. Morgan-Täfelchen, in: Umění 26, 1978, S. 521-528 mit Verweis auf Dostal, E., Iluminované rukopisy svatojakubské knihovny v Brně, in: Časopis Matice Moravské 50, 1926, S. 125 (Illuminierte Handschriften der Bibliothek von St. Jakob in Brno); POLLEROSS, F., Anfänge, 1993, S. 23

PHYSIOGNOMIE UND ATTRIBUTE AUF DEN BILDNISSEN KAISER KARLS IV.

Die Krone besteht aus einem schmalen Kronreif mit Aufsätzen aus stilisierten Dreipassformen an der Oberseite. Der König trägt einen roten Mantel mit hellem Muster. Alternierend treten Bänder aus vegetabil-geometrischen Formen und Adlermotiven in Erscheinung. Die Adler selbst haben ausgebreitete und erhobene Flügel, ihr Kopf ist nach links gewendet. Nicht nur in Anbetracht physiognomischer Übereinstimmungen, auch in Hinblick auf das Herrscherornat ist eine Verbindung zum Prager Reliquienkreuz festzustellen. Das Motiv des Adlers ist auf beiden Mänteln anzutreffen. Es wurde zwar unterschiedlich ornamental umgesetzt, zeigt aber jeweils den mit ausgebreiteten und erhobenen Flügeln nach links blickenden Adler. Diese Musterung fällt um so mehr ins Auge, weil die Kleidung der begleitenden Figuren wesentlich schlichter und unaufwendiger ausfällt. In diesem Zusammenhang mag man sich auch die in der Weltlichen Schatzkammer in Wien verwahrte Adlerdalmatika ins Gedächtnis rufen.

4.7. Liber viaticus des Johann von Neumarkt *(Kat. Nr. 14)*

Im Liber viaticus des Johann von Neumarkt findet sich in der Initiale O auf fol. 97v eine Epiphanie-Szene. Die kompositorisch mit der Szene der rechten Morgan-Tafel verwandte Darstellung betont die Stellung des zweiten Magiers durch eine besonders reiche Ausstattung von Ornat und Attribut. Die Krone ist mit stilisierten Lilien auf der Oberseite besetzt; die mitraähnliche, zwiebelförmige Haube darunter überragt die Krone selbst in ihrer Größe. Der Magier trägt einen Mantel, der am Kragen mit Hermelin besetzt ist.

Seine Physiognomie zeichnet sich aus durch eine hohe Stirn, markante Wangen, etwas auseinander stehenden Augen und einer großen und langen Nase mit breiten Nasenflügel und verweist somit auf die tradierten gesicherten Bildnisse Karls IV. sowie auf das Devotionsbild in der Wenzelskapelle. Hinzu kommt, dass der Kopftypus mit dem leicht erhobenen, ins Dreiviertelprofil gewendeten Gesicht, in der Art bereits im Pontifikale des Albert von Sternberg, in der Lateinischen Bibel in Krakau, in der Wenzelskapelle sowie auf der Votivtafel des Jan Očko von Vlašim anzutreffen ist.

Zur Physiognomie der Kryptoporträts siehe auch die Zusammenfassung in Tabelle 6.1 und 6.2.

V. EXKURS: FAMILIENPHYSIOGNOMIE UND PORTRÄTREALISMUS AM PRAGER HOF IM 14. JH.

1. FAMILIENPHYSIOGNOMIE

Johann von Luxemburg heiratete im Jahre 1310 Elisabeth von Böhmen. Aus der Ehe gehen insgesamt sechs Kinder hervor. Von diesen sind zwei im Triforium von St. Veit zu sehen: Wenzel, der spätere Karl IV. und sein Bruder Johann Heinrich. Elisabeth von Böhmen starb im Jahre 1330. Vier Jahre später vermählte sich König Johann mit Beatrix, der Tochter Ludwigs I. von Frankreich. Aus dieser Verbindung geht Wenzel hervor, der Halbbruder Karls IV., der ebenfalls mit einer Büste im Triforium von St. Veit vertreten ist.

Im engeren Sinne bilden die Triforiumsbüsten einen genealogischen Zyklus, mit Karl IV. als Zentrum und wichtigen Mitgliedern des Hauses Luxemburg. Dazu gehören die Eltern Karls IV., Johann und Elisabeth, die vier Gemahlinnen des Kaisers, sein Halbbruder Wenzel von Luxemburg, sein Bruder Johann Heinrich, und der Sohn Karls IV. mit Anna von Schweidnitz Wenzel, der spätere Wenzel IV. samt Gemahlin. Bei der Gegenüberstellung der Büsten vor allem der männlichen Familienmitglieder lassen sich in Hinblick auf physiognomische Charakteristika Parallelen konstatieren. Dabei ist zu beachten, dass der Büstenzyklus keinen aktuellen politischen status quo des Hauses Luxemburg und wichtiger Mitglieder des Hofes abbildet, sondern in seiner Präsenz drei Generationen – von König Johann von Böhmen bis Wenzel IV. – umfasst. Interessanterweise finden sich auch alle Gemahlinnen Kaiser Karls IV. und nicht nur die für eine Genealogie wichtige Mutter König Wenzels IV., Anna von Schweidnitz. Die von KLETZL[93] festgestellten Typisierungen und Gruppierungen einzelner Büsten – so etwa bei Elisabeth von Pommern und König Johann, Johann

---

[93] vgl. KLETZL, O., Zur Parlerplastik, in: Wallraf- Richartz- Jahrbuch, N.F. II/III, 1933/34, S. 100-154, S. 107

Heinrich und Anna von der Pfalz oder aber Johanna von Bayern und Anna von Schweidnitz – sind hierbei für den Verfasser nicht nachvollziehbar.

König Johann von Böhmen, der Vater Karls IV. tritt im Triforium von St. Veit mit einem insgesamt länglichen und schmalen Gesicht in Erscheinung. *(Kat. Nr. 8.8)* Er hat markante Wangen, seine großen Augen treten leicht hervor. Die Nase ist groß, lang und spitz zulaufend, die Oberseite dabei leicht konvex nach außen gewölbt. Die hohe Stirn ist leicht gewölbt, der Oberkiefer weist einen leichten Überbiss auf. Die Haare berühren die Schultern, die Barttracht bildet ein Vollbart. Der Vergleich der physiognomischen Charakteristika Johanns von Böhmen mit denen Karls IV. *(Kat. Nr. 8.1)* lässt das Gesicht des Vaters insgesamt etwas schmaler erschienen als das seines Sohnes. Das Gesicht ist weniger rundlich und wohlgenährt. Die Nase ist etwas schmaler, länger und spitzer, sie ist leicht konvex nach außen gebogen. Die wichtigen Eigenschaften stimmen jedoch überein: die Form der Nase, die hohe, fast senkrecht aufsteigende Stirn, die großen Augen, nicht zuletzt der leichte Überbiss im Mundbereich. Johann hat im Unterschied zu Karl einen Vollbart, Karl selbst Oberlippenbart und Kinnbart. Karl wirkt alles in allem als ein feisteres ‚Abbild' seines Vaters.

Elisabeth von Böhmen, die Gemahlin Johanns von Luxemburg und Mutter Karls IV. besitzt ein leicht ovales, rundliches und volles Gesicht. *(Kat. Nr. 8.9)* Die großen Augen treten leicht hervor, die hohe Stirn ist stark gewölbt. Die Nase ist relativ groß, an der Oberseite leicht konkav gebogen mit breiten Nasenflügeln. Mit der Physiognomie der Büste Karls IV. stimmen die volle Gesichtsform und die große Nase mit relativ breitem Nasensteg und breiten Nasenflügeln überein.

Das etwas dickliche und feiste Gesicht Johann Heinrichs von Mähren *(Kat. Nr. 8.6)* **(Abb. 36)** besitzt markante Wangen, große, leicht hervortretende Augen, eine große, eher dickliche Nase mit breiten Nasenflügeln und einen leichten Überbiss des Oberkiefers. Die Nase ist s-förmig geschwungen, von unten nach oben zuerst konkav, dann konvex. Die hohe Stirn steigt fast gerade senkrecht nach oben. Die direkte Gegenüberstellung der Büsten Johann Heinrichs und Karls IV. lässt ein enges verwandtschaftliches Verhältnis vermuten. Die Physiognomie der beiden Brüder zeigt im Grad der Ausprägung bestimmter Gesichtspartien wie dem Bereich der Augen und der Nase natürlich Unterschiede, stimmt jedoch im Wesentlichen überein: so beim Oval des Gesichts, der Form der eher großen und dicken Nase mit den breiten Nasenflügeln, den markanten Wangen, der Augenpartie, der hohen, fast gerade aufsteigenden Stirn und nicht zuletzt der Mundpartie, einschließlich der Barttracht. Wenzel von Luxemburg *(Kat. Nr. 8.7)* ist sprichwörtlich seinem Vater Johann aus dem Gesicht geschnitten. Er hat ein leicht hageres, längliches Gesicht mit großen Augen, einer leicht gewölbten Stirn, markanten Wangen und einer großen, geraden und leicht spitzen Nase.

Gerade die Übereinstimmungen der physiognomischen Eigenschaften zweier Bildnispaare König Johann von Böhmen – Wenzel von Luxemburg und Kaiser Karl IV. – Johann Heinrich von Mähren wirft die Frage nach einer tatsächlichen Familienphysiognomie auf bzw. inwieweit ‚Porträtskizzen' als Vorlage für den Bildhauer dienten, ob der Künstler Gesichtszüge nachträglich ‚passend' modelliert hat (im Falle bereits verstorbener Personen) oder ob einfach ein Kopftypus in Variation mehrmals verwendet worden ist. Interessant hierbei wäre der Vergleich mit den Ergebnissen von osteologischen Untersuchungen.

2. Bildnisse der Gemahlinnen Karls IV. und der Prager Erzbischöfe

Für die Gemahlinnen Karls IV. sowie die Prager Erzbischöfe sind keine Textquellen bekannt, die in Bezug auf ihr Aussehen bzw. ihre physiognomischen Charakteristika Auskunft geben. Ein Vergleich wird anhand der Bildnisse selbst vorgenommen und soll feststellen ob zumindest ein Gesichtstypus für ein und dieselbe Person verwendet worden war.

Für Blanche de Valois, Anna von der Pfalz, Anna von Schweidnitz sowie Elisabeth von Pommern liegend zudem Messdaten der osteologischen Untersuchungen Matiegkas[94] vor. Da der Arbeit eine beschreibende Auswertung fehlt, findet sie im Folgenden keine Berücksichtigung.

2.1 Anna von Schweidnitz und Elisabeth von Pommern

Anna von Schweidnitz, die dritte Gemahlin Karls IV., tritt als Büste im Triforium von St. Veit in Erscheinung *(Kat. Nr. 8.3)* und wird als das Gegenüber des Kaisers auf der Supraporta sowie auf dem Altarbild der Karlsteiner Katharinenkapelle angesehen[95]. Bei den ersten beiden Bildnissen ist sie charakterisiert durch ein ovales Gesicht, eine hohe Stirn und ein kleines, jedoch markantes Kinn. Die Nase ist lang und gerade. Die mandelförmigen Augen laufen an den Außenseiten leicht spitz zu, es sind kleine Tränensäcke auszumachen. Auf dem Altarbild sind ihre rundlichen Augen und ihr Mund relativ klein.

Im Kontext der Bildnisse Kaiser Karls IV. im Dom von St. Veit in Prag erscheint seine Gemahlin Elisabeth von Pommern dreimal: als Pendant der Devotionsfigur des Herrschers auf dem Mosaik der Porta Aurea, ebenso in der Wenzelskapelle und als Büste im Triforium *(Kat. Nr. 8.2)*. Bei allen drei Bildnissen hat die Herrscherin ein

---

[94] vgl. Matiegka, J., Tělesné pozůstatky, 1932
[95] siehe dazu die Anmerkungen in Kapitel IV. 1.5 und 4.4

FAMILIENPHYSIOGNOMIE UND PORTRÄTREALISMUS AM PRAGER HOF

rundliches, am Kinn leicht ovales Gesicht mit rundlicher, dicklicher Wangen- und Backenpartie. Die Augen liegen leicht auseinander. Auf dem Mosaik und im Triforium sind sie relativ groß, bei allen drei Bildnissen jedoch mandelförmig und zu den Außenseiten hin leicht nach oben verlaufend. Die Nase ist in allen drei Beispielen groß, mit breiter Nasenwurzel, breitem Nasensteg und breiten Nasenflügeln. Im Vergleich dazu ist der Mund klein. Eine hohe Stirn ist im Triforium und in der Wenzelskapelle festzustellen. Die Haare Elisabeths sind lang, an der Porta Aurea und in der Wenzelskapelle fast hüftlang, und leicht gewellt im Triforium und auf dem Mosaik. Der Abstand der Augenbrauen von den Augen selbst ist im Triforium und in der Wenzelskapelle relativ groß; im Triforium und auf dem Mosaik tritt zudem der dicke Hals markant in Erscheinung. Die Herrscherin ist bei allen drei Bildnissen als im Gesicht recht wohlgenährte, feiste Person dargestellt mit rundlichem, an der Kinnpartie leicht spitz zulaufendem Gesicht. Die rundliche Wangen- und Backenpartie und der dicke, zum Teil fast kropfartige Hals unterstützen den Eindruck. Der Mund ist im Vergleich dazu recht klein.

Relativ einfach lassen sich die Bildnisse Annas von Schweidnitz und Elisabeths von Pommern beschreiben und anhand ihrer Datierung den Herrscherinnen zuordnen. Die physiognomischen Charakteristika stimmen dabei weitgehend überein. Problematisch dagegen scheint es den umgekehrten Weg zu gehen, d.h. eine personale Zuordnung auf Grundlage der Bildnisse selbst. Es stellt sich die Frage, ob es überhaupt möglich ist, den Wiedererkennungscharakter eines Gesichts zu beschreiben. Bei den Triforiumsbüsten wird recht deutlich zwischen den beiden Frauen unterschieden – Anna mit dem eher filigranen, schmächtigen Gesicht, Elisabeth als die burschikose und feiste. Bei den Beispielen aus der Flächenkunst wird diese Trennung unklarer. Das Herrscherinnenbildnis auf der Supraporta der Katharinenkapelle wird anhand seiner Datierung kurz vor oder um 1360 Anna von Schweidnitz zugeordnet. Die physiognomischen Charakteristika stimmen überwiegend mit den anderen Bildnissen überein, gleichzeitig erinnert der untere Teil der Nasenpartie sowie der Kinnbereich eher an die Büste Elisabeths im Triforium. Es stellt sich die Frage, inwieweit der Künstler bestrebt war, neben Karl IV. selbst auch sein weibliches Gegenüber individualisiert abzubilden. Wurden beide Gemahlinnen Anna und Elisabeth quasi in dem Bildnis vereint? Sind vielleicht weder Anna noch Elisabeth dargestellt? Der Ikonographie des Bildes liegt wohl eindeutig die Kreuzeserhebung Konstantins und Helenas zugrunde. Bekanntermaßen war Helena nicht die Gemahlin, sondern die Mutter Konstantins. Sollte somit vielleicht Elisabeth von Böhmen, die Mutter Karls IV., als dessen Gegenüber in der Katharinenkapelle abgebildet sein? Was ihre Physiognomie angeht, gibt lediglich die Büste im Triforium von St. Veit Auskunft. Wie bereits oben erwähnt, besitzt sie ein leicht ovales, rundliches und volles Gesicht. Die großen Augen treten leicht hervor, die hohe Stirn ist stark gewölbt. Die Fülle ihres Gesichts nimmt fast eine Mittelstellung zwischen dem Annas von Schweidnitz und dem Elisabeths von Pommern ein. Gerade in Hinblick auf die allgemeine Gesichtsform, die Bildung der Nase und der Kinnpartie ergeben sich Parallelen zur Supraporta in Karlstein.

2.2 Ernst von Pardubitz und Jan Očko von Vlašim

Einen Überblick über die Bildnisse, einschließlich der Siegelbildnisse des Ernst von Pardubitz gibt ROYT.[96] Auf dem Tafelbild der sog. Glatzer Madonna[97] (nach 1344, Berlin, Gemäldegalerie, Kat. Nr. 1624) ist das Gesicht des Ernst von Pardubitze im Dreiviertelprofil zu sehen. (**Abb. 37**) Sein rundes, feistes Gesicht läuft zum Kinn hin leicht spitz zu. Das Kinn selbst und der Mund sind relativ klein. Die Ansätze einer Hasenscharte sind zu erkennen. Die mandelförmigen Augen liegen weit auseinander

---

[96] ROYT, J., Die ikonologische Interpretation der Glatzer Madonnentafel, in: Umění 46, 1998, S. 51-60
[97] vgl. dazu ROYT, J., Madonnentafel, 1998, S. 51-60 und SUCKALE, R., Die Glatzer Madonnentafel des Prager Erzbischofs Ernst von Pardubitz als gemalter Marienhymnus, in: Wiener Jahrbuch für Kunstgeschichte 46/47, 1993/94, S. 737-756

und treten etwas hervor. Die Tendenz zu einer Lidfalte ist vorhanden. Die Augenbrauenbögen sind stark betont. Die Nase ist von den Proportionen normalgroß, geht aber ohne Absatz in die Stirnpartie über. Die Haare sind hellbraun und zeigen die Mönchstonsur.

In der Kirche des Hl. Bartholomäus in Prag-Kyje ist die stehende Figur Ernst von Pardubitzes[98] als Wandgemälde erhalten. Die Inschrift benennt ihn als Prager Erzbischof. Das Gesicht ist charakterisiert durch ein kleines, leicht spitz zulaufendes Kinn, lange, parabolisch verlaufende Augenbrauenbögen, auseinander liegende Augen und einen kleinen Mund. Der Wiedererkennungseffekt ist hierbei nur mit Einschränkungen gegeben. Eine deutliche Verbindung mit der Glatzer Madonnentafel in Hinblick auf die Wiedergabe physiognomischer Charakteristika ist beim Lateinischen Graduale Ernst von Pardubitzes (1363, Praha, Knihovna metropolitní kapituly u sv. Víta., P7)[99] nachzuweisen. Die Miniatur auf fol. 1v zeigt in der Initiale A den Erzbischof in devotionaler Haltung vor dem thronenden Christus. (**Abb. 38**) Wie auf dem Glatzer Madonnenbild ist der Kopf der Devotionsfigur im Dreiviertelprofil nach oben erhoben. Die Tonsur, das runde Gesicht, das kleine Kinn, der kleine Mund und die weit auseinander liegenden, nach außen spitz zulaufenden Augen geben die wichtigsten physiognomischen Charakteristika wieder.

Auf dem nach ihm benannten Votivbild (Praha, Národní Galerie, Inv.Nr. O 84) erscheint der Stifter Erzbischof Jan Očko von Vlašim im unteren Register. (**Abb. 39**) Er kniet im Profil nach links gewendet zwischen den Hll. Prokopius und Adalbert auf der linken und den Hll. Veit und Ludmilla auf der rechten Seite. Sein Gesicht ist ohne Bart im Profil zu sehen. Er hat eine große und dicke Nase, sein Oberkiefer zeigt einen starken Überbiss. Die bzw. das große runde Auge hat ein leichtes Schlupflid.

---

[98] vgl. ROYT, J., Madonnentafel, 1998, S. 54ff
[99] vgl. dazu ROYT, J., Madonnentafel, 1998, S. 55f.; vgl. PODLAHA, A., Knihovna kapitulní, Praha 1903, S. 35-39 (= Soupis památek historických a uměleckých v království českém od pravěku do počátku XIX. století), S. 229f.; vgl. STEJSKAL, K., Umění na dvoře Karla IV., Praha 1978, S. 66 und S. 226

Der Winkel von Nase und Stirn stimmen fast überein. Jan Očko besitzt zudem große Ohren. Bartlos ist der zweite Prager Erzbischof auch im Triforium von St. Veit. **(Abb. 40)** Sein rundliches Gesicht hat dicke und breite Wangen und fleischige Backen. Die Nase ist sowohl an der Wurzel, als auch an der Spitze relativ breit. Die großen Augen zeigen leichte Schlupflider. Am Oberkiefer ist ein leichter Überbiss festzustellen, eine Hasenscharte ist angedeutet. Seine Stirn steigt von unten nach oben erst gerade an, wölbt sich im oberen Bereich stark. Auf dem Bild mit der Himmelfahrt Christi des Meisters von Hohenfurth (um 1350, Praha, Národní Galerie, Inv. Nr. O 6793) besitzt die zweite Figur von rechts in der hinteren Reihe eine sehr hohe, fliehende Stirn, eine lange Knollennase, dünne Augenbrauen, Schlupflider und einen leichten Überbiss des Oberkiefers. **(Abb. 41)** Die physiognomischen Eigenschaften deuten auf ein Kryptoporträt Jan Očkos von Vlašim hin.

VI. Ikonographie der Bildnisse Kaiser Karls IV.

1. Ikonographie der Siegelbildnisse

Auf der sog. königlichen Goldbulle *(Kat. Nr. 1.4)* wird Karl IV. in der Um- und Inschrift als römischer und böhmischer König bezeichnet. Das Bild auf der Vorderseite zeigt den Herrscher auf einer gotisierenden, an der Rückseite gegitterten Thronarchitektur frontal zum Betrachter sitzend. **(Abb. 18)** In seiner linken Hand hält er den Reichsapfel mit Kreuz, in seiner rechten Hand das Szepter mit stilisierter Lilie am oberen Ende. Auf seinem Haupt trägt er eine Laub- oder Lilienkrone, von der zwei infulae auf seine Schultern fallen. Das Bildschema des in Ganzfigur thronenden, frontal zum Betrachter gerichteten Herrschers findet sich in Variationen auch bei weiteren Siegelbildnissen Karls IV. wieder. Das Siegel mit Karl als böhmischen König und Graf von Luxemburg *(Kat. Nr. 1.2)* und Siegel mit Karl als römischen und böhmischer König *(Kat. Nr. 1.3)* sind vom schematischen Bildaufbau identisch und unterscheiden sich nur geringfügig: der Herrscher thront frontal zum Betrachter gerichtet, in der Linken den Reichsapfel mit Kreuz, in der Rechten das Szepter mit Lilien am oberen Ende. **(Abb. 16 und Abb. 17)** Auf dem Haupt trägt er eine Lilienkrone. Die Besonderheit der beiden Siegel sind die zu beiden Seiten des Thrones angebrachten Wappenschilde, die entsprechend zu den in den Umschriften genannten Herrschertitel gestaltet sind. Auf dem ersten Siegel flankieren der böhmische Löwe und der luxemburgische Löwe den Thron, der böhmische Löwe und der Reichsadler entsprechend auf dem letzten Siegel. Die sog. kaiserliche Goldbulle *(Kat. Nr. 1.5)* unterscheidet sich ikonographisch nur insofern von den letzten beiden genannten, dass der Herrscher nicht auf einer Thronarchitektur, sondern auf einer Thronbank sitzt, beidseitig flankiert von Wappenschilden mit dem Böhmischen Löwen und dem Reichsadler. Zudem trägt er auf seinem Haupt Mitra und Bügelkrone. **(Abb. 19)**

IKONOGRAPHIE DER BILDNISSE KAISER KARLS IV.

In Hinblick auf das allgemeine Bildschema stehen die königliche Goldbulle und die genannten Variationen in der Tradition mitteleuropäischer Siegelbildnisse seit der ersten Jahrtausendwende. Mit dem Siegel Ottos III.[100] erscheint ein frontal zum Betrachter gerichteter, auf einer Thronbank sitzender Herrscher, der in der Linken den Reichsapfel, in der Rechten das Szepter hält. Bei Konrad III. (1138-1152) und seinem Nachfolger Friedrich I. (1152-1190) wird die Thronbank von einer Thronarchitektur abgelöst.[101] Nicht zuletzt verwendet auch Ludwig der Bayer diese Form bei seinem Königssiegel.[102]

Bei den Přemyslidenfürsten ist eine vergleichbare Siegelikonographie festzustellen: Auf den Siegeln König Vladislavs I. bis 1169[103] thront der Herrscher frontal zum Betrachter gerichtet auf einer Thronbank bzw. auf einem Thron, die herrschaftlichen Insignien in den Händen haltend. In vergleichbarer Weise treten sowohl Otokar I. Přemysl 1192/93 als Herzog[104] und ab dem Jahre 1222 als König[105], als auch König Otokar II. Přemysl[106] in Erscheinung. Die Siegel Otokars II. zeigen auch bereits Wappenschilde, die den Thron flankieren. Die Siegel seines Nachfolgers Wenzel II. greifen dies auf und zeigen auf dem Königssiegel bis 1297[107] auf der linken Seite des Thrones ein Schild mit dem Böhmischen Löwen; ab 1301 flankieren zwei Wappenschilde mit Adler und dem Böhmischen Löwen [108]den Thron.

---

[100] vgl. POSSE, O., Siegel, Bd. 1, 1909, Tf. 10,1
[101] zu Konrad III. vgl. POSSE, O., Siegel, Bd. 1, 1909, Tf. 21,1; zu Friedrich I. vgl. POSSE, O., Siegel, Bd. 1, 1909, Tf. 21,2, Tf. 22,1, etc.
[102] vgl. POSSE, O., Siegel, Bd. 1, 1909, Tf. 50,5; vgl. SUCKALE, R., Die Hofkunst Kaiser Ludwigs des Bayern, München 1993, Abb. 5. Zu den Besonderheiten der Siegelbildnisse zählen der Löwenthron auf der Goldenen Bulle und der Adlerthron auf dem Kaisersiegel Ludwigs des Bayern; vgl. dazu SUCKALE, R., Hofkunst, 1993, S. 31f und Abb. 16a, Abb. 17
[103] vgl. ČAREK, J., O pečetech českých knížat a králů z rodu Přemyslova, in: Sborník příspěvků k dějinám hlavního města Prahy 8, 1938, S. 1-56 (Über die Siegel der böhmischen Fürsten und Könige aus dem Geschlecht der Přemysliden), S. 7, Tf. I,1u. Tf. 2
[104] vgl. ČAREK, J., O pečetech, 1938, S. 10 u. Tf. III rechts
[105] vgl. ČAREK, J., O pečetech, 1938, S. 11f., Tf. IV,1 u. 2, Tf. V,1 u. 2
[106] vgl. ČAREK, J., O pečetech, 1938, S. 15f. u. Tf. VI links
[107] vgl. ČAREK, J., O pečetech, 1938, S. 17f u. Tf. VII links
[108] vgl. ČAREK, J., O pečetech, 1938, S. 18 u. Tf. VIII links

IKONOGRAPHIE DER BILDNISSE KAISER KARLS IV.

Stehen die bisher angeführten Siegel Karls IV. in der ikonographischen Tradition der Siegelbildnisse etwa ab dem Jahre 1000, lässt sich das sog. Kaisersiegel *(Kat. Nr. 1.6)*, auf dem Karl IV. als böhmischer König und römischer Kaiser erscheint, direkt auf ein Vorbild zurückführen. (**Abb. 20**) Der Herrscher thront frontal zum Betrachter gerichtet, den Reichsapfel in seiner Rechten und das Szepter in der Linken. Auf dem Haupt trägt er Mitra und Bügelkrone, von der zwei infulae auf seine Schultern hängen. Die Thronbank wird beidseitig flankiert von zwei Adlern, die ihre Flügel spreizen. In ihren Schnäbeln halten sie jeweils einen Ring, an dem ein Wappenschild hängt. Die Umschrift benennt Karl als römischen Kaiser und böhmischen König. Dementsprechend finden sich auf den Wappenschilden der böhmische Löwe und der Reichsadler abgebildet. Bereits bei Ludwig dem Bayern findet sich ein Siegel[109], auf dem der thronende Herrscher von zwei Adlern begleitet wird. Im Unterschied zum Siegel Karls IV. tragen diese jedoch keine Wappenschilde, sondern flankieren lediglich den Thron beidseitig. Nicht von Adlern, sondern von Löwen wird die Thronbank Ludwigs des Bayern auf der Goldenen Bulle[110] umgeben, was wiederum die Siegelikonographie dessen Vorgängers Heinrichs VII. zitiert.[111] Die Rückseite des sog. Kaisersiegels Karls IV.[112] *(Kat. Nr. 1.6)* greift direkt auf ein Siegel des Großvaters Karls IV., Heinrichs VII.[113] zurück. Es findet sich jeweils ein nach rechts blickender Adler, die Umschrift ist bis auf einen Buchstaben identisch.

Neben den Siegeln und Bullen Karls IV., bei denen der Herrscher frontal thronend erscheint, existiert ein zweiter Siegeltypus: das Reitersiegel. Auf der Vorderseite des sog. Mährischen Markgrafensiegels *(Kat. Nr. 1.1)* befindet sich ein von links nach rechts galoppierendes Pferd, einen Ritter auf seinem Rücken tragend. (**Abb. 15)**

---

[109] vgl. dazu COLSMANN, G., Denkmale, Bd. 2, 1955, S. 116ff und POSSE, O., Siegel, Bd. 1, 1909, Tf. 51,1
[110] vgl. SUCKALE, R., Hofkunst, 1993, S. 31f. u. Abb. 16a
[111] vgl. COLSMANN, G., Denkmale, Bd. 2, 1955, S. 63ff und POSSE, O., Siegel, Bd. 1, 1909, Tf. 47,1
[112] vgl. POSSE, O., Siegel, Bd. 2, 1910, Tf. 3,5
[113] vgl. POSSE, O., Siegel, Bd. 1, 1909, Tf. 47,2

Dieser hält mit seiner linken Hand ein Wappenschild vor seinen Körper, in seiner Rechten führt er ein Schwert über seinem Kopf. Die Umschrift benennt Karl IV. als Markgraf von Böhmen. Der Typus des Reitersiegels ist bereits zur Zeit des Schwabenherzogs Heinrich VII. (1220-1242) zu nachweisbar.[114] Eine ikonographische Tradition der Reitersiegel, an deren Ende das Karls IV. steht, beginnt offenbar bei den Přemyslidenfürsten: Auf dem Siegel Herzog Otokars I. Přemysl (später König von Böhmen und Mähren) von 1193[115] erscheint ein von rechts nach links galoppierendes Pferd mit Reiter im Profil. In seiner Linken hält er ein Wappenschild mit Adlerwappen, in seiner Rechten eine wehende Fahne. Das Siegel Heinrich Vladislavs (Markgraf von Mähren und Bruder Otokars I. Přemysl) von 1213[116] zeigt einen von links nach rechts galoppierenden Reiter im Profil. Der Fürst hält in seiner linken Hand die wehende Fahne, mit seiner Rechten ein Wappenschild mit Löwen[117] vor seinen Leib. Kompositorisch ähnlich ist das Reitersiegel des mährischen Markgrafen Vladislav II. Přemysl von 1233.[118] Die Siegel König Otokars II. Přemysl ab 1264[119] und Wenzels II. ab 1283[120] sind hinsichtlich ihres Bildaufbaus identisch mit dem Reitersiegel Johanns von Luxemburg:[121] der jeweils in der Umschrift genannte Herrscher befindet sich auf einem von rechts nach links galoppierenden Pferd. In seiner linken Hand hält er jeweils ein Wappenschild, in seiner Rechten eine mit Fahne versehene und nach vorne gerichtete Lanze. Auf seinem Kopf trägt er jeweils einen mit Federn verzierten Helm. Das Bild auf dem Reitersiegel Karls IV. ist achsensymmetrisch zu den drei

---

[114] vgl. POSSE, O., Siegel, Bd. 1, 1909, Tf. 31,1
[115] vgl. ČAREK, J., O pečetech, 1938, S. 53 u. Tf. III links
[116] vgl. ČAREK, J., O pečetech, 1938, S. 19f u. Tf. I,3
[117] Hier erscheint zum ersten Mal der sog. böhmische Löwe. vgl. ČAREK, J., O pečetech, 1938, S. 19f. Zur Heraldik der Přemysliden vgl. einführend ZELENKA, A., Bemerkungen, 1978, S. 312ff
[118] vgl. ČAREK, J., O pečetech, 1938, S. 20 und Tf. IV,3
[119] vgl. ČAREK, J., O pečetech, 1938, S. 15f. und Tf. VI rechts
[120] vgl. ČAREK, J., O pečetech, 1938, S. 17f., Tf. VII rechts u. Tf. VIII rechts
[121] vgl. POSSE, O., Siegel, Bd. 1, 1909, Tf. 48,5

genannten und unterscheidet sich darüber hinaus dadurch, dass der Herrscher keine Lanze vor sich, sondern ein Schwert über seinem Kopf führt.

2. IKONOGRAPHIE DER DEVOTIONSBILDER

2.1 Begriff und Überblick

Zwei Arbeiten von SCHRAMM bilden die Basis der Forschung zur Herrscherikonographie des frühen und hohen Mittelalters.[122] In diesem Zusammenhang konstatiert er drei Haupttypen des Herrscherbildes: das *Belehnungsbild*, das *Trabantenbild* und das *Devotionsbild*.[123] Im *Devotionsbild* bringe dabei der Herrscher seine Verehrung gegenüber Christus oder Maria (nicht gegenüber Gottvater) zum Ausdruck, indem er als Betender mit oder ohne Buch vor diese tritt[124], respektive in proskynetischer Haltung vor ihnen erscheint. Als karolingische Beispiele hierfür seien die Darstellungen der betenden Herrscher Ludwigs des Deutschen (Berlin, Staatsbibliothek, Ms. theol. lat. fol. 58, fol. 120r) und Karls des Kahlen genannt (Gebetbuch Karls des Kahlen, zwischen 846 und 869, Reims (?), München, Schatzkammer der Residenz, fol. 38v) angeführt. Als Stifter in Stifterbildern findet sich auch Otto I. auf einer Elfenbeintafel des sog. Magdeburger Antependiums (New York, The Metropolitan Museum of Art, Inv.Nr. 41.100.157). In der Folgezeit werde das Schema des Devotionsbildes mit großer Vorliebe benutzt, es bleibe meist darauf beschränkt, den Fürsten stehend an Christus oder den Heiligen herantreten oder vor ihm knien zu lassen.[125] ZINSERLING bemerkt zur Entwicklungsgeschichte des Stifterbildnisses ergänzend: „In dem Zeitraum von annähernd 4 Jahrhunderten läßt sich zwar eine Entwicklung der Buchmalerei in formaler Hinsicht feststellen, nicht aber eine solche der Stifterdarstellungen. Die frühesten Beispiele gleichen durchaus des spätesten. Das

---

[122] siehe dazu SCHRAMM, P.E., Das Herrscherbildnis in der Kunst des frühen Mittelalters, in: Bibliothek Warburg, Vorträge 1922/23, 1, Berlin 1924, S. 145-226 und SCHRAMM, P.E., Die deutschen Kaiser und Könige in Bildern ihrer Zeit, Teil 1, Bis zur Mitte des 12. Jahrhunderts (751-1152), Berlin 1928
[123] vgl. SCHRAMM, P.E., Herrscherbildnis, 1924, S. 167ff
[124] vgl. LACHNER, E., „Devotionsbild", in: RdK, Bd. 3, 1954, Sp. 1367
[125] vgl. SCHRAMM, P.E., Herrscherbildnis, 1924, S. 177

IKONOGRAPHIE DER BILDNISSE KAISER KARLS IV.

zeigt sich, wenn wir etwa die um 850 entstandene Darstellung Karls des Kahlen aus seinem Gebetbuch (...) mit der des Mönches Conradus Peccator v. Scheyern (...) aus der Zeit von etwa 1230/35 vergleichen."[126] In beiden Fällen werden Rang und Würde des Dargestellten durch Ornat und Insignien definiert.

Ergänzend sei auf eine Bildform hingewiesen, die dem Devotionsbild verwandt ist bzw. eine Variation des Devotionsbildes darstellt: das *Dedikationsbild*. Hierbei wird in der Buchmalerei allgemein ein Buch durch den Autor, Schreiber, Übersetzter, oder auch den Stifter und Auftraggeber dargebracht. Die Dedikation wendet sich an eine höher gestellte weltliche oder geistliche Person, die der Auftraggeber der Handschrift sein kann, oder auch an die Kirchenpatrone als Vertreter Christi.[127] Bei den formalen Unterscheidungskriterien zwischen Devotions- und Dedikationsbild ist LACHNER hinsichtlich des Buches als Attribut ungenau. Auch SCHRAMM unterscheidet in Bezug auf das Devotionsbild nicht zwischen dem Betenden, der sich vor dem thronenden Christus niederkniet und dem Stifter, der seine Gabe darbringt.[128] BLOCH indessen definiert Dedikation als Darbringung einer Stiftung in Form eines Buches oder Architekturmodells an einen Höhergestellten.[129] REINLE bietet eine in Hinblick auf die formale Bildgestalt sinnvolle Unterscheidung zwischen Devotions- und Dedikationsbild:„Während das Devotionsbild einen Menschen im Moment des Aktes der Demut, des Gebetes und der Verehrung darstellt, zeigt das Dedikationsbild einen Menschen bei der Darbringung oder Übergabe eines Gegenstandes realer oder symbolischer Art an einen geistlichen oder weltlichen Würdenträger, an einen Heiligen oder an Gott."[130] Diese Art der Differenzierung soll auch im weiteren Verlauf der Arbeit Berücksichtigung finden.

---

[126] ZINSERLING, L., Stifterdarstellungen, 1957, S. 1
[127] vgl. LACHNER, E., „Dedikationsbild", in: RdK, Bd. 3, 1954, Sp. 1189
[128] vgl. SCHRAMM, P.E., Herrscherbildnis, 1924, S. 174
[129] vgl. BLOCH, P., Bildnis im Mittelalter. Herrscherbild – Grabbild – Stifterbild, in: Bilder vom Menschen in der Kunst des Abendlandes. Jubiläumsausstellung der Preußischen Museen Berlin 1830-1980, Ausstellungskatalog, Berlin 1980, S. 107-120, S. 116
[130] REINLE, A., Bildnis, 1984, S. 42

Abgesehen vom formalen ikonographischen Aspekt des Typus des Devotions- bzw. Dedikationsbildes hinaus ist auch die Funktion einer Darstellung zu berücksichtigen. Gemeint ist die potentielle Zur-Schau-Stellung einer Stiftung in Form des Stifterbildes. Wie ZINSERLING[131] bemerkt, sind dabei nicht nur die Grenzen zwischen Dedikations- und Stifterbild fließend, sondern auch die zwischen Devotions- und Stifterbild. Das Devotionsbild findet ab der Mitte des 14. Jh. in Böhmen große Verbreitung. Unter den Bildnissen Karls IV. bilden sie den quantitativ größten Anteil. Ihre Ikonographie und Funktionalität ist dabei äußerst differenziert.

2.2 Devotionsbilder Karls IV.: Ikonographische Typen

2.2.1 Devotion vor dem segnenden Christus

2.2.1.1 Pontifikale des Albert von Sternberg *(Kat. Nr. 12)*

Im Pontifikale des Albert von Sternberg, fol. 34v, steht Christus aufrecht in der T-Initiale. Mit einem Lendentuch bekleidet wendet er sich leicht nach links. An den Händen, Füßen und an seiner Seite sind die Wundmale der Kreuzigung zu sehen. Christus hat seinen rechten Unterarm erhoben, mit dem Zeige- und Mittelfinger seiner linken Hand deutet er auf die Wunde an seiner Seite. Er trägt einen Kreuznimbus und blickt den Kaiser Karl IV. an, der zu seiner Rechten kniet. Mit Krone und Mitra bekrönt hat er seine Hände erhoben und vor der Brust gefaltet. Er steht in Blickkontakt mit Christus. In entsprechender Haltung kniet ein Geistlicher, ausgestattet mit Pluviale, Pallium und Mitra zu Christi Linken. Er hat ebenfalls seine Hände vor der Brust gefaltet und blickt Christus an.

Albert von Sternberg wird auf fol. 1r als Stifter der Handschrift namentlich genannt: *Anno domini millesimo trecentesimo septuagesimo sexto reverendus in Christo*

---

[131] vgl. ZINSERLING, L., Stifterdarstellungen, 1957, S. 9

pater, dominus Albertus de Sternberg, quintus episcopus Luthomuslensis, olym XXX^{us} archiepiscopus Magdeburgensis, pontificatus sui anno XX° ad honorem die omnipotentis et intemerate matris eius virginis Marie hunc librum pontificalem per me, Hodiconem, conscribi mandavit.[132] Die Devotionsfigur des Bischofs auf fol. 34v wird dementsprechend als Albert von Sternberg betrachtet.[133] Weitere Miniaturen in der Handschrift – so die beiden Krönungsbilder auf fol. 161r und fol. 169r sowie die beiden ‚Bettszenen' auf fol. 224v und fol. 226v – besitzen eindeutig historisierenden Charakter. Die illustrierten und durch Textquellen relativ sicher bestimmbaren Ereignisse liegen zum Zeitpunkt der Entstehung der Handschrift mehr als ein Vierteljahrhundert zurück.

2.2.1.2 Lateinische Bibel des Albert von Sternberg *(Kat. Nr. 5)*

Das Devotionsbild der lateinischen Bibel aus Krakau, fol. 4r, zeigt in der Bildmitte den thronenden Christus auf einer Thronbank frontal zum Betrachter gerichtet. **(Abb. 22)** Mit seiner linken Hand hält er eine Sphaira vor den Körper, seine rechten Hand hat er zum Segensgestus erhoben. Sein Kopf wird von einem goldenen Nimbus gerahmt. Hinter der Thronbank ist ein Vorhang aufgespannt. Zur Linken Christi befindet sich ein Bischof. Mit Pluviale, Pallium und Mitra versehen kniet er im Dreiviertelprofil auf dem Boden. Seine Hände sind vor der Brust gefaltet. Zur Rechten Christi kniet Karl IV. in entsprechender Haltung. Auch er ist im Dreiviertelprofil zu sehen, seine Hände sind vor der Brust gefaltet. Seine Herrscherattribute sind die Mitra mit infulae und die Krone auf dem Haupt. Die Blicke der beiden Devotionsfiguren sind jeweils auf Christus gerichtet, ihr Kopf ist dabei leicht erhoben. Christus seinerseits blickt den Betrachter an. Die Bildkomposition zitiert die bereits angeführte Miniatur im Pontifikale des Albert von Sternberg, fol.

---

[132] zitiert nach SCHMUGGE, L., Das Pontifikale des Bischofs Albert von Sternberg, in: Mediaevalia Bohemica 3, 1970, S. 49-86, S. 49
[133] so etwa bei: WAMMETSBERGER, H., Individuum, 1967, S. 90

34v. Die eine Christusfigur präsentiert die Wundmale stehend, die andere vollzieht den Segensgestus thronend. Die Anordnung der beiden Devotionsfiguren stimmt in den beiden Handschriften überein. Auch in Hinblick auf die Physiognomie und das Ornat der Devotionsfiguren sind weitreichende Parallelen festzustellen: die doppelspitzige Mitra mit einer Bügelkrone darüber, der Mantel über einem langärmeligen Untergewand, nicht zuletzt die hohe Stirn und der Vollbart bei Karl IV. Sein Pendant trägt jeweils Mitra, Pallium und Pluviale als Attribute. Die runde Gesichtsform des Bischofs, der kleine schmale Mund und die auseinander liegenden Augen sind vergleichbar. Auf fol. 1r zeigen die Wappenbilder einerseits einen goldenen Stern auf blauem Grund, das Wappen derer von Sternberg, andererseits ein goldenes Kreuz auf schwarzem Feld, das Wappen des Kapitels von Litomyšl. Die Fakten erlauben nicht nur Albert von Sternberg relativ sicher als den Auftraggeber der Handschrift zu identifizieren, sondern ermöglichen auch eine verhältnismäßig genaue Datierung. Es ist nahe liegend die Entstehung der Handschrift zwischen 1371, dem Jahr der Rückkehr Alberts von Magdeburg nach Litomyšl und 1378, dem Todesjahr Kaiser Karls IV. anzusiedeln.[134]

2.2.2 Devotion vor Christus am Kreuz

2.2.2.1 Prag, Domschatz, Reliquienkreuz *(Kat. Nr. 18)*

Eine unter Kristall eingebrachte Reliquie des Lendentuchs Christi bildet das Zentrum des Prager Reliquienkreuzes.[135] Die Darstellungen auf den Querarmen und dem oberen Längsarm des Kreuzes bilden zusammen mit der Reliquie eine Devotionsszene. Die insgesamt vier Devotionsfiguren werden durch Inschriften benannt: *Pe [tr]us d[e] belliforti[s] cardinalis* [Kardinal Petrus de Belliforte] und *Vrbanus papa*

---

[134] vgl. zu dem Abschnitt AMEISENOWA, Z., Rękopisy, 1958, S. 89 und SCHMUGGE, L., Pontifikale, 1970, S. 50ff
[135] vgl. dazu Kapitel VI. 4.2

qui[n]tu[s] [Papst Urban V.] auf dem linken Querarm sowie *Venzislau[s] qua[r]t [us] boemie rex karoli fili[us]* [Wenzel IV., böhmischer König und Sohn Karls] und *ka[r]olus qua[r]tu[s] romano[r]u[m] i[m]perator* [Karl IV., römischer Kaiser] auf dem rechten Querarm. Die vier zeigen die gleiche devotionale Haltung. Sie knien, ihr Kopf ist gesenkt und ihr Blick zum Boden gerichtet. Die Hände sind jeweils in Brusthöhe gefaltet. Oberhalb der Reliquie ist Christus am Kreuz zu sehen. Das erhöhte Kruzifix wird links von Maria, rechts von Johannes flankiert, die Christus jeweils anblicken. Die Devotion gilt somit primär der Reliquie, natürlich auch Christus am Kreuz.

2.2.2.2 Prag, St. Veit, Wenzelskapelle *(Kat. Nr. 9)*

An der Ostwand der Wenzelskapelle findet sich eine Darstellung mit Christus am Kreuz. Das erhöhte Kruzifix befindet sich im Zentrum, zur Rechten Christi steht Maria, zu seiner Linken Johannes. Beide blicken Christus an. Die Szene wird von insgesamt vier Devotionsfiguren eingerahmt. Der Kreuzfuß wird flankiert von einer männlichen, gekrönten Figur rechts und einer weiblichen Herrscherfigur links. Beide knien, ihre Hände sind vor der Brust gefaltet und ihr Blick nach oben gerichtet. Es scheint plausibel, das Herrscherpaar als Wenzel IV. mit seiner Gemahlin Johanna von Bayern zu identifizieren.[136]

Karl IV. und seine Gemahlin rahmen die Kreuzigung links und rechts; sie knien dabei etwa in Hüfthöhe von Maria und Johannes. Ihre Hände sind vor der Brust gefaltet, ihr Blick auf Christus am Kreuz gerichtet.

---

[136] so auch bei VÍTOVSKÝ, J., Nástěnné malby ze 14. století v pražské katedrále, in: Umění 24, 1976, S. 473-502 (Wandmalereien aus dem 14. Jh. in der Prager Kathedrale, dt. Zf. S. 503). STANGE identifiziert alle vier Devotionsfiguren der Kreuzigungsszene als Karl IV. nebst drei seiner Gemahlinnen. (STANGE, A., Deutsche Malerei, 1936)

IKONOGRAPHIE DER BILDNISSE KAISER KARLS IV.

Nicht nur die Rolle des Kaisers als eine treibende Kraft beim Bau der Prager Kathedrale[137], auch seine besondere Verehrung dem Hl. Wenzel gegenüber erklären die Devotionsfigur respektive Stifterfigur Karls IV. in der Kapelle ‚seines' Heiligen und Namenspatrons. Die besondere Verehrung des Kaisers dem Hl. Wenzel gegenüber, einhergehend mit seiner Stiftertätigkeit bei der Verarbeitung seiner Reliquien wird in der Chronik von *Beneš* geschildert: *Eodem anno* [1358] *dominus imperator specialem habens devocionem ad sanctum Wenczeslaum, protectorem et adiutorem suum precipuum, caput ipsius sancti circumdedit auro puro, et fabricavit ei tumbam de auro puro et preciosissimis gemmis atque lapidibus exquisitis adornavit et decoravit adeo, quod talis tumba aliorum sanctorum nec non capita, brachia et reliquias diversorum sanctorum auro, argento et gemmis venustissimis decoravit et ecclesie Pragensi donavit.*[138]

Daten zur Vollendung und zur künstlerischen Ausstattung der Wenzelskapelle liefert *Beneš* ebenfalls. Er schreibt: *Eodem anno in vigilia sancti Wenceslai* [27. Sept. 1366] *consumata est capella eiusdem sancti Wencelsai de novo et miro opere in ecclesia Pragensi.(...) Eodem anno in die sancti Andree* [28. Nov. 1367] *apostoli venerabilis pater domunus Iohannes, archiepiscopus Pragensis, dedicavit et consecravit capellam, in qua requiescit corpus sancti Wenceslai, in ecclesia Pragensis, in honore sancti Iohannis ewangeliste et sancti Wenceslai presente eodem domino imperatore.*[139] Zum Jahr 1372 schließlich gibt er bekannt, dass *dominus imperator reversus Pragam fecit decorari capellam sancti Wenceslai in ecclesia Pragensi cum picturis, auro, gemmis et lapidibus preciosis ad honorem Die et sancti Wenceslai martiris, sui protectoris et adiutoris.*[140] Die zuletzt genannte Quelle benennt Karl IV. als den Urheber der Ausstattung der Wenzelskapelle, und

---

[137] vgl. *Beneš von Weitmühl*, in: FRB 4, S. 494 und S. 511; vgl. *Franz von Prag*, in: FRB 4, S. 437. Man beachte in diesem Kontext auch die Inschriften zur Triforiumsbüste Karls IV. sowie die Inschriftentafel am Südturm des St. Veitsdoms. Die beiden letzteren sind transkribiert bei: BENEŠOVSKÁ, K., u.a., Peter Parler, 1999, S. 149ff

[138] *Beneš*, in: FRB 4, S. 527

[139] *Beneš*, in: FRB 4, S. 534ff.

[140] *Beneš*, in: FRB 4, S. 546

gibt dem Devotionsbild an der Ostwand der Kapelle gleichzeitig die Funktion eines Stifterbildes.

2.2.3 Devotion vor Christus und Maria (Sacra Conversazione)

2.2.3.1 Votivbild des Jan Očko von Vlašim *(Kat. Nr. 17)*

Das Votivbild des Jan Očko von Vlašim ist horizontal in zwei Register geteilt. Das untere zeigt einen im Profil knienden Bischof mit Mitra in der Mittelachse, der seine Hände erhoben und gefaltet hat. Zwischen den Händen hält er einen Stab mit Kreuz als oberen Abschluss. Er wird flankiert von jeweils zwei nimbierten Heiligen. Auf der linken Seite bzw. vor dem Bischof stehen der Hl. Prokop[141] und der Hl. Adalbert[142], auf der rechten Seite bzw. hinter ihm der Hl. Veit[143] und die Hl. Ludmilla[144]. Der Hl. Veit legt seine linke Hand auf die Schulter des vor ihm knienden Bischofs, der Hl. Adalbert blickt den vor ihm Knienden an und ergreift dessen gefaltete und erhobene Hände mit seiner Rechten. Die zentrale Figur der thronenden Madonna mit Christus auf ihrem rechten Bein dominiert das obere Register. Mit ihrer rechten Hand hält Maria das Kind, in ihrer linken Hand eine Sphaira vor der Brust. Ihr Kopf ist nach links gewendet. Das Christuskind sitzt auf dem Bein seiner Mutter, sein Kopf ist erhoben und sein Blick auf Maria gerichtet. Es hat seine linke Hand zum Mund geführt, sein rechter Arm ist auf Karl IV. gerichtet. In Höhe des Kopfes Mariae sind zwei Engelsfiguren zu sehen, die einen Vorhang hinter Maria und Christus halten. Zur Rechten der Maria-Christus-Gruppe kniet Karl IV., zur Linken Wenzel IV. Wenzel IV. hat seine gefalteten Hände erhoben, Karl IV. hat seine Hände vor der Brust gefaltet. Der Kopf beider ist leicht erhoben, ihr Blick auf

---

[141] vgl. LCI, Bd. 8, Sp. 228f.
[142] vgl. LCI, Bd. 5, Sp. 25ff
[143] vgl. LCI, Bd. 8, Sp. 579ff
[144] vgl. LCI, Bd. 7, Sp. 423f.

die zentrale Figurengruppe gerichtet. Der Wenzel IV. zugeordnete Wappenschild am Boden zeigt den Böhmischen Löwen, der bei Karl IV. den Reichsadler. Hinter Wenzel IV. steht die Heiligenfigur Wenzels[145]. Dieser legt dem vor ihm knienden die linke Hand auf die Schulter. Der Hl. Sigismund[146], der hinter Karl IV. steht, legt seinerseits die rechte Hand auf die Schulter des vor ihm knienden Herrschers. (Abb. 23)

Das dem knienden Bischof im unteren Register zugeordnete Wappenbild ist viergeteilt. In zwei Feldern erscheinen paarweise rote nach links gewendete Geierköpfe auf silbernem Grund, die beiden anderen zeigen jeweils einen goldenen Querbalken auf schwarzem Grund. Die Geierköpfe sind die Wappenfigur für den Bischof Jan Očko von Vlašim, der goldene Balken auf schwarzem Grund das des Kapitels von St. Veit in Prag.[147] Die Devotionsfigur bzw. Stifterfigur ist somit als Jan Očko von Vlašim zu identifizieren.

Textquellen zur Provenienz der Votivtafel sind nicht bekannt. In der historischen und kunsthistorischen Literatur wird die These vertreten, das Bild sei für die Turmkapelle der Burg in Raudnitz, dem Sommersitz der Prager Bischöfe, geschaffen worden.[148] Zur Weihe der Kapelle schreibt der Chronist *Beneš von Weitmühl: Eodem anno* [1371] *pater dominus Iohannes, sancte Pragensis ecclesie archiepiscopus...consecravit capellam novam in magna turri in castro suo Rudnicz in honore beate Marie Virginis et sanctorum patronorum ecclesie Pragensis: Viti,*

---

[145] vgl. LCI, Bd. 8, Sp. 595ff
[146] vgl. LCI, Bd. 8, Sp. 349ff
[147] vgl. dazu die drei Wappenschilder über dem Grabmal Jan Očkos von Vlašim im Chor von St. Veit in Prag sowie die beiden, die seine Reliefbüste im Triforium des Domes flankieren. Dank gilt der Mitteilung von H. Dánová von der Nationalgalerie in Prag.
[148] so etwa bei: České umění gotické 1350-1420. Ausstellungskatalog, Praha 1970, S. 221; HERZOGENBERG, J.V., Bildnisse, 1978, S. 333; KRAMÁŘ, V., La peinture et la sculpture du XIVe siècle an Bohême, in: L'art vivant 4, 1928, S. 202-215, S. 209; Les Primitifs de Bohême. L'art gothique en Tchécoslavique 1350-1420. Ausstellungskatalog, Bruxelles 1966, Nr. 34; MATĚJČEK, A., Gotische Malerei, 1955, S. 58; SCHMIDT, G., Malerei bis 1450. Tafelmalerei – Wandmalerei – Buchmalerei, in: Swoboda, K.M., Gotik in Böhmen, München 1969, S. 167-321, S. 215f.; Staré české umění. Sbírky Národní Galerie v Praze, Jiřský Klášter. Katalog., Praha 1988 (Alte Böhmische Kunst. Die Sammlungen der Nationalgalerie in Prag, Georgskloster), S. 67; ZINSERLING, L., Stifterdarstellungen, 1957, S. 25

Wenceslai, Adalberti atque Zigismundi.[149] Die Provenienz des Bildes verweist nach Raudnitz: Im Jahre 1826 wurde das Bild als Leihgabe von der Probsteikirche der Geburt Mariae in Raudnitz in die Nationalgalerie in Prag übertragen und 1926 schließlich gekauft.[150]

Auf dem Votivbild sind insgesamt drei Devotionsfiguren dargestellt. Der Gestus der drei ist derselbe. Der Bildtypus der sacra conversazione[151] wird auf zwei Register erweitert. Im oberen Register flankieren zwei Heilige den Thron. Die beiden Devotionsfiguren Karls IV. und Wenzels IV. werden auf unterschiedliche Weise in die heilige Unterhaltung eingebunden. Mit ihren Körperproportionen sind sie den Heiligen angeglichen; sie knien nicht am Bildrand, sondern in unmittelbarer Nähe von Maria und Christus, noch vor den Heiligen selbst. Sigismund und Wenzel legen ihren Schutzbefohlenen die Hand auf die Schulter, integrieren sie somit in die Szene. Darüber hinaus streckt Christus seine Hand in Richtung Karls IV. Der Stifter Jan Očko von Vlašim erscheint im unteren Register, in der Mittelachse des Bildes im Profil. Die vier ihn flankierenden Heiligen setzen die sacra conversazione fort. Die Hll. Veit und Adalbert berühren ihn dabei, machen auch ihn zu einem Teilnehmer

---

[149] *Beneš*, in: FRB 4, S. 544

[150] vgl. České umění gotické 1350-1420. Ausstellungskatalog, Praha 1970, Nr.304; Staré české umění. Sbírky Národního Galerie v Praze, Jiřský Klášter. Katalog., Praha 1988, Nr. 26; zur Provenienz ausführlicher: Ryneš, V., K osudům a ikonografické náplní votivního obrazu Jana Očka z Vlašimi, in: Umění 15, 1967, S. 104-108 (Zum Schicksal und zum ikonographischen Inhalt des Votivbildes des Jan Očko von Vlašim)
Im Erwerbskatalog der Galerie der Gesellschaft der heimatländischen Kunstfreunde in Prag (Archív Národní galerie v Praze, fond SVPU, sign. AA-1223/2-3) findet sich unter der Nummer 1689 folgender Eintrag: „Gemälde auf Holz. In der oberen Abtheilung kniet Bild. Kayser Karl IV., hinter welchem der h. Sigismund steht, rechts der junge König Wenzel, hinter welchem der h. Wenzel steht: sie bethen das auf dem Schoss seiner Mutter sitzende Kind Jesu an. –Unten stehen die Landespatronen Prokop, Adalbert, Veit und Ludmilla: in ihrer Mitte kniet, links gewendet, der Erzbischof von Prag, Johann Oczko von Wlaschim, an dem vor ihm befindlichen Wappen kenntlich (...) Die Wappenschilder bey Karl und Wenzel enthalten, jenes den einköpfingen Reichsadler, dieses den böhmischen Löwen." (zitiert nach Ryneš, V., K osudům, 1967, S. 105) Das Bild kam am 1. Juli 1826 in die Sammlung, der Eigentümer der Leihgabe ist die Kirche von Raudnitz.

[151] vgl. LCI, Bd. 4, Sp. 4f.

des Geschehens. In der hierarchischen Abstufung der Devotionsfiguren sieht ZINSERLING „(...) ein Bedürfnis des Stifters (...), seinen kaiserlichen Gönnern in besonderer Weise zu huldigen."[152]

In Hinblick auf die ikonographische Vorläufer für das Tafelbildes verweist PEŠINA[153] auf das vor 1380 entstandene skulpturale Programm des sog. Beau Pilier der Kathedrale von Amiens.[154] 1373 bis 1375 ließ Jean de la Grange, Abt von Fécamp, Ratgeber Karls V. und Erzieher dessen Kinder, zwei Kapellen an der Nordseite der Kathedrale errichten. An drei aufeinander folgenden Strebepfeilern hat sich ein zusammenhängendes ikonographisches Programm aus jeweils drei überlebensgroße Figuren erhalten: Am westlichen Pfeiler erscheinen von oben nach unten: Maria, Karl V. von Frankreich und Jean de la Grange, am zweiten Pfeiler: Johannes der Täufer, der Dauphin (der spätere Karl VI.) und Burreau de la Rivière, der Kanzler Karls V. Der dritte Pfeiler schließlich zeigt den heilige Firmin, Prinz Louis (der spätere Herzog von Orléans) und vermutlich Jean de la Vienne, Admiral Karls V. „Die obere Reihe zeigt also Heilige, wobei die Madonna den besten Platz zur Westfassade der Kathedrale hin einnimmt, der Patron des Stifters aber den zweitbesten. In der mittleren Reihe stehen der König und seine Söhne, Karl V. auf dem besten Platz und der Dauphin auf dem zweitbesten. Die untere Reihe zeigt die Berater des Königs; der Stifter hat den besten Platz inne, der Kanzler den zweitbesten. Jean de la Grange repräsentiert in diesem Skulpturenprogramm seinen Rang, indem er seine Person in die Welt- und Staatshierarchie einordnet. In dieser Hierarchie steht er ganz unten; über sich hat er natürlich die himmlischen Instanzen, aber auch das von diesen begünstigte Königtum und Könighaus. Dies besagt die vertikale Lesung eindeutig. Die horizontale Lesung aber macht deutlich, daß dem

---

[152] ZINSERLING, L., Stifterdarstellungen, 1957, S. 25
[153] PEŠINA, J., Podoba, 1955, S. 27
[154] zum sog. Beau Pilier vgl. DURAND, G., Monographie de l'église Notre-Dame, Cathédrale d'Amiens, Amiens u.a. 1901, S. 483ff; vgl. RICHTER SHERMAN, C., Charles V., 1969, S. 58ff; vgl. SCHWARZ, M., Höfische Skulptur, 1986, S. 178-188

Stifter auf seiner Stufe der Hierarchie, der Stufe der Höflinge, ein ebenso hervorragender Platz gebührt wie der Muttergottes im Himmel und dem König am Hof.„[155]

2.2.3.2 Karlstein, Katharinenkapelle, Altarbild *(Kat. Nr. 2.1)*

An der Rückwand der Altarnische in der Karlsteiner Katharinenkapelle findet sich ein Altarbild. Dieses zeigt in der Bildmittelachse die thronende Maria mit dem Christuskind auf ihrem linken Bein. Der massive Thron wird flankiert von einem Herrscherpaar. Auf der linken Seite kniet die gekrönte Gemahlin Karls IV. Sie hat ihren Kopf erhoben und steht in Blickkontakt mit Maria, die ihr zugewendet ist. Mit beiden Händen ergreift sie die Hand, die die Gottesmutter ihr entgegenstreckt. Auf der rechten Seite kniet Karl IV. Erhobenen Hauptes steht er seinerseits in Blickkontakt mit Christus, der ihm zugewendet ist. Auch er ergreift mit beiden Händen die Hand, die Christus ihm reicht. An den Laibungen der Nische sind zudem die Hll. Petrus und Paulus dargestellt, im Scheitelpunkt des ist eine vera ikon zu sehen.

DVOŘÁKOVÁ[156] sieht das Altarbild der Katharinenkapelle sowohl kompositorisch, als auch bei der Materialverwendung in der Tradition spätbyzantinischer Altarbilder stehen. Sie verweist zudem auf ein Stuckrelief im Erfurter Dom aus dem 12. Jh. Wie auf dem Tafelbild des Jan Očko von Vlašim findet sich der Bildtypus der *sacra conversazione* auch hier umgesetzt. Maria und Christus thronen in der Mitte des Altarbildes, flankiert von den Aposteln Petrus und Paulus an den Seitenwänden der Altarnische. Karl IV. und seine Gemahlin finden sich wiederum in unmittelbarer Nähe des Thrones, vor den Heiligen selbst. In ihren Proportionen sind sie jedoch kleiner. Die szenische Einbindung erfolgt hier sowohl durch Blickkontakt, als auch durch taktile Gesten: Maria ergreift die zum Gebet erhobenen Hände der Herr-

---
[155] SCHWARZ, M., Höfische Skulptur, 1986, S. 179
[156] vgl. DVOŘÁKOVÁ, V., MENCLOVÁ, D., Karlštejn, 1965, S. 87

scherin, die beiden blicken sich an. Christus seinerseits erfasst die Hände Kaiser Karls IV.; die beiden stehen ebenfalls in Blickkontakt.

2.2.4 Devotion vor Christus, Maria und Gottvater

2.2.4.1 Prag, Relief der Maria-Schnee-Kirche *(Kat. Nr. 16)*

Auf dem dreieckigen Relief der Maria-Schnee-Kirche (**Abb. 24**) findet die Devotion nicht nur vor Christus und Maria bei der Marienkrönung statt, sondern auch vor dem darüber befindlichen Gnadenstuhl. Im oberen Teil thront Gottvater mit ausgebreiteten Armen auf einer Thronbank, das Kruzifix zwischen den Beinen. Die stark zerstörte Taube zu Füßen Gottvaters[157] ergänzt den Gnadenstuhl zu einer Dreifaltigkeitsdarstellung. Im unteren Register sind Maria links und Christus rechts zu sehen. Das Haupt Marias ist leicht geneigt, Christus hält in seiner linken Hand eine Sphaira, mit seiner Rechten vollzieht er die Krönung seiner Mutter. Zu Füßen Marias liegt ein Löwe, Christus selbst ist ein Adler zugeordnet. Die Figurengruppe wird flankiert von Johann von Luxemburg links und Markgraf Karl, dem späteren Karl IV., rechts. Beide knien auf dem Boden, neigen ihren Oberkörper leicht nach vorne und stützen sich jeweils auf einem vor ihnen stehenden Wappenschild ab. Der linke Schild trägt den Böhmischen Löwen, der rechte den Mährischen Adler als Bild.
In ihrer Arbeit zur Ikonographie des Reliefs der Maria-Schnee-Kirche erkennt ČERNÁ [158] wie auch später JUDL[159] auf dem rechten Wappenschild den Reichsadler. Nach ČERNÁ sei Karl IV. somit als römischer König dargestellt, sein Gegenüber Johann von Luxemburg als böhmischer König. PEČÍRKA, DENKSTEIN und JUDL identifizieren die

---

[157] vgl. HOMOLKA, J., Programme, 1978, S. 608
[158] vgl. ČERNÁ, M.A., Ikonografický rozbor tympanonu Korunování Panny Marie od Panny Marie Sněžné v Praze, in: Acta Universitatis Carolinae, Philosophica et Historica 4, 1980, S. 53-73 (Das Tympanon an der Maria-Schnee-Kirche zu Prag, dt. Zf. S. 72f.)
[159] vgl. JUDL, S., Tympanon kláštera u Panny Marie Sněžné, in: Heraldická ročenka, 1981, S. 43-53 (Das Tympanon des Klosters Maria-Schnee)

beiden Devotionsfiguren als Karl IV. mit dem Böhmischen Löwen und seine Gattin Blanche de Valois mit dem Reichsadler.[160] FAJT, HLAVÁČKOVÁ und ROYT[161] sehen im Adlerwappen auf dem Tympanon ebenfalls den Reichsadler, sehen es jedoch als Attribut Karls IV. an. Der böhmische Löwe sei entsprechend das Attribut seiner Gemahlin Blanche de Valois. OPITZ, BACHMANN und COLSMANN schließlich ordnen Karl IV. den Reichsadler, Markgraf Johann Heinrich von Mähren das mährische Adlerwappen zu.[162] Damit einhergehend ergebe sich als Datum post quem die Ernennung Johann Heinrichs zum mährischen Markgrafen im Jahre 1349.[163] Eine ausführliche kritische Betrachtung über die Forschung zum Relief der Maria-Schnee-Kirche findet sich bei FAJT, HLAVÁČKOVÁ und ROYT.[164]

Dass Großplastiken in Böhmen nicht erst mit der Parlerhütte, sondern bereits am Hofe Johanns von Luxemburg entstanden, ist bekannt. Fragmente von Figuren aus dem Fassadenprogramm des Hauses zur Glocke, vermutlich dem Stadtpalast des Königs, wurden von MAYER untersucht.[165] Das Relief der Maria-Schnee-Kirche entstammt wohl jener höfischen vorparlerischen Plastik[166], eine Urheberschaft der Dom-

---

[160] vgl. PEČÍRKA, J., Plastika, in: Wirth, Z. (Hg.), Dějepis výtvarných umění v Čechách I, Praha 1931, S. 181-239 (Plastik); vgl. DENKSTEIN, V., Památky gotické, in: Denkstein, V. u.a., Lapidarium Národního musea, Praha 1958; vgl. JUDL, S., Tympanon, 1981

[161] vgl. FAJT, J., HLAVÁČKOVÁ, H., ROYT, J., Das Relief der Maria-Schnee-Kirche in der Prager Neustadt, in: Bulletin Národní Galerie v Praze III-IV, 1993/94, S. 16-27, S. 18ff; vgl. auch FAJT, J., Karl IV.-Herrscher zwischen Prag und Aachen. Der Kult Karls des Großen in der karolinischen Kunst, in: Kramp, M. (Hg.), Krönungen. Könige in Aachen - Geschichte und Mythos. Ausstellungskatalog, 2 Bde., Mainz 2000, S. 489-500, Nr.126

[162] vgl. OPITZ, J., Die Plastik zur Zeit der Luxemburger, Teil 1, Prag 1936 (= OPITZ, J., Sochařství v Čechách za doby Lucemburků I., Praha 1935); vgl. BACHMANN, H., Plastik, 1943; COLSMANN, G., Denkmale, Bd. 2, 1955, S. 239

[163] vgl. GROSSMANN, D., Das Stifterrelief von Maria-Schnee zu Prag, in: Fajt, J. u.a. (Hg.), Gotika v západních Čechách (1230-1530). Sborník příspěvků z mezinárodního vědeckého symposia, Praha 1998, S. 188-201, S. 190

[164] FAJT, J., HLAVÁČKOVÁ, H., ROYT, J., Relief, 1993/94, S. 16-27

[165] vgl. MAYER, J., Sochy z gotického průčelí domu u zvonu na Staroměstském náměstí v Praze, in: Umění 15, 1977, S. 97-124 (Die Steinskulpturen von der Westfassade des Hauses „Zur Glocke" auf dem Altstädter Ring zu Prag, dt. Zf. S. 125-129); darauf basierend vgl. auch SCHWARZ, M., Höfische Skulptur, 1986, S. 333f.

[166] BACHMANN, H., Gotische Plastik in den Sudetenländern vor Peter Parler, Brünn u.a. 1943, S. 42-50; vgl. KUTAL, A., O reliéfu od P. Marie Sněžné a některých otázách českého sochařství 1. poloviny 14. století, in: Umění 21, 1973, S. 480-496 (Über das Relief der Maria-Schnee-Kirche

bauhütte des Matthias von Arras ist nicht auszuschließen. Die stilistische zeitliche Zuordnung in das zweite Viertel des 14. Jh., die Bilder der Wappenschilde und nicht zuletzt die Initialen ‚K' auf dem Gewand der rechten Devotionsfigur legen die Identifizierung der Devotionsfiguren als König Johann von Luxemburg und Markgraf Karl nahe. Ein Terminus ante quem für die Datierung bzw. den Auftrag des Reliefs ist der Tod König Johanns im Jahre 1346. Ich folge hier bei der Identifizierung der Devotionsfiguren der Argumentation von KUTAL, wie später auch STEJSKAL und HOMOLKA.[167]

Auf das Friedhofsportal der Maria-Schnee-Kirche als sekundären bzw. tertiären Aufstellungsort des Reliefs haben bereits verschiedene Forscher hingewiesen.[168] Was spricht dafür? Die Anbringung eines dreieckigen freistehenden Reliefs als Bekrönung eines Friedhofsportals ist ungewöhnlich, zumal der Portalbogen in seiner Tektonik vom Relief angeschnitten wird. In Anbetracht der historischen Daten zur Konventsgründung ergeben sich Ungereimtheiten. Über den Beginn des Karmeliterklosters selbst geben zwei Schriftquellen Auskunft: In einem Brief vom 29. März 1346 erklärt sich der Papst mit dem Bau der Klostergebäude und der Kirche samt Kirchturm einverstanden.[169] Bereits in seiner Stellung als neuer König von Böhmen vermachte Karl im Jahre 1346 dem Karmeliterorden das Areal der Prager Neustadt, auf dem sich heute die Maria-Schnee-Kirche und der daran anschließende Friedhof samt Umfassungsmauer befindet.[170] Den Grundstein für das

---

und einige Fragen der böhmischen Skulptur der 1. Hälfte des 14. Jahrhunderts, dt. Zf. S. 495-496), S. 480f und S. 495; vgl. auch SCHWARZ, M., Höfische Skulptur, 1986, S. 335
[167] vgl. KUTAL, A., O reliéfu, 1973, S. 480ff; vgl. STEJSKAL, K., Umění na dvoře, 1978, S. 72; vgl. HOMOLKA, J., Programme, 1978, S. 608
[168] vgl. KUTAL, A., O reliéfu, 1973, S. 495; vgl. ČERNÁ, M.A., Ikonografický rozbor, 1980; vgl. JUDL, S., Tympanon, 198; eine kritische Diskussion bietet wiederum FAJT, J., HLAVÁČKOVÁ, H., ROYT, J., Relief, 1993/94, S. 16-27
[169] siehe hierzu KROPÁČEK, J., K fundacím Karla IV. na Novém Městě pražském, in: Staletá Praha 9, 1979, S. 231-250 (Zu den Fundationen Karls IV. in der Prager Neustadt, dt. Zf. S. 316f.), S. 232
[170] *Et facta est domus convivii in civitate Pragensis in foro prope sanctum Gallum et circumdata pannis et staminibus sericeis, et omnibus laute ministratum.* (Beneš, in: FRB 4, S. 514f.)

Kloster und die Kirche selbst legte der König ein Jahr später – der Chronik des *Beneš von Weitmühl* zufolge am Tag nach der Krönung Karls zum böhmischen König, d.h. am 3. September 1347[171]. Geht man davon aus, dass das Relief den aktuellen politischen Machtstatus widerspiegelt, so ist es noch vor dem Tode Johanns entstanden, und der zeitlichen Differenz zur Grundsteinlegung der Kirche wegen wohl auch nicht als Stifterbild für das Kloster. Folgt man der These DENKSTEINS[172], ist der Anbringungsort an einer Friedhofsmauer auch hinsichtlich der Ikonographie nicht gerechtfertigt: Außer dem heraldischen Löwen auf dem Wappen Johanns befindet sich eine Löwenfigur (der Kopf ist nicht erhalten geblieben) bei Maria, schmiegt sich gewissermaßen an sie an. DENKSTEIN bezeichnet diesen wiederum als Böhmischen Löwen, dem Adler auf der gegenüberliegenden Seite entsprechend. König Johann werde folglich als Untergebener bzw. Diener Mariae dargestellt, das Königreich Böhmen liegt ihr quasi zu Füßen. DENKSTEIN bezeichnet die Darstellung als persönliches Bekenntnis König Johanns zu Maria; ein derartiges Glaubensbekenntnis sei deshalb für einen relativ unbedeutenden Ort wie das Friedhofsportal der Maria-Schnee-Kirche nicht geschaffen worden, sondern eher als privates Andachtsbild für ein Haus oder eine Privatkapelle anzusehen. Dieses Haus sei das Haus zu Steinernen Glocke gewesen, der durch Bauanalysen und historische Untersuchungen nachgewiesene Stadtpalast König Johanns. Im Erdgeschoss befindet sich ein quadratischer, mit zwei rechteckigen Gewölbejochen überspannter Raum. Es fanden sich Reste von Wandbemalungen aus dem frühen 14. Jh., u.a. ein mit den Arma Christi umgebener Schmerzensmann.[173] Vergleicht man nun die Maße der rückwärtigen Kapellenwand mit der von DENKSTEIN errechneten Reliefhöhe von

---

[171] *Eodem anno* [1347] *sequenti die post coronacionem iam dictam rex Karolus fundavit novum monasterium ante portam sancti Galli et posuit in eo fratres Carmelitas, et edificia, que facta fuerant pro regali convivio, eisdem largitus est, qui ex illis fecerunt sibi ecclesiam ligneam et alia officiva suis usibus necessaria.* (*Beneš*, in: FRB 4, S. 515)

[172] vgl. DENKSTEIN, V., původ, 1993, S. 79-83 und S. 97f.

[173] vgl. dazu VŠETEČKOVÁ, Z., Nástěnné malby v přízemní kapli domu u zvonu, in: Umění 38, 1990, S. 377-398 (Die Wandmalereien der Kapelle im Erdgeschoß des Hauses zur Glocke, dt. Zf. S. 398-400) mit Literaturhinweisen zur Architektur und zur skulpturalen Ausstattung auf S. 394ff

386cm und einer Breite von 398cm, so passt sich letzteres ein, mit einem Abstand mit 10 cm nach oben und 5cm nach beiden Seiten. Denkstein gibt in seinem Aufsatz weiterhin eine theologisch-mariologische Interpretation des Reliefs; der Grundgedanke ist dabei die Identifikation ‚Marias als Rose', den er im Auftreten von fünfblättrigen Blütenformen sowohl auf dem Relief, als auch auf den Schlusssteinen des Kapellenraumes im Haus zur Steinernen Glocke verwirklicht sieht.[174]

FAJT, HLAVÁCKOVÁ und ROYT sehen in den beiden Devotionsfiguren Karl IV. und seine Gattin Blanche de Valois abgebildet. Das Relief ist aus vier großen Steinblöcken zusammengesetzt. Aufgrund von größeren Differenzen und Abweichungen in den Fugenbereichen sei ihre ursprüngliche Zusammensetzung eine andere gewesen als die heutige. Vermutet wird ein zusätzlicher Reliefblock unter der Marienkrönung, der von den beiden Platten mit den Devotionsfiguren flankiert wird.[175] Basierend auf zwei Textquellen aus dem 15. und dem 19. Jh. versucht das Autorenkollektiv den nicht mehr vorhandenen Nordturm der Maria-Schnee-Kirche als den ursprünglichen Anbringungsort des Reliefs auszumachen. In Übereinstimmung mit den Textquellen ließen neuere baugeschichtliche Untersuchungen auf dem Klostergelände die Interpretation eines Raumes im Chorbereich der Kirche als Reste bzw. Unterbau eines Turmes zu. Der ursprünglich freistehende Turm diente als Eingang in die Kirche; das Relief sei als Bekrönung der Portalzone geschaffen worden.

Auf böhmischem Gebiet steht das Relief der Maria-Schnee-Kirche mit seinen beiden Devotionsfiguren in der Tradition der Devotionsbilder aus Stein aus der Zeit der Přemyslidenfürsten. In der Prager Nationalgalerie befinden sich Fragmente eines Tympanons, das nach 1212 entstanden, wohl ursprünglich für die Kirche St. Georg auf der Prager Burg bestimmt war.[176] Die nicht mehr erhaltene Hauptszene wird flankiert von den beiden Devotionsfiguren Otokars I. Přemysl auf der rechten und

---

[174] vgl. DENKSTEIN, V., původ, 1993, v.a. . S. 82-90 und S. 98f.
[175] vgl. FAJT, J., HLAVÁCKOVÁ, H., ROYT, J., Relief, 1993/94, S. 19ff und Abb. 8

seiner Stiefschwester Äbtissin Agnes auf der linken Seite. Das Tympanon der Zisterzienserinnenkirche in Tišnov (Porta coeli) aus der Zeit um 1260[177] zeigt Christus in der von den vier Evangelistensymbolen getragenen Mandorla, flankiert von Maria zu seiner Rechten und Johannes d. Täufer zu seiner Linken. Ins Profil gewendet knien die beiden Klostergründer Otokar I. Přemysl und seine Gattin Konstanze in proskynetischer Haltung unterhalb der Mandorla. Der Stifter zur Rechten Christi hält mit seiner rechten Hand eine Art Bodenplatte mit dem Kirchenmodell darauf, die Stifterin berührt mit ihrer Linken das Modell selbst. Das Relief fungierte somit auch als Stifterbild.

Wie bereits angedeutet steht das Relief der Maria-Schnee-Kirche in der Tradition der Monumentalskulptur zur Zeit König Johanns von Böhmen.[178] Ursprünglich wohl für die Nischen der Westwand des Hauses zur Glocke am Altstädter Ring in Prag konzipiert, sind von dem Figurenprogramm nur noch Fragmente erhalten. Rekonstruiert werden können zwei sitzende und eine stehende Figuren. Fragmente deuten auf die Existenz einer weiteren stehenden Figur hin. Die Sitzenden zeichnen sich als Herrscherpaar ab, die stehende Figur ist bewaffnet und gepanzert. Über die ursprüngliche Ikonographie kann nur spekuliert werden. Das Herrscherpaar kann man als König Johann von Böhmen und Elisabeth interpretieren, die Stehenden als ihre Söhne Karl und Johann Heinrich.[179] In Hinblick auf die Ikonographie des Reliefs der Maria-Schnee-Kirche weist SCHWARZ[180] des weiteren auf eine Verbindung zur französischen königlichen Repräsentationskunst des späten 13. Jh. hin. So findet sich das Motiv der von Stifter flankierten Marienkrönung etwa an der Porte Rouge von Notre-Dame in Paris wieder: der gekrönte Christus segnet Maria; diese wird ihrerseits von einem

---

[176] vgl. dazu BACHMANN, E. (Hg.), Romanik in Böhmen. Geschichte, Architektur, Malerei, Plastik und Kunstgewerbe, München 1977, S. 188f und Staré české umění. Sbírky Národního Galerie v Praze, Jiřský Klášter. Katalog., Praha 1988 (Alte Böhmische Kunst. Die Sammlungen der Nationalgalerie in Prag, Georgskloster), Nr.91
[177] vgl. dazu BACHMANN, E. (Hg.), Romanik, 1977, S. 192
[178] vgl. KUTAL, A., O reliéfu, 1973
[179] zum Figurenprogramm am Haus zur Glocke vgl. MAYER, J., Sochy, 1977, S. 97-129
[180] vgl. SCHWARZ, M., Höfische Skulptur, 1986, S. 334f.

Engel gekrönt. Flankierend knien zwei Devotionsfiguren im Profil, links ein König, rechts eine Königin. Die beiden werden als Ludwig der Heilige und seine Gemahlin Margareta von der Provence angesehen.[181] Es sei an dieser Stelle daran erinnert, dass sich Karl in den Jahren 1323-1330 am französischen Hof in Paris aufhielt.

2.2.5 Devotion bei einer Weltgerichtsdarstellung

2.2.5.1 Prag, St. Veit, Mosaik der Porta Aurea *(Kat. Nr. 10)*

Die Vorhalle an der Südseite des St. Veitsdoms öffnet sich mit drei spitzbogigen Arkaden nach außen. Die Wandfläche darüber ist durch vier Fialen gerahmt und horizontal tryptichonähnlich in drei Bildfelder gegliedert, die das Jüngste Gericht zeigen. Im Mittelteil thront Christus in der von Engeln getragenen Mandorla. Sechs davon tragen die Arma Christi, zwei blasen die Posaune. Namentlich genannt werden die sechs böhmischen Landesheiligen, die unterhalb der Mandorla knien. Von links nach rechts: *S[anctus] procopyus, S[anctus] sigismu[n]dus, S[anctus] vitus, S[anctus] We[n]ceslaus, S[an]c[t]a lodomilla und S[anctus] adalbertus.* Sie haben ihre Hände vor der Brust gefaltet, ihr Kopf ist erhoben und ihr Blick auf Christus gerichtet. Darunter sind in entsprechender devotionaler Haltung Karl IV. links und seine Gemahlin rechts dargestellt. Sie knien am Boden, ihre Arme sind erhoben und ihre Hände in Brusthöhe gefaltet. Ihre Köpfe sind leicht erhoben und ihre Blicke nach oben gerichtet. Auf dem rechten Bildfeld ist in Höhe der Mandorla Johannes zu sehen. Er kniet mit einem Bein auf dem Boden, die Hände sind gefaltet und sein Blick auf Christus gerichtet. Hinter ihm staffeln sich die Halbfiguren von sechs Aposteln. Die Szene darunter illustriert die Vertreibung der Verdammten. Auf dem linken Bildfeld kniet entsprechend Maria, ebenfalls in Begleitung von sechs Aposteln. Unterhalb sind die aus ihren Gräbern Auferstehenden gezeigt.

---
[181] vgl. dazu SAUERLÄNDER, W., Gotische Skulptur in Frankreich 1140-1270, München 1970, S. 170, Tf. 271

IKONOGRAPHIE DER BILDNISSE KAISER KARLS IV.

In Höhe des Scheitelpunktes der mittleren Arkadenöffnung erscheinen die beiden Devotionsfiguren Karls IV. links und seiner Gemahlin rechts. Beide knien, ihre Hände sind vor der Brust gefaltet und ihr Blick nach oben gerichtet. Dass Karl IV., seit 1333 Markgraf von Mähren, einen wohl nicht unerheblichen Anteil an der Entstehung der Prager Kathedrale hatte, belegen verschiedene Schriftquellen.[182] Den Urheber bzw. den Auftraggeber des Mosaiks selbst sowie die Entstehungszeit nennt der Chronist *Beneš von Weitmühl*. Er schreibt: *Eodem eciam tempore* [1370] *fecit ipse dominus imperator fieri et depingi (picturam) supra porticum ecclesie Pragensis de opere vitreo more greco, de opere pulchro et multum sumptuoso. (...) Eodem anno* [1371] *perfecta est pictura solempnis, quam dominus imperator fecit fieri in porticu ecclesie Pragensis de opere maysaico more Grecorum, que quanto plus per pluviam abluitur tanto mundior clarior efficitur.*[183]

Die Devotionsfigur Karls IV. übernimmt an dieser Stelle nicht nur die Rolle eines Stifterbildnisses für das Mosaik. Aufgrund seines öffentlichen Erscheinens an der der Stadt zugewandten Hauptfront der Kirche wird Karl IV. an der Südseite des St. Veitsdoms als Stifter der gesamten Kirche in Szene gesetzt. Wie HAUSSHERR[184] richtig bemerkt, wird die Ikonographie des Jüngsten Gerichts[185] insofern verändert und erweitert, dass neben dem Herrscherpaar die sechs böhmischen Landespatrone als Fürbitter erscheinen. Die lokalen Heiligen werden zentral in Szene gesetzt. Nicht nur in Hinblick auf den Anbringungsort oberhalb der Portalzone, auch hinsichtlich der Monumentalität steht das Mosaik in Prag in der Tradition der Weltgerichtsdarstellungen der französischen Reliefplastik des 12. Jh.[186]

---

[182] vgl. *Beneš*, in: FRB 4, S. 494 und S. 511; vgl. *Franz von Prag*, in: FRB 4, S. 437; siehe dazu auch die Inschriftentafel bei der Triforiumsbüste Karls IV. sowie Inschriftentafel am Südturm von St. Veit (die beiden letzteren abgedruckt, transkribiert und übersetzt bei: BENEŠOVSKÁ, K. u.a., Peter Parler, 1999, S. 149ff)
[183] *Beneš*, in: FRB 4, S. 541-544
[184] vgl. HAUSSHERR, R., Auftrag, 1971, S. 24f.
[185] vgl. LCI, Bd. 4, Sp. 513ff
[186] vgl. auch HOMOLKA, J., Ikonografie, 1978, S. 567

2.2.6 Devotion vor dem Hl. Wenzel

2.2.6.1 Prager Universitätssiegel *(Kat. Nr. 1.7)*

Der Siegelstock diente für die Herstellung der Siegel der Prager Universität. Sie wurde im Jahre 1348 von Karl IV. gegründet. Die Chronisten *Beneš* und *Franz von Prag* berichten diesbezüglich in ihren Chroniken.[187] Die Kombination von heraldischen Elementen (Wappenschild mit dem Reichsadler auf der linken, Wappenschild mit dem Böhmischen Löwen auf der rechten Seite) und der Krone als Attribut ist auf den Siegeln, Kat. Nr. 1.3 und 1.4 wieder zu finden. Sie attribuieren einen böhmischen und römischen König. Man darf folglich wohl davon ausgehen, dass Karl IV. dargestellt ist, der in devotionaler Haltung als römischer und böhmischer König vor dem Hl. Wenzel kniet. **(Abb. 26)** Die Gründung der Prager Universität 1348 liefert ein Datum post quem für die Entstehung des Siegelstocks. Das Fehlen von Bügelkrone und Mitra im Vergleich mit den Siegelbildnissen weist auf 1355, das Jahr der Kaiserkrönung Karls IV., als Terminus ante quem hin. Interpretiert man den dargebrachten Gegenstand in den Händen des Regenten als die Gründungsurkunde der Prager Universität, so wird der Darstellung die Funktion eines Stifterbildes zuteil.

Die Ikonographie des Prager Universitätssiegels hat zuletzt ŠMAHEL[188] untersucht. Demnach weise das Prager Siegel in Hinblick auf die Anwesenheit eines Heiligen, Stadt- oder Landespatrons oder des Patrons der Universität selbst Parallelen zu anderen Universitätssiegeln auf. Die Hochschulen von Paris, Köln, Wien oder Leipzig seien beispielhaft genannt. Mit der Anwesenheit des Universitätsgründers im

---

[187] vgl. *Beneš*, in: FRB 4, S. 517 und *Franz von Prag*, in: FRB 4, S. 444f.
[188] vgl. ŠMAHEL, F., Rätsel, 2002, v.a. S. 92ff

Sinne eines Stifterbildes scheint das Prager Siegel am Anfang zu stehen. „Dem Prager Typus steht unter diesem Aspekt wohl das große Siegel der Heidelberger Universität von 1386 am nächsten, auf dem der Bistumspatron Petrus zusammen mit zwei knienden Rittern (den Pfalzgrafen Ruprecht I. und Ruprecht II.) abgebildet ist. (...)"[189]

2.3 Ikonographischer Vergleich der Devotionsbilder

Überblickt man die Reihe der hier angeführten Devotionsbilder stellt man fest, dass ein devotionaler Gestus vorherrscht: Der Herrscher kniet am Boden in aufrechter Haltung, seine Hände befinden sich gefaltet vor der Brust. Der Kopf im Dreiviertelprofil ist zumindest leicht gehoben, der Blick ist auf den oder die Adressaten der Devotion gerichtet. Dieser ist im Falle der Bibel in Krakau der thronende und segnende Christus, im Pontifikale des Albert von Sternberg Christus, der seine Wundmale vorzeigt. Entsprechend zur Figur Karls IV. zur Rechten Christi befindet sich bei den beiden Miniaturen jeweils ein geistiger Würdenträger zu Christi Linken, dem devotionalen Gestus des Herrschers angepasst. Das Ziel der Devotion auf dem Votivbild des Jan Očko von Vlašim ist die thronende Madonna Dexiokratusa. Wie bei den beiden vorhergehenden Bildern befindet sich Karl IV. zur Rechten der Christus-Madonna-Gruppe, eine weitere männliche Herrscherfigur zu ihrer Linken. In der Wenzelskapelle wird eine Kreuzigungsszene flankiert von zwei Devotionsfiguren. Maria steht dabei links, Johannes rechts von Kruzifix. Karl IV. ist Maria zugeordnet, das weibliche Pendant dem Johannes. Ein Herrscher und eine Herrscherin knien zudem jeweils zu beiden Seiten des Kreuzfußes. Das ikonographisch komplexeste Bild ist in diesem Zusammenhang das Mosaik der Porta Aurea am Prager Dom. Die Devotion Karls IV. ist dabei nur am Rande in den Kontext des Jüngsten Gerichtes

---

[189] ŠMAHEL, F., Rätsel, 2002, S. 94

eingebunden. Sie richtet sich primär an den thronenden Christus in der Mandorla und die Gruppe der sechs böhmischen Landespatrone.

Auf dem Reliquienkreuz findet die Devotion sowohl vor der Reliquie des Lendentuchs Christi, als auch vor der darüber dargestellten Kreuzigungsszene statt. Karl IV. wird dabei von seinem Sohn und zwei geistlichen Würdenträgern begleitet, die den Kristall mit der Reliquie paarweise flankieren. Im Unterschied zum Devotionstypus auf den bisher angeführten Bildern erscheint Karl IV. zwar ebenfalls kniend, die Hände vor der Brust gefaltet, sein Haupt ist jedoch nach vorne gebeugt und sein Blick zu Boden gerichtet. Eine weitere ikonographische Abwandlung findet man in der Karlsteiner Katharinenkapelle. Karl IV. kniet zur Linken der Maria Hodegetria. Sein Gesicht erscheint im Profil, der Blick ist auf Christus gerichtet. Die Hände sind nicht wie bisher vor der Brust gefaltet, sondern ergreifen die Hand, die Christus ihm entgegenstreckt. Eine Herrscherin kniet in entsprechender Haltung zur Rechten des Thrones. Sie ergreift ihrerseits die Hand, die Maria ihr reicht. Mit der Darbringung eines Gegenstandes hebt sich das Herrscherbild auf dem Prager Universitätssiegel von den anderen angeführten Devotionsbildern ab. Die Devotion selbst erfährt eine Erweiterung; die Darstellung vertritt den Typus des Dedikationsbildes im Sinne BLOCHS und REINLES.[190]

Die Einbindung der Devotionsfiguren in das jeweilige Bild und der Grad ihrer Kommunikation mit dem oder den Angebeteten variieren. In sich gekehrt und in tiefer Meditation versunken sind jene auf dem Prager Reliquienkreuz. In der Krakauer Bibel, in der Wenzelskapelle und auf dem Mosaik sind Karl IV. und sein Gegenüber Betrachter und Zeugen des Geschehens. Die zentrale Christusfigur im Pontifikale des Albert von Sternberg ist Karl IV. zugewendet und zeigt ihm die Wundmale der Kreuzigung. Die beiden stehen in gegenseitigem Blickkontakt. Auf dem Votivbild des Jan Očko von Vlašim werden die Herrscherfiguren im oberen Register jeweils von einem Heiligen begleitet. Wenzel IV. ist der Hl. Wenzel zu-

---

[190] vgl. BLOCH, P., Bildnis, 1980, S. 116 und REINLE, A., Bildnis, 1984, S. 42

geordnet, Karl IV. der Hl. Sigismund. Jeder legt eine Hand auf die Schulter des vor ihm Knienden. Die Devotionsfiguren und die Madonna Dexiokratusa stehen zwar nicht in Blickkontakt miteinander, jedoch streckt Christus Karl IV. seinen rechten Arm entgegen. Im Altarbild der Karlsteiner Katharinenkapelle schließlich wird der von Christus dargebotene physische Kontakt von Karl IV. erwidert, beide blicken sich dabei an. Den Miniaturen im Pontifikale und in Krakauer Bibel ist gemeinsam, dass neben dem Stifter Albert von Sternberg Karl IV. in entsprechender devotionaler Haltung in Erscheinung tritt. Der Bischof nimmt dabei die jeweils untergeordnete Position zur Linken Christi ein. Im Pontifikale wird dies dadurch betont, dass Christus sich dem Herrscher alleine zuwendet und ihm seine Wundmale präsentiert. Im Votivbild ist die ebenfalls bischöfliche Stifterfigur Jan Očkos von Vlašim den Devotionsfiguren Karls IV. und Wenzels IV. untergeordnet. Flankieren letztere im Dreiviertelprofil die thronenden Christus-Maria-Gruppe im oberen Register, ist der Stifter selbst profiliert der Vierergruppe der Heiligen im unteren Register eingefügt. Sowohl im Pontifikale, als auch in der Krakauer Bibel und in der Katharinenkapelle werden die Devotionsfiguren durch ihre geringere Größe von den Hauptfiguren unterschieden. In der Wenzelskapelle findet zudem eine Differenzierung zwischen den flankierenden Devotionsfiguren und denen am Kreuzfuß statt. Auf dem Votivbild haben die Anbetenden die gleiche Größe wie die Heiligen; auf dem Prager Reliquienkreuz schließlich erscheinen die Devotionsfiguren sogar größer als die Kreuzigungsgruppe, jedoch kleiner als der zentrale Kristall mit der Reliquie.

3. Ikonographie der historischen Ereignisbilder

3.1 Herrscherbildnisse im Pontifikale des Albert von Sternberg *(Kat. Nr. 12)*

Die Miniatur auf fol. 224v im Pontifikale des Albert von Sternberg zeigt die Kommunion am Krankenbett Karls IV. Das Bett steht im Bildvordergrund, das Kopfende befindet sich dabei auf der rechten Seite. Mit nacktem Oberkörper sitzt Karl IV. selbst im Bett. Seine Hände sind vor der Brust gefaltet, auf dem Haupt trägt er eine mit drei stilisierten Lilien besetzte Goldkrone. Am Fußende steht hinter dem Bett eine weiß gekleidete Figur mit Tonsur, den bischöflichen Krummstab und vermutlich eine Kerze in den Händen haltend. Der Bischof steht vor ihm. Sein Oberkörper ist leicht über das Bett gebeugt, seine linke Hand weist in Richtung des Kaisers, seine rechte hält diesem die Hostie vor das Antlitz. Der Bischof trägt einen innen grün gefütterten roten Mantel und eine weiße Mitra auf dem Haupt. Am Kopfende des Bettes, hinter dem Kaiser findet sich eine weitere männliche Figur mit rotem Gewand. Der mit Hermelin besetzte Kragen lässt vermuten, dass es sich um ein Mitglied der königlichen Familie handelt. Das Gesicht ist im Dreiviertelprofil zu sehen, sein Haupt leicht geneigt und sein Blick auf die Hostie gerichtet. Die nackenlangen, blonden Haare mit Mittelscheitel und die hohe Stirn erinnern an die Büste Wenzels IV. im Prager Triforium.

Auch in der Miniatur mit der Krankensalbung auf fol. 226v steht das Bett im Bildvordergrund. Das Kopfende befindet sich auf der linken Seite. Mehr liegend als sitzend ist die Figur Karls IV. im Bett gezeigt. Sein Oberkörper ist nackt, die Arme sind leicht angewinkelt vom Körper gestreckt. Auf dem Haupt trägt er die bekannte Lilienkrone. Im Bildvordergrund befindet sich ein kleiner Tisch mit Gefäßen am Fußende des Bettes, dahinter eine bischöfliche Figur. Diese trägt entsprechend der Miniatur auf fol. 224v einen roten Mantel und eine Mitra. Sein Oberkörper ist leicht nach vorne gebeugt, seine linke Hand hält die linke Hand Karls IV., mit seiner

IKONOGRAPHIE DER BILDNISSE KAISER KARLS IV.

Rechten salbt er seinen Daumen. Am Kopfende des Bettes sind dieselben Assistenzfiguren wie in der Miniatur mit der Hl. Kommunion zu finden. Der Mönch mit der Tonsur hält den Krummstab und vermutlich ein Salbgefäß in den Händen. Die männliche Figur dahinter ist von der Brust aufwärts zu sehen. Sie hat blonde Haare mit einem Mittelscheitel und einen mit Hermelin besetzten Kragen. Sie stellt vermutlich ebenfalls Wenzel IV. dar.

VLČEK liefert in seinem Aufsatz einen Abriss über die Krankengeschichte Karls IV.[191] Demnach finden sich Hinweise auf langwierigere Krankheiten in Textquellen zum Jahre 1350 und 1371: Dass es sich im Jahre 1350 um eine ernsthaftere und auch lange dauernde Erkrankung des römischen Königs handelte, wird aus verschiedenen Belegen deutlich. So wurden etwa auf der Sitzung des süddeutschen Städtebundes im November 1350 Maßnahmen beschlossen, die im Falle des Königstodes in Kraft treten sollten[192]. In einem Brief vom 10.11.1350 zeigt sich Papst Clemens VI. erfreut über die Besserung des Gesundheitszustandes des Herrschers.[193] Am 19.11.1350 ließ Karl IV. seinem Onkel Balduin von Trier schreiben, dass er wegen der Krankheit seine Regierungsangelegenheiten nicht erledigen könne. Auf die Art der Krankheit wird bei *Heinricus surdi de Selbach* hingewiesen. In seiner Chronik schreibt er: *Anno domini MCCCL. de mense Octobris rex Karolus graviter infirmatur, et fama fuit de eo, quod fuerit intoxicatus a fratre, qui expulsus erat a comitatu Tyrolis, et paralisi vexabatur, ita quod contractus efficitur manibus et pedibus. Et hec unfirmitas duravit per annum; tandem convalescit.*[194] Die Quelle spricht also von einer Lähmung der Extremitäten, was eine Bettlägerigkeit zur Folge hat.

---

[191] VLČEK, E., Tělesné vlastnosti Karla IV., in: Vaněček, V. (Hg.), Karolus Quartus, Praha 1984, S. 471-493 (Die körperlichen Eigenschaften Karls IV.), v.a. S. 473-476

[192] vgl. ŠUSTA, J., Karel IV. – za císařskou korunou 1346-1355, Praha 1948 (Karl IV. – hinter der Kaiserkrone), S. 143ff; zitiert nach VLČEK, E., Tělesné vlastnosti, 1984, S. 474

[193] vgl. Monumenta Vaticana rest gestas Bohemicas illustrantia, Bd. I, Acta Clementis VI. 1342-1352, Prag 1903, Nr. 1313

[194] BRESSLAU, H. (Hg.), Chronica Heinrici surdi de Selbach, Berlin 1964 (unveränderter Nachdruck der Auflage von 1922), S. 101 (= Monumenta Germaniae Historica N.S.T. I)

Ganz ähnlich berichtet die Chronik des *Mathias de Nuwenburg*: *Rex quoque tunc infirmitate gravissima et durabili detinetur, quod multi ex toxico factum fuisse crediderunt...Convaluit autem ipse rex competender et sub anno Domini MCCCLI. de mense Maii ducem Austrie visitat...* [195]

Über eine *infirmitas maxima*, eine Erkrankung im Jahre 1371 berichtet der Chronist Beneš: *Eodem anno et tempore* [1371] *dominus imperator dum esset in castro suo Carlstein, incidit in maximam infirmitatem, ita ut medici de eius convalescensia omnino desperarent. Videns autem domina imperatrix, sua coniux, ipsum constitutum in mortis articulo et nullum sibi prodesse solamen medicorum, fidenti corde confugit ad auxilium beati martiris Sigismundi. Votum vovit transire pedes de Karlstein Pragam ad sepulchrum sancti Sigismundi et offerre ibi pro salute domini sui octo scutellas puri auri, aliter XXIII marcas auri et V lot. continentes in valore sedecim centena et quinquaginta florenos auri puri, pro capite sancti Zigismundi. Quo expleto voto et oblato auro fiendo capite sancti Zigismundi merita restituus est dominus imperator pristine sanitati.*[196]

Fassen wir die Indizien zusammen: Die physiognomischen Eigenschaften der Herrscherfiguren auf fol. 224v und fol. 226v im Pontifikale des Albert von Sternberg deuten darauf hin, dass in beiden Miniaturen Karl IV. dargestellt worden ist. Seine Attribute zeichnen ihn als König aus. (Vergleiche Kapitel IV. 2.1 und Tabelle 4.1) Diesbezüglich und in Anbetracht der Tatsache, dass *Surdi de Selbach* von einer Lähmung der Arme und Beine und der daraus folgenden Bettlägerigkeit des Regenten berichtet, ist davon auszugehen, dass die beiden Miniaturen dieses Ereignis im Jahre 1350/51 illustrieren. Die Thematik der Krankensalbung und der heiligen Kommunion in den Miniaturen des Pontifikale bestätigen die Berichte über eine *infirmitas gravissima*. Die Geschehnisse lägen zum Zeitpunkt der Entstehung der Handschrift ein Vierteljahrhundert zurück. Die erneute *infirmitas maxima* im

---

[195] HOFMEISTER, A. (Hg.), Chronica Mathiae de Nuwenburg, Berlin 1924-1940, S. 447f. (= Monumenta Germaniae Historica, N.S.T. IV)
[196] *Beneš*, in: FRB 4, S. 543f.

IKONOGRAPHIE DER BILDNISSE KAISER KARLS IV.

Jahre 1371 mag die Entstehung und die Ikonographie der Miniaturen mit beeinflusst haben.

Die Handschrift des Albert von Sternberg enthält an anderer Stelle zwei Miniaturen mit Krönungsszenen. Fol. 161r zeigt die oben erwähnte Krönung eines Königs. Der frontal zum Betrachter auf einer Thronbank thronende Herrscher hält in seiner linken Hand ein Szepter mit stilisierten Lilien am oberen Ende, sein rechter Arm ist angewinkelt, die Hand trägt die Sphaira. Er trägt einen blauen Mantel über einem rötlichen Untergewand, auf dem Haupt befindet sich eine goldene Krone mit drei stilisierten Lilien auf der Oberseite. Der Herrscher wird flankiert von zwei Geistlichen im Dreiviertelprofil. Einen Arm haben sie jeweils auf die Schulter des Herrschers gelegt, mit den anderen setzen sie die Krone auf sein Haupt. Bei der Krönung auf fol. 169r kniet die Herrscherin in devotionaler Haltung und nach rechts ins Dreiviertelprofil gewendet auf dem Boden. Ihre Hände sind vor der Brust gefaltet, der Blick ist gesenkt. Auch diese Figur wird flankiert von zwei Geistlichen. Diese stehen leicht nach vorne gebeugt vor und hinter ihr, halten jeweils beidhändig eine Krone, die in ihrer Form der Krone auf fol. 161r entspricht. Sie sind gerade im Begriff, eine Krönung durchzuführen. Die physiognomischen Eigenschaften des Herrscherpaares lassen eine personale Identifikation nicht zu. Geht man jedoch davon aus, dass fol. 224v und fol. 226v auf den Ereignissen um das Jahr 1350 basieren, und berücksichtigt man, dass in die Krönungsminiaturen im Pontifikale vor den ‚Bettszenen' stehen, ist anzunehmen, dass Karl IV. und seine Gattin Blanche von Valois dargestellt sind, und zwar bei ihrer Krönung zum böhmischen Herrscherpaar im Jahre 1357. Die Form der dargestellten Krone kann dabei als Zitat der böhmischen Königskrone aufgefasst werden, bei der en face drei stilisierte Lilienformen auf dem Kronreif sichtbar sind. Sowohl *Beneš* als auch *Franz von Prag* berichten in ihrer Chronik von der Krönung Karls IV. und seiner Gemahlin Blanche de

Valois zum böhmischen König und zur böhmischen Königin am 2. September 1347.[197] ...*a principibus ac nobilibus et prelatis cleroque et populo suspectus...*[198] vollzog der Prager Erzbischof Ernst von Pardubitz die Krönung. Auf fol. 161r und fol. 169r wird die Krönung jeweils von zwei Bischöfen vollzogen. Interessanterweise ist keiner von ihnen durch das Pallium als Erzbischof erkennbar – es sei daran erinnert, dass bei anderen Bildnisse des Ernst von Pardubitz das erzbischöfliche Attribut stets vorhanden ist[199] Auch hinsichtlich ihrer Physiognomie sind weder die Herrscherfiguren, noch die Geistlichen eindeutig zuzuordnen.

Die beiden Krönungen im Pontifikale des Albert von Sternberg fol. 161r und fol. 169r entsprechen dem Typus des Belehnungsbildes von SCHRAMM für früh- und hochmittelalterliche Herrscherbilder.[200] Die Krönung wird dabei nicht von Christus vollzogen, sondern von zwei Bischöfen. Die Darstellung steht in der Tradition des Krönungstyps wie er bereits an der Holztüre von Santa Sabina in Rom (rechts, zweite Reihe) aus der ersten Hälfte des 5. Jh. zu finden ist. Die Krönung wird dabei von zwei Heiligen vollzogen. In der Bamberger Apokalypse (vor 1020, Reichenau, Bamberg Staatsbibliothek Msc.Bibl. 140, fol. 59v) wird die Krönung der frontal zum Betrachter thronenden Figur Ottos III. oder Heinrichs II. von den beiden Aposteln Petrus und Paulus vollzogen.

---

[197] vgl. *Beneš*, in: FRB 4, S. 514 und *Franz von Prag*, in: FRB 4, S. 447
[198] *Beneš*, in FRB 4, S. 514
[199] so etwa im Graduale des Ernst von Pardubitz, fol. 1v (1363, Knihovna metropolitní kapituly u sv. Víta., P7) und auf dem Tafelbild der sog. Glatzer Madonna (nach 1344, Berlin, Gemäldegalerie, Kat. Nr. 1624); zum Pallium als erzbischöfliches Attribut vgl. BRAUN, J., Tracht und Attribute der Heiligen in der Deutschen Kunst, Stuttgart 1964 (unveränderter Nachdruck der Auflage von 1943), Sp. 780f.
[200] vgl. SCHRAMM, P.E., Herrscherbildnis, 1924, v.a. S. 167ff

4. IKONOGRAPHIE DER RELIQUIENSZENEN

4.1 Begriff und Überblick

Der hohe Stellenwert der Reliquien für Karl IV. manifestiert sich in den lebenslangen Erwerbungen derselben. Die von KOTRBA[201] als fast krankhaft bezeichnete Sammelleidenschaft für Reliquien war schon von den Zeitgenossen Karls IV. festgehalten worden. In der Vita I von Papst Innozenz VI. wird der Kaiser beschrieben als *...multum ...curiosus et sollicitus in reliquiis undecumque congregandis, quas demum in magna veneratione habuit, eas magnifice adorando in ecclesiis et monasteriis civitatis Pragensis honorifice collocavit...*[202] Der bis zum Tod Karls IV. nicht abreißende Strom an Reliquienneuerwerbungen hatte seine Höhepunkte im Erhalt der Reichskleinodien im Jahre 1350, in den Erwerbungen 1353-56 und den Schenkungen von Papst Urban V. im Jahre 1368.[203] Unter Reliquienszenen sind in diesem Zusammenhang narrative Szenen zu verstehen, in denen Karl IV. Handlungen mit verschiedenen Reliquien vollzieht. Am häufigsten fungiert er dabei als Reliquienempfänger, die von einer zweiten Person überbracht werden. In der Flächenkunst wird der Reliquienerwerb bzw. die Reliquienschenkung Thema in der Herrscherikonographie Karls IV. Auf dem Reliquienkästchen in der Schatzkammer in Wien und auf dem Reliquienkreuz des Domschatzes von St. Veit in Prag ist die Übergabe auf den die Partikel beinhaltenden Reliquiaren selbst dargestellt. In der Karlsteiner Marienkirche widmen sich zwei der drei sog. Reliquienszenen diesem Thema.

---

[201] KOTRBA, V. Nové město pražské - "Karlstadt" v universální koncepci císaře Karla IV., in: Z tradic slovanské kultury v Čechách. Sázava a Emauzy v dějinách české kultury, Praha 1975, S. 53-66 (Die Prager Neustadt - 'Karlstadt' in der universalen Konzeption Kaiser Karls IV.), S. 66
[202] zitiert nach NEUREITHER, H., Das Bild Karls IV. in der zeitgenössischen französischen Geschichtsschreibung, Diss., Heidelberg 1964, S. 185
[203] zum Reliquienkult Karls IV. vgl. einführend MACHILEK, F., Privatfrömmigkeit, 1978, S. 87-101 und PIRCHAN, G., Karlstein, in: Schreiber, R. (Hg.), Prager Festgabe für Theodor Mayer, Freilassing, Salzburg 1953, S. 56-90

4.2 Prag, Domschatz, **Reliquienkreuz** *(Kat. Nr. 18)*

Der untere Längsbalken des Prager Reliquienkreuzes zeigt und beschreibt eine Reliquienübergabe von Papst Urban V. an Kaiser Karl IV. (**Abb. 9**) Beide Figuren stehen sich jeweils im Profil gegenüber und sind einander zugewendet. Papst Urban links trägt ein langärmeliges Untergewand, darüber eine Pluviale, die an der Brust von einer Fibel zusammengehalten wird. Seine Kopfbedeckung ist eine eng anliegende, nach oben spitz zulaufende Kappe, die in drei übereinander liegenden Bändern Reihen von stilisierten Lilien aufweist. Von der Kappe ausgehend fallen infulae auf seine Schultern. Kaiser Karl IV. ist achsensymmetrisch zur Mittelachse des Kreuzes in entsprechender Haltung dargestellt. Das Gesicht des Papstes ist fast im Profil, das des Kaisers im Dreiviertelprofil zu sehen. Auf die Physiognomie, auf Ornat und Attribute des Kaisers wurde bereits an anderer Stelle eingegangen. Beide Figuren halten ihre Unterarme jeweils im rechten Winkel von Körper weg und greifen beidhändig ein Stück Stoff, das sich zwischen ihnen befindet. Oberhalb des Stoffes scheint ein glattes, in der Mitte mit einem Oval versehenes Kreuz zu schweben.

Die vierzeilige Inschrift über den beiden Figuren lautet:

de panno cruentato quo xpt [christus] precinctus fuit in cruce datum per urbanu[m] papa[m] V karolo iiii impe[r]atori romano[r]u[m]

Beschrieben und dargestellt ist somit die Übergabe der Reliquie des Lendentuchs Christi. Die Reliquienübergabe bzw. Schenkung von Papst Urban V. an Kaiser Karl IV. ist urkundlich belegt. Demnach vermachte der Papst dem Kaiser im Jahre 1368

...particulas de certis sacris reliquiis ...videlicet de panno cruentato, quo precinctus fuit in cruce Salvator noster dominus Jhesus Christus...[204]

4.3 Wien, Kunsthistorisches Museum, Reliquienkästchen *(Kat. Nr. 21)*

Der Deckel des Reliquiars bildet die durch Inschriften identifizierbaren Apostelfiguren Johannes, Petrus und Paulus ab. Alle drei sind an Händen und Füßen gefesselt, Petrus sitzt dabei in der Mitte frontal zum Betrachter, Johannes und Paulus flankieren ihn im Halbprofil.

Die beiden fast im Dreiviertelprofil dargestellten Schulterfiguren auf der Vorderseite werden durch Inschriften namentlich genannt: *PAPA URBANUS QUINTUS* sowie *KAROLUS QUARTUS [I]MPERATOR*. Einander zugewendet sieht man somit Papst Urban V. auf der linken Seite, Kaiser Karl IV. auf der rechten Seite. **(Abb. 11)** Auf die Physiognomie, auf Ornat und Attribute Karls IV. wurde bereits an anderer Stelle eingegangen. Der Papst ist mit einer Pluviale und einem langärmeligen Untergewand bekleidet, auf dem Haupt trägt er eine eng anliegende, gemusterte Kappe. Infulae fallen auf seine Schultern. Er hat seinen rechten Unterarm vom Körper weg gestreckt, seine Hand hält eine herabhängende Kette. Karl IV. seinerseits ist im Begriff, mit seiner linken Hand die Kette entgegenzunehmen.

Wie schon im Zusammenhang mit dem Prager Reliquienkreuz erwähnt, vermachte Papst Urban V. Kaiser Karl IV. im Jahre 1368 eine Reihe von Reliquien. Die Schenkungsurkunde erwähnt nicht nur den Partikel des Lendentuchs Christi, auch einen Teil der *...cathena, cum qua idem sanctus Johannes fuit ligatus, quando fuit missus in Pathmos apud Lateransem...*[205], also einen Teil der Kette, mit der Johannes während seiner Fahrt nach Patmos gefesselt gewesen sein soll. Der Anlass für die Entstehung des Reliquiars war der Erhalt des Partikels von der Kette des Johannes.

---

[204] JENŠOVSKÝ, F. (Hg.), Acta Urbani V 1362-1370, Pragae 1944 (= Monumenta Vaticana res gestas Bohemicas illustrantia, Bd. 3), Nr. 1066
[205] JENŠOVSKÝ, F. (Hg.), Acta, 1944, Nr. 1066;

Die Glieder von der Kette Petri und Pauli waren zu diesem Zeitpunkt bereits im Besitz des Kaisers. Die Provenienz der Reliquie der Pauluskette ist ungeklärt.[206]

4.4 Karlstein, Marienkirche *(Kat. Nr. 4)*

Die Reliquienszenen sind Teil der Wandgestaltung an der Südseite der Karlsteiner Marienkirche. Die entsprechende Wandfläche ist horizontal in drei Steifen geteilt. Der untere stellt eine von Säulen getragene, gewölbte Halle dar, die sich perspektivisch in den Bildhintergrund erstreckt. Die Malereien des oberen Bildstreifens sind nicht mehr erhalten. Oberhalb der ersten Reliquienszene finden sich die Inschrift: *karolus IIII imperator [sa]ncta trinitas Blanca Regina*. Inwiefern der Kaiser mit seiner Gemahlin im Kontext einer Dreifaltigkeitsdarstellung (vielleicht ähnlich dem Relief der Maria-Schnee-Kirche?) zu sehen war, muss offen bleiben.

Was die Datierung der Wandmalereien betrifft, sind einige Eckdaten anzugeben. Die Kapelle wurde am 27. März 1357 geweiht. Die Frage stellt sich, ob die Ausstattung zu diesem Zeitpunkt bereits vollendet war oder erst danach entstand. Die Ikonographie der Reliquienszenen, d.h. die illustrierten historischen Ereignisse lassen einen Entstehungszeitraum zwischen dem Ende des Jahres 1356 und Ende 1357 vermuten. FAJT meint konkreter: „It seems likely and the absence of consecration crosses under the Relic scenes murals only adds confirmation, that this painting was the sole one to originate from the time before the consecration of the Chapel of Our Lady, that is, shortly before 1357."[207] Die Tatsache, dass sich Konsekrationskreuze unter dem apokalyptischen Zyklus befinden sowie das Fehlen derselben an der Südwand

---

[206] Die Reliquie der Petruskette erhielt Karl IV. bereits im Jahre 1354 vom Kapitel in Trier. Die Schenkungsurkunde spricht von *...Item partem cathenae ferreae beati Petri apostoli* (zitiert nach PODLAHA, A., ŠITTLER, E., Chrámový poklad u sv. Víta v Praze. Jeho dějiny a popis, Praha 1903 (Der Domschatz von St. Veit in Prag. Seine Geschichte und Beschreibung), S. 31f.) Die Provenienz der Reliquie der Pauluskette ist unklar. OTAVSKY vermutet, dass Karl IV. diese im Rahmen seiner ersten Reise nach Rom aus San Paolo fuori le mura nach Prag mitbrachte. (vgl. OTAVSKY, K., in: Parlerkatalog, Bd. 2, 1978, S. 704)

der Marienkirche mit den Reliquienszenen deutet darauf hin, dass letztere bereits vor der Weihe der Kapelle entstanden sind.[208] Als Entstehungszeitraum ist das erste Viertel des Jahres 1357 ins Auge zu fassen.

Das mittlere Register an der Südwand beinhaltet die drei Reliquienszenen selbst. Die erste Szene (**Abb. 4 und Abb. 12**) ist in einen Raum verlegt, dessen Rückseite sich in zwei Arkaden öffnet. Karl IV. auf der linken Seite und die gekrönte Herrschergestalt auf der rechten Seite stehen sich gegenüber bzw. kommen gerade aufeinander zu. Beide sind im Profil zu sehen. Die eigentliche Aktion, die Reliquienübergabe, findet zwischen den beiden Figuren statt. Der rechte Herrscher bringt mit einer Hand ein unverziertes Holzkreuz, mit der anderen Hand zwei Dornen dar. Die Objekte nimmt Karl IV. mit beiden Händen in Empfang.

NEUWIRTH[209] erkennt in den beiden Figuren Wenzel IV. bei einer Reliquienübergabe an seinen Vater Karl IV. CHYTIL[210] zieht als erster den Dauphin von Frankreich, den späteren Karl V., als Reliquienüberbringer in Betracht. Zwei Hinweise machen diese Identifizierung plausibel:

Zum einen lassen sich physiognomische Charakteristika der Herrscherfigur in überlieferten Bildnissen Karls V. feststellen. Vor allem die fliehende Stirn, die hervortretende Mundpartie mit einem leichten Überbiss des Oberkiefers, das dagegen recht kleine und spitze Kinn und nicht zuletzt die sehr große, d.h. lange und spitze Nase

---

[207] FAJT, J., Theodoricus. Court Painter to emperor Charles IV. The pictoral decoration of the shrines at Karlstejn Castle, Prague 1998, S. 146
[208] ich danke Herrn Fajt auch für seine Mitteilung vom 13.05.03
[209] vgl. NEUWIRTH, J., Wandgemälde Karlstein, 1896, S. 21ff
[210] vgl. CHYTIL, K., K dátování maleb Karlštejnských, in: Ročenka kruhu pro pěstování dějin umění za rok 1923, Praha 1924, S. 26-40 (Zur Datierung der Karlsteiner Malereien), S. 34; so etwa auch später bei: DVOŘÁKOVÁ, V., The Ideological Design of Karlstejn Castle and its Pictorial Decoration, in: Dvořáková, V., u.a., Gothic mural painting in Bohemia and Moravia 1300-1378, London 1964, S. 51-65, S. 56 und STEJSKAL, K., Die Wandzyklen Kaiser Karls IV. Bemerkungen zu Neudatierungen und Rekonstruktionen der im Auftrag Karls IV. gemalten Wandzyklen, in: Umění 41 1/2, 1998, S. 19-41, S. 23

finden sich in verschiedenen zeitgenössischen Zeugnissen der Buchmalerei wieder.[211] Ins Profil gewendet ist die Devotionsfigur Karls V. auf dem Parament de Narbonne (Paris, Musée du Louvre). (**Abb. 3**) Dreidimensional erscheint der König mit seiner Grabplastik in Saint-Denis. Vergleicht man die beiden zuletzt genannten Bildnisse mit dem vermeintlichen in Karlstein, so ist eine Identifikation als ein und dieselbe Person nahe liegend.

Zum anderen ist aus einer Urkunde ersichtlich, dass König Johann von Frankreich im Jahre 1356 zwei Dornen aus der in der Sainte-Chapelle in Paris verwahrten Dornenkrone Christi entfernen ließ und plante, diese durch seinen Sohn Charles an Karl IV. überbringen zu lassen:

Johannes Dei gratia Francorum rex notum facimus universis praesentibus et futuris, quod nos sanctae devotionis affectum, quem ad sacratissimam coronam spineam in sua gloriosissima passione nostri impositam capiti Salvatoris, quae in sacrario reliquiarum nostrae sacrae capellae regalis Parisiis ab antiquis temporibus reposita servatur, Serenissimus princeps dns Karolus quartus Dei gratia Romanorum imperator semper augustus et Boemiae Rex, frater noster carissimus habere dignoscitur et zelum sincerae dilectionis, quem ad Nos et domum nostrum Franciae et liberos nostros, nepotes suos, rerum experientia gerere comprobatur, debita meditatione pensantes, ut ardentius crescat suae devotionis affectus, duas spinas de dicta sacratissima corona per manus dilectl et fidelis consiliarii et cancellarii nostri Petri archiepiscopi Rothomagnesis extrahi fecimus et reverenter assumi, ipsas quoque eidem fratri nostro per dilectissimus primogenitum nostrum Karolum, ducem Normaniae Viennesemque dalphinum, ipsius fratris nostri nepotem, fecimus praesentari easque eidem fratri nostro carissimo fraterna et liberali affectione

---

[211] Hingewiesen sei in diesem Zusammenhang auf: Le livre des neuf anciens juges d'astrologie, 1361, Brüssel, Bibl. Royale, MS 10319, fol. 3 (vgl. RICHTER SHERMAN, C., Charles V., 1969, Abb. 1) ; Bible historiale, Den Haag, Museum Meermann Westreenianum, MS 10B23, fol. 2 (vgl. RICHTER SHERMAN, C., Charles V., 1969, Abb. 10) ; Krönungsbuch Karls V., London, British Museum, MS Tiberius B. VIII (vgl. RICHTER SHERMAN, C., Charles V., 1969, Abb. 16-19); Les grandes chroniques de France, Paris, Bibl. Nat., MS fr. 2813 (vgl. RICHTER SHERMAN, C., Charles V., 1969, Abb. 32ff)

concedimus et donamus...Datum Parisiis Anno dni millesimo trecentesimo quinquagesimo sexto mense Maii.[212] Der Chronik des *Beneš von Weitmühl* zufolge hielt sich Karl IV. das ganze Jahr 1357 in Alamannien auf. Im November diesen Jahres führte ihn seine Reise nach Metz, wo er auch die Weihnachtstage verbrachte. Zur Feier des anstehenden Festes kamen unter anderem auch die beiden Söhne König Johanns von Frankreich, der Dauphin Karl und Ludwig von Anjou zu Besuch: *Instante igitur festo Nativitatis Domini* [1357] *venerunt ad curiam imperialem ... Item duo filii regis Francie, primogenitus et secundus, sororini domini imperatoris.* [213] Eine Übergabe der Reliquien der Dornenkrone hätte in diesem Zeitraum stattfinden können. Die Dauer für die Übergabe von mehr als einem Jahr erscheint erstaunlich lange; man mag sie nichtsdestotrotz in der Reise Karls IV. in Alamannien erklärt sehen. Der durch das Fehlen von Konsekrationskreuzen bestimmte Entstehungszeitraum der Wandmalereien kurz vor der Weihe der Kapelle im März 1357 spricht jedoch gegen die Vermutung, die Reliquienübergabe habe um das Weihnachtsfest des Jahres 1357 statt gefunden. Weshalb der Dauphin gekrönt dargestellt worden ist, muss auch offen bleiben. Vielleicht entspringt es einer Ehrerbietung an den französischen Prinzen, vielleicht soll der königliche Auftrag bei der Reliquienübergabe betont werden, vielleicht ist die Krone überhaupt nachträglich eingefügt worden.[214]

Das kleine auf dem Wandbild dargestellte Holzkreuz wird in den Quellen nicht erwähnt. Ob es in Metz übergeben worden sein könnte, ist nicht bekannt. In der Weltlichen Schatzkammer in Wien hat sich eine Kreuzreliquie (Wien, Kunsthistorisches Museum, Schatzkammer, Inv.-Nr. XIII 20)[215] erhalten, die dem Holz-

---

[212] zitiert nach PODLAHA, A., ŠITTLER, E., Chrámový poklad, 1903, S. 119

[213] *Beneš*, in: FRB 4, S. 526

[214] STEJSKAL sieht in diesem Zusammenhang die Krone als authentisch an und datiert dementsprechend den Zyklus in die Zeit nach 1364, dem Todesjahr Jean le Bons, Vater Karls V. (vgl. STEJSKAL, K., Wandzyklen, 1998)

[215] vgl. FILLITZ, H., Insignien, 1954, S. 54 und FILLITZ, H., Katalog der weltlichen und der geistlichen Schatzkammer, Wien 1956², S. 51

kreuz der in der ersten Reliquienszene im Aussehen sehr nahe kommt. Die Reliquie ist ein Holzspan mit einem Loch in der Mitte. Sie war nach FILLITZ ursprünglich im Schaft des Reichskreuzes untergebracht.

Die zweite Reliquienszene (**Abb. 5 und Abb. 13**) ist in Hinblick auf die Bildkomposition der ersten sehr ähnlich. Auf der linken Seite sieht man Karl IV. im Profil stehend. Ihm gegenüber steht ein ebenfalls gekrönter Herrscher. Mit jeweils einer Hand wird die Reliquie überreicht bzw. empfangen.

Seit CHYTIL herrscht in der historischen und kunsthistorischen Literatur hinsichtlich der Identifikation des Reliquienüberbringers der ersten Szene mit dem französischen Dauphin weitgehend ein Konsens. Anders verhält es sich mit der Herrscherfigur der zweiten Szene.

FRIEDL[216] erkennt in ihm König Ludwig von Ungarn. Dieser kam im Jahre 1353 nach Prag und vermachte seinem Schwiegervater Karl IV. ein silbernes Pektorale, in dem unter anderem eine Kreuzreliquie eingelegt war. BOUŠE und MYSLIVEC[217] identifizieren den Herrscher als Loysius Gonzaga, Markgraf von Mantua. Aus Mantua erhielt Karl IV. demnach im Jahre 1354 die Reliquie des Schwammes; das Inventar von St. Veit von 1355 erwähnt die Reliquie von der Hand des Hl. Longinus aus der Kirche des Hl. Andreas in Mantua.

In der dritten Reliquienszene schreitet Karl IV. im Profil von links nach rechts, in leicht gebückter Haltung die zwei Stufen zum Altar hinauf. (**Abb. 6 und Abb. 14**) Mit Daumen und Zeigefinger seiner rechten Hand hält er das Holzkreuz, das er in der ersten Szene vom Dauphin erhalten hatte, mit seiner Linken berührt er den Sockel des goldenen Kreuzes, das auf dem Altar steht. Er ist gerade im Begriff, die Kreuz-

---

[216] vgl. FRIEDL, A., Mikuláš Wurmser, mistr královských portretů na Karlštejně, Praha 1956 (Nikolaus Wurmser, Meister der königlichen Porträts auf Karlstein), S. 32f.; FRIEDL verweist weiterhin auf PODLAHA, A., ŠITTLER, E., Chrámový poklad, 1903, S. 19, S. 45 und S. 59
[217] vgl. BOUŠE, Z., MYSLIVEC, J., Sakrální prostory, 1971, S. 284f.

reliquie in das große Kreuz einzulegen. Der dreibeinige Sockel mit seinen Fialen und ‚Strebebögen' zitiert das Strebewerk gotischer Kathedralarchitektur. Das Kreuz selbst ist in der Mitte und an seinen Enden mit Edelsteinen besetzten Vierpassformen verziert und erinnert an das Kreuz, das Karl IV. und seine Gemahlin in der Supraporta der Katharinenkapelle in den Händen halten.

Lässt sich das Reliquienkreuz der dritten Szene näher bestimmen? Aus einer Urkunde vom 21.12.1357 an Papst Innozenz VI. geht hervor, dass Karl IV. ein prächtiges mit Perlen besetztes Goldkreuz für die Burg Karlstein anfertigen ließ, das unter anderem die Reliquien des Kreuzes, der Dornenkrone und des Schwammes beinhaltete:

Karolus *...ipse de novo unam sollempnem crucem de puro auro et preciosissimis margaritis fieri et fabricari et in ea partem de ligno crucis vivifice de spinea corona et spongia Christi nec non de s. Johannis Baptiste et aliis plurimis sacris reliquiis poni fecit, in castro suo de Carlsteyn Pragensis dioc. pro preciosissimo iocali regnum et regni Boemie, qui pro tempore fuerint, perpetus conservandam.*[218]

Unter der Voraussetzung, die Reichskleinodien fortan dauerhaft in Frankfurt oder Nürnberg zu belassen, erreichte Karl IV. im Jahre 1350 ihre Übertragung nach Prag durch den Sohn Ludwigs des Bayern, Ludwig den Brandenburger. Am Palmsonntag des Jahres fand eine feierliche Prozession statt, in der die *sanctuaria imperii* vom Vyšehrad durch die Prager Neustadt zur vorläufigen Verwahrung in die Schatzkammer des Veitsdoms überführt wurden. In den Monaten danach wandte sich Karl IV. an den Papst mit der Bitte, die Kleinodien und Reliquien dem Volke an verschiedenen Orten zeigen zu dürfen. Für die Teilnahme erwirkte der Kaiser einen sehr hohen Ablass.[219] Das Reliquienkreuz mit den Passionsreliquien wurde nicht mit den Reichskleinodien vereint, sondern für die Burg Karlstein bestimmt. Für die Teil-

---

[218] zitiert nach Novák, J.F. (Hg.), Acta Innocenti VI 1352-62, Pragae 1907 (= Monumenta Vaticana res gestas Bohemicas illustrantia, Bd. 2), S. 273
[219] vgl. Pirchan, G., Karlstein, 1953, S. 63

nahme an seiner Weisung erlangte Karl bereits im Jahre 1357 bei Papst Innozenz VI. einen Ablass von fünf Jahren und fünf Quadragenen. Auf Drängen Karls wurde durch den Papst schließlich im Jahre 1359 ein Ablass von sieben Jahren und sieben Quadragenen gewährt, entsprechend der neun Jahre zuvor für die Reichsheiltümerweisung erwirkten Indulgenz.[220] Zu den Reliquienweisungen haben sich zwei Verzeichnisse erhalten, in denen das Karlsteiner Reliquienkreuz aufgeführt wird. Die Handschrift Cod. IX der Prager Kapitelbibliothek (Praha, Knihovna metropolitní kapituly u sv. Víta) spricht von einem *magna crux habens tres partes sancte crucis, unam partem contulit rex Francie, unam partem rex Grecie, terciam imperator Henricus.* Eine andere Stelle nennt eine *crux magna, quam dedit rex Francie Karolo imperatori.*[221] Wie auch Dvořáková[222] bemerkt, ist davon auszugehen, dass es sich in dem in den beiden Textquellen beschriebenem Reliquienkreuz um ein und dasselbe handelt und das dieses Kreuz in der Karlsteiner Marienkirche auch illustriert worden ist.

Folgender Schluss liegt nahe: Das in der dritten Szene dargestellte Goldkreuz ist dasjenige, das im Auftrag Karls IV. im Jahre 1357 für Karlstein geschaffen worden ist, und das einmal im Jahr öffentlich zur Schau gestellt wurde. Das Kreuz beinhaltet verschiedene Reliquien. Die der Dornenkrone Christi erhielt der Kaiser 1356 vom französischen König Johann dem Guten. Sein Sohn, der spätere Karl V., brachte diese vermutlich im selben Jahr nach Metz, wo sie überreicht wurden. In der ersten Szene der Karlsteiner Marienkirche ist nicht nur die Übergabe der Reliquien der Dornenkrone, sondern auch einer Kreuzreliquie illustriert worden. Ein Quellenhinweis zur Übergabe von Kreuzreliquien aus Frankreich ist diesbezüglich nicht zu finden. Setzt man voraus, dass es sich in den beiden Quellen zum Karlsteiner Kreuz

---

[220] vgl. Pirchan, G., Karlstein, 1953, S. 73
[221] vgl. dazu Podlaha, A., Šittler, E., Chrámový poklad, 1903, S. 56f. und Pirchan, G., Karlstein, 1953, S. 77
[222] vgl. Dvořáková, V., Menclová, D., Karlštejn, 1965, S. 62

sowie zur Weisung der Heiltümer um ein und dasselbe Kreuz handelt, wird einerseits die dargestellte Übergabe der Kreuzreliquie vom französischen Dauphin bestätigt. Andererseits ließe sich der Reliquienüberbringer in der zweiten Szene als der *rex Grecie*, der griechische König, die überreichte Reliquie demnach als eine Kreuzreliquie identifizieren. Das anlässlich der Heiltumsweisung beschriebene Kreuz enthielt nicht nur Kreuzreliquien, sondern auch zwei Dornen der Dornenkrone Christi. Dies würde im Umkehrschluss die Übergabe derselben in der ersten Szene untermauern.

4.5 Ikonographischer Vergleich der Reliquienszenen

Auf dem Reliquienkreuz und dem Reliquienkästchen wird der Anlass für die Entstehung des Reliquiars illustriert. Dies ist jeweils die Übergabe der Reliquie von Papst Urban V. an Kaiser Karl IV. Reliquiengeber und Reliquienempfänger stehen sich gegenüber, sind einander zugewendet. Beide nehmen jeweils die gleiche Haltung ein. Mit Ausnahme der Kopfbedeckung tragen Kaiser und Papst auch das gleiche Ornat. Das des Herrschers hebt sich lediglich durch die reichere Ornamentierung von dem des Geistlichen ab. Auf beiden Reliquienbehältnissen wird für Urban V. der gleichen Gesichtstypus verwendet.

In Bezug auf den kommunikativen Aspekt sind alle Reliquienszene dadurch gekennzeichnet, dass der Betrachter in das Geschehen nicht mit einbezogen wird. Die innerbildliche Kommunikation auf dem Prager Reliquienkreuz wird zum Einen durch Blickkontakt hergestellt. Karl IV. blickt den Papst an; dieser hat seinen Blick nach oben gerichtet. Zum Anderen schafft die Reliquie des Lendentuchs Christi, das beide je beidhändig halten, eine Verbindung zwischen Reliquiengeber und -empfänger.
Auf dem Wiener Reliquienkästchen stehen Papst und Kaiser in gegenseitigem Blickkontakt. Die zu übergebende Reliquie hält Urban V. mit seiner rechten Hand vor seinen Körper. Karl IV. hat entsprechend seine Linke von sich gestreckt und ist bereit, die Reliquie in Empfang zu nehmen.
In den ersten beiden Szenen der Marienkirche findet die Reliquienübergabe zwischen den beiden Herrschern statt. Diese blicken sich an. In der zweiten Szene auf Karlstein betrachtet Karl IV. sein Gegenüber; dieser hat seinen Blick auf die Reliquie in seiner Hand gerichtet. In tiefe Andacht versunken scheint der Kaiser in der dritten Szene. Sein Haupt ist gesenkt, sein Blick auf das Holzkreuz gerichtet, das er in seiner rechten Hand hält.

IKONOGRAPHIE DER BILDNISSE KAISER KARLS IV.

Alle drei Karlsteiner Szenen bestechen durch die Pracht und den modischen Charakter des Ornats der Beteiligten. In der ersten Szene trägt Karl IV. ein rotes, langärmeliges Untergewand, darüber einen innen grünen, außen weißen Mantel. Das Muster besteht im wesentlichen aus grünen, einander zugewendeten Vogelpaaren, die mit ihrer Schnabelform an Papageien erinnern. Grüne, eng anliegende Beinkleidung sowie gelbe, geschnürte Schuhe komplettieren die Kleidung wie in allen drei Szenen. Der ihm gegenüberstehende Dauphin von Frankreich trägt eine mit stilisierten Lilien besetzte goldene Krone auf dem Haupt. Er ist in ein blaues Untergewand und einen blauen Mantel mit Ärmeln darüber gekleidet. Das kaiserliche Ornat der zweiten Szene setzt sich aus einem roten, langärmeligen Untergewand, roten Beinkleidern und einem roten, innen mit Hermelin besetzten Mantel zusammen. Sein nicht zweifelsfrei identifiziertes Gegenüber trägt ein grünes, langärmeliges Untergewand, grüne Beinkleider, grüne Schnabelschuhe und einen grünen, mit Hermelin besetzten Mantel. Ein rotes, langärmeliges Untergewand, rote Beinkleider und einen roten an Brokat erinnernden Mantel mit einem goldenen vegetabilen und geometrischen Muster trägt der Herrscher in der dritten Reliquienszene.

Nicht nur modische Details wie die Schnabelschuhe finden sich auch etwa auf dem Prager Reliquienkreuz wieder, sondern auch die Vogelmotivik auf dem Mantel Karls IV., sowohl auf dem Reliquienkästchen, als auch auf dem Reliquienkreuz. Die nach links blickenden Adler in Vierpässen auf dem kaiserlichen Mantel des Prager Kreuzes lassen die Adlerdalmatika in der Wiener Schatzkammer ins Gedächtnis rufen. Ob diese auch in Karlstein und auf dem Wiener Kästchen zitiert worden ist, sei dahingestellt.

4.6 Zusammenfassung

In Bezug auf das Wiener Reliquienkästchen und das Prager Reliquienkreuz ist HERZOGENBERG[223] der Auffassung, dass alleine schon die Tatsache, dass die Reliquienübergabe dargestellt worden ist, für den Realitätscharakter der Abbildungen sprechen. Die Inschriften nennen nicht nur die Akteure des Geschehen – in beiden Fällen handelt es sich um Urban V. und Karl IV. Beim Prager Reliquienkreuz wird auch die Art der Reliquie selbst beschrieben. Ihr „Reportagecharakter"[224] wird durch Textquellen untermauert, die die Schenkung der genannten, abgebildeten und letztendlich in die Reliquiare eingelegten Reliquien bestätigen.

Auch bei den Karlsteiner Reliquienszenen wird ihr Reportagecharakter in der Literatur betont.[225] In der Tat scheinen nicht nur die physiognomischen Charakteristika des ersten Reliquienüberbringers auf die Person des französischen Dauphins, den späteren Karl V., hinzuweisen, auch zeitgenössische Textquellen bestätigen eindeutig zumindest die Schenkung der zwei Dornen der Dornenkrone Christi aus Frankreich. Schwieriger erweist sich die Frage nach der Persönlichkeit der zweiten Reliquienüberbringers. Im Unterschied zur ersten Szene ist hier weder die Art der übergebenen Reliquie zu bestimmen, noch lassen physiognomische Charakteristika den Rückschluss auf eine bestimmte Herrscherpersönlichkeit zu. Die Identifikation des Reliquienkreuzes in der dritten Szene mit dem, das urkundlich belegt im Jahre 1357 für die Burg Karlstein geschaffen worden ist, ist wahrscheinlich.

Das Reliquienkreuz, das in der dritten Szene auf dem Altar steht, findet sich nicht nur in dieser Szene in der Karlsteiner Marienkirche, sondern auch auf dem Doppelbildnis Karls und Annas von Schweidnitz als Konstantin und Helena in der Karlsteiner Katharinenkapelle und in einem Fresko am Eingang zur Kreuzkapelle im Treppenhaus des Hohen Turms in Karlstein. Das in einer Aquarellkopie aus dem 19.

---

[223] vgl. HERZOGENBERG, J.v., Bildnisse, 1978, S. 331
[224] vgl. HERZOGENBERG, J.v., Bildnisse, 1978, S. 331
[225] so auch HERZOGENBERG, J.v., Bildnisse, 1978, S. 331

Jh. tradierte und rekonstruierte Wandbild zeigt das Kreuz auf einem Altar in der Mitte stehend. Nach rechts schließen sich wohl drei Mitglieder der kaiserlichen Familie an, vielleicht Gemahlinnen den Kaisers. Links davon steht Karl IV. neben drei erzbischöflichen Figuren.[226]

Die Reliquienszenen überdecken, ebenso wie die anschließenden apokalyptischen Szenen die Konsekrationskreuze. Die Szenen müssen demnach nach der Weihe am 27.März 1357 entstanden sein.

Wie STEJSKAL[227] richtig bemerkt spricht gegen den Reportagecharakter die Tatsache, dass oberhalb der Reliquienszenen der Herrscher zusammen mit Blanche de Valois dargestellt war. Diese starb bereits im Jahre 1348.

---

[226] Es bleibt abzuwarten, was die noch dauernden Restaurierungen in Karlstein in diesem Zusammenhang zu Tage fördern. Aus denkmalpflegerischer Sicht wohl umstritten, ist es zur Erhebung authentischer ikonographischer Daten notwendig, die Malereien aus dem 19. Jh. zu entfernen. Allgemeine Hinweise zum Wandbild finden sich bei: STEJSKAL, K., Wandzyklen, 1998, S. 24 sowie WAMMETSBERGER, H., Individuum, 1967, S. 82 und S. 89

[227] vgl. STEJSKAL, 1998, S. 23

5. IKONOGRAPHIE DER DYNASTISCHEN BILDNISSE–FAMILIENBILDNISSE

5.1 Prag, Altstädter Brückenturm *(Kat. Nr. 19)*

5.1.1 Beschreibung

Zum Bau des Altstädter Brückenturmes selbst sind keine Textquellen bekannt. Der Chronist *Beneš von Weitmühl* berichtet zum Jahr 1357 über den Bau einer neuen Prager Brücke, der späteren Karlsbrücke: *Eodem anno imperator posuit fundamentum sive primarium lapidem in fundamento novi pontis Pragensis in littore prope monasterium sancti Clementis.*"[228] Dass diese Brücke über die Moldau, die spätere Karlsbrücke, ein kaiserliches Bauunternehmen war, wird nicht nur aus der Chronik ersichtlich. In der Inschriftentafel oberhalb der Büste Karls IV. im Triforium des St. Veitsdoms heißt es: *Karolus IIII Imp[er]ator ro[ma]noru[m] et boemie rex (...) po[n]te[m] nov[u]m p[er] multauia[m] laborari p[re]cepit.*[229]

Der plastische Schmuck ist am Altstädter Brückenturm nur an der Ostfassade erhalten geblieben. Der baugeschichtlichen Studie Vítovskýs[230] zufolge wurde dieser für das erste Obergeschosses zwischen 1376 und 1378, für das zweite Obergeschoss um das Jahr 1385 geschaffen. Die Attribute des Herrscherpaares deuten darauf hin, dass Wenzel IV. nicht nur als böhmischer, sondern auch als römischer König gezeigt werden sollte. Die römische Königswahl und -krönung fand im Jahre 1376 statt. Aus diesem Grunde stimme ich dem Vorschlag Vítovský zu, die Entstehung, oder zumindest die Planung der Statuen des ersten Obergeschosses in die Jahre 1376, dem Jahr der römischen Königskrönung Wenzels, und 1378, dem Todesjahr Karls IV., zu

---

[228] *Beneš*, in: FRB 4, S. 526
[229] vgl. BENEŠOVSKÁ, K., u.a., Peter Parler, 1999, S. 154f.
[230] vgl. VÍTOVSKÝ, J., Stavitel Karlova mostu mistr Oto – k otázce vztahů mezi stavební činností Jana IV. z Dražic a Karla IV., in: Zprávy památkové péče 54, 1994, S. 1-6 (Der Erbauer der Karlsbrücke Meister Oto – Zur Frage der Beziehungen zwischen der Bautätigkeit Johanns IV. von Dražic und Karls IV., dt. Zf. S. 106)

datieren. Der größte Teil der skulpturalen Ausstattung wurde 1978 aus konservatorischen Gründen vom Turm abgenommen und durch Repliken ersetzt; die Originale befinden sich heute in Lapidarium des Nationalmuseums in Prag (Praha, Lapidarium Národní muzea).

Die Fassade ist dreigeschossig. Im Untergeschoss ist oberhalb der Tordurchfahrt ein Wappenfries mit zehn Wappenschilden angebracht. Das erste Obergeschoss wird von einem Wimperg gegliedert, der seinerseits von vier senkrechten Dienstbündeln mit Filialen gerahmt und geteilt wird. Zwischen den beiden mittleren Dienstbündeln befindet sich unterhalb eines dem Wimperg eingeschriebenen Halbkreises eine Skulpturengruppe: in der Mittelachse steht die Heiligenfigur des Veit[231] auf dem zweibogigen Brückenmodell der Karlsbrücke, zu jeder Seite sitzt eine thronende Herrscherfigur: auf der linken Seite Kaiser Karl IV. (**Abb. 27**), auf der rechten sein Sohn Wenzel IV. Die drei Figuren werden von Wappen tragenden Baldachinen überhöht. Zwischen der Heiligenfigur und den Herrscherfiguren findet sich zudem jeweils ein auf dem Brückenmodell stehender Wappenschild, das von einem Flügelhelm mit Krone überragt wird. Im zweiten Obergeschoss erscheinen oberhalb einer Blendmaßwerkbrüstung in den beiden mittleren der acht Maßwerkarkaden die Standfiguren der Heiligen Adalbert[232] und Sigismund[233].

Auf den Realismus der Figur, gerade was die gebückte Haltung Karls IV. angeht, hat bereits HOMOLKA[234] aufmerksam gemacht. Ob in erster Linie beabsichtigt war, einen vom Alter gebeugten Kaiser, neben seinem jungen und frischen Nachfolger zu zeigen[235], mag dahin gestellt sein. Die gebeugte Haltung findet sich so jedenfalls

---

[231] vgl. LCI, Bd. 8, Sp. 579ff
[232] vgl. LCI, Bd. 5, Sp. 25ff
[233] vgl. LCI, Bd. 8, Sp. 349ff
[234] vgl. HOMOLKA, J., in: Parlerkatalog, Bd. 2, 1978, S. 666
[235] so zu finden bei: HERZOGENBERG, J.V., Bildnisse, 1978, S. 324, WAMMETSBERGER, H., Individuum, 1967, S. 90 und zuletzt ROSARIO, I., Art, 2000, S. 78

auch vom Chronisten *Matteo Villani* erwähnt.[236] Die Physiognomie der Figur des Kaisers am Altstädter Brückenturm wurde bereits an anderer Stelle ausführlicher beschrieben. Sie ist zeigt die charakteristischen Merkmale eines relativ breites Gesichts mit markanten Wangen, großen Augen, einer langen und geraden Nase mit breiten Nasenflügeln und hervortretender Nasenwurzel. Die Barttracht setzt sich aus Oberlippenbart und ein Kinnbart zusammen. Das Antlitz gleicht somit bis ins Detail dem Antlitz des Kaisers im Triforium des St. Veitsdoms und spricht damit nicht nur für die gleiche dargestellte Person, sondern auch die gleiche ausführende Bildhauerschule.[237]

Das Ornat des Kaisers besteht aus Mantel und langärmeligem Untergewand, spitz zulaufenden Schuhen und einem Schulterüberwurf aus aneinander gereihten Platten. Auf dem Haupt trägt er eine zweispitzige Mitra, darüber eine Plattenbügelkrone aus zwölf Platten, die oben abgerundet sind. Die vier Platten an Stirn- und Rückseite sowie an den beiden Seiten sind dabei größer. Der Bügel verläuft von der Stirn- zur Nackenplatte. Von den Schläfenplatten hängen jeweils Pendilien herab. In seiner rechten Hand hält er ein Szepter bzw. Schwert, in seiner Linken den Reichsapfel mit Kreuz.

Die farbige Fassung am Altstädter Brückenturm wurde in der 2. Hälfte des 19. Jh. erneuert. Die Wappenschilde lassen sich mit Ausnahme des Schildes Nr. 3 dennoch recht eindeutig den verschiedenen Fürstentümern und Verwaltungsbezirken zuordnen.[238]

---

[236] Istorie di Matteo Villani lib. IV. c. 74; zitiert bei SCHEFFLER, W., Porträts, 1910, S. 325; vgl. dazu auch PEŠINA, J., Podoba, 1955, S. 2f.

[237] Nicht nur das Gesicht des Kaiser hat sein Pendant in der Triforiumsbüste im Prager Dom. Die Form der Pendilien ist dort ebenfalls vergleichbar. Nicht zu vergessen ist, dass die spitze Schuhform in der Art auch in den Reliquienszenen der Karlsteiner Marienkirche wiedergegeben ist.

[238] Zur Heraldik des Altstädter Brückenturmes siehe v.a. ADAMOVÁ, K., K heraldické výzdobě Staroměstské mostecké veže. Právně historický pohled, in: Pražský sborník historický 15, 1982, S. 44-62 (Zum heraldischen Schmuck des Altstädter Brückenturms. Rechtshistorische Studie, dt. Zf. S. 61f.); LOUDA, J., Znaky na Staroměstské mostecké věži, in: Umění 1985, S. 357-359 (Wappen am Altstädter Brückenturm); VOJTÍŠEK, V., O erbech na Staroměstské Mostecké Věži,

IKONOGRAPHIE DER BILDNISSE KAISER KARLS IV.

Auf den zehn Wappenschilden im Erdgeschoss, oberhalb der Tordurchfahrt sind von links nach rechts zu sehen:

- Rotes Feld mit sechs Lilien, die sich von oben nach unten in drei Reihen zu drei, zwei und einer Lilie verteilen (Fürstentum Neiße)
- Schwarzer Adler mit silberner Feder auf Goldgrund (Fürstentum Breslau)
- Vertikal zweigeteilter Adler, seine rechte Seite rot auf silbernem Feld, seine linke schwarz auf goldenem Feld (Fürstentum Schweidnitz) bzw. roter Adler auf weißem Feld (Brandenburg)[239]
- Rot-weiß geschachter Adler auf blauem Grund (Markgrafschaft Mähren)
- Schwarzer Adler auf Goldgrund (Reichsadler)
- Zweischwänziger silberner Löwe auf rotem Feld (Königreich Böhmen)
- Einschwänziger roter Löwe auf silbernem Feld mit blauen Streifen (Grafschaft Luxemburg)
- Horizontal zweigeteiltes Feld. Oben rotes Feld mit silbernem zweischwänzigem Löwen, unten Goldgrund (Fürstentum Görlitz)
- Goldene Burgmauer mit drei Zinnen auf blauem Feld (Fürstentum Bautzen)
- Silbernes Feld mit rotem Ochsen (Markgrafschaft Niederlausitz)
- Silberne Mauer mit Tor und drei Türmen auf rotem Feld (Altstadt Prag)[240]

Im ersten Obergeschoss erscheinen von oben nach unten und von links nach rechts:

---

in: Kniha o Praze 1958, S. 72-78 (Über die Wappen am Altstädter Brückenturm); vgl. auch Kolář, M., Českomoravská heraldika, Bd. I., Praha 1902 (Böhmisch-mährische Heraldik)

[239] Vojtíšek identifiziert das Wappen als das von Schweidnitz (vgl. Vojtíšek, V., O erbech, 1958, S. 76), Opitz und Adamová tendieren zum Brandenburger Adler. Das Fürstentum Schweidnitz wurde 1368 der böhmischen Krone angeschlossen. (vgl. Opitz, J., Plastik, 1936, S. 98 und Adamová, K., K heraldické výzdobě, 1982), Brandenburg im Jahre 1373. Entsprechend ergeben sich Datierungstermina post quem für die Entstehung der Reliefs am Altstädter Brückenturm.

[240] Homolka bemerkt, dass die Wappen der Altstadt Prag und Mährens vielleicht erst nach den Hussitenkriegen angebracht worden seien. (vgl. Homolka, J., Staroměstská mostecká věž a její okruh, in: Studie k počátkům umění krásného slohu v Čechách. Acta Universitatis Carolinae, Philosophica et historica, Monographia 55, Praha 1974, S. 11-55 (Studie zu den Anfängen des "schönen Stils" in Böhmen, dt. Zf. S. 103-109), S. 103)

- silbernes Feld mit schwarzem Adler und roten Flammen. („Wenzelsadler')[241]
- Reichsadler
- Böhmischer Löwe
- Reichsadler
- Böhmischer Löwe
- Silberne Mauer mit Tor und drei Türmen auf rotem Feld (Altstadt Prag)
- Reichsadler
- Böhmischer Löwe
- Rot-weiß geschachter Adler auf blauem Grund (Markgrafschaft Mähren)

5.1.2 Ikonographie

Zur Zerstörung der Judithbrücke, quasi dem Vorgänger der Karlsbrücke, schreibt Franz von Prag in seiner Chronik zum Jahr 1342: *...factum est grande diluvium per impetum aque nivealis et pluvialis, et...ruptus est pons Pragensis in pluribus*

---

[241] Erste Berichte über den Adler als ursprünglich böhmisches Wappenzeichen stammen von 1127. In der Nachfolge König Vladislavs II. (1140-1173) symbolisierte er vermutlich bereits die Idee des böhmischen Staates unter dem Schutz des hl. Wenzel. Der Löwe als Wappentier findet sich zwar bereits unter Otokar II. Přemysl (1192-1230), als ständiges Symbol des böhmischen Königreichs hat ihn jedoch erst Johann von Luxemburg, der Vater Kaiser Karls IV., verwendet. (zur Geschichte des böhmischen Landeswappen vgl. ZELENKA, A., Bemerkungen, 1978, v.a. S. 312) Als doppelschwänziger Löwe auf rotem Grund findet er sich etwa auf dem Titelblatt des Passionals der Äbtissin Kunigunde (nach 1313, Praha, Národní knihovna, Sign. XIV A 17, fol. 1v). Die Überschrift *BOEMIE* über dem Wappenschild bezeichnet das dadurch verbildlichte Territorium. (siehe dazu das Faksimile: URBÁNKOVÁ, E., STEJSKAL, K., Pasionál Přemyslovny Kunhuty. Passionale Abbatissae Cunegundis, Praha 1975; vgl. auch SKÝBOVÁ, A., klenoty, 1982, Abb. 7) „Das Adlerwappen wurde als altes Landeswappen und als Attribut des Landespatrons, des hl. Wenzel betrachtet. Als vacant wurde es (...) 1339 (...) dem Bistum Trient verliehen (...). Seine Beschreibung, die das Privilegium nicht erwähnt, überlieferte uns Beneš von Weitmühl im Jahre 1370: aquila nigra in flamma ignis et campo alba (...)." (ZELENKA, A., Bemerkungen, 1978, S. 313). Ein Wappenschild mit einem schwarzen Adler und Flammen auf weißem Feld findet sich etwa auf dem Titelblatt des Passionsbuchs der Äbtissin Kunigunde (Praha, Národní knihovna, Sign. XIV A 17). Die Überschrift *S[an]c[t]i Wenceslay* lässt es als Wappen des Hl. Wenzel erkennen. (vgl. SKÝBOVÁ, A., klenoty, 1982, Abb. 7) Den Adler mit Flammen tragen ebenfalls Wappenschilde auf den Tumben der Přemysliden Břetislav I., Břetislav II., Spytihněv II., Otokar I. und Otokar II. im Chor von St. Veit in Prag.

*locis...*²⁴² Die Tragik des Ereignisses kommentiert er mit *Nam quasi corona regni cecidit...*²⁴³ „Der feste Bau einer neuen Steinbrücke in Prag nach der Zerstörung der alten romanischen durch Hochwasser (...) mag auch im Bewußtsein an diese zurückliegenden historischen Ereignisse erfolgt sein. (...) Die von Karl erneuerte St. Wenzelskrone Böhmens erscheint auch (...) als Gewölbeschlussstein der Durchfahrt unter dem Altstädter Brückenturm nachgeahmt."²⁴⁴

HOMOLKA²⁴⁵ betont, dass Karl IV. an der Brückenturmfassade als Stifter- und Baumeister in Erscheinung tritt. Dass Karl IV. den Grundstein für die später nach ihm benannte Brücke gelegt hat, wurde bereits an anderer Stelle erwähnt. In Anbetracht der Tatsache, dass das Architekturfragment zwischen den beiden thronenden Regenten, unterhalb der Figur des Hl. Veit, wohl als Modell und Abbreviatur der Karlsbrücke selbst anzusehen ist, ist eine Interpretation des Kaiserbildnisses als Stifterbildnis plausibel, wenn auch unbefriedigend.

Reduziert man das plastische Programm am Altstädter Brückenturm alleine auf die beiden Herrscherfiguren, so erscheinen diese als eine Art monumentale Umsetzung der karolinischen Münzbildnisse²⁴⁶. Mit Ausnahme des Mährischen Markgrafensiegels (Kat. Nr. 1.1) thront Karl IV. auf den übrigen frontal zum Betrachter ge-

---

²⁴² *Franz von Prag* in: FRB 4, S. 433
²⁴³ *Franz von Prag* in: FRB 4, S. 434
²⁴⁴ CHADRABA, R., Ikonographie, 1981, S. 411; er bezieht sich dabei auf die Arbeit von HORSKÝ, Z., Založení Karlova mostu a kosmologická symbolika staroměstské mostecké věže, in: Staletá Praha 9, 1979, 197- 212 (Die Gründung der Karlsbrücke und die kosmologische Symbolik des Altstädter Brückenturmes, dt. Zf. 314f.). Zur Umarbeitung der Wenzelskrone vgl. MACHILEK, F., Privatfrömmigkeit, 1978, S. 89f.
²⁴⁵ vgl. HOMOLKA, J., Programme, 1978, S. 617
²⁴⁶ In diesem Zusammenhang sei auf CHADRABA hingewiesen, der in seinem Aufsatz einen Überblick über die Genese des Motivs des thronenden Herrschers liefert. Demnach würde die thronende Relieffigur von Konsulardiptychen, in der christlichen Ikonographie für Christus und Maria verwendet. Konstantin der Große erscheint thronend als Stellvertreter Christi auf Münzen, Theodosius etwa mit seinen Söhnen auf dem Silberschild von Mailand. (vgl. CHADRABA, R., Zur Ikonographie der thronenden Herrscherfiguren am Altstädter Brückenturm in Prag, in: Wissenschaftliche Zeitschrift der Friedrich-Schiller-Universität Jena. Gesellschafts- und sprachwissenschaftliche Reihe 30, 3,4, 1981, S. 411-418, S. 413f.)

richtet. Gerade die Thronarchitektur auf den Siegeln, Kat. Nr. 1.2 und 1.3 erinnert doch sehr an die Reliefierungen an der Fassade des Brückenturmes, in denen SWOBODA[247] den Kirchenquerschnitt der Prager Kathedrale erkennt. Der Herrscher hält jeweils in seiner linken Hand die Sphaira und Szepter oder Schwert in seiner Rechten und trägt eine Krone auf dem Haupt. Diese ist auf den Siegeln, Kat. Nr. 1.5 und 1.6 eine Bügelkrone mit einem frontal zum Betrachter gedrehten Bügel. Unter der Krone erkennt man die zweiteilige Mitra. Am Altstädter Brückenturm trägt Karl IV. über der zweispitzigen Mitra die zwölfteilige Plattenkrone mit einem Bügel von der Stirn- zur Nackenplatte. Die Krone Wenzels IV. ist eine Bügelkrone mit stilisierten Lilien am Kronreif.

Auf die Dominanz der heraldischen Elemente muss in diesem Zusammenhang ebenfalls hingewiesen werden. Der Thron auf dem Siegel, Kat. Nr. 1.2 wird flankiert von Wappenschilden mit dem luxemburgischen und dem Böhmischen Löwen. Ähnlich positioniert sind die Wappenschilde jeweils mit dem Böhmischen Löwen und dem Reichsadler auf den Siegeln, Kat. Nr. 1.3, 1.5 und 1.6. Wappenschilde mit dem Böhmischen Löwen und dem Reichsadler tragen auch die Figuren Karls IV. und Wenzels IV. bekrönenden Baldachine am Brückenturm. Der Reichsadler erscheint zudem auf dem den Flügelhelm tragenden Wappenschild zur Linken des Kaisers; zur Rechten Wenzels IV. tritt entsprechend der böhmische Löwe in Erscheinung. Ein Flügelhelm – wiederum ohne Krone – findet sich auch auf dem Haupt Karls IV. auf dem Mährischen Markgrafensiegel (Kat. Nr. 1.1).

Die Fassade des Altstädter Brückenturmes zeigt Karl IV. und Wenzel IV. als Herrscherpaar. Beide thronen und tragen die Sphaira in ihrer Linken, Szepter bzw. Schwert in ihrer rechten Hand. Auf dem Haupt Karl IV. befindet sich die zwölfteilige Plattenkrone mit Bügel und Mitra, Wenzel IV. trägt eine mit stilisierten Lilien am Kronenreif besetzte Bügelkrone. Zwischen Wenzel IV. und Karl IV. steht der Hl.

---

[247] vgl. SWOBODA, K.M., Peter Parler. Der Baukünstler und Bildhauer, Wien 1940, S. 39

IKONOGRAPHIE DER BILDNISSE KAISER KARLS IV.

Veit frontal zum Betrachter, seinerseits flankiert von einem Wappenschild mit dem Reichsadler zu seiner Rechten und einem Wappenschild mit dem Böhmischen Löwen zu seiner Linken. Die Komposition alleine bringt mit sich, dass von einem gleichrangigen Auftreten[248] beider Herrscher nur bedingt die Rede sein kann. Beiden Figuren gleich ist die frontal zum Betrachter gerichtete, thronende Haltung, die Attribute in den Händen, die Wappenschilde am Fuße der Baldachine und nicht zuletzt grundsätzlich die Krone als Kopfbedeckung. Da sich die Figuren jedoch um den Hl. Veit als Zentrum gruppieren, ergibt sich eine hierarchische Ordnung. Die höhere Stellung Karls IV. wird zum einen durch die Form seiner Krone verbildlicht, die wohl eindeutig als die Reichskrone zu identifizieren ist; zum anderen korrespondiert der Reichsadler auf dem ihm zugeordneten Wappenschild mit seinem Status des römischen Kaisers. Wenzel IV. trägt die oben erwähnte Lilienkrone ohne Mitra, ihm beigeordnet ist der Wappenschild mit dem Böhmischen Löwen. Bereits am 15. Juni 1363 wurde der zweijährige Wenzel zum König von Böhmen gekrönt.[249] Seine Wahl zum römischen König war am 10. Juli 1376, die Krönung am 6. Juli 1376 in Aachen.[250] Zwei Indizien sprechen dafür, dass Wenzel IV. nicht nur als böhmischer König, sondern auch als römischer König in Erscheinung tritt. Zum einen ist ihm mit dem rechten Wappenschild am Baldachin ein Reichsadler zugeordnet, zum anderen lassen sich eine gewisse Parallelen mit der Krone Karls IV. auf der königlichen Goldbulle (Kat. Nr. 1.4) nachweisen. Ob Letztere einen von der Stirn zum Nacken verlaufenden Bügel besitzt wie die Krone Wenzels am Altstädter Brückenturm, ist aufgrund der Frontalität der Darstellung nicht festzustellen, in Anbetracht des Kreuzes am Scheitelpunkt der Krone jedoch auch nicht zu widerlegen. Das Figurenprogramm des Altstädter Brückenturms illustriert somit nicht nur die Doppelherrschaft Karls und Wenzels über das Römische Reich,

---

[248] vgl. auch SWOBODA, K.M., Peter Parler, 1940, S. 38
[249] vgl. *Beneš*, in: FRB 4, S. 528
[250] vgl. HLAVÁČEK, I., in: LexMA, Bd. 8, Sp. 2190ff; vgl. dazu auch KLARE, W., Die Wahl Wenzels von Luxemburg zum Römischen König 1376, München 1990

sondern auch die über das Königreich Böhmen.

Auf den Triumphtorcharakter des Brückenturmes haben verschiedene Autoren hingewiesen[251]. Dass der Reliefschmuck die Kontinuität der Dynastie der Luxemburger und ihre Verherrlichung[252] ausdrücke bzw. eine Verherrlichung des Geschlechts der Přemysliden und des Königreichs Böhmen darstelle[253], kann hier nur an zweiter Stelle stehen. Anders als vielleicht bei den Triforiumsbüsten von St. Veit, die einen genealogisierenden Zyklus mit Karl IV. an der Spitze darstellen, ging es wohl in erster Linie darum, die Herrschaft Karls IV. und seines Sohnes Wenzel in der Öffentlichkeit zu demonstrieren und zu glorifizieren. Die Fülle der ihnen beigegebenen herrschaftlichen Attribute und heraldischen Elemente setzen beide als Regenten über das römische und das böhmische Reich in Szene. Der herrschaftspolitische Charakter des Reliefs wird dadurch verstärkt, dass die zum Königreich Böhmen gehörenden Territorien in Form des Wappenfrieses über der Tordurchfahrt vertreten sind. Verbildlicht ist quasi das Resümee der politischen Erfolge Karls IV.: herausgegriffen sind seine Krönungen zum böhmischen König im Jahre 1347, zum römischen König in den Jahren 1346 und 1349 sowie seine Kaiserkrönung im Jahre 1355. In den Jahren 1373 bis 1376 erhielt er Brandenburg, nicht zuletzt setzte er im Jahre 1376 die Wahl und die Krönung seines Sohnes Wenzel zum römischen König durch.[254]

---

[251] vgl. etwa SCHWARZ, M., Höfische Skulptur, 1986, S. 383, vgl. CHADRABA, R., Triumph-Gedanke, 1967, S. 74ff.; vgl. CHADRABA, R., Staroměstská mostecká věž a triumfální symbolika v umění Karla IV., Praha 1971 (Der Altstädter Brückenturm und die Triumphsymbolik in der Kunst Karls IV., dt. Zf. S. 99-109)

[252] vgl. FAJT, J., SRŠEŇ, L., Das Lapidarium des Nationalmuseums in Prag. Führer durch die ständige Exposition der böhmischen Bildwerke aus Stein aus dem 11.-19. Jahrhundert auf dem Ausstellungsgelände in Prag, Prag 2000, S. 59; ganz ähnlich auch HOMOLKA, J., Studie k počátkům, 1974, S. 105

[253] vgl. HOMOLKA, J., Studie k počátkům, 1974, S. 103

[254] vgl. SPĚVÁČEK, J., Die Epoche Karls IV., in: Legner, A., (Hg.), Die Parler und der Schöne Stil 1350-1400. Europäische Kunst unter den Luxemburgern. Ausstellungskatalog, Bd. 2, Köln 1978, S. 585-605, S. 587; weiter führend siehe auch: KLARE, W., Wahl, 1990

IKONOGRAPHIE DER BILDNISSE KAISER KARLS IV.

Swoboda[255] erkennt in dem das erste Obergeschoss überziehende Relief aus Fialen, Wimperg, dem darin eingeschriebenen Halbkreis- und den beiden Viertelbögen einen Querschnitt der Kathedrale St. Veit. Chadraba[256] betont, dass die Kathedrale denselben Heiligen geweiht sei, die auf dem Brückenturm erscheinen, dem Hl. Veit und den Hll. Adalbert und Sigismund. Der Hl. Veit ist Patron und Namensgeber der Prager Kathedrale; er erscheint auf dem Altstädter Brückenturm in zentraler Stellung zwischen dem Herrscherpaar. Des weiteren ergibt sich eine Verbindung zu St. Veit, wenn man beachtet, dass der Altstädter Brückenturm auf dem Weg lag, den der böhmische König vor seiner Krönung vom Vyšehrad zur Kathedrale zurücklegen musste.[257] Indirekt betont wird auch die Position des Hl. Wenzel[258]. An der Spitze des Wimpergs ist er vertreten durch das sog. Wenzelswappen. Die beiden ‚echten' Wenzels erscheinen darunter, nämlich der auf den Namen Wenzel getaufte Kaiser Karl IV.[259] und sein Sohn Wenzel IV.

5.1.3 Vorbilder und Vorläufer

Mit seinem plastischen Programm steht der Altstädter Brückenturm in der Tradition repräsentativer Herrscherbildnisse an Brückengebäuden:
Vom Brückentor der Steinernen Brücke in Regensburg hat sich ein figürliches Relief erhalten.[260] Vermutlich um 1207 entstanden, zeigt es einen gekrönten Herrscher thronend; seine beiden Hände sind vorgestreckt, in seiner Linken hält er den Reichsapfel, in seiner Rechten ein Architekturmodell. Die Inschrift *P[H]ILIP[PUS] R[EX] ROMA[NORUM]* an der Fußplatte benennt König Philipp von Schwaben als den Dargestellten.

---

[255] vgl. Swoboda, K.M., Peter Parler, 1940, S. 39
[256] vgl. Chadraba, R., Ikonographie, 1981, S. 411
[257] vgl. Schwarz, M., Höfische Skulptur, 1986, S. 383
[258] vgl. den Hinweis von Homolka, J., Studie k počátkům, 1974, S. 103
[259] vgl. *Franz von Prag*, in: FRB 4, S. 382 und *Beneš*, in: FRB 4, S. 471f.
[260] Regensburg, Museum der Stadt, AB 25; vgl. dazu Bayern. Kunst und Kultur. Ausstellungskatalog, München 1972, Nr.137

Die Existenz eines Brückenturms an der Judithbrücke in Prag ist durch Textquellen belegt.[261] Um 1170 entstand das Relief vom Turm der Judithbrücke.[262] Auf der rechten Seite thront ein Herrscher auf einer Thronbank frontal zum Betrachter. Zu seiner Rechten kniet im Dreiviertelprofil eine männliche Figur. MAŠÍN geht davon aus, dass die Herrscherfigur den Auftraggeber der Judithbrücke, König Vladislav I. darstellt, flankiert vielleicht von der Figur des Baumeisters.

Im Jahre 1393 schließlich ließ Richard II. von England Skulpturen von sich selbst und seiner Gemahlin oberhalb des steinernen Tors der London Bridge anbringen.[263]

Kleinplastische imperiale Motive haben sich in Prag aus der Zeit der Přemysliden erhalten:[264] Am Übergang vom sog. Kapitelsaal zur Salvatorkirche im Kloster St. Agnes (Anežský klášter) in Prag finden sich Kapitellplastiken mit gekrönten Königsköpfen aus der Zeit um 1285, die als Přemyslidenköpfe interpretiert werden können. Hinzu kommt der Triumphbogencharakter der die Kapitele tragenden Arkadenöffnung.[265] In der Regierungszeit König Johanns von Luxemburg ist um 1330 in Prag ein monumentales dynastisches Figurenprogramm entstanden. Das sog. Haus zur Glocke am Altstädter Ring diente vermutlich als Stadtpalast für den König. Unter anderem weisen CHADRABA, HOMOLKA und SCHWARZ[266] darauf hin, dass das skulpturale Programm am Altstädter Brückenturm in der Tradition der großplastischen,

---

[261] vgl. dazu VÍTOVSKÝ, J, Stavitel, 1994, S. 16 u. Anm. 8
[262] vgl. dazu MAŠÍN, J., K problematice románského sochařství v českých zemích. Poznámky k reliéfu z věže Juditina mostu, in: Sborník k sedmdesátinám Jana Květa. Acta Universitatis Carolinae, Philosophica et historica 1965, S. 76-81 (Contibution aux problèmes de la sculpture romane en Bohême. Remarques sur le relief de la tour du Pont Judith, franz. Zf. S. 80f.) und MAŠÍN, J., Malerei und Plastik der Romanik, in: Bachmann, E. (Hg.), Romanik in Böhmen, München 1977, S. 138ff, S. 181ff
[263] vgl. PUTH, A., Emperor, 2000, S. 36 mit Verweis auf LINDLEY, P., Absolutism and Regal Image in Richardian Sculpture, in: GORDON, D. u.a. (Hg.), The regal image of Richard II. and the Wilton Diptych, London 1997, S. 61-83, S. 74
[264] Hinweise dazu von CHADRABA, R., Ikonographie, 1981, S. 413
[265] vgl. dazu KOTRBA, V. Kaple svatováclavská v pražské katedrále, in: Umění 8, 1960, S. 329-356 (Die St. Wenzelskapelle in der Prager Kathedrale), S. 348f.
[266] vgl. CHADRABA, R., Ikonographie, 1981, S. 414; vgl. HOMOLKA, J., Studie k počátkům, 1974, S. 15 u. S. 105; vgl. SCHWARZ, M., Höfische Skulptur, 1986, S. 384

dynastische Bildnissen in Prag steht. Vom ursprünglichen plastischen Programm an der Westfassade des Hauses sind nur noch Reste erhalten.[267] Rekonstruiert werden können zwei sitzende und eine stehende Figur. Fragmente deuten auf die Existenz einer weiteren stehenden Figur hin. Die Sitzenden zeichnen sich als Herrscherpaar ab, die stehende Figur ist bewaffnet und gepanzert. Über die ursprüngliche Ikonographie kann nur spekuliert werden. Das Herrscherpaar kann man als König Johann von Böhmen und Elisabeth interpretieren, die Stehenden als ihre Söhne Karl und Johann Heinrich. SCHWARZ[268] ruft in diesem Zusammenhang auch das Bildprogramm an der Porte de Paris der Bastille in Paris (nach 1370) in Erinnerung. Lediglich durch Stiche aus dem 18. Jh. überliefert, werden insgesamt fünf Figuren rekonstruiert: der heilige Antonius von Padua in der Mitte, flankiert von Karl V., Jeanne de Bourbon und die Königssöhne Charles und Louis.[269]

Auf das Stadttor von Capua[270] als einen ikonographischen Vorläufer des Altstädter Brückenturmes machen unter anderem CHADRABA, HOMOLKA, SCHWARZ und WINANDS[271] aufmerksam. Im Rahmen eines umfangreichen allegorischen Programms befand sich an der in drei Register gegliederte Fassade oberhalb der Tordurchfahrt die thronende Figur Friedrichs II. von Hohenstaufen, flankiert von zwei stehenden Figur, die als

---

[267] Die Fragmente wurden untersucht bei MAYER, J., Sochy z gotického průčelí domu u zvonu na Staroměstském náměstí , in: Umění 15, 1977, S. 97-129 (Die Steinskulpturen von der Westfassade des Hauses "Zur Glocke" auf dem Altstädter Ring zu Prag, dt. Zf. S. 125-129); vgl. SCHWARZ, M., Höfische Skulptur, 1986, S. 333f.

[268] vgl. SCHWARZ, M., Höfische Skulptur, 1986, S. 383 u. Anm. 311 (mit weiter führender Literatur)

[269] vgl. SCHWARZ, M., Höfische Skulptur, 1986, S. 126; SCHWARZ folgt hierbei der Rekonstruktion von G. Schmitt. vgl. die Rezension von KÉRY, B., Sigismund, 1972, in: Zeitschrift für Kunstgeschichte. 37, 1974, S. 78-82, S. 81

[270] Zum Capuaner Stadttor vgl. CONANT, K. J., Carolingian and Romanesque architecture 800 to 1200, Harmondsworth 1959 (= Pelican History of Art 13), S. 224; vgl. WINANDS, K., BREUER, H., Aachen-Nürnberg-Prag-Eine Miszelle zur Architekturrezeption unter Karl IV., in: Jansen, M., Winands, K. (Hg.), Architektur und Kunst im Abendland. Festschrift zur Vollendung des 65. Lebensjahres von Günther Urban, Rom 1992, S. 165-178, S. 175; vgl. SCHWARZ, M., Höfische Skulptur, 1986, S. 21

[271] vgl. CHADRABA, R., Ikonographie, 1981, S. 414; vgl. HOMOLKA, J., Studie k počátkům, 1974, S. 17f. und S. 105; vgl. SCHWARZ, M., Höfische Skulptur, 1986, S. 21 u. S. 383; vgl. WINANDS, K. u.a., Aachen, 1992, S. 175

IKONOGRAPHIE DER BILDNISSE KAISER KARLS IV.

Petrus und Paulus angesehen werden. Das Tor befand sich im Grenzgebiet des Reiches; man interpretiert es gleichsam am Tor zum Reich des Hohenstaufern.[272] Die Rolle Friedrichs II. als Staatsoberhaupt, -wächter und -beschützer wird offensichtlich. Die Frage, ob und inwiefern das Capuaner Tor Einfluss auf die Gestaltung des Altstädter Brückenturmes hatte, muss unbeantwortet bleiben. Ebenso ist nicht belegt, ob Karl IV. bei seinen Italienreisen selbst in Capua gewesen ist.[273] „Wenn ein Zusammenhang besteht, so ist er im Wesentlichen auf die Idee beschränkt, den Kaiser als Wächter und Beschützer abzubilden. (...) Wie in Capua die Thronfigur den Zugang zum Reich kontrollierte, so kontrolliert sie in Prag den Zugang zur Kleinseite und damit zum Hradschin. Die Unterschiede zwischen den beiden Programmen sind bedeutend, was aber die Möglichkeit eines Zusammenhanges nicht ausschließt."[274]

Die Möglichkeit eines Zusammenhangs mag man bestärkt sehen, wenn man die Siegelkunst betrachtet. Die Rückseite der Königsbulle Friedrichs II.[275] von 1215/1216 sagt in der Umschrift: *ROMA CAPVT MVNDI REGIT ORBIS FRENA ROTVNDI*. Das Stadtbild in der Mitte besteht vor allem aus zwei Türmen und einem Torgebäude mit Spitzgiebel dazwischen. Das Tor selbst trägt die Aufschrift: *AVREA ROMA* und benennt somit die dargestellte Stadt. Die Rückseite der Königsbulle Karls IV.[276] (Kat. Nr. 1.4) zeigt dieselben Inschriften und ein fast bis ins Detail wiedergegebenes identisches Stadtbild. Zitiert wird auf der Vorderseite des Siegels

---

[272] vgl. vgl. WINANDS, K. u.a., Aachen, 1992, S. 175; WILLEMSEN, C.A., Kaiser Friedrich II.-Triumphtor zu Capua, Wiesbaden 1953; vgl. GÖTZE, H., Castel del Monte. Gestalt und Symbol der Architektur Friedrichs II., München 1984, S. 40-42

[273] WINANDS geht davon aus, dass Karl IV. das Tor gesehen haben muss; SCHWARZ spricht sich dagegen aus. (vgl. WINANDS, K. u.a., Aachen, 1992, S. 175 und SCHWARZ, M., Höfische Skulptur, 1986, S. 385)

[274] SCHWARZ, M., Höfische Skulptur, 1986, S. 385

[275] vgl. dazu POSSE, O., Siegel, Bd. 1, 1909, S. 19 u. Tf. 28, Abb. 3; vgl. DIEDERICH, T., in: Parlerkatalog, Bd. 3, 1978, S. 155

[276] vgl. dazu DIEDERICH, T., in: Parlerkatalog, Bd. 3, 1978, S. 155

auch der Wortlaut der Inschrift, deren zweiter Teil jeweils ins Bildfeld eingebracht wurde.[277]

Im Zusammenhang mit ikonographischen Vorläufern des Altstädter Brückenturms verweist HOMOLKA[278] unter anderem auf das Grabmal Kaiser Heinrichs VII. (nach 1313) im Camposanto in Pisa[279]. Es sind im wesentlichen die Figur des Herrschers selbst und vier Assistenzfiguren erhalten, die als Ratgeber interpretiert werden. Das Grabmal wird zweiteilig rekonstruiert, mit einer Liegefigur des Kaisers hinter einem von Engeln gehaltenen Vorhang im unteren Teil. Im oberen Teil thront der gekrönte Heinrich VII., flankiert von zwei seiner Berater zu jeder Seite. Dabei ist er frontal zum Betrachter gerichtet. Die Unterarme und Hände sind nicht mehr erhalten, sie trugen vermutlich Szepter bzw. Schwert und den Reichsapfel.

Während seiner ersten Romreise verweilte Karl IV. vom 18.1.1355 bis zum 22.3.1355 in Pisa.[280] Wie auch HOMOLKA[281] bemerkt, ist davon auszugehen, dass er in dieser Zeit auch das Grabmal seines Großvaters Heinrich VII. besucht und gesehen hat.

Als mögliche Vorbilder für den Reliefschmuck des Altstädter Brückenturms nennt SCHWARZ ganz allgemein die Ehrenstatuen Bonifaz VIII. (1294-1303).[282] Konkreter äußert sich ROSARIO: „Potential inspirations for the two enthroned rulers on the

---

[277] vgl. DIEDERICH, T., in: Parlerkatalog, Bd. 3, 1978, S. 154
Die Königsbulle Friedrichs II. von 1215/1216 zeigt auf der Vorderseite die Umschrift: *FREDERICVS DEI GRA[CIA] ROMANOR[UM] REX SEMP[ER] AVGVSTVS*, zudem im Bildfeld: *ET REX SICILIE*. Die Königsbulle Karls IV. (Kat. Nr. 1.4) nennt entsprechend: *KAROLUS DEI GR[ACI]A ROMANOR[UM] REX SEMP[ER] AUGUSTUS ET REX BOEMIE*, wobei ebenfalls die letzten drei Worte im Bildfeld stehen.
[278] vgl. HOMOLKA, J., Studie k počátkům, 1974, S. 18 ; vgl. auch CHADRABA, R., Ikonographie, 1981, S. 414
[279] Zum Grab Heinrichs VII. vgl. COLSMANN, G., Denkmale, Bd. 2, 1955, S. 79f und PANOFSKY, E., Grabplastik. Vier Vorlesungen über ihren Bedeutungswandel von Alt-Ägypten bis Bernini, Köln 1993, S. 94f., Abb. 395 u. Abb. 396
[280] vgl. *Beneš*, in: FRB 4, S. 522
[281] vgl. HOMOLKA, J., Studie k počátkům, 1974, S. 18
[282] vgl. SCHWARZ, M., Höfische Skulptur, 1986, S. 384

Bridge Gate my have been the statues of Pope Boniface VIII on the Porta Maggiore and Porta Postieria in Orvieto or the image of the enthroned Charles of Anjou which was carved by Arnolfo di Cambio for the entry to the tribunal on the Campidoglio in Rome. Charles IV would certainly have known all of these monuments."[283] Beschränkt man sich bei den erhaltenen Bildnissen des Papstes auf die ganzfigurigen Sitz- oder Standfiguren, so stehen folgende zur Diskussion: die Ehrenstatue Bonifaz VIII. im Museo Civico in Bologna, die thronende Figur des Papstes an der nördlichen Außenwand des Domes von Anagni, die thronende Figur von der Fassade des Domes in Florenz und nicht zuletzt die zwei thronenden Figuren an der Porta Maggiore und an der Porta alla Rocca (Porta Postierla) in Orvieto.

Die etwa lebensgroße Statue Papst Bonifaz VIII. im Museo Civico in Bologna[284] (nach 1302) steht frontal zum Betrachter, die rechte Hand zum Segensgestus erhoben, die linke wohl ursprünglich einen Schlüssel am Körper haltend. Es finden sich Reste von einer Vergoldung; die Tiara ist nicht mehr erhalten. Die Statue „(...) ist auf Beschluss der Stadt Bologna vom 15. Juli 1300 wohl vor Ende Februar 1301 errichtet worden, zur Erinnerung an einen Schiedsspruch des Papstes zugunsten Bolognas im Streit mit dem Markgrafen Azzo von Este und den Kommunen von Ferrara, Modena und Reggio, durch den die Stadt die Kastelle Bazano und Savignano zugesprochen wurden (...)."[285] Der ursprüngliche Aufstellungsort der Statue ist der Balkon des Palazzo della Biada in Bologna. Die Statue des Papstes weicht natürlich formal, allein die Körperhaltung betreffend, vom Herrscherpaar am Altstädter Brückenturm in Prag ab. Im Unterschied zu Prag sind für Bologna auch Textquellen erhalten, die die Funktion der Statue als Ehrenstatue in den Vordergrund

---

[283] ROSARIO, I., Art, 2000, S. 78 mit Verweis auf RASH, N., Boniface VIII and Honorific Portraiture: Observations on the Half-Length Image in the Vatican, in: Gesta 26, 1, 1987, S. 47-58
[284] zur Bologneser Figur Bonifaz VIII. vgl. LADNER, G., Die Papstbildnisse des Altertums und des Mittelalters, Bd. II, Von Innozenz II. zu Benedikt XI., Vatikanstadt 1970, S. 296-302, Tf. LXVIII und Tf. LXIX a u. b sowie RASH, N., Boniface VIII, 1987, S. 47, Anm. 4 mit weiteren Literaturverweisen; vgl. auch SIBILIA, S., L'iconografia di Bonifacio VIII, in: Società Romana di Storia Patria. Bolletino della Sezione per il Lazio meridionale I, 1951, S. 21-54, S. 25ff
[285] LADNER, G., Papstbildnisse, 1970, S. 298

stellen. Gemeinsam ist ihnen jedoch ihre öffentliche Anbringung, ihre Repräsentativität und der Reichtum bei der Gestaltung der Kleidung und der Attribute.

Oberhalb eines Tores an der nördlichen Außenwand des Domes von Anagni befindet sich eine aus der Wand hervorspringende, loggienartige Nische. Beiderseits tragen zwei Säulen die muschelförmige Kalotte. Oberhalb der Nischenöffnung finden sich sechs Wappenschilde: zwei mit dem Wappen der Caetani, zwei mit dem Adler der Stadt Anagni und je eines mit der päpstliche Tiara und dem päpstlichen Sonnenschirm.[286] In der Mitte der Nische thront Bonifaz VIII.[287] frontal zum Betrachter gerichtet. Seine rechte Hand vollzieht den Segensgestus, die linke hält zwei Schlüssel. Er trägt das Pallium, auf dem Kopf die Tiara.

Die heute im Museo dell'opera del duomo in Florenz verwahrte Marmorstatue Bonifaz VIII.[288] thront, ebenfalls frontal zum Betrachter gerichtet. Die Hände sind nicht mehr erhalten; die rechte vollzog vermutlich den Segensgestus, die linke hielt einen oder zwei Schlüssel. Seine wichtigsten Attribute sind das Pallium und die Tiara. Es ist davon auszugehen, dass sie ursprünglich an der Fassade des Domes S. Marco angebracht war. Die Konflikte der Guelfen und Ghibellinen und die Parteinahme Bonifaz VIII. zugunsten von Florenz sind wohl letztendlich ausschlaggebend für die Errichtung der Statue.[289] Zudem berichten Textquellen für das Jahr 1296 über eine großzügige Geldspende von Bonifaz für den Neubau des Domes. Demnach sollte die Figur des Papstes nicht nur als Ehrenstatue, sondern auch als Stifterfigur betrachtet werden.

In Orvieto haben sich zwei Statuen Bonifaz VIII. an der Porta Maggiore und an der Porta alla Rocca aus der Zeit nach 1297 erhalten.[290] Sie zeigen den Papst auf einer Thronbank thronend, frontal zum Betrachter gerichtet. Das Haupt beider Figuren ist

---

[286] vgl. LADNER, G., Papstbildnisse, 1970, S. 338
[287] zur Statue Bonifaz VIII. in Agnani vgl. LADNER, G., Papstbildnisse, 1970, S. 337f., Tf. LXXVII a u. b; vgl. auch SIBILIA, S., L'iconografia, 1951, S. 35f.
[288] zur Statue Bonifaz VIII. in Florenz vgl. LADNER, G., Papstbildnisse, 1970, S. 322-331, Tf. LXXVI u. Tf. LXXV sowie RASH, N., Boniface VIII, 1987, S. 47; vgl. auch SIBILIA, S., L'iconografia, 1951, S. 24f.
[289] vgl. LADNER, G., Papstbildnisse, 1970, S. 326

leicht gesenkt. Bonifaz trägt eine Pluviale, die unter dem Hals von einer Agraffe zusammen gehalten wird. Die Tiara der Figur an der Porta Rocca trägt eine am Kronreif mit stilisierten Lilien besetzte Krone, infulae fallen auf die Schultern, die Tiara der Figur an der Porta Maggiore ist hoch und mehrkronig. Beide Figuren sind stark beschädigt. Ähnlich wie an der Porta Maggiore war der rechte Unterarm Bonifaz an der Porta alla Rocca wohl vom Körper weg gestreckt und vollzog den Segensgestus. In der linken Hand darf man jeweils wohl den oder die Schlüssel annehmen. Die überlebensgroßen Statuen sind oberhalb der Stadttore angebracht.

Die Porta alla Rocca öffnet sich in zwei spitzbogigen Arkaden, die von einer ebenfalls spitzbogigen Arkade überspannt wird. Der die Arkaden trennende Pilaster trägt oberhalb einer Konsole eine Löwenfigur. In die darüber befindliche rundbogigen Arkade ist die Figur des Papstes platziert. Beide Statuen wurden wiederum als Ehrenstatuen von der Stadt Orvieto gestiftet.[291]

Als Vorläufer der Papststatuen in Orvieto betrachtet RASH[292] seinerseits das skulpturale Programm am Triumphtor von Capua, außerdem das Bildnis des Charles d'Anjou im Konservatorenpalast in Rom aus den 1270er Jahren.[293] Letzteres zeigt den gekrönten Herrscher frontal zum Betrachter thronend. In seiner rechten Hält er das Szepter, in seiner Linken wohl ursprünglich die Sphaira. Wenngleich die Plastik mehr Symmetrie und weniger Bewegung als ihr Pendant in Prag zeigt, vertreten sie jedoch auch in Hinblick auf ihre herrschaftlichen Attribute denselben Typus.

---

[290] zu den Statuen Bonifaz VIII. in Orvieto vgl. LADNER, G., Papstbildnisse, 1970, S. 332-6, Tf. LXVIIIa u. Tf. LXVIIIb sowie RASH, N., Boniface VIII, 1987, S. 47; vgl. auch SIBILIA, S., L'iconografia, 1951, S. 22ff

[291] vgl. dazu LADNER, G., Papstbildnisse, 1970, S. 332

[292] vgl. RASH, N., Boniface VIII, 1987, S. 48

[293] zu dem Bildnis vgl. WEINBERGER, M., Arnolfo und die Ehrenstatuen Karls von Anjou, in: Martin, K. u.a. (Hg.), Studien zur Geschichte der europäischen Plastik. Festschrift Theodor Müller zum 19. April 1965, München 1965, S. 63-71, besonders S. 67ff; WEINBERGER nennt als ikonographischen Vorläufer die Statue die Friedrichs II. am Tor von Capua (vgl. WEINBERGER, M., Arnolfo, 1965, S. 67)

IKONOGRAPHIE DER BILDNISSE KAISER KARLS IV.

Die oben angeführten Statuen Bonifaz VIII. sind allesamt in erster Linie als Ehrenstatuen konzipiert. Wenngleich eine funktionale Verwandtschaft der Statuen des Papst mit den beiden Herrscherfiguren am Altstädter Brückenturm in Prag nicht gegeben ist, so lassen sich formale Beziehungen nicht leugnen. Ihre Öffentlichkeit und Repräsentativität ist dabei ein Punkt. Sie finden sich alle an Außenseiten von Gebäuden. Durch Kleidung und Attribute wird ihr Amt sichtbar. Karl IV. hält Szepter und Reichsapfel in den Händen, auf dem Haupt trägt er die römische Kaiserkrone. Bonifaz VIII. vollzieht mit seiner rechten Hand (wohl) stets den Segensgestus, seine linke hält einen oder zwei Schlüssel, die ihn als Nachfolger Petri auszeichnen. Auf dem Haupt trägt er die Tiara. Die Wappenreihe am Dom von Anagni findet sich in ähnlicher Weise am Altstädter Brückenturm wieder. Mit Ausnahme der vergoldeten Bronzefigur in Bologna erscheint der Papst in Anagni, Florenz und Orvieto thronend auf einem Thron oder einer Thronbank, frontal zum Betrachter gerichtet. Der Thron befindet sich dabei in erhöhter Position; in Florenz und Anagni an einer Kirchenfassade, in Anagni zudem oberhalb eines Portals. Als Bekrönung eines Stadttores tritt Bonifaz VIII. zweimal in Orvieto in Erscheinung. Diesbezüglich sei das Herrscherpaar Karls IV. und Wenzels IV. am Altstädter Brückenturm in Erinnerung gerufen, das, wenn auch in Begleitung von Heiligen, ebenfalls über der Tordurchfahrt thront.

5.2 Mühlhausen, Thüringen, Marienkirche *(Kat. Nr. 6)*

Wenngleich ikonographisch anders umgesetzt findet die öffentliche Präsenz des Programms am Altstädter Brückenturm in Prag seine Parallelen im plastischen Programm der Marienkirche in Mühlhausen, Thüringen (3. Viertel 14. Jh.[294]) Eine besondere Betonung erfährt die Fassade des Südquerhauses durch zwei rahmende, schräggestellte Strebepfeiler und einen, die Firstzone überragenden Stufengiebel. Bis in halber Fassadenhöhe ist zwischen die beiden Strebepfeiler eine Wandfläche gespannt, die das Gewändeportal und sieben schlanke, durch das Portal überschnittene Blendbögen aufnimmt. Eine Marienfigur am Trumeaupfeiler, vier Apostel am linken, vier Propheten am rechten Gewände und eine Kreuzigungsdarstellung im Tympanon bildeten den skulpturale Schmuck des Portals.[295] Darüber befindet sich die Maßwerkbrüstung eines Scheinaltans, mit vier, sich über die Brüstung beugenden Figuren eines Herrscherpaares und zweier begleitender Figuren. Über der Altanszene greift der plastische Schmuck die Königs- und Gerichtsthematik wieder auf: An der rückwärtigen Stirnwand des Altans und in den Winkeln der Wand mit den Strebepfeilern befinden sich, die drei Querhausfenster in Höhe des Maßwerkes der Bogenfelder rahmend, vier Skulpturen auf Konsolen, die Figurengruppe der Anbetung der Magier mit den drei Magiern und Maria mit dem Kind auf dem Arm. Der Stufengiebel beinhaltet oberhalb einer doppelten Türöffnung mit einem Balkon die Reliefs einer Deesis und einer gleichzeitigen Weltgerichtsdarstellung: Christus als Weltenrichter

---

[294] WAMMETSBERGER datiert die Skulpturen nach 1362 (vgl. WAMMETSBERGER, H., Individuum, 1967, S. 90; entsprechend auch in: Kaiser Karl IV. 1316-1378. Führer durch die Ausstellung des Bayerischen Nationalmuseums München auf der Kaiserburg Nürnberg, München 1978, S. 15), ULLMANN in die 1360er Jahre (vgl. ULLMANN, E., in: Parlerkatalog, Bd. 2, 1978, S. 561); eine Entstehungszeit zwischen 1370 und 1380 nennen BADSTÜBNER und KUNZE (vgl. BADSTÜBNER, E., Marienkirche, 1962, S. 18; vgl. KUNZE, H., Plastik, 1925, S. 81), die 1380er Jahre ziehen NEUMYER und DINGELSTEDT in Betracht. (vgl. NEUMAYER, A., The meaning, 1957, S. 305; vgl. DINGELSTEDT, K., Stilströmungen, 1932, S. 396)

[295] Die ursprünglichen Skulpturen wurden 1524/25 zerstört und gegen Ende des 19. Jh. durch neue ersetzt Das ikonographische Programm sei hierbei tradiert worden. (vgl. BADSTÜBNER, E., Mühlhausen, 1989, S. 126ff; vgl. ULLMANN, E., in: Parlerkatalog, Bd. 2, 1978, S. 561)

IKONOGRAPHIE DER BILDNISSE KAISER KARLS IV.

in der Mandorla thronend, zu seinen Füßen zwei Verdammte. Diese Szene ist gerahmt von den knienden Figuren der Maria zur Rechten und Johannes zur Linken Christi, und zwei posaunenblasenden Engeln darüber.

Bei der Betrachtung des skulpturalen Fassadenschmucks soll besonderes Augenmerk auf die Figurengruppe auf dem Altan gerichtet werden. Das Herrscherpaar selbst ist als Kaiser Karl IV. mit seiner Gemahlin zu identifizieren. Die beiden flankierenden Figuren werden als Hofangestellte angesehen.

Das Besondere der Darstellung ist die unmittelbare Verbindung von Szene und Betrachter: Die vier Figuren sind über die Brüstung gebeugt. Die Überschreitung dieser ästhetischen Grenze steigert sich von den beiden das Herrscherpaar flankierenden Figuren, über die der Kaiserin hin zu der des Kaisers, bei dem auch ein Teil seines Gewandes selbst über die Brüstung hängt. HILGER bezeichnet zu recht diese Darstellung als äußerst ungewöhnlich, da die ästhetische Grenze von Kunstwerk und Betrachter zugunsten einer szenischen Kommunikation aufgegeben wird.[296] Wie auch PINDER schon bemerkte, wird die Szene auf dem Altan durch den Betrachter selbst ergänzt[297], sozusagen in Form einer Akklamatio[298]. Der Herrscher ist hier nicht thronend oder frontal dargestellt, sondern in einer illusionistisch bewegten Halbfigur.[299] Der Illusionismus war ursprünglich noch durch die farbige Fassung der Skulpturen verstärkt.[300] KAVKA sieht das Einzigartige der Altanszene in Mühlhausen darin, „(...) daß in die Sakralisierung der Huldigung neben dem Herrscher auch Angehörige des Hofes einbezogen wurden. Kaiser und Kaiserin in Begleitung eines Höflings und einer Hofdame beugen sich mit höfisch eleganter Gestik über die Brüstung des Altans, als dankten sie einer vor dem Dom versammelten Menge."[301] Wenn NEUMAYER meint, die gotische Skulptur des 14. Jh. „(...) appears otherwise in

---

[296] vgl. HILGER, H.P., Skulpturen 1960, S. 159
[297] vgl. PINDER, W., Plastik, 1925, S. 65
[298] vgl. NEUMAYER, A., The meaning, 1957, S. 306
[299] vgl. WAMMETSBERGER, H., Individuum, 1967, S. 84
[300] vgl. FINDEISEN, P., in: Parlerkatalog, Bd. 2, 1978, S. 560
[301] vgl. KAVKA, F., Am Hofe Karls IV., Stuttgart 1990, S. 97

the context of an architectural and iconographically deliminated setting, here the lifesized couple leans smilingly and with gracious gesture over the balustrade as if they just left their previous position and had chosen a more or less accidental spot as their vantage point (...)"[302], vernachlässigt er den szenischen Kontext, das ikonographische Programm, in das die Herrscherfiguren eingebunden sind. Betrachtet man das gesamte ikonographische Fassadenprogramm mit der Anbetung der Magier und dem Weltenrichter, sollte der Betrachter begreifen, dass Karl IV. und seine Gemahlin als Stellvertreter Christi und der Gottesmutter die Huldigung entgegennehmen.[303]

Der Platz vor der Südfassade der Kirche gilt als ehemalige Gerichtsstätte.[304] Quellenkundlich ist aus dem 18. Jh. belegt, dass sich der Rat der Freien Reichsstadt Mühlhausen jährlich vor der Südfassade der Marienkirche versammelte, um dem Kaiser zu huldigen. Ob die Tradition auf den Besuch Karls IV. in Nordthüringen im Jahre 1375 basiert, ist ungeklärt.

Ikonographische Einflüsse auf das Skulpturen der Marienkirche mag man in Prag finden. Das plastische Programm des Altstädter Brückenturmes, bei dem Karl IV. zusammen mit seinem Sohn über der Torduchfahrt zur Karlsbrücke erscheinen, und seine ikonographische Einbindung wurden im vorangehenden Kapitel VI.5.1 beschrieben. Ein wichtiger Unterschied hierzu liegt jedoch im Fehlen der herrschaftlichen Insignien in Mühlhausen. Die Präsentation als Herrscher- und Herrscherpaar fußt hier nicht auf dem Zeigen der Herrschaftszeichen, sondern müsse im ikonographischen Kontext der Anbetung der Magier gesucht werden, die oberhalb des Scheinaltans statt findet.[305]

---

[302] NEUMAYER, A., The meaning, 1957, S. 305; ein ganz ähnlicher Gedanke findet sich bei: WAMMETSBERGER, H., Individuum, 1967 S. 85
[303] vgl. KAVKA, F., Am Hofe, 1990, S. 97
[304] vgl. RICHTER, C., Marienkirche, 1990, S. 16
[305] vgl. zuletzt PUTH, A., Emperor, 2000, S. 43ff

IKONOGRAPHIE DER BILDNISSE KAISER KARLS IV.

Bilden bei den erhaltenen und uns bekannten böhmischen Bildnissen Karls IV. Epiphanie und Herrscherbildnis eine Einheit (vgl. Kapitel VI.6.2.4), werden in Mühlhausen die Bildthemen in zwei Register getrennt. Am Kölner Dreikönigschrein (um 1200, Köln, Dom) gesellt sich Otto IV. als vierter (König) zur Anbetung der Magier hinzu. Wenn auch nicht chronologisch, stellt die Szene das ikonographische Bindeglied zwischen der Mühlhausener Altanszene und den Kryptoporträts Karls IV. dar, bei denen der Kaiser die Rolle eines der drei Magier annimmt.

5.3 Prag, St. Veit, Triforiumsbüsten *(Kat. Nr. 8)*

5.3.1 Beschreibung

Im Inneren des St. Veitsdoms finden sich im Bereich des Triforiums insgesamt 21 Reliefbüsten (nach 1376-um 1385)[306]. Sie sind neben und oberhalb der Durchgänge

---

[306] HAUSSHERR datiert den Zyklus (mit Ausnahme der Büste Wenzels von Radecz) in das Ende der 70er Jahre des 14. Jh., BENEŠOVSKÁ die Büsten im Chorpolygon um 1375, die an den Chorlängsseiten um 1379/80. HOMOLKA gibt einen Entstehungszeitraum der Büsten im Chorrund zwischen 1375 und 1378 an, SCHWARZ nennt einen Zeitpunkt um 1375 für die Entstehung der meisten Büsten mit einer Aktualisierung um 1380, dem Jahr der Amtsübernahme des dritten Prager Erzbischofs Johannes von Jenstein. (wiederum mit Ausnahme der Büste Wenzels von Radecz). (vgl. dazu HAUSSHERR, R., Auftrag, 1971, S. 28f.; vgl. BENEŠOVSKÁ, K., u.a., Peter Parler, 1999, S. 97; vgl. HOMOLKA, J., in: Parlerkatalog, Bd. 2, 1978, S. 657 und SCHWARZ, M., Peter Parler im Veitsdom. Neue Überlegungen zum Prager Büstenzyklus, in: Winner, M. (Hg.), Der Künstler über sich in seinem Werk. Internationales Symposium der Bibliotheca Hertziana Rom 1989, Weinheim 1992, S. 55-84, S. 56, Anm. 3)
Der Büstenzyklus dürfte noch zu Lebzeiten Karls IV., also vor seinem Todesjahr 1378 geplant und auch begonnen worden sein. Welche Hinweise gibt es dafür? Der Kaiser erscheint an prominentem Ort im Kontext einer Herrscherpaardarstellung am Scheitelpunkt des Polygons des Ostchores, zudem als ‚ranghöchster' Regent unter den Anwesenden. Nach seinem Ableben hätte sich mit Sicherheit sein Sohn und Nachfolger Wenzel IV. ins Zentrum gesetzt. Die Tatsache dass Wenzel IV. selbst der böhmische Löwe und der Reichsadler beigeordnet sind, deuten auf seinen Status nicht nur als böhmischer, sondern auch als römischer König hin. Seine römische Königswahl und -krönung fand im Jahre 1376 statt. (vgl. dazu KLARE, W., Wahl, 1990, v.a. S. 248ff) Als Datierungszeitraum post quem sind deshalb die Jahre 1376-1378 in Betracht zu ziehen, die Zeit zwischen der Königswahl Wenzels und dem Todesjahr Kaiser Karls IV.
Eine (letzte) Erweiterung erfuhr der Zyklus mit der Büste des vierten Baurektors Wenzel von Radecz. Von den Büsten der anderen Baurektoren isoliert, wurde sie nachträglich in den Sturz eingearbeitet. (vgl. dazu auch SCHMIDT, G., Peter Parler und Heinrich IV. Parler als Bildhauer, in:

des Laufganges an den die Chorjoche bildenden Pfeilern angebracht. Als Brustbildnisse sind sie zu drei Vierteln vollplastisch; ihr Verbund mit der Architektur wird dadurch betont, dass die Mauer unterhalb der Büsten plan ist, sich hinter den Büsten jedoch nischenartig in ein Halbrund wölbt. Die heute kaum mehr entzifferbaren Inschriften (wohl nach 1385[307]) darüber waren ursprünglich mit roter Farbe aufgemalt, im 19. Jh. mehrfach übermalt und konservatorisch behandelt. Dies mag der Grund dafür sein, dass viele davon Detailfehler aufweisen. Wichtig in diesem Zusammenhang sind jedoch die Nennung des Namens, des Rangs und der Funktion der Dargestellten.[308] Die meisten Bildnisse werden zudem von zwei Wappenschilden flankiert.

Im Folgenden sollen die Büsten im einzelnen kurz vorgestellt werden. Die Nummerierung spiegelt dabei nicht die Reihenfolge im Triforium wieder, sondern fasst Personengruppen zusammen. Sie ist in der Skizze im Katalogteil aufge-

---

Wiener Jahrbuch für Kunstgeschichte 23, 1970, S. 108-153, S. 146). Wenzel von Radecz trat sein Amt im Jahre 1380 an und verstarb 1417 (vgl. SCHWARZ, M., Höfische Skulptur, 1986, S. 432f. und SCHWARZ, M., Peter Parler, 1992, S. 56, Anm. 3 sowie SCHMIDT, G., Peter Parler, 1970, S. 146). Im Unterschied zu den übrigen Baurektoren wird in der Inschrift über seiner Büste das Todesjahr nicht genannt. Man kann deshalb davon ausgehen, dass diese zu seinen Lebzeiten entstanden ist, d.h. zwischen 1380 und 1417. Als möglichen Terminus ante quem mag man auch das Jahr der Chorweihe 1385 in Betracht ziehen, das in der Inschriftentafel am Südturm genannt wird: *Item anno domini M°CCC°LXXXV° in festo sancti Remigii consecratus est chorus Pragensis...*

[307] Die Inschriften im Triforium des St. Veitsdoms sind wohl nicht gleichzeitig mit den Büsten entstanden, sondern erst sehr kurze Zeit später. BENEŠOVSKÁ gibt als Eckdaten 1389-1392 an. (vgl. BENEŠOVKÁ, K. u.a., Peter Parler, 1999, S. 97) Für eine Datierung sind folgende zwei Hinweise zu beachten: Die Inschrift über der Büste Elisabeths von Pommern nennt Sigismund König von Ungarn. Die Hochzeit, die ihn gleichsam zum ungarischen Königsamt führte, war im. Jahre 1385. Demnach ist eine Datierung post quem für die Inschrift über 1385 gegeben. Die Inschrift über der Büste Johannas von Bayern spricht von ihr als *P[ri]ma uxor...Wen[czeslai]*, also erste Gemahlin Wenzels IV. Daraus folgt, dass Johanna zum Zeitpunkt der Entstehung der Büsten bereits gestorben war (1386) bzw. dass Wenzel IV. sich bereits mit Sophie von Bayern, seiner zweiten Gemahlin, wiedervermählt hatte (1389). Für diese Inschrift ergibt sich eine Datierung post quem von 1386 bzw. 1389. Was eine mögliche Datierung ante quem anbelangt gilt dasselbe wie bei der Datierung der Büsten selbst, nämlich das Todesjahr Wenzels von Radecz 1417.

[308] Die Abschriften sind entnommen aus PODLAHA, A., HILBERT, K., Metropolitní chrám sv. Víta v Praze, Praha 1906 (Die Metropolitankirche St. Veit in Prag), S. 102ff und BENEŠOVSKÁ, K. u.a., Peter Parler, 1999, S. 152ff

schlüsselt. Eine möglichst vollständige Transkription der Inschriften ist dort ebenfalls aufgeführt.

Die Büste Karls IV. *(Kat. Nr. 8.1)* findet sich im Chorpolygon an der Nordseite des südöstlichen Pfeilers. **(Abb. 7 und Abb. 8)** Die Inschrift benennt ihn nicht nur als römischen Kaiser und böhmischen König, sondern hebt auch seine Funktion als Gründer des Veitsdoms hervor: *Karolus IIII Imp[er]ator ro[ma]noru[m] et boemie rex ... f[u]ndavit nova[m] p[ra]gen[sem] eccl[esi]a[m]*. Seine heraldischen Attribute sind der böhmische Löwe zu seiner Rechten und der Reichsadler zu seiner Linken. Seine vierte, und wohl zur Zeit der Entstehung des Büsten aktuelle Gemahlin Elisabeth von Pommern *(Kat. Nr. 8.2)* befindet sich ihm gegenüber an der Südseite des nordöstlichen Pfeilers im Chorpolygon. Die Inschrift bezeichnet sie als Elisabeth von Stettin, Mutter des späteren Kaisers Sigismund, Johanns von Luxemburg und Annas von England: *Elizabet[h] de stetina ... mater sigismundi regis ungarie et marchionis brandeburgen[sis] Johan[n]is duc[is] Gorliczen[sis] et Anne regine anglie*. Der Wappenschild links zeigt einen nach links ins Profil gewendeten Greif, rechts den Reichsadler. Nach Westen folgt die Büste Annas von Schweidnitz *(Kat. Nr. 8.3)*, dritte Gemahlin Karls IV. Betont wird ihre Rolle als Mutter Wenzels IV.: *Anna...mater domini Wenczeslai regis ro[ma]norum et boemie*. Ihre Attribute sind der Schweidnitzer Adler zu ihrer Rechten und der Reichsadler zu ihrer Linken. Gegenüber ist die Büste der zweiten Gemahlin Karls IV., Annas von der Pfalz *(Kat. Nr. 8.4)* zu sehen. Sie wird als römische und böhmische Königin, *ro[ma]nor[um] et boemie regi[n]a*, bezeichnet. Die Inschrift hebt zudem ihre Stiftertätigkeit hervor. Das Emblem zu ihrer Rechten zeigt auf einen zweigeteilten Wappenschild einen Löwen (?) und diagonal verlaufende Rauten, zu ihrer Linken den Böhmischen Löwen. Margareta, gen. Blanca von Valois *(Kat. Nr. 8.5)* setzt die Reihe der Gemahlinnen Karls IV. nach Westen fort. Die Tochter Karls von Valois, Schwester Philipps VI. von Frankreich und erste Gemahlin Karls IV. wird in der Inschrift als römische und böhmische Königin, *ro[ma]nor[um] et boemie regina* bezeichnet. Ihre Attribute sind ein Lilienwappen zu ihrer Rechten und der böhmische Löwe zu ihrer Linken. Ihr gegenüber befindet sich die Büste Johann Heinrichs von Mähren *(Kat. Nr. 8.6)*, mährischer Markgraf und jüngerer Bruder Karls IV. (**Abb. 36**) Zu seiner Rechten ist ihm der Luxemburger Löwe, zu seiner Linken ein Adlerwappen (Reichsadler?) beigegeben. Es folgt der Herzog von Luxemburg Wenzel *(Kat. Nr. 8.7)*. Die Inschrift nennt ihn den Bruder Karls und Johann Heinrichs, *fr[ater] karoli et ioh[ann]is marchio[n]is morauie*. Tatsächlich ist er ihr Halbbruder: Karl IV. und Johann Heinrich entstammen der Verbindung König Johanns von Böhmen mit Elisabeth von Böhmen; Wenzel jedoch aus der Ehe Johanns mit seiner zweiten Gemahlin Beatrix, der Tochter Ludwigs I. von Bourbon. Seine Attribute sind der Luxemburger Löwe zu seiner Rechten und der böhmische Löwe zu seiner Linken. Mit der Büste König Johanns von Böhmen *(Kat. Nr. 8.8)* springt der Zyklus zurück an den südöstlichen Pfeiler im südlichen Chorpolygon, genau gesagt an dessen Südseite. Die Inschrift erklärt ihn als den Sohn Kaiser Heinrichs VII. und benennt ihn als Graf von Luxemburg und König von Böhmen: *Johan[n]es fili[us] henrici imp[er]ator comes lutzemburgen[sis] rex boemie*. Zu seiner Rechten befindet sich ein Wappenschild mit dem Böhmischen Löwen, das zu seiner Linken zeigt den Luxemburger Löwen. Die Königin von Böhmen und Mutter Karls IV. Elisabeth (Kat. Nr. 8.9) befindet sich ihrem Gatten gegenüber. Die Inschrift bezeichnet sie als *mater illustrissim pri[n]cipis d[o]m[ini] karoli ro[ma]noru[m] et boemie regis*. Ihr zugeordnet sind der Luxemburger Löwe zu ihrer Rechten und der böhmische Löwe zu ihrer Linken. Mit der Büste, Kat. Nr. 8.10 ist Wenzel IV. vertreten, der Sohn Karls IV. aus seiner Ehe mit Anna von Schweidnitz. Die Inschrift bezeichnet ihn als erstgeborenen und nennt ihn römischen und böhmischen König sowie Graf von Luxemburg: *Wenczeslaus p[ri]mus ro[ma]noru[m] et boemie rex comes luce[m] burgen[sis] natus se[re]nissimi principis d[o]m[ini] karoli IIII ro[ma]noru[m] Imp [er]atoris*. Die beiden Wappenschilde zeigen links den Böhmischen Löwen, rechts

IKONOGRAPHIE DER BILDNISSE KAISER KARLS IV.

den Reichsadler. Als letztes Familienmitglied befindet sich Johanna von Bayern *(Kat. Nr. 8.11)* ihrem Gatten gegenüber. Sie wird als römische und böhmische Königin und als erste Ehefrau Wenzels IV. bezeichnet: *ro[ma]nor[um] et boemie regina ... Uxor p[ri]ma se[re]nissimi pri[n]cipis d[o]m[ini] Wen[czeslai] ro[ma]no [rum] et boemie reg[is]*. Der Wappenschild zu ihrer Rechten trägt den Böhmischen Löwen, das zu ihrer Linken ein Rautenmuster.

Nach Westen schließt die Reihe der Prager drei Erzbischöfe an. Der erste Erzbischof, Ernst von Pardubitz ist mit der Büste Nr.12 vertreten *(Kat. Nr. 8.12)*, Jan Očko von Vlašim mit der Büste Nr.13 *(Kat. Nr. 8.13)* und Johannes von Jenstein als dritter Erzbischof schließlich mit der Büste Nr.14 *(Kat. Nr. 8.14)*. Ihre Wappenschilde zeigen zum einen jeweils das persönliche Wappenbild der dargestellten, zum anderen das Emblem des Erzbistums Prag.

Mit den Büsten, Kat. Nr. 8.15 bis 9.18 erscheinen die vier Baurektoren des St. Veitsdoms: Nikolaus gen. Holubecz, Busco Leonardi, Beneš Krabice sowie Andreas, gen. Kotlik. Die Inschriften bezeichnen sie jeweils als *canonicus pragensis* und *director fabrice*. Der Zyklus springt dabei mit der Büste des Beneš Krabice an die gegenüberliegende, nördliche Chorseite quasi als Fortsetzung der Büste Wenzels von Luxemburg *(Kat. Nr. 8.7)*. Wappenschilde mit Emblemen sind dabei lediglich bei den letzten beiden zu finden.

Es folgen nach Westen die Büsten der beiden *magistri fabrice*, der Kirchenbaumeister Peter Parler *(Kat. Nr. 8.19)* und Mathias von Arras *(Kat. Nr. 8.20)*. Peter Parler trägt dabei ein Wappenschild mit dem Haken auf der Brust, Mathias von Arras ist eine Steinzange als Attribut beigegeben. Der Zyklus endet mit der Büste des fünften Baurektors, Wenzel von Radecz *(Kat. Nr. 8.21)*.

5.3.2 Exkurs: Tumben der Přemyslidenfürsten im Chorpolygon und der Büstenzyklus im sog. oberen Triforium von St. Veit *(Kat. Nr. 8.22-8.27)*

Die Grabtumben der Přemyslidenfürsten finden sich jeweils paarweise in den drei östlichen Radialkapellen im Chor von St. Veit.[309] Sie bestehen jeweils aus der Tumba selbst, an deren Vorderseite Wappenschilde angebracht sind und der Liegefigur des Fürsten darüber.

Die Tumben sind bereits vom Chronisten Beneš beschrieben.[310] Von Norden nach Süden folgen: Bořivoj II., Břetislav II., Spytihněv II., Břetislav I., Otokar II., Přemysl und Otokar I. Přemysl.

Die Büsten im sog. oberen Triforium[311] (wohl 1. Hälfte 1380er Jahre) befinden sich beidseitig der Pfeiler an der Außenseite des Chorpolygons. Sie sind von mit Filiale und Krabben besetzten Rundbögen überspannt; ein konkav gewölbter Tellernimbus bildet den Hintergrund für die Büsten selbst. Ein hierarchisches Zentrum des Heiligenzyklus bilden die Büsten Christi und Mariae *(Kat. Nr. 8.28 und 8.29)* oberhalb der östlichen Radialkapelle des Chores. Des Weiteren finden sich die Hll. Veit, Sigismund, Method, Cyrill an der Nordseite des Chores *(Kat. Nr. 8.30-8.33)* sowie die Hll. Wenzel, Ludmilla, Adalbert und Prokop an der Südseite *(Kat. Nr. 8.34-8.37)*.[312]

---

[309] zu den Grabtumben der Přemysliden siehe vor allem: BENEŠOVSKÁ, K. u.a., Peter Parler, 1999, S. 83ff; HOMOLKA, J., Ikonografie, 1978, S. 568; HOMOLKA, J., Programme, 1978, S. 613f.; HOMOLKA, J., in: Parlerkatalog, Bd. 2, 1978, S. 650-653; KLETZL, O., Parlerplastik, 1933/34; KUTAL, A., České gotické sochařství 1350-1450, Praha 1962 (Böhmische gotische Skulptur 1350-1450, dt. Zf. S. 178-181), S. 42ff und Tf. 48-55; STEJSKAL, K., Kultur, 1978, S. 181ff

[310] vgl. *Beneš*, in: FRB 4, S. 547f.

[311] zu den Büsten im sog. oberen Triforium siehe vor allem: KUTAL, A., České gotické sochařství, 1962, S. 58ff und Tf. 80 - Tf. 87 sowie HOMOLKA, J., in: Parlerkatalog, Bd. 2, 1978, S. 657

[312] siehe hierzu auch KUTAL, A., České gotické sochařství, 1962, v.a. Tf. 80ff

5.3.3 Vorbilder und Vorläufer

Die Physiognomie der Büste des Kaisers im Triforium von St. Veit wurde bereits an anderer Stelle ausführlicher beschrieben. Sie zeigt die charakteristischen Merkmale einer hervortretenden Wangenpartie, einer großen, fast senkrecht ansteigenden Stirn, großen, leicht auseinander stehende Augen und Prominenzen über den Augen und zwischen den Augenbrauen.

Was formale Vorläufer der Prager Triforiumsbüsten angeht, greift HAUSSHERR[313] die Idee PINDERS von „gleichsam emanzipierten Büstenkonsolen"[314] auf. Von Interesse sind für ihn dabei nicht Kopf- und Büstenkonsolen, Einzelköpfe oder Büsten allgemein, sondern jene, die eine gewisse Selbstständigkeit als Bauplastik andeuten und/oder einen ikonographischen Zyklus bilden. Ein solcher findet sich etwa oberhalb von Durchgängen eines Laufganges in der heutigen Kathedrale von Bristol. Das Zentrum des nach 1298 entstandenen Zyklus bilden die Köpfe eines gekrönten Herrschers und einer gekrönten Herrscherin, gefolgt vielleicht von Äbten, Mönchen, Adligen, Steinmetzen oder auch Baumeistern. Vor zurückgesetztem Hintergrund sind die Reliefs jeweils dem den Türsturz überspannenden Eselsrücken eingeschrieben.[315] SCHWARZ[316] greift einen Gedanken von SCHMIDT[317] auf und sieht den Büstenzyklus von St. Veit aus formalen Gesichtspunkten und in Hinblick auf den Ort der Anbringung maßgeblich beeinflusst von drolastischen Elementen in der Kirche selbst. Als Beispiel führt er das Relief oberhalb einer heute verschlossenen Türöffnung in der Nord-

---

[313] vgl. HAUSSHERR, R., Auftrag, 1971, S. 30ff
[314] vgl. PINDER, W., Plastik, 1924, S.123
[315] auf einen möglichen Einfluss englischer Konsol- und Kapitellplastiken hat am Rande bereits SCHMIDT, G., Peter Parler, 1970, S. 148 aufmerksam gemacht. Er verweist dabei auf die Arbeit von BOCK, H., Der Beginn spätgotischer Architektur in Prag (Peter Parler) und die Beziehungen zu England, in Wallraf-Richartz-Jahrbuch 23, 1961, S. 191ff.
[316] vgl. SCHWARZ, M., Höfische Skulptur, 1986, S. 348ff und S. 388f. und SCHWARZ, M., Peter Parler, 1992, S. 61f.
[317] vgl. SCHMIDT, G., Peter Parler, 1970, S. 147

IKONOGRAPHIE DER BILDNISSE KAISER KARLS IV.

ostecke des Querschiffs an. Es zeigt das Gesicht eines Mannes mit Kapuze in einer nischenartigen Vertiefung des Mauerwerks. In Details der Physiognomie erkennt er karikative bzw. drolastische Elemente, ebenso wie in der fischblasenartigen Kopfbedeckung des Nikolaus gen. Holubecz selbst. Die Frage ist natürlich, inwiefern die Baugeschichte den chronologischen Vorgängercharakter dieses Reliefs bestätigt. In der Tat findet man jedoch Drolerien im Triforium selbst als Fortsetzung des eigentlichen Zyklus nach Westen. Entsprechend den Büsten selbst sind die Masken und zoomorphen Reliefs in nischenartigen Vertiefungen oberhalb der Durchgänge anzutreffen.

Es wurden verschiedene Versuche unternommen, die Triforiumsbüsten von St. Veit genetisch mit Reliquienbüsten in Verbindung zu bringen und davon abzuleiten.[318] HOMOLKA[319] weist hierbei ganz allgemein auf Kölner Reliquienbüsten aus dem 14. Jh. hin. Auf einen stilistischen Zusammenhang und in Hinblick auf die Typologie der sog. Kölner Parlerbüste (Köln, Schnütgenmuseum) mit der Triforiumsbüste Elisabeths von Pommern hat SCHMIDT[320] aufmerksam gemacht. Die formale Parallele von Büstenreliquiaren und den Triforiumsbüsten, d.h. ihr Körperausschnitt, ist hierbei nur ein Punkt. Ein anderer ist die Bedeutung der Reliquien für Karl IV., die sich in seiner unglaublichen Sammelleidenschaft widerspiegelt.[321] Schon in zeitgenössischen Quellen wird der Kaiser beschrieben als *...multum ...curiosus et sollicitus in reliquiis undecumque congregandis, quas demum in magna veneratione habuit, eas magnifice adorando in ecclesiis et monasteriis civitatis Pragensis honorifice collocavit...*[322] Die Büste war um die Mitte des 14. Jh. eine beliebte Reliquiarform in Prag, wozu Karl IV. entscheidend beigetragen hat. Das Dominventar von St. Veit

---

[318] zuletzt ausführlicher bei: SCHWARZ, M., Peter Parler, 1992, S. 63ff
[319] vgl. HOMOLKA, J., in: Parlerkatalog, Bd. 2, 1978, S. 655-657
[320] vgl. SCHMIDT, G., Peter Parler, 1970, S. 150
[321] siehe dazu vor allem MACHILEK, F., Privatfrömmigkeit, 1978 und PIRCHAN, G., Karlstein, 1953
[322] aus der Vita I. Papst Clemens VI., zitiert nach NEUREITHER, H., Geschichtsschreibung, 1964, S. 185

IKONOGRAPHIE DER BILDNISSE KAISER KARLS IV.

von 1354 berichtet über eine Reihe von von ihm gestiftete Büstenreliquiaren. Es nennt die *Imago* des jeweiligen Heiligen ... *quem rex dictus* [Karolus] *donavit*. Von besonderem Belang war die Büste des Hl. Wenzel, die Karl IV. ebenfalls stiftete.[323] Sie diente zum einen als Reliquienbehälter für das Haupt des Heiligen (*caput sancti wenceslai*), zum anderen als ständiger Aufbewahrungsort der St. Wenzelskrone, d.h. der böhmischen Königskrone. Lediglich für Krönungen und wichtige Staatsakte durfte sie für kurze Zeit von dort entfernt werden.[324] Nicht nur die Wenzelsbüste, auch die Büste Karls des Großen in Aachen (um 1350, Aachen, Domschatz, G 69) zeigt denselben Körperausschnitt wie die Triforiumsbüsten selbst und wird traditionell als Stiftung Karls IV. betrachtet.[325] Bei der Rückkehr vom Reichstag in Metz besuchte Karl IV. im Jahre 1357 die Stadt Aachen. Die Lokaltradition berichtet davon dass er seine Kaiserkrone dem Aachener Domkapitel widmete und auf die um 1350 entstandenen Reliquienbüste Karls des Großen setzen ließ.[326] Die Verquickung von *imperium* und *sacerdotium* beschreibt zum einen die Verwendung der Büsten als Aufbewahrungsort herrschaftlicher Attribute. POCHE[327] hat darauf aufmerksam gemacht, dass Karl IV. selbst Partikel der Dornenkrone Christi in die böhmische

---

[323] Das Dominventar von St. Veit von 1354 findet sich transkribiert bei: PODLAHA, A., ŠITTLER, E., Chrámový poklad, 1903, S. III

[324] siehe dazu *Beneš*, in: FRB 4, S. 515 und *Franz von Prag*, in: FRB 4, S. 448; vgl. auch SCHNEIDER, R., Karls IV. Auffassung vom Herrscheramt, in: Historische Zeitschrift, N. F. Beiheft 2, München 1973, S. 122-150, S. 128 u. Anm. 35
Die Bulle Papst Clemens VI. von 1346 sagt dazu: *Exhibita siquidem nobis dilecti filii nobilis viri Karoli, marchionis Moraviae peticio continebat, quod ipse ob devotionem et reverentiam sancti quoddam satis preciosum regium diadema, illudque glorioso capiti dicti sancti, cuius corpus in Pragensi requiescit ecclesia, donavit et fecit apponi, ea intentione ut ab ipso capite non debeat amoveri, nisi dumtaxat quando regem Boemiae, qui pro tempore fuerint, de novo coronari vel alia per eundem regem solennia, quae regalis diadematis usum exigerent, in civitate vel suburbiis pragensibus solenniter celebrari contingeret, quo casu liceret praefato regi diadema ipsum recipere, sic tamen, quod ipsum eadem die coronationis vel celebrationis huiusmodi, eidem beato capiti reponere teneatur.* (zitiert nach: CHYTIL, K., u.a., Korunovační klenoty království českého, Praha 1912 (= Soupis památek historických a uměleckých král. Hlavního města Prahy) (Die Krönungskleinodien des böhmischen Königreichs), S. 39, Anm. 1)

[325] vgl. KRAMP, M. (Hg.), Krönungen. Könige in Aachen – Geschichte und Mythos. Ausstellungskatalog, 2 Bde., Mainz 2000, S .548

[326] vgl. KAVKA, F., Aachen, 2000, S. 479f. und Parlerkatalog, Bd. 1, 1978, S. 137

[327] vgl. POCHE, E., Königskronen, 1978, S. 487

Königskrone einarbeiten ließ. Somit fungierte sie selbst als Reliquiar.

SCHWARZ bemerkt, dass die Parallelen zwischen Triforiumsbüsten und Büstenreliquiaren kaum zufällig zustande gekommen sind. „Entweder war die Übereinstimmung gewollt, oder man hätte sie vermieden. So hätten die Bildhauer das Naheliegendste tun und nur die Köpfe darstellen können. Daneben stand auch die Möglichkeit offen, auf den in Italien damals häufigen Typus der Halbfigur auszuweichen."[328]

Die ikonographische Verwandtschaft der Plastiken des Altstädter Brückenturmes und der Bildnisse Papst Bonifaz VIII. wurde an anderer Stelle bereits diskutiert. Im Kontext typologischer Vorläufer der Triforiumsbüsten wird immer wieder das Halbfigurenrelief Papst Bonifaz VIII. in den päpstlichen Gemächern des Vatikan[329] angeführt. Das um 1300 entstandene Bildnis zeigt den Papst frontal zum Betrachter gerichtet, seine rechte Hand zum Segensgestus erhoben, in seiner Linken hält er zwei Schlüssel. Sein Haupt krönt die Tiara. SCHWARZ[330] zweifelt zurecht eine Einflussnahme des Papstreliefs auf die Genese des Büstenzyklus an. In Prag sind die Büsten oberhalb der Brust abgeschnitten, das Relief Bonifaz VIII. zeigt die Halbfigur des Papstes einschließlich der Arme, von denen einer Attribute hält, der andere eine Geste ausführt. Die dadurch mit dem Betrachter hergestellte Kommunikation ist in der Art in Prag nicht zu finden. Verfolgt man die Spur der Papstbildnisse Bonifaz VIII. jedoch weiter stößt man auf dasjenige an der nördlichen Außenwand des Domes von Anagni. In der Mitte einer Nische thront Bonifaz VIII. frontal zum Betrachter gerichtet. Oberhalb der Nischenöffnung finden sich sechs Wappenschilde: zwei mit dem Wappen der Caetani, zwei mit dem Adler der Stadt Anagni und je eines mit der päpstliche Tiara und dem päpstlichen Sonnenschirm.[331] Die Präsenz

---

[328] SCHWARZ, M., Peter Parler, 1992, S. 64
[329] zum Relief Bonifaz VIII. im Vatikan vgl. LADNER, G., Papstbildnisse, 1970, S. 313-317 u. Tf. LXXIII sowie RASH, N., Boniface VIII, 1987
[330] vgl. SCHWARZ, M., Peter Parler, 1992, S. 63
[331] vgl. LADNER, G., Papstbildnisse, 1970, S. 338

heraldischer Attribute lässt die die Triforiumsbüsten flankierenden Wappenschilde im Veitsdom ins Gedächtnis rufen.

Der Triforiumszyklus setzt sich aus vier Personengruppen zusammen. Die Büsten, Kat. Nr. 8.1 - 9.11 zeigen Verwandte Kaiser Karls IV., die Büsten, Kat. Nr. 8.12 - 9.14 die ersten drei Prager Erzbischöfe, die Büsten Nr.15 - Nr.18 sowie Büste Nr.21 die vier Baurektoren (Kat. Nr. 8.15-18, Kat. Nr. 8.21), die Büsten Nr.19 und Nr.20 schließlich die Baumeister der Prager Dombauhütte (Kat. Nr. 8.19 und 9.20).

5.3.4 Genealogisch-dynastischer Aspekt

Kaiser Karl IV. und seine Gemahlin Elisabeth von Pommern bilden die hierarchische Spitze unter den Dargestellten und stellen am Scheitelpunkt des Chorrundes das hierarchische Zentrum und den Ausgangspunkt des Zyklus dar. Betrachtet man den genealogischen Teil, die Aufstellung der Familienmitglieder[332], fällt auf, dass ausgehend von Karl IV. längst nicht alle unmittelbaren Verwandten vertreten sind, und dass eine Selektion diesbezüglich stattgefunden haben muss. Die aufsteigende Linie ist wiedergegeben durch König Johann von Böhmen und Königin Elisabeth von Böhmen, die sich in unmittelbarer Nähe ihres Sohnes befinden. Elisabeth starb im Jahre 1330, König Johann im Jahre 1346. Von den Geschwistern Karls IV. sind nur Johann Heinrich von Mähren (geb. 1322, gest.1375) und Wenzel von Luxemburg (geb. 1337, gest. 1383) in Büstenform zu finden. Karl IV. und Johann Heinrich stammen dabei aus der Ehe König Johanns mit Elisabeth, Wenzel aus der Verbindung König Johanns mit Beatrix, der Tochter Ludwigs I. von Bourbon. Nicht vertreten sind Otokar und Elisabeth, die beide im Säuglingsalter starben, sowie die älteste Schwester Karls IV., Guta (geb. 1315, gest. 1349), Gemahlin Johanns, dem

---

[332] siehe im Vergleich dazu die Stammtafeln der Luxemburger bei Eschborn, M., Karlstein, 1971, S. 200f. und Hillenbrand, E., Vita Caroli Quarti. Die Autobiographie Karls IV. Einführung, Übersetzung, Kommentar, Stuttgart 1979, S. 231ff

Sohn Philipps VI. von Frankreich, und Anna (geb. 1323, gest. 1338), die Gemahlin Herzog Ottos von Österreich.

Vom Kaiser ausgehend schließen sich nach Nordwesten die Büsten seiner vier Gemahlinnen an. Es beginnt mit Elisabeth von Pommern (vermählt 1363, gest. 1393), gefolgt von Anna von Schweidnitz (vermählt 1353, gest. 1362), Anna von der Pfalz (vermählt 1349, gest. 1353) und Blanche de Valois (vermählt 1324, gest. 1348). Aus der Verbindung mit Elisabeth von Pommern entstammen Anna (geb. 1366, gest. 1397), die Gemahlin König Richards II. von England, der spätere Kaiser Sigismund (geb. 1368, gest. 1437), Johann (geb. 1370, gest. 1396), Herzog von Görlitz, der als Säugling verstorbene Karl sowie Margareta (geb. 1373, gest. 1412). Die Inschrift oberhalb der Büste Elisabeths von Pommern erwähnt jedoch lediglich Sigismund, Johann und Anna als ihre Kinder. In Büstenform ist keiner der genannten zu finden. Aus der Ehe Karls IV. mit Anna von Schweidnitz, entstammen Elisabeth (geb. 1358, gest. 1373), Gemahlin Albrechts III. von Österreich, und Wenzel IV. (geb. 1361, gest. 1419). In der Inschrift zu Anna von Schweidnitz wird lediglich Wenzel IV. als ihr Kind genannt. Als einziges Kind Karls IV. ist er auch als Büste verbildlicht. Aus der Ehe Karls IV. mit Anna von der Pfalz ging der als Säugling verstorbene Wenzel hervor. Der Verbindung mit Blanche de Valois entstammt Margareta (geb. 1335, gest. 1349), Gemahlin Ludwigs I. von Ungarn und Polen, sowie Katharina (geb. 1342, gest. 1386), Gemahlin Rudolfs IV. von Österreich und Ottos von Brandenburg. Die drei zuletzt genannten Kinder werden weder in den Inschriften erwähnt, noch sind sie in Büstenform zu finden. Als einziger Nachkomme Karls IV. erhält Wenzel IV. (geb. 1361, gest. 1419) eine Büste. Seine erste Gemahlin Johanna von Bayern (vermählt 1370, gestorben 1386) befindet sich ihm gegenüber.

Wie bereits angedeutet erscheinen Karl IV. und seine Gemahlin Elisabeth von Pommern im Zentrum des Zyklus. Mit seinen Eltern vereinen sich die Luxemburger

IKONOGRAPHIE DER BILDNISSE KAISER KARLS IV.

Erblinie und die der Familie der Přemysliden: Johann selbst ist ja der Sohn Kaiser Heinrichs VII., Graf von Luxemburg; Elisabeth ist die Tochter des Přemyslidenkönigs Wenzel II. In ähnlicher Weise kann man auch die Anwesenheit der beiden Brüder Karls IV., Wenzel und Johann Heinrich verstehen. Wenzel, Herzog von Luxemburg vertritt dabei die luxemburger, Johann Heinrich, Markgraf von Mähren, die böhmisch-mährische Linie. Den dynastisch-genealogischen Aspekt des Zyklus mag man auch in der Anwesenheit Wenzels IV. bestärkt sehen. Als einziger Nachkomme des Kaisers erhält der Erstgeborene eine Büste und zwar nicht alleine, sondern zusammen mit seiner Gemahlin Johanna von Bayern. Vielleicht sollte dies ein dynastisches Kontinuum ausdrücken.

Man kann wohl davon ausgehen, dass der Büstenzyklus im sog. unteren Triforium nicht isoliert, sondern als Teil eines, den Chorbereich umfassendes plastisches Gesamtprogramm konzipiert und ausgeführt wurde. Im Jahre 1373 ließ Kaiser Karl IV. die Gebeine der Přemyslidenfürsten und -könige in den Chor von St. Veit übertragen und neu bestatten. *Beneš* berichtet in seiner Chronik: *Eodem anno* [1373] *de mense Decembri iubente domino imperatore translata sunt corpora antiquorum principum et regum Boemie de antiquis sepulchris suis et posita ac tumulata in novo choro ecclesie Pragensis.*[333] Dem Kaiser schien die Anwesenheit der Regenten wichtig zu sein. Inhaltlich würde der Büstenzyklus eine Erweiterung erfahren und in Bezug auf genealogische Inhalte eine Betonung der přemyslidischen Erblinie ausdrücken. Das Bild wird ein wenig gestört von der Tatsache, dass im Jahre 1373 tatsächlich die Gebeine nicht von sechs, sondern von neun Herrschern in den Chor von St. Veit übertragen worden sind. KLETZL[334] hat darauf aufmerksam gemacht. In seiner Chronik berichtet *Beneš* vom Grab Gutas, der Gemahlin König Wenzels II. und vom

---

[333] *Beneš*, in: FRB 4, S. 547
[334] vgl. KLETZL, O., Parlerplastik, 1933/34, S. 260

Doppelgrab König Rudolphs, Sohn des römischen Königs Albrechts sowie Rudolphs, Herzog von Österreich und Schwaben.[335]

Es würde sicherlich zu weit gehen, den Büstenzyklus mit einem Stammbaum und / oder einer Ahnenreihe gleich zu setzen. Die Anwesenheit der Erzbischöfe, Baurektoren und Baumeister darf in diesem Zusammenhang nicht vergessen werden. Der genealogische Aspekt ist meiner Meinung nach jedoch einer der Kernpunkte, zumal die Thematik in der böhmischen Kunst zur Zeit Karls IV. nicht alleine in der Kirche von St. Veit anzutreffen ist.

Auf der Prager Burg befand sich ein heute nicht mehr erhaltender genealogischer Zyklus, wohl aus der Zeit nach 1344.[336] WAMMETSBERGER[337] vermutet ihn an den Wänden des Audienzsaales auf dem Hradschin. Überliefert ist er in Kopien aus dem 16. Jh.[338] Demzufolge bestand die Ahnenreihe aus 39 Ganz- oder Halbfiguren, an deren Ende die thronende Figur Kaiser Karls IV. stand. Der Zyklus zeigte bis auf Karl IV. und seinen Vater Johann von Böhmen wohl ausnahmslos Přemyslidenfürsten. Im 16. Jh. ging ebenfalls ein Stammbaum Karls IV. verloren, der sich ursprünglich an den Wänden des Saales im zweiten Obergeschoss des kaiserlichen

---

[335] vgl. *Beneš*, in: FRB 4, S. 547f.
[336] zum genealogischen Zyklus auf dem Hradschin vgl. COLSMANN, G., Denkmale, Bd. 2, 1955, S. 197f; vgl. DVOŘÁKOVÁ, V., MENCLOVÁ, D., Karlštejn, 1965, S. 248f., Anm. 56; vgl. HOMOLKA, J., Programme, 1978, S. 610; vgl. NEUWIRTH, J., Der verlorene Cyklus böhmischer Herrscherbilder in der Prager Königsburg, Prag 1896; vgl. STRANSKÝ, A.J., Podoby českých panovníků na Pražském hradě, in: Ročenka kruhu pro pěstování dějin umění za rok 1919, Praha 1920, S. 32ff; vgl. WAMMETSBERGER, H., Individuum, 1967, S. 89
[337] vgl. WAMMETSBERGER, H., Individuum, 1967, S. 89
[338] Die entsprechenden Miniaturen finden sich in: Wien, Nationalbibliothek, cod. 8043

IKONOGRAPHIE DER BILDNISSE KAISER KARLS IV.

Palastes auf Karlstein befand.[339] Entstanden um 1370[340] ist er im wesentlichen in zwei Handschriften aus der zweiten Hälfte des 16. Jh. tradiert.[341] Der Stammbaum begann wohl mit Noah, gefolgt von biblischen Patriarchen, antiken Göttern und Heroen. Eine Genealogie der Kapetinger von Karl dem Großen bis zu Ludwig II. von Frankreich, gefolgt von einer Reihe lothringisch-brabantischer Herzöge und Grafen, die anscheinend die Verbindung von den französischen Königen zu den Luxemburgern bilden sollten (Margarete, die Großmutter Karls IV. und Gemahlin Kaiser Heinrichs VII. ging aus diesem Geschlecht hervor), schloss sich daran an. Dargestellt waren ferner König Johann von Böhmen mit seiner Gemahlin Elisabeth von Böhmen sowie Kaiser Karl IV. nebst Gemahlin.[342]

Das Thema der Genealogie oder Ahnenreihe ist im Bereich der karolinischen Flächenkunst auch noch an anderer Stelle nachweisbar. Aus dem Jahre 1378 ist die Schenkung einer Handschrift von Erzbischof Jan Očko von Vlašim an das Prager Domkapitel überliefert. Dieses nicht mehr erhaltende Lektionar enthielt Miniaturen

---

[339] zum genealogischen Zyklus auf Karlstein vgl. COLSMANN, G., Denkmale, Bd. 2, 1955, S. 199ff; vgl. HOMOLKA, J., The pictorial decoration of the palace and lesser tower of Karlštejn castle, in: Fajt, J. (Hg.), Magister Theodoricus. Court Painter to emperor Charles IV. The pictoral decoration of the shrines at Karlštejn Castle, Prague 1998, S. 45ff, S. 50ff; vgl. HERZOGENBERG, J.v., Bildnisse, 1978, S. 331; vgl. NEUWIRTH, J., Der Bildercyklus des Luxemburger Stammbaumes aus Karlstein, Prag 1897; vgl. SCHMIDT, G., Malerei, 1969, S. 190; vgl. STEJSKAL, K., Emmaus, 1971; vgl. STEJSKAL, K., Kultur, 1978, S. 104; vgl. STEJSKAL, K., Wandzyklen, 1998, S. 25ff; vgl. WAMMETSBERGER, H., Individuum, 1967, S. 89

[340] vgl. STEJSKAL, K., Wandzyklen, 1998, S. 29ff

[341] Wien, Nationalbibliothek, cod. 8330 und dazu fast identisch: Codex Heidelbergensis, Praha, Národní Galerie, Sign. AA 2015
Neben den beiden Handschriften wird auch in zwei Schriftquellen auf die Existenz eines Stammbaumes hingewiesen. Der Chronist *Edmund de Dynter* (1375-1449) berichtet in seiner *Chronica nobilissimorum ducum Lotharingae et Brabantiae ac regum Francorum* von 1445, dass Wenzel IV. ihm auf einer seiner Burgen (Karlstein, Točník oder Nový hrad) eine Genealogie zeigte, die sein Vater Karl IV. anfertigen ließ. (die Chronik ist publiziert in: DE RAM, P.F. (Hg.), Edmund de Dynter, *Chronica nobilissimorum ducum Lotharingae ac regum Francorum*, 3 Bde., Brüssel 1854-160) Zudem wird im Rahmen eines Renovierungsberichts der Burg Karlstein im Jahre 1597 eine derartige Genealogie genannt. (vgl. dazu HOMOLKA, J., pictorial decoration, 1998, S. 51 u. Anm. 23)

[342] zur Beschreibung der Genealogie vgl. HERZOGENBERG, J.v., Bildnisse, 1978, S. 331; vgl. NEUWIRTH, J., Bildercyklus, 1897, S. 6; vgl. STEJSKAL, K., Kultur, 1978, S. 104;

böhmischer Herrscher.[343] Eine in Wolfenbüttel verwahrte Handschrift aus dem Ende des 16. Jh. (um 1586, Wolfenbüttel, Herzog August-Bibliothek, cod. 60.5 Aug.2) nennt eine Ahnenreihe Karls IV. und stimmt dabei in Anzahl und Reihenfolge mit dem cod. 8330 in Wien überein. Unabhängig davon findet sich auf fol. 17r eine Federzeichnung, vermutlich die Kopie oder das Zitat einer nicht mehr erhaltenden Wandmalerei. Das Bildfeld ist in drei Register geteilt, und zeigt im oberen Bereich die Halbfiguren Karls IV. im Profil und Blanches de Valois im Dreiviertelprofil. Die beiden halten jeweils beidhändig ein Kreuz, das sich zwischen ihnen befindet. Das mittlere Register zeigt eine nach rechts gerichtete Reihe kniender, teilweise gekrönter Figuren; im unteren Register ist die Reihe entsprechend nach links gewendet. Eine Folge von Wappenschilden mit Emblemen ist den beiden Personenreihen beigegeben. Neben dem Reichswappen sind auch die von Brabant, Luxemburg, Valois, Schweidnitz und Böhmen erkennbar.[344] In einer Schriftquelle des 16. Jh. wird schließlich von einem verloren gegangenen, genealogischen Zyklus im Audienzsaal der Burg von Tangermünde aus der Zeit um 1375 berichtet, der neben den Kurfürsten die přemyslidische Erblinie illustrierte.[345]

Interessanterweise finden sich nicht nur in der bildenden Kunst, sondern auch in zeitgenössischen Schriftzeugnissen Schilderungen über den Ursprung Karls IV. In Form spekulativer Ethymologien und fiktiver Genealogien schildert dies *Johannes von Marignola* in seiner 1355-1358 entstandenen *Chronica Bohemarum*.[346] „Marignola benutzte die „Herrschergenealogien", die den Ursprung vielleicht aller westeuropäischen Herrscher von den Karolingern ableitete, der einzigen strips regia,

---

[343] vgl. STEJSKAL, K., Wandzyklen, 1998, S. 36 mit Verweis auf PODLAHA, A., ŠITTLER, E., Chrámový poklad, 1903, Nr. XLIX, S. 64
[344] vgl. zu diesem Abschnitt STEJSKAL, K., Wandzyklen, 1998, v.a. S. 33ff u. Abb. 13
[345] zum Zyklus in Tangermünde vgl. DVOŘÁKOVÁ, V., MENCLOVÁ, D., Karlštejn, 1965, S. 248f., Anm. 56; vgl. PEŠINA, J., Podoba, 1955, S. 26f.; vgl. STEJSKAL, K., Wandzyklen, 1998, S. 38; vgl. WAMMETSBERGER, H., Individuum, 1967, S. 89; Die Beschreibung des Zyklus von vor 1564 ist publiziert bei ZAHN, W., Kaiser Karl IV. in Tangermünde, Tangermünde 1900, S. 32ff
[346] Johannes von Marignola, Chronica Bohemarum, in: EMLER, J., (Hg.), Fontes rerum Bohemicarum, Bd. 3, Prag 1878, S. 485-604

deren Mitglieder das Recht zu herrschen hatten, und die über die Merowinger und antiken Herrscher bis zu den Trojanern und weiter zu den heidnischen Göttern Jupiter und Saturn reichten (...). Was den anderen Teil Karls Stammbaum angeht, seine Vorfahren von der mütterlichen Seite, arbeitete der Chronist – außer der Aufzählung der Vorfahren Karls auf dem tschechischen Thron – lieber mit etymologischen Spekulationen (...). Ein so konstruierter Stammbaum entsprach wahrscheinlich den damaligen Ansprüchen und Zielen Karls IV. In Beziehung zum Reich betonte er die Verbindung mit den berühmtesten Häusern Westeuropas und damit auch Karls Berechtigung, der höchste Herrscher im Reich zu werden. (...) Der gleiche Geist spricht wahrscheinlich auch aus dem Herrscherstammbaum in Karls Palast auf der Prager Burg, wie auch aus dem auf Burg Karlstein (...)."[347]

Die Prager Triforiumsbüsten werden ikonographisch immer wieder mit dem Skulpturenprogramm der sog. Grande Vis du Louvre in Paris (um 1365) in Verbindung gebracht.[348] Der heute nicht mehr erhaltene Zyklus ist durch eine Beschreibung aus dem 17. Jh. tradiert. Demnach handelte es sich um eine Gruppe von zehn lebensgroßen Standfiguren an der Innen- und Außenseite des Treppenturmes des Pariser Königsschlosses. An der Außenseite befanden sich in der französische Karl V. und seine Gattin Jeanne de Bourbon an der Spitze, nach unten gefolgt von den Herzögen von Orléans, Anjou, Berry und Burgund. Mit Ausnahme des Herzogs von Orléans, einem Bruder Jean le Bons und Onkel Karls V., sind die Herzöge Brüder des französischen Königs. Die Familienaufstellung wurde ergänzt durch die Figuren zweier Wächter im Inneren, sowie denen Marias und Johannes des Täufers an der Spitze des Turmes. Wie in Prag bildet ein Herrscherpaar das Zentrum und den Ausgangspunkt des

---

[347] Bláhová, M., Zur Fälschung und Fiktion in der offiziellen Historiographie der Zeit Karls IV., in: Fälschungen im Mittelalter. Internationaler Kongreß der Monumenta Germaniae Historica, München 1986, Teil 1, Hannover 1988, S. 377-394, S. 385

[348] vgl. SCHMIDT, G., Peter Parler, 1970, S. 147 und SCHWARZ, M., Peter Parler, 1992, S. 62; zum Programm der Grande Vis du Louvre siehe v.a. RICHTER SHERMAN, C., Charles V., 1969, S. 58-60 und SCHWARZ, M., Höfische Skulptur, 1986, S. 122-126

Zyklus. Im Unterschied dazu ist der genealogisch-dynastische Aspekt weniger stark ausgeprägt. Von der aufsteigenden Linie ist nicht der Vater Karls V., sondern sein Onkel vertreten; ebenso fehlen Nachkommen des Königspaares. Eine religiöse Prägung erfährt der Zyklus durch die Figuren Marias und Johannes des Täufers - die Büsten Christi, Marias und der böhmischen Landespatrone im sog. oberen Triforium von St. Veit seien in diesem Zusammenhang als Pendant genannt. Der Hauptunterschied der beiden Zyklen liegt jedoch im Ort der Anbringung: in Prag im Inneren eines Kirchenraumes, in Paris im Kontext und als Teil eines profanen Gebäudes. Die trotz ihrer formalen Unterschiede zu konstatierende ikonographische Verwandtschaft der Zyklen wirft die Frage auf, inwiefern ein Austausch zwischen dem französischen und böhmischen Königshof ihren Inhalt und ihre Anordnung geprägt haben möge. Es sei daran erinnert, dass Karl IV. seine Kinderjahre von 1323-1330 am königlichen Hof in Frankreich verbracht hat. Karls französisch beeinflusste kulturelle Prägung spiegelt auch der Chronist Franz von Prag wider. Zum Jahr seiner Rückkehr nach Prag 1333 schreibt er: *et eciam propter hoc [Karolus] fuerat missus Franciam, ut ibi sapienciam et vitam habere disceret virtuosam et ordinatam...*[349] Kurz nach seiner Ankuft in Prag *...in castro Pragensi incepit mox ruinosa edificia regalia, que ante multos annos fuerant destructa, construere et reedificare...Et in brevi tempore domum regiam construxit numquam prius in hoc regno talem visam, ad instar domus regis Francie cum maximis sumptibus edificavit.*[350]

Das Figurenprogramm um Karl V. am sog. Beau Pilier der Kathedrale von Amiens entstand 1375-1380 im Auftrag des Kardinals Jeans de la Grange, und wurde bereits in Zusammenhang mit dem Votivbild des Jan Očko von Vlašim beschrieben. SCHMIDT[351] sieht diesbezüglich in der Integration geistlicher Würdenträger eine Verbindung zum Prager Büstenzyklus. Ganz ungeachtet der Frage nach ikono-

---
[349] *Franz von Prag*, in: FRB 4, S. 413
[350] *Franz von Prag*, in: FRB 4, S. 413
[351] vgl. SCHMIDT, G., Peter Parler, 1970, S. 147

graphischen Vorbildern war das Thema des Herrscherbildes bzw. Herrscherpaarbildes in Kontext eines Bildniszyklus offensichtlich in der zweiten Hälfte des 14. Jh. aktuell. Bei der Frage nach der Entwicklung des Porträts im 14. Jh. wurde das Bildnis Rudolf IV. in Wien angeführt. In dieser Zeit entstanden auch die ganzfigurigen Herrscherfiguren samt Wappenträger an St. Stefan in Wien.[352] HAUSSHERR[353] nennt sie eine Parallele der Figuren an der Vis du Louvre.

5.3.5 Politischer und kirchenpolitischer Aspekt

Der Büstenzyklus beinhaltet nicht nur eine Genealogie oder Ahnenreihe, sondern verbildlicht auch die politischen und kirchenpolitischen Erfolge Karls IV.
Die Loslösung vom Erzbistum Mainz, die Erhebung Prags zum Erzbistum im Jahre 1344 waren die Grundlagen für den Bau des St. Veitsdoms. In diesem Zusammenhang kann die Anwesenheit Johanns von Böhmen nicht nur aus genealogischer Sicht erklärt werden. HAUSSHERR macht darauf aufmerksam, dass der böhmische König die wirtschaftliche Voraussetzung und den finanziellen Grundstock für den Bau des Domes lieferte, in Form einer großzügigen Stiftung vom 23. Oktober 1341.[354] Der Entschluss für einen Kirchenneubau stand offensichtlich schon länger fest, wurde jedoch erst 1344 anlässlich der Erhebung Prags zum Erzbistum in die Tat umgesetzt. In den Monaten März und April 1344 hielten sich König Johann von Böhmen und sein Sohn Karl am päpstlichen Hof in Avignon auf. Seit 1342 war dort Roger de Fécamp, einst Lehrer und Erzieher Karls IV. am französischen Königshof, als Clemens VI. Papst.[355] Dies mag auch der Grund dafür gewesen sein, weshalb Karl und nicht sein Vater Johann die Verhandlungen über die Erhebung des Prager

---

[352] zu den Skulpturen von St. Stefan in Wien vgl. etwa KOSEGARTEN, A., Plastik am Wiener Stephansdom unter Rudolf dem Stifter, Diss. masch., Freiburg i.Br. 1960 und Vídeňská gotika. Sochy, sklomalby a architektonická plastika z dómu Sv. Štěpána ve Vídni. Ausstellungskatalog, Prag 1991/92 (Wiener Gotik. Skulptur, Glasmalerei und Bauplastik vom Wiener Stephansdom)
[353] vgl. HAUSSHERR, R., Auftrag, 1971, S. 29
[354] vgl. HAUSSHERR, R., Auftrag, 1971, S. 22 und Anm. 7
[355] vgl. HAUSSHERR, R., Auftrag, 1971, S. 23

Bistums führte, über die der Chronist Franz von Prag berichtet: *Nam illustris princeps dominus Karulus, (marchio) Morauie, cupiens ecclesie Pragensi exempcionem honorisque augmentacionem, obtinuit a domino apostolico, ut in eadem esset sedes metropolitana et inmediate ad curiam pertineret Romam. Nam pridem subiecta extiterat archiepiscopo Maguntino...*[356] Die führende Rolle Karls in diesem Zusammenhang wird auch in der Inschrift über der Büste des Kaisers gewürdigt. Dort heißt es: *Karolus IIII Imp[er]ator ro[ma]noru[m] et boemie rex h [ic](?) f[u]ndavit nova[m] p[ra]gen[sem] eccl[esi]a[m] ... [e]t impet[ra]vit a sede ap[ostoli]ca eccl[esi]am p[ra]gen[sem] e[r]igi i[n] met[ro]politana[m]...*

Zum Aufbau und Wachsen der Kathedrale haben neben den Erzbischöfen, auch die Kanoniker und Baurektoren, sowie natürlich die Baumeister beigetragen. Auf gleicher Bedeutungsebene wie den genealogischen Teil des Zyklus bezeichnet SCHWARZ diesen Abschnitt mit „(...) einer monumental verbildlichten Geschichte des Bauwerks (...)".[357] Darüber hinaus sei die politische Funktion der Prager Erzbischöfe, die stets in engem Kontakt mit dem böhmischen König standen, nur angedeutet und auf die Arbeit von HLEDÍKOVÁ verwiesen.[358]

Die Errichtung einer Prager Erzdiözese stellt nicht nur den größten kirchen-politischen Erfolg Karls IV. überhaupt dar[359], sondern markiert gleichsam einen Endpunkt und die Erfüllung (kirchen-) politischer Ziele der Přemyslidenfürsten. Wie FRIND anmerkt, wurden bereits unter Herzog Břetislav I. (1034-1055), mehr noch bei Otokar I. (1197-1230), der 1198 zum ersten böhmischen König gekrönt worden war, Pläne zur Errichtung eines selbstständigen, von Mainz unabhängigen Kirchen-

---

[356] *Franz von Prag*, in: FRB 4, S. 437
[357] vgl. SCHWARZ, M., Peter Parler, 1992, S. 57f.
[358] vgl. HLEDÍKOVÁ, Z., Kirche und König zur Zeit der Luxemburger, in: Seibt, F. (Hg.), Bohemia sacra. Das Christentum in Böhmen 973-1973, Düsseldorf 1974, S. 307-314, v.a. S. 310
[359] vgl. MACHILEK, F., Privatfrömmigkeit, 1978, S. 89

gebietes in Prag verfolgt.[360] Die Verbindung von Büstenzyklus und Přemyslidentumben würde sich somit auch unter kirchenpolitischen Aspekt plausibel.

Die zentrale Position der Büste Karls IV. bringt natürlich auch seinen politischen Aufstieg zum Ausdruck. Seine nicht hindernisfreie staatsmännische Karriere gipfelte in den beiden Krönungen zum römischen König 1346 und 1349 in Bonn und Aachen, sowie seiner Kaiserkrönung im Jahre 1355 in Rom.[361] Wie bei der Analyse des genealogischen Teils des Zyklus schon bemerkt, erscheint als einziger Nachkomme des Kaisers sein erstgeborener Sohn Wenzel. Ein Zitat SPĚVÁČEKS zu ideologischen Grundlagen der Herrschaft Karls IV. erklärt meiner Ansicht nach auch treffend den politisierenden Charakter des Büstenzyklus. Er schreibt: "Eng verbunden mit dem Prinzip des Bohemozentrismus und Universalismus war auch eine weitere Säule der Konzeption Karls bezüglich des böhmischen Staates und des Römischen Reiches, und zwar das Prinzip der Vereinigung des römischen und böhmischen Thrones in der Person des böhmischen Königs. Der Inhaber des böhmischen Thrones wurde also zum voraussichtlichen Träger der römischen Krone. Dies war schon in den politischen Bestrebungen der přemyslidischen Könige ausgedrückt, besonders bei Přemysl Otokar II. In den Vorstellungen Karls IV., die er in der Einleitung zu seiner Autobiographie aussprach und in der Praxis, nämlich in seinem Bestreben, seinen Sohn Wenzel IV. noch zu Lebzeiten des Kaisers zum römischen König wählen zu lassen, kam zum Ausdruck, daß beide Throne in der

---

[360] vgl. FRIND, A., Die Kirchengeschichte Böhmens im Allgemeinen und in ihrer besonderen Beziehung auf die jetzige Leitmeritzer Diöcese in der Zeit des erblichen Königthums bis zum Tode Carl's I. (IV.) (Die goldene Zeit der Kirche Böhmens), Prag 1866, S. 7ff; vgl. auch HLEDÍKOVÁ, Z., Kirche, 1974, S. 308 u. Anm. 12; einen Überblick über politische und kirchliche Verflechtungen zu Zeit der Přemysliden liefert BOSL, K., Herzog, König und Bischof im 10. Jahrhundert, in: Seibt, F. (Hg.) Bohemia sacra. Das Christentum in Böhmen 973-1973, Düsseldorf 1974, S. 269-306

[361] Die komplexen politischen Verflechtungen und Machtkämpfe in Mitteleuropa um das Jahr 1350 finden sich zusammenfassend beschrieben bei SPĚVÁČEK, J., Epoche, 1978, v.a. S. 586ff mit weiterführender Literatur.

Hand einer Person, des böhmischen Königs vereint werden sollten."[362] Was hier zu den Staatsprinzipien geäußert wurde und auf die politisch-dynastischen Inhalte des Prager Büstenzyklus übertragen wurde, kann ohne Abstriche natürlich auch auf das Programm des Altstädter Brückenturmes übertragen werden und findet dort in repräsentativerem Rahmen Ausdruck. Das Thema einer doppelten Regentschaft ist in St. Veit und am Altstädter Brückenturm verbildlicht. Eine „gleichberechtigte Doppelregierung"[363] fand in der Praxis bereits ab 1333 statt, mit Karl als mährischer Markgraf und Johann von Böhmen als böhmischer König. Inwiefern diese Entwicklung Einfluss auf die Ikonographie hatte, muss offen bleiben.

5.3.6 Memorialer und sepulkraler Aspekt

Es wurde bereits darauf hingewiesen, dass ein nicht unerheblicher Teil der in Reliefform dargestellten im Zeitraum der Entstehung des Zyklus bereits nicht mehr am Leben war – die ersten drei Gemahlinnen Karls IV. seien hierbei nur als Beispiel angeführt. Über genealogisierende Inhalte hinaus wird ein sepulkrale Charakter des Zyklus durch die Tatsache bestärkt, dass der Chor von St. Veit auch als Grablege diente. Dass Karl IV. die Přemyslidenfürsten umbetten und die Tumben anfertigen ließ, wurde bereits in Zusammenhang mit kirchenpolitischen Inhalten erwähnt. Anna von der Pfalz, Anna von Schweidnitz und Blanche de Valois waren in der Gruft im Binnenchor des Veitsdoms, unter dem Kenotaph Karls IV. beigesetzt, wo auch das Kaiserpaar selbst seine letzte Ruhe finden sollte.[364] Mathias von Arras wie auch Peter

---

[362] SPĚVÁČEK, J., Epoche, 1978, S. 595
[363] vgl. SPĚVÁČEK, J., Der Machtaufschwung der Luxemburger in Mitteleuropa, in: Legner, A. (Hg.), Kunst der Gotik aus Böhmen präsentiert von der Nationalgalerie Prag. Ausstellungskatalog, Köln 1985, S. 19-35, S. 26
[364] vgl. SCHWARZ, M., Peter Parler, 1992 S. 58; Der Kenotaph war spätestens seit 1541 zerstört. Eine Beschreibung von um 1450 ist von *Thomas Ebendorfer* erhalten. (vgl. dazu HERTLEIN, E., In Frederici imperatoris incoluminate salus imperii consistit. Antike und mittelalterliche Herrscher-Auffassungen am Grabmal Friedrichs III. in Wien, in: Jahrbuch der Kunsthistorischen Sammlungen in Wien 81, 1985, S. 33-103, S. 38 u. Anm. 10)

IKONOGRAPHIE DER BILDNISSE KAISER KARLS IV.

Parler erhielten ihre Grablege im Chorumgang vor der Sakristei, die Grabtumba Jan Očkos von Vlašim ist an der Westseite der südwestlichen Radialkapelle des Chors anzutreffen (Kat. Nr. 8.38). Die Grablege der Baurektoren vermutet SCHWARZ zwar nicht in der Kirche selbst, jedoch in unmittelbarer Kirchennähe.[365] Der Chor von St. Veit diente für bedeutende Personen als Grabstätte, für andere wiederum nicht. So ist der Bruder Karls IV. nicht in Prag, sondern in Brno (Brünn) begraben. König Johann fand in Luxemburg, Elisabeth von Böhmen in Königsaal bei Prag ihre letzte Ruhe.[366] Es ist wiederum nicht befriedigend, den Büstenzyklus alleine aus memorialsepulkraler Sicht zu erklären. Zum einen besteht kein unmittelbarer Zusammenhang zwischen Grabstätte und Büste einer Person in St. Veit, zum anderen ist der Triforiumsumgang alles andere als geeignet, als öffentlicher Ort des Totengedenkens zu fungieren. Er bietet weder ausreichend Raum für Prozessionen, noch sind die Büsten vom Kirchenschiff aus wirklich erkenn- und identifizierbar. Die realen Grabstätten mit den Tumben und Grabplatten waren hierzu wesentlich besser geeignet.

Es ist anzunehmen, dass ein ideeller Bezug zum sog. oberen Triforium bestand. Die Büsten Christi und Mariae befinden sich kaum zufällig an derselben Stelle im Chorpolygon, wie die Karls IV. und seiner Gemahlin. Außer den beiden Slawenaposteln St. Cyrill und St. Method sind dieselben Heiligen anzutreffen, die auf dem Mosaik an der Südfassade des Domes als Fürbitter des Jüngsten Gerichts[367] fungieren. Als eschatologische Fürbitter sind vielleicht auch die Büsten der Heiligen im oberen Triforium zu verstehen, der Zyklus selbst als Abbreviatur oder Zitat des Weltgerichtes allgemein und im Besonderen von der Südfassade von St. Veit.

---

[365] vgl. SCHWARZ, M., Peter Parler, 1992, S. 59f
[366] vgl. SCHWARZ, M., Peter Parler, 1992, S. 60
[367] vgl. HAUSSHERR, R., Auftrag, 1971, S. 25

6. Ikonographie der Kryptoporträts

6.1 Begriff und Überblick

Das was hier mit dem Begriff Kryptoporträt überschrieben wird, nämlich den Darstellungen von Heiligen oder von Figuren in religiösen Darstellungen bzw. von mythologischen und allegorischen Figuren, Gesichtszüge lebender Personen zu verleihen, wird in der Literatur unterschiedlich definiert und bezeichnet. Einen ausführlichen Überblick über die Forschungslage zum Kryptoporträt bietet POLLEROSS.[368] Pragmatisch bezeichnet dieser auch „Kryptoporträt", „Identifikationsporträt", „verstecktes" oder „verkleidetes Porträt", „Inkognitoporträt", oder „Portrait historié" als gleichbedeutende Begriffe für ein und dasselbe Phänomen.[369]

In diesem Zusammenhang stellen Herrscherbildnisse die Figur des Herrschers nicht primär als repräsentativen, mit Ornat und Attributen versehenen Amtsinhaber zu Schau, sondern bringen sie mit Hilfe des Porträtrealismus in andere ikonographische narrative und nicht narrative Zusammenhänge. Auf die Schwierigkeit Porträtähnlichkeit überhaupt und insbesondere bei mittelalterlichen Herrscherbildnissen zu konstatieren, wurde an anderer Stelle bereits hingewiesen. Bei kryptoporträtierten Herrscherfiguren fällt ihre personale Identifikation um so bedeutender aus, je intensiver man anhand der ikonographischen Trägerfiguren Rückschlüsse auf persönliche und/oder politische Ideologien gewinnen will. „Diese Sonderform des Bildnisses (...) beruht auf einer Verbindung zweier Realitätssphären: einer vergangenen bzw. sakralen oder mythologischen und einer gegenwärtigen bzw. realen. In den meisten Fällen handelt es sich um eine bewußte Identifikation des Porträtierten mit seiner Rolle mittels der Typologie, wobei eine Tugend-, Standes-,

---
[368] vgl. POLLEROSS, F., Identifikationsporträt, 1988, S. 1-9; ergänzend sei auf einen weiteren Aufsatz hingewiesen: POLLEROSS, F., Anfänge, 1993, S. 17-36
[369] vgl. POLLEROSS, F., Anfänge, 1993, S. 17

Namens- oder Ereignisanalogie das Tertium comparationis bildete."[370] Es stellt sich die Frage nach dem Sinn und Zweck von Kryptoporträts. Bedingte das Interesse des Kaiser an kryptographen Darstellungen überhaupt das Aufkommen individualisierender, physiognomische Charakteristika wiedergebender Bildnisse?[371] Wurden physiognomische Merkmale eines Herrschers vom Künstler gleichsam als Suchspiel in einem Bild eingearbeitet? Hatte der Herrscher selbst oder ein anderer Auftraggeber dies veranlasst? Existieren Quellen zur aktiven oder passiven Identifikation eines Herrschers mit der ikonographischen Trägerfigur? Lassen sich Aussagen zu persönlichen und/oder politischen Ideologien anhand der Bildnisse treffen?

Im Kontext von Herrscherbildnissen fungierten Kryptoporträts in unterschiedlicher Weise: Gleichsam als verbildlichte Herrschaftslegitimation konnte ihr sakraler Charakter durch die Identifikation mit Christus bzw. der Heiligen Familie betont werden. Zur Hervorhebung des Gottesgnadentums bot sich ein Magier in einer Epiphanie-Szene an. Nicht zuletzt konnte der Herrscher die Rolle eines Landespatrons oder eines (heiligen) Amtsvorgängers einnehmen. Durch biblische bzw. historische Exempelgestalten konnten Tugendanalogien hergestellt werden.[372]

LADNER weist auf die Existenz spätantiker Kryptoporträts hin, die sich auf römischen Sarkophagen des 2. und 3. Jh. nach Christus befanden. In Byzanz sei eine Kontinuität der antiken Kryptoporträts zu beobachten, bei der insbesondere bei Herrscherdarstellungen einerseits auf alttestamentarische Gestalten, andererseits auf frühchristliche Herrscher zurückgegriffen wurde.[373] In Westeuropa scheint die Tradition vom frühen Mittelalter bis ins 13. Jh. unterbrochen. Als frühestes Beispiel

---

[370] POLLEROSS, F., Anfänge, 1993, S. 17
[371] vgl. SUCKALE, R., Porträts, 2003, S. 193
[372] vgl. dazu auch POLLEROSS, F., Identifikationsporträt, 1988, S. 26ff und POLLEROSS, F., Anfänge, 1993, S. 17ff
[373] LADNER, G., Kryptoporträts, 1983, S. 80f. mit Verweis auf SICHTERMAN, G., KOCH, G., Griechische Mythen auf römischen Sarkophagen, Tübingen 1975

dieses Porträttypus betrachtet man die Figur Friedrichs I., der als Karl der Große am Karlsschrein in Aachen (um 1200-1215, Aachen, Domschatz) erscheint.[374] Als Vergleich in Hinblick auf physiognomische Parallelen wird die Büste Barbarossas in Cappenberg (um 1160/70, Cappenberg, Stiftskirche) herangezogen. Philipp II., der Kühne von Frankreich (1245-1285), erscheine als einer der drei Magier bei der Anbetung im Relief der Chorschranken von Notre-Dame in Paris (letztes Drittel 13. Jh.)[375] Man vergleiche dazu sein Grabmal in der ehemaligen Abteikirche Saint-Denis (um 1300).

LADNER behandelt in seinem dritten Band zu den Papstbildnissen des Altertums und des Mittelalters mit eigenem Kapitel die Kryptoporträts Papst Bonifaz VIII.[376] An der Vorderseite des Wandschränkchens oder Sakramentshäuschen von San Clemente in Rom befindet sich eine spitzbogige Öffnung, die mit zwei Türflügeln verschlossen wird. Dahinter werden die geweihten Hostien aufbewahrt. Das tympanonähnliche Bildfeld darüber trägt ein Relief vor ornamentalem Hintergrund. In der Mittelachse steht Maria mit dem Christuskind auf ihrem linken Arm, begleitet von den Figuren Jakobus des Älteren zu ihrer Linken und denen Klemens I. (Clemens Romanus) sowie Kardinals Jacobus Caetani Tommasini zu ihrer Rechten. In der Figur des Clemens Romanus sieht LADNER das kryptoporträtierte Bildnis Papst Bonifaz VIII.[377] Ein Vergleich wird vor allem mit der Statue des Papstes auf seinem Grabmal in S. Giovanni in Laterano[378] gezogen und diesbezüglich auf seine ovale, bartlose Gesichtskontur hingewiesen. In der Tat lassen sich bei der Betrachtung verschiedener

---

[374] so bei LADNER, G., Kryptoporträts, 1983, S. 83; MÜLLEJANS, H., Karl der Große und sein Schrein in Aachen, Mönchengladbach 1988, S. 128; POLLEROSS, F., Identifikationsporträt, 1988, S. 252; POLLEROSS, F., Anfänge, 1993, S. 21f. mit Verweis auf GRIMME, E., Der Aachener Domschatz, Aachen 1972 (= Aachener Kunstblätter 42), S. 175 und APPHUHN, H., Beobachtungen und Versuche zum Bildnis Kaiser Friedrichs I. Barbarossa in Cappenberg, in: Aachener Kunstblätter, 1973, S. 129ff ; REINLE, A., Bildnis, 1984, S. 144
[375] vgl. POLLEROSS, F., Anfänge, 1993, S. 17
[376] vgl. LADNER, G., Papstbildnisse, Bd. III, 1984, S. 141-148
[377] vgl. LADNER, G., Papstbildnisse, Bd. III, 1984, v.a. S. 143ff, Fig. 87 u. Fig. 88 mit Verweis auf BOYLE, L., An Ambry of 1299 at San Clemente, Rome, in: Mediaeval Studies, 26, 1964, S. 329ff
[378] siehe dazu LADNER, G., Papstbildnisse, 1970, S. 302ff

Bildnisse Bonifaz VIII. Gemeinsamkeiten in ihrer Physiognomie feststellen: ein kleiner Mund mit dünnen Lippen, eine relativ kurze, gerade Nase, die Tendenz zu einer Lidfalte an der Außenseite der Augenpartie. Die angedeutete Lidfalte, ebenso wie die relativ kurze Nase sind mit Ausnahme der Grabplastik von S. Giovanni in Laterano, bei der Bonifaz die Augen geschlossen hat, bei mehreren Statuen zu finden: Statue im Museo Civico, Bologna, Büste im Vatikanischen Palast, Devotionsfigur in der Cappella del Crocefisso in S. Giovanni in Laterano. Die schmalen Lippen sind in der Statue im Museo Civico in Bologna sowie im Grabmal in San Giovanni in Laterano besonders deutlich ausgeprägt. Weitere Kryptoporträts des Papstes vermutet LADNER in den Fresken mit der Legende des Hl. Franziskus in der Oberkirche von S. Franceso in Assisi (um 1300); und zwar in den Figuren der Päpste Innozenz III., Honorius III. und Gregors IX.[379] Zur Diskussion steht auch die eine Tiara tragende Figur gegenüber Kaiser Justinians I. in einem Wandgemälde in der Cappella di Spagna in S. Maria Novella in Florenz.[380]

6.2 Kryptoporträts Karls IV.: Ikonographische Typen

6.2.1 Karl IV. als Elias

6.2.1.1 Prag, Emmauskloster, Kreuzgang *(Kat. Nr. 11)*

Der Kreuzgang des Emmausklosters in Prag befindet sich an der Südseite der Kirche. Seine Außenwände sind mit Wandmalereien versehen. Als Terminus ante quem für die Ausstattung gilt das Jahr der Klosterweihe 1372.[381] Die alt- und neu-

---

[379] vgl. LADNER, G., Kryptoporträts, 1983, S. 88 und LADNER, G., Papstbildnisse, Bd. III., 1984, S. 141ff; vgl. auch POLLEROSS, F., Identifikationsporträt, 1988, S. 293; POLLEROSS, F., Anfänge, 1993, S. 19
[380] vgl. LADNER, G., Papstbildnisse, Bd. III, 1984 , S. 143ff
[381] vgl. *Beneš*, in: FRB 4, S. 545
Eine Datierungen in die Zeit um 1360 findet sich u.a. bei: DVOŘÁKOVÁ, V., u.a., Gothic mural painting in Bohemia and Moravia 1300-1378, London 1964; DVOŘÁKOVÁ, V., MENCLOVÁ, D.,

testamentlichen Szenen sind größtenteils typologisch angeordnet, wobei meistens pro Joch eine Szene aus dem NT zwei Szenen aus dem AT bzw. zwei Szenen aus dem NT vier Szenen aus dem AT gegenübergestellt werden.[382]

Das zweite Joch des Nordflügels ist zweigeteilt. Auf der linken Seite findet sich im oberen Register die neutestamentliche Szene, die beiden entsprechenden Präfigurierungen aus dem Alten Testament im unteren Register. Die Inschriften auf einem horizontal verlaufenden Band weisen auf die Bildinhalte hin:

> Karlštejn, 1965; DVOŘÁKOVÁ, V., Karlštejnské schodištní cykly. K otázce jejich vzniku a slohového zařazení, in: Umění 9, 1961, S. 109-169 (Les cycles des légendes tchèques peints sur les parois de l'éscalier du dinjon du château fort de Karlštejn, franz. Zf. S. 169-171); FRIEDL, A., Magister Theodoricus, 1956; KROFTA, J., K problematice karlštejnských maleb, in: Umění 6, 1958, S. 2-30 (Zur Problematik der Karlsteiner Malereien); KROFTA, J., O dátování nástěnných maleb v křížové chodbě emauzského kláštera v Praze, in: Památky Archaeologicke. Skupina historická 42, 1939-46, S. 94-101 (Sur la date des fresques dans le cloitre du convent d'Emauzy à Prague, franz. Zf. S. 151); MATĚJČEK, A., Malířství, in: Wirth, Z. (Hg.), Dějepis výtvaného umění v Čechách, I. Díl, Středověk, Praha 1931, S. 239ff; PAVELKA, J., Karlštejnské malby, in: Cestami umění. Sbornik prací k počtě šedesátých narozenin Antonína Matějčka, Praha 1949, S. 128-137 (Karlsteiner Malereien); POCHE, E., KROFTA, J., Na Slovanech. Stavební a umělecký vývoj pražského kláštera, Praha 1956 (Na Slovanech. Bauliche und künstlerische Entwicklung des Prager Klosters); SCHMIDT, G., Malerei, 1969, S. 184ff; STOCKHAUSEN, H.A., Entwurf, 1938/1939, S. 579ff und auch bei STEJSKAL, K., Das Slawenkloster, Prag 1974; STEJSKAL, K., Die Wandmalerei, in: Parlerkatalog, Bd. 2, 1978, S. 718-721; STEJSKAL, K., Emmaus, 1971, S. 11ff; STEJSKAL, K., Klášter Na Slovanech, Pražská katedrála a dvorská malba doby Karlovy, in: Dějiny českého výtvarného umění I/1, Praha 1984, S. 328-335 (Das Kloster Na Slovanech, die Prager Kathedrale und die Hofmalerei zur Zeit Karls) ; STEJSKAL, K., Kultur, 1978, Kap. 7 und Kap. 9; STEJSKAL, K., O malířích, 1967, S. 1ff
> Im Unterschied zu seinen anderen Publikationen zweifelt STEJSKAL neuerdings die Datierung um 1360 an. (vgl. Stejskal, K., Wandzyklen, 1998)
> Für den Entstehungszeitraum der Wandmalereien sind in der kunsthistorischen Literatur stilistische und kompositionelle Vergleiche aus der Buchmalerei herangezogen worden. Vor allem das Antiphonar von Vyšehrad (Vorau, Bibliothek des Augustiner-Chorherrenstifts, cod. 259, 4 vol.) findet sich in dieser Hinsicht in der Wandmalerei zitiert. (Der sog. zweite Meister des Vyšehrader Antiphonars war ebenfalls bei den folgenden Handschriften tätig: Fragment einer lateinischen Bibel (Wien, Österreichische Nationalbibliothek, Cod. Ser.n. 4229); Bibel (Praha, knihovna metropolitní kapituly u sv. Víta, Sign. A2, A3); Bibel Wenzels Ganois (Budapest, Széchenyi-Bibliothek, Cod. lat. 78)). Bereits KROFTA und STOCKHAUSEN haben eine stilistische und kompositionelle Verwandtschaft des zweiten Illuminators des Antiphonars mit den Wandmalereien im Kreuzgang des Klosters Na Slovanech in Prag festgestellt. (vgl. KROFTA, J., K datování, 1939-46, S. 98f.; vgl. STOCKHAUSEN, H.A., Entwurf, 1938/1939, S. 586) Exemplarisch seien folgende Szenen gegenüber gestellt: Aufnahme des reuigen Schächers ins Paradies (Emmaus, Joch IV.) – Moses führt das Volk Israel aus Ägypten (Prag, A2, fol. 23v); thronende und gekrönte Judith (Emmaus, Joch V und Vorau, cod. 259, vol. 4, fol. 22v); hl. Josef in der Anbetung der Magier (Emmaus, Joch IX) – sitzender Prophet (Vorau, cod. 259, vol. 2, fol. 42v).

Rebeca potat servu[m] abrahe Samaritana christu[s]   *mulier vidua helias*

Das Bild im oberen Register zeigt Christus und die Samariterin am Brunnen. Der Brunnen in Form einer Zisterne befindet sich in der Bildmittelachse. Links davon steht Christus, er ist leicht nach vorne geneigt und hat beide Arme von sich gestreckt. Begleitet wird er von zwei nimbierten Apostelfiguren. Auf der rechten Seite steht die Samariterin. Im unteren Register wird auf der linken Seite illustriert, wie Rebecca dem Knecht Abrahams Wasser reicht (Gen 24, 11-20). Ein Brunnen mit Dach befindet sich in der rechten Bildhälfte. Hinter dem Brunnen steht Rebecca mit vier Begleiterinnen. Von links reiten drei Kamele heran, auf einem davon sitzt der Knecht. Er hält einen Krug in der Hand.

Eine rote Säule trennt diese Szene von der, in der Elias Wasser von der Witwe von Sarepta erhält. In der Vulgata heisst es dazu: *factus est igitur sermo Domini ad eum [Heliam] surge et vade in Sareptha Sidoniorum et manebis ibi praecepi enim ibi mulieri viduae ut pascat te surrexit et abiit Sareptham cumque venisset ad portam civitatis apparuit ei mulier vidua colligens ligna et vocavit eam dixitque da mihi paululum aquae in vase ur bibam* (1 (3) Könige 17, 8ff)

Die Witwe im Dreiviertelprofil steht in der linken Bildhälfte vor bzw. in einem torählichen Gebäude. Elias schreitet im Profil von rechts heran. Mit seiner rechten

---

Übereinstimmungen mit den Handschriften des zweiten Illuminators des Vyšehrader Antiphonars finden sich ebenfalls in der Marienkapelle der Burg Karlstein. Das Sonnenweib ist zitiert in der Figur der Maria zwischen Heiligen auf fol. 175r. Das Antiphonar wurde seit BUBERL (BUBERL, P., Die illuminierten Handschriften in der Steiermark, Leipzig 1911) als Geschenk des Mindener Bischofs und Berater Karls IV. Dietrich Kugelweit von Portitz an das Vyšehrader Kapitel angesehen. Der Bischof war von 1360 bis 1362 Probst des Kaisers. Die Handschrift wurde demnach in die Jahre 1360/61 datiert. Entsprechend der Handschrift aus Vorau wurde der Emmauser Bilderzyklus ebenfalls in die Jahre 1360/61 datiert. In ihrer Dissertation schließt HENSLE-WLSAK aus heraldischen Gründen die bisher angeführte Urheberschaft der Handschrift faktisch aus; fraglich wird demnach nicht nur die Datierung der Handschrift sondern auch die des Emmauser Zyklus. (vgl. HENSLE-WLSAK, H., Bilderschmuck, 1988; vgl. auch STEJSKAL, K., Wandzyklen, 1998)

[382] Einen Überblick über den Zyklus liefert NEUWIRTH, J., Wandgemälde im Kreuzgange, 1898

Hand nimmt er das Wassergefäß in Empfang, das die Witwe ihm beidhändig überreicht.

Stellt man die Figur des Elias vor allem den Karlsteiner Bildnissen Karls IV. gegenüber, so finden sich in Bezug auf die physiognomischen Eigenschaften der Figuren viele Übereinstimmungen. Wie an anderer Stelle bereits ausgeführt trägt Elias die Gesichtszüge des Kaisers, er selbst tritt als Elias in Erscheinung. Ob und inwiefern Karl selbst bzw. Mitglieder des Hofes Einfluss auf das Kryptoporträt genommen haben oder ob das Bildnis alleine dem Künstler zuzuschreiben ist, kann heute nicht mehr mit Sicherheit beantwortet werden.

Typologisch bilden Elias und Jesus ein Paar. Im Neuen Testament finden sich entsprechende Hinweise bei Mt 16,14 und 17,10, bei Mk 6,15 und 9,11 und bei Lk 9,19. Dass Elias im Mittelalter als *bonum exemplum*, als vorbildhafte Figur betrachtet wurde, die ihrerseits zur Nachahmung auffordert, hat WITTE zusammengefasst.[383] Walafried Strabo schreibt über Elias bereits in der ersten Hälfte des 9. Jh.: *Nostrum Eliam sequitur et ministrat ei, qui vestigia ejus sequens, hoc est mandata illius observans, ministerium et honore condigne satagit exhibere.*[384] Als Exempelgestalt tritt der Prophet auch in der Literatur des 13. Jh. in Erscheinung.[385] Das ‚Väterbuch'[386], die älteste deutschsprachige Legenden- und Exempelsammlung aus dem Ende des 13. Jh. hebt die Reinheit und Tugendhaftigkeit Elias hervor: *Ein reiner alde vater was / Genennt Helyas / Mit tugenden gezierte wol; / Sin herze was genaden vol.*[387] Hugo von Trimberg bezeichnet um 1300 im ‚Renner'[388] Elias und

---

[383] WITTE, M.M., Elias und Henoch als Exempel, typologische Figuren und apokalyptische Zeugen. Zur Verbindung von Literatur und Theologie im Mittelalter, Frankfurt a.M. 1987, v.a.S. 57ff
[384] Walafried Strabo, I Glossa Ordinaria, PL 113, Lib III Reg, Cap. 19 V. 21, „secutus", zitiert nach WITTE, M.M., Elias, 1987, S. 76
[385] nachfolgend vgl. dazu WITTE, M.M., Elias, 1987; vor allem S. 57ff
[386] vgl. dazu KUNZE, K., "Väterbuch", in: LexMA, Bd. 8, 1997, Sp. 1429
[387] Verse 19461-19464; Reissenberger, K. (Hg.), Väterbuch aus der Leipziger, Hildesheimer und Straßburger Handschrift, Berlin 1914, S. 284f., zitiert nach WITTE, M.M., Elias, 1987, S. 59
[388] vgl. SCHMIDTKE, D., "H. v. Trimberg", in: LexMA, Bd. 5, Sp. 178f.

andere alttestamentarische Figuren als Menschen ohne Falschheit: *Ist daz ich es gesprechen tar / sô waren die alten alle gar / âne gallen, die sô manic jâr / Lebten (daz wir wol vürwâr / wizzen) als Matusalam, / Enoch, Helyas und Adam.*[389]

Man kann davon ausgehen, dass die Exempelqualitäten des Elias auch am Prager Hof geläufig waren. Im literarischen Werk des böhmischen Lexikografen Bartholomäus Klaret (eigentlich Bartholomäus aus Chlumec nad Cidlinou, gest. 1374) findet sich an eine Analogie von Karl IV. mit Elianus: *Karlous...rex, caesar...Elianus.*[390] In seiner Predigt nach dem Tode Karls IV. zitiert Erzbischof Jan Očko von Vlašim aus dem zweiten Buch der Könige. Im Zusammenhang mit der Entrückung des Elias im zweiten Kapitel vergleicht er dabei an mehreren Stellen Kaiser Karl IV. mit Elias, seinen Sohn Wenzel IV. mit Elias' Nachfolger Elisäus: *Nam cum Helias (...) dixit ad Heliseum: Postula, quid vis, ut faciam tibi, antequam tollar a te, id est, serenissimus quondam dominus noster imperator, dixit ad filium suum: dixitque (...) Heliseus, id est serenissimus Romanorum rex, filius suus: Obsecro, ut fiat duplex spiritus in me. Qui respondit: rem difficilem postulasti attamen si me videris, quando tollar a te, id est, si feceris opera mea (...) et bene feceris, subsequenter erit, quod petisti; si autem nos videris me, id est, non feceris secundum opera mea, non erit. Cumque pergerent et incedentes sermocinarentur, ecce currus igneus et equi ignei diviserunt utrumque et ascendit Helias per turbinem in celum, id est pater eius, serenissimus dominusnoster imperator sepius nominatus; Heliseus, id est serenissimus (dominus) rex noster Wenceslaus, videbat et clamabat: Pater mi, pater mi, currus (Israhel) et auriga eius, et non vidit eum amlius, id est quia mortuus fuit, apprehenditque vestimenta sua et scidit ea in duas partes. (...)*[391]

---

[389] Verse 19357-19362; Hugo von Trimberg, Der Renner, 3. Bd., zitiert nach WITTE, M.M., Elias, 1987, S. 60, Anm. 19
[390] zitiert nach FLAJŠHANS, V., Klaret a jeho družina, Bd. 1, Praha 1926 (Klaret und sein Gefolge), S. 194
[391] FRB 3, S. 430

Ob und inwiefern die oben genannte Eigenschaften bei der Gleichsetzung Karls IV. mit Elias für Jan Očko von Bedeutung waren, muss offen bleiben.

Neben der Präsentation der positiven Eigenschaften des Elias fungierte das darin versteckte Kaiserbildnis vermutlich auch als Stifterbildnis. Die Rolle Karls IV. als Initiator und Gründer des Klosters Na Slovanech wird aus verschiedenen Quellen deutlich.[392] Die Baumaßnahmen auf dem Klostergelände begannen bereits im Jahre 1347.[393] Über die Grundsteinlegung des Klosters ein Jahr später durch den Kaiser berichtet Beneš: *Eodem anno [1348] fundavit monasterium ordinis sancti Benedicti in eadem civitate Noua et instituit in eo fratres Sclawos, qui litteris sclawonicis missas celebrarent et horas psallerent.*[394] Zum Jahr der Weihe 1372 schreibt der Chronist: *Eodem anno [1372] feria secunda Pascha reverendus in Christo pater, dominus Iohannes, sancte Pragensis ecclesie archiepiscopus, apostolice sedis legatus, consecravit monasterium Sclauorum ordinis sancti Benedicti in Nova civitate Pragensi per prefatum dominum imperatorem fundatum ....*[395]

Eine mögliche Funktion als Stifterbild wird auch aus ikonologischen Überlegungen deutlich: Laut 1 (3) Könige 18, 19ff hatte Elias auf dem Berg Karmel Schüler. Der Karmeliterorden betrachtete ihn ursprünglich als seinen Ordensgründer, verehrte ihn schließlich als seinen bevorzugten Schutzheiligen und Patron (ordo Elianus) und als Vorbild des mönchischen Lebensideals.[396]

---

[392] zur Vorgeschichte der Klostergründung vgl. DOLEZEL, H., Die Gründung des Prager Slavenklosters, in: Seibt, F. (Hg.), Kaiser Karl IV. Staatsmann und Mäzen, München 1978, S. 112-114
[393] *Franz von Prag*, FRB 4, S. 448
[394] *Beneš*, in: FRB 4, S. 516
[395] *Beneš*, in: FRB 4, S. 545
[396] vgl. STOLZ, S., "Elias, Prophet", in: LexMA, Bd. 3, Sp. 1821f. und WENINGER, R, HOFMEISTER, A., "Karmeliten" in: LThK 5, Sp. 839-846, Sp. 839ff

IKONOGRAPHIE DER BILDNISSE KAISER KARLS IV.

Ikonographisch weicht das Bildnis von gängigen Typen des Stifterbildes ab[397] Es ist üblich, den Stifter in devotionaler Haltung oder auch stehend, mit oder ohne Modell der Stiftung selbst in Szene zu setzen. Die Voraussetzungen, um das Bild des Elias im Kreuzgang des Emmausklosters als Stifterbild anzusehen, sind einerseits die Identifikation des Propheten als Karl IV. mit Hilfe des Porträtrealismus, andererseits das Wissen um die Rolle des Elias als Begründer des Mönchtums und Ordensführer.

Die Bildkomposition der Gruppe mit Elias und der Witwe von Sarepta in Emmaus findet sich auf drei Bildern mit Karl IV. wieder: der Szene mit der Reliquienübergabe auf dem Prager Reliquienkreuz und der ersten und zweiten Reliquienszene in der Karlsteiner Marienkirche. Zwei Personen stehen sich jeweils im Profil oder Dreiviertelprofil gegenüber und überreichen Gegenstände. Sowohl bei der ersten Reliquienszene in Karlstein, als auch in Emmaus stehen sich der Gebende und der Empfangende gegenüber. In Karlstein überreicht der Dauphin rechts dem Kaiser ein Holzkreuz und zwei Dornen der Dornenkrone Christi, achsensymmetrisch gibt die Witwe von Sarepta dem Elias, respektive Karl IV. einen Krug Wasser. Die Haltung der Hände des Dauphins und der Witwe ist dabei nahezu identisch.

6.2.2 Karl IV. als Melchisedech

6.2.2.1 Antiphonar von Vyšehrad und Missale des Johann von Neumarkt
(Kat. Nr. 20, 13)

(Abb. 29 und Abb. 30) In Gen 14, 17-20 wird über Melchisedech, *König von Salem*, das spätere Jerusalem, berichtet. Als *Priester des Allerhöchsten Gottes* segnet er Abraham nach der Schlacht und bringt Brot und Wein zur Feier des Siegesmahles

---
[397] siehe auch Kapitel VI. 2.1

dar. Darstellungen des Priesterkönigs sind seit frühchristlicher Zeit überliefert.[398] Die Identifizierung des Melchisedech im Vyšehrader Antiphonar mit der Person Kaiser Karls IV. ist in Hinblick auf die physiognomischen Charakteristika nicht eindeutig gegeben. Das versteckte Kaiserbildnis im Missale des Johann von Neumarkt deutet jedoch darauf hin, dass die Exempelqualitäten des Melchisedech am Prager Hof geläufig waren und dass auch im Vyšehrader Antiphonar eine derartige Gleichsetzung beabsichtigt war. Sowohl in der Vorauer Handschrift als auch im Missale wird der Dualität der Person Melchisedechs Rechnung getragen. Als Zeichen seiner weltlichen Herrschaft trägt er jeweils eine Krone auf dem Haupt. Diese mag man im ersten Fall als Zitat der böhmischen Königskrone, im zweiten Fall als Zitat der Krone Karls des Großen in Aachen interpretieren. Gewisse Parallelen sind nicht zu leugnen. Das Ornat im Missale ist ein rotblauer Mantel über einem grünen Untergewand, die kostbarere Kleidung des Priesterkönigs im Antiphonar besteht aus einem roten Untergewand und einem innen und am Kragen mit Hermelin besetzten blauen Mantel. Durch seine Handlung respektive Geste wird seine Rolle als Priester deutlich. Im Antiphonar bringt er beidhändig Brot und Wein in Form eines goldenen Kelches mit darüber schwebender Hostie dar. Sein Kopf ist dabei leicht erhoben und sein Blick unbestimmt nach rechts oben gerichtet. Die Darbringung des Kelchs verrichtet Melchisedech kniend im Missale des Johann von Neumarkt. Eine Hostie fehlt dabei. Sein Kopf ist erhoben und sein Blick auf die Wolkenformation über ihm gerichtet. Wenn auch anders gestikulierend, spiegelt die Haltung des Melchisedech die kaiserliche Devotion im Pontifikale des Albert von Sternberg, in der Lateinischen Bibel in Krakau und nicht zuletzt in der Karlsteiner Katharinenkapelle wider.

Bei Hebr 6, 20 und 7, 1-17 sowie im Psalm (109)110 wird Melchisedech mit Christus als Hohe Priester verglichen. Er gilt als Typus Christi in Bezug auf sein ewig währendes Priesteramt. Neben dieser Deutung wird die Darbringung von Brot

---

[398] vgl. LCI, Bd. 3, Sp. 242

und Wein bereits sehr früh typologisch als Opfer ausgelegt, das im Opfer Christi, das in der Eucharistie gefeiert wird, gewissermaßen einen Antityp findet.[399] Wie SCHRAMM betont, war Melchisedech die Gestalt des Alten Testaments mit dem größten Einfluss auf die mittelalterliche Staatslehre, vereint er doch die beiden Gewalten als *rex et sacerdos* in einer Person.[400] HENSLE-WLSAK[401] formuliert als ein ikonographisches Ziel der Darstellung die Hervorhebung nicht nur den weltlichen, sondern auch den geistlichen Führungsanspruch. Ganz ähnlich interpretiert WAMMETSBERGER[402] die Gestalt Karls IV. als Priesterkönig als Zeichen der Ablehnung des päpstlichen Anspruchs auf Mitspracherecht bei der deutschen Königswahl, das mit der Goldenen Bulle von 1356 faktisch ausgeschlossen worden war.[403] Auf sakrale Komponenten des Kaisertums Karl IV. auch in anderen Bereichen hat MACHILEK[404] aufmerksam gemacht.

Man kann wohl davon ausgehen, dass Karl IV. bereits bei seinem Aufenthalt am französischen Hof in den Jahren 1323-1330 die Auswirkungen der Konflikte Philipps des Schönen mit Papst Bonifaz VIII. und die Idee eines Herrschertums von Gottes Gnaden wahrgenommen hat. Er selbst formuliert den Anspruch, unmittelbarer Vertreter Christi auf Erden zu sein, in seiner Autobiographie.[405] An seine Nachfolger richtet er die Worte: *Si igitur vultis effici filii dei, mandata patris vestri servate, que annunciavit vobis per filium suum, dominum nostrum Iesum Christum, regem celestem, cuis typum et vices geritis in terris*[406] Eine kryptographe Melchisedech-

---

[399] vgl. dazu SCHAUMBERGER, J., "Melchisedech", in: LThK 7, Sp. 62f. und NIEHR, K., "Melchisedech", in: LexMA, Bd. 6, Sp. 491f.; vgl. auch SCHRAMM, P.E., Kaiser, Könige und Päpste. Gesammelte Aufsätze zur Geschichte des Mittelalters, Bd. 4, Stuttgart 1970, S. 131

[400] vgl. SCHRAMM, P.E., Kaiser, Bd. 4, 1970, S. 130f.

[401] vgl. HENSLE-WLSAK, H., Bilderschmuck, 1988, S. 369

[402] vgl. WAMMETSBERGER, H., Individuum, 1967, S. 87

[403] vgl. HENSLE-WLSAK, H., Bilderschmuck, 1988, S. 369

[404] vgl. MACHILEK, F., Privatfrömmigkeit, 1978, v.a. S. 100

[405] vgl. SPĚVÁČEK, J., Frömmigkeit und Kirchentreue als Instrument der politischen Ideologie Karls IV., in: Engel, E. (Hg.), Karl IV. Politik und Ideologie im 14. Jahrhundert, Weimar 1982, S. 158-170, S. 158

[406] PFISTERER, K., BULST, W. (Hg.), Karoli IV Imp. Rom. Vita ab eo ipso conscripta, Heidelberg 1950 (= Editiones Heidelbergenses 16), S. 8; vgl. auch EGGERT, W., ...einen Sohn Namens Wenceslaus. Beobachtungen zur Selbstbiographie Karls IV., in: Engel, E. (Hg.), Karl IV. Politik und Ideologie

Darstellung erschient nicht nur als äußerst geeignet, sowohl einen weltlichen als auch den geistlichen Führungsanspruch in einer Person zu verbildlichen, sondern auch die auf der Typologie basierende Unmittelbarkeit der Verbindung zu Christus darzustellen.

6.2.3 Karl IV. als Konstantin der Große

6.2.3.1 Karlstein, Katharinenkapelle, Supraporta *(Kat. Nr. 2.2)*

In der Karlsteiner Katharinenkapelle befindet sich oberhalb der Eingangstür ein tympanonförmiges Bildfeld. Den Hintergrund bildet ein goldenes, geometrisches Muster auf blauem Untergrund. Die ins Profil gedrehte Brustfigur auf der linken Seite wurde bereits durch den Vergleich ihrer physiognomischen Charakteristika sowie den kaiserlichen Attributen als Karls IV. identifiziert. **(Abb. 33)** Die weibliche Brustfigur auf der rechten Seite wird traditionell als Anna von Schweidnitz angesehen.[407] Ihr Oberkörper erscheint dabei im Profil, das Gesicht im Dreiviertelprofil. Die beiden halten jeweils beidhändig das Goldkreuz, das sich in der Bildmittelachse zwischen ihnen befindet.

Auf die Schwierigkeiten bei der Identifizierung der weiblichen Person wurde an anderer Stelle bereits hingewiesen. Die Krone weisen sie zwar als kaiserlich aus; aus ikonographischer Sicht ist eine Zuordnung zu Anna von Schweidnitz bzw. einer anderen Gemahlin Karls IV. jedoch nicht plausibel. Man sollte dafür eher seine eigene Mutter, Elisabeth von Böhmen, in Betracht ziehen. Vielleicht hat man ihr auf dem Bild kaiserliche Attribute verliehen, um dem Konstantin-Helena-Typus zu entsprechen. Der Vergleich der Physiognomie mit der Triforiumsbüste von St. Veit

---

im 14.Jahrhundert, Weimar 1982, S. 171-178, S. 172
[407] vgl. CHADRABA, R., Triumph-Gedanke, 1967, S. 63f; vgl. LADNER, G., Kryptoporträts, 1983, S. 90f.; vgl. REINLE, A., Bildnis, 1984, S. 144; vgl. STANGE, A., Deutsche Malerei, 1936; vgl. WAMMETSBERGER, H., Individuum, 1967, S. 89

widerspricht der These nicht. Elisabeth von Böhmen war zum Zeitpunkt der Entstehung beider Bildwerke seit Jahrzehnten tot, was allenfalls einen tradierten Bildtypus wahrscheinlich macht. Das mag auch die uneindeutigen Gesichtsmerkmale in der Karlsteiner Katharinenkapelle erklären.

Die Legenden um Konstantin und Helena beginnen im späten 4. Jh. Demnach hat die Mutter Kaiser Konstantins Helena das wahre Kreuz in Jerusalem gefunden und nach Konstantinopel gebracht.[408] Als Zusammenfassung und Abbreviatur der Kreuzlegende entwickelt sich vor allem im hohen Mittelalter ein Bildtypus, bei dem Konstantin und Helena frontal zum Betrachter stehend das wahre Kreuz flankieren, das sie jeweils mit einer Hand halten.[409] Der Typus wird in Karlstein verändert: Karl IV. erscheint im Profil, sein Gegenüber im Dreiviertelprofil, das Kreuz jeweils beidhändig haltend. Die Darstellung des Kaiser ist dabei ein direktes Zitat der ersten und dritten Reliquienszene der Karlsteiner Marienkirche und umgekehrt. Der ins Profil gewendete Kopf mit seinen physiognomischen Charakteristika findet sich ebenso wie die Form der Krone als Bügelkrone mir Pendilien über einer doppelspitzigen Mitra mit infulae. Die Adler auf der Bordüre des kaiserlichen Goldmantels in der Katharinenkapelle erinnern an die Medaillons der sog. Adlerdalmatika im Kunsthistorischen Museum in Wien.

Die ideologischen Grundlagen eines christlichen Kaisertums werden ebenfalls bereits im späten 4. Jh. formuliert. Schon Eusebios von Kaisareia erschafft in seiner *vita Constantini* das Bild Konstantins als Besieger der Feinde der Kirche und als unbesiegbarer Kaiser an sich, das seit dem frühen Mittelalter den Ausgangspunkt herrschaftlicher Exempla bildet.[410] Die Vorbildhaftigkeit bestand zum einen im

---

[408] zur Legende der Kreuzauffindung, Kreuzerhöhung und ihren Quellen vgl. SAUER, J., in: LThK 6, Sp. 252ff
[409] vgl. „Konstantin", in: LCI, Bd. 2, Sp. 546-555; vgl. „Kreuzlegende", in: LCI, Bd. 2, Sp. 642-647
[410] vgl. MATTEJIET, U., in: LexMA, Bd. 5, Sp. 1372-1375 und BIHLMAYER, K., "Konstantin, Kaiser", in: LThK 6, Sp. 161-164, Sp. 161f.; vgl. auch POLLEROSS, F., Identifikationsporträt, 1988, S. 243

Schutz und der Förderung der Religion und der Kirche – respektive umgesetzt auch in Stiftungen und Kirchenbauten – zum anderen im Kampf gegen die Feinde der Kirche mit der Hilfe Gottes.[411] WOLFRAM[412] beschreibt in seinem Aufsatz den Exempelcharakter Konstantins des Großen für hochmittelalterliche Herrscher. Die Qualität eines guten Christen wird etwa deutlich in dem Synodalbeschluss über die die Gründung des Erzbistums Magdeburg. Otto I. wird von Johann XIII. als „Dritter nach Constantin" bezeichnet, der „die Römische Kirche ganz besonders erhöht hat".[413] Auch in „(...) einem der Dramen Hrotsvithas von Gandersheim tritt ein Constantin als treuer Vater und guter Christ auf (...). Constantin und seine Familie erinnern in Hrotsvithas Darstellung stark an die schlichte und massive Frömmigkeit Ottos und seines Hofes."[414]

Bezogen auf Karl IV. finden sich die Tugendanalogien beschrieben von Jan Očkos von Vlašim und von M. Adalbertus Ranconis in den Grabreden nach dem Tod des Kaisers. Beide nennen Karl IV. *alter Constantinus*, einen zweiten Konstantin. M. Adalbertus Ranconis betont in diesem Zusammenhang nicht nur die kaiserliche Führungsposition innerhalb der Kirche, sondern auch das Bestreben, gegen alles Feindliche der Kirche vorzugehen und ihre Stellung zu stärken. Er sagt: *Hic eciam dominus cesar noster velut alter Constantinus christianissimus imperator sacrosanctam Romanam ecclesiam, caput videlicet et membra, in summa post deum reverencia habuit, monitis eius finaliter pariut, doctrinis canonicis et statutis ecclesiasticis humiliter et irrefragabiliter acquievit, clericos, monachos et quoslibet viros heroicos propter deum honoravit plurimum, jura, privilegia, libertates et emunitates ecclesiastica et ecclesiasticas, antiqua et antiquas potenter defendit et*

---

verweist auf WOLFRAM, H., Constantin als Vorbild für den Herrscher des hochmittelalterlichen Reiches, in: Mitteilungen des Instituts für österreichische Geschichtsforschung 68, 1960, S. 226-243, S. 226ff
[411] vgl. POLLEROSS, F., Identifikationsporträt, 1988, S. 243
[412] vgl. WOLFRAM, H., Constantin, 1960
[413] zitiert nach WOLFRAM, H., Constantin, 1960, S. 226
[414] WOLFRAM, H., Constantin, 1960, S. 230

nova ac novas liberaliter indulsit et concessit, magistrorum, scolarium tam secularium quam eciam regularium Prage studii instauracione in diversis facultatibus et specialiter in sacra theologia fundavit, dotavit et libertavit, tyrannus hereticis, scismaticis paganis et aliis fidei catholice hostibus constanter se opposuit et ipsorum maliciam elisit, fures, predones, latrones, adulatores, adulteros, lenones, matronarum oppressores, falsarios, deciorum lusores et alios quoslibet stellionatus crimine resperos de suis dominiis et regnis eliminavit et extirpavit.[415]

Jan Očko von Vlašim äußert sich in diesem Zusammenhang über den Kaiser: *Tercio [Karolus] ipse fuit in omnibus sanctis negociis diligens inquisitor ...: ubicunque eum sciebat sanctuaria et corpora sanctorum, acquirebat et auro fulso gemmisque preciosis obducebat et toto corde diligebat ea, sicut alter Constantinus. Nam eciam ... sicut alter Constantinus, papam per Romam duxit, videlicet papam Urbanum V, et patrimonium ecclesie Romane confirmavit.*[416]

Die Imitatio Constantini bezieht er dabei einerseits auf die Unterstützung der Kirche respektive Papst Urbans V., sowie auf den Reliquienerwerb, einschließlich der Stiftungen von Reliquiaren. Dass Karl IV. *multum ...curiosus et sollicitus in reliquiis...*[417] war, wurde bereits im Zusammenhang der Reliquienszenen erwähnt. Der Erwerb von Kreuzreliquien war dabei offensichtlich ein zentrales Anliegen. Als ikonographisches Indiz mag man die Verwendung desselben kaiserlichen Kopftyps einschließlich seiner Bekrönung in der Katharinenkapelle und in der dritten Szene in der Marienkirche sehen. In beiden Fällen spielt das Kreuz eine wichtige Rolle. In der Supraporta wird dadurch eine Verbindung zur Ikonographie Konstantins und Helenas hergestellt, in der Marienkirche fungiert das Kreuz als Reliquiar für Kreuzreliquien. Abgesehen vom zusätzlichen Kreuzfuß in der Marienkirche handelt es sich in beiden Darstellungen um ein reich verziertes lateinischen Goldkreuz, das an den vier Enden und am Schnittpunkt von Längs- und Querbalken vierpassförmige Ver-

---
[415] FRB 3, S. 436f
[416] FRB 3, S. 429
[417] zitiert nach NEUREITHER, H., Geschichtsschreibung, 1964, S. 185

breiterungen aufweist. Man kann wohl die These vertreten, dass es sich in beiden Fällen um ein und dasselbe Kreuz handelt, nämlich das, das im Auftrag Karls IV. im Jahre 1357 für Karlstein geschaffen worden ist und das einmal im Jahr öffentlich zur Schau gestellt wurde.[418]

6.2.4 Karl IV. als König in Epiphanie-Szenen

6.2.4.1 Karlstein, Kreuzkapelle, Morgan-Tafeln und Liber viaticus des Johann von Neumarkt *(Kat. Nr. 3, 7, 14)*

Die Szene mit der Anbetung der Magier in der Karlsteiner Kreuzkapelle befindet sich in der nordöstlichen Fensternische. Sie ist in die Zeit zwischen 1365 und 1367 zu datieren.[419] Maria sitzt dabei in einem nach vorne offenen Gebäude, das Kind in ihren Schoß haltend. Beide sind nach links gewendet. Jesus greift nach der vom ersten Magier dargebrachten Gabe. Die drei Magier selbst befinden sich auf der linken Seite des Gebäudes, wobei sie sich in devotionaler Haltung Maria und Jesus nähern. In Bezug auf ihre Größe sind die drei gestaffelt: Der erste Magier befindet sich dabei auf Augenhöhe Jesu, der letzte überragt die Jesus-Maria-Gruppe. Der erste Magier trägt eine Halbglatze, die beiden anderen tragen je eine Goldkrone auf dem Haupt. Die Darbringung der Gaben erfolgt jeweils mit der rechten Hand.

Auf der rechten Tafel des sog. Morgan-Diptychons sitzt Maria unter einer Holzarchitektur, das Jesuskind auf dem Schoß. (**Abb. 35**) Die drei Magier nähern sich

---

[418] vgl. dazu die Ausführung zur dritten Reliquienszene in der Karlsteiner Marienkirche in Kapitel VI. 4.4
[419] STEJSKAL verweist dabei auf SKŘIVÁNEK, F., Inkrustace z drahého kamene – vrcholý projev interiérové úpravy v české gotické architektuře, in: Památek a příroda 10, 1985 (Edelsteininkrustation – Glanzlichter der Innenausstattung in der böhmischen gotischen Architektur), S. 583f. und VÍTOVSKÝ, J., Několik poznámek k problematice Karlštejna, in: Zpravy památkové péče 11, 1992 (Einige Anmerkungen zur Problematik Karlsteins), S. 3f., die für die Ausstattung der Kreuzkapelle die Zeit zwischen der Weihe der Kirche am 9. Februar 1365 und der Belohnung Theoderichs am 28. April 1367 in Betracht ziehen (vgl. STEJSKAL, K., Wandzyklen, 1998, S. 22 u. Anm. 17)

von rechts; der erste kniet in devotionaler Haltung auf dem Boden im Bildvordergrund und reicht Jesus die Hand. Die beiden anderen stehen am rechten Bildrand. Joseph betrachtet die Handlung aus dem Bildhintergrund, wobei er die Gabe vermutlich des ersten Magiers in seinen Händen verwahrt.

Die Initialminiatur im Liber viaticus des Johann von Neumarkt[420] auf fol. 97v zitiert kompositorisch die rechte Morgan-Tafel. Vor einem Vorhang thront Maria auf einer Bank und hält den Jesusknaben in beiden Händen. Die drei Magier nähern sich von rechts, wobei der erste in devotionaler Haltung am Boden kniet und das Kind mit beiden Händen berührt. Die beiden anderen stehen hinter ihm.

Der dritte Magier in der Kreuzkapelle bzw. zweite Magier auf der Morgan-Tafel wurde in der Literatur mit Karl IV. in Verbindung gebracht. Die physiognomischen Charakteristika weisen darauf hin, dass der Kaiser nicht nur in diesen beiden Fällen sondern auch im Liber Viaticus als Teilnehmer der Anbetung Jesu und Mariae abgebildet worden ist.

---

[420] Die Zuschreibung der Handschrift zu Johann von Neumarkt dürfte zweifelsfrei sein. Auf fol. 9v und auf fol. 69v wird dieser jeweils genannt: *Liber viaticus Domini Iohannis*. Die Inschrift findet eine Ergänzung in der Beschreibung seines Amtes auf fol. 209r. Dort steht: *Luthom[yslensis] Epi[scopus]* und *Imp[er]ial[is] Cancell[arius]*. Die Inschriften wiederholen sich an verschiedenen Stellen in der Handschrift. Das Bistum Litomyšl wurde bei der Erhebung Prags zum Erzbistum neu geschaffen. In unmittelbarem Anschluss an seine Bischofsweihe im Jahre 1353 – das Amt hatte er bis 1364 inne – wird er zum Hofkanzler ernannt. In diesem Zeitraum ist demnach die Handschrift entstanden. (vgl. dazu KLAPPER, J., Johann von Neumarkt. Bischof und Hofkanzler. Religiöse Frührenaissance in Böhmen zur Zeit Kaiser Karls IV., Leipzig 1964, S. 50 und SCHMIDT, G., Malerei, 1969, S 180) In devotionaler Haltung findet sich die Figur des Bischofs an zwei Stellen in der Handschrift wieder. Auf fol. 9v und auf fol. 69v kniet er jeweils im Dreiviertelprofil, die Arme sind erhoben, die gefalteten Hände halten den Stab mit der Krümme. Die Darstellung wird auf fol. 69v ergänzt durch zwei Wappenschilde, die die Devotionsfigur flankieren. Das linke davon zeigt ein goldenes Kreuz auf schwarzem Grund. Dasselbe Wappen findet sich wiederum auf fol. 9v, in einem Medaillon in der Mittelachse, am unteren Rand des Blattes.

Im Neuen Testament wird bei Mt 2,1-12 von der Anbetung der Magier berichtet. Seit dem 6. Jh. werden diese auch als Könige interpretiert.[421] „Wenn das Bildnis eines Herrschers in die Epiphanieszene einbezogen wurde, so spricht daraus ein Gedanke, der im mittelalterlichen Herrscherpreis geläufig war: Die Heiligen Drei Könige wurde zugleich als exemplarische Vertreter des Fürstenstandes gedeutet. Ihre Huldigung des Christusknaben ließen sich verstehen als Vorformulierung herrscherlicher Devotion, mithin eines Frömmigkeitsausdrucks, der die szenisch wie materiell aufwendige Darbringung von Geschenken rechtfertigt, sie als ein Mittel zur Verähnlichung sogar fordert. Der Herrscher erhält hier nach Vorbild aus dem Neuen Testament die Möglichkeit zur repräsentativen Selbstdarstellung in der Standesrolle."[422]

Aus dem Umfeld Karls IV. sind bisher keine Textquellen bekannt, die Analogien mit den Heiligen Drei Königen ansprechen, wie wir sie für Elias und Konstantin kennen. Für Friedrich II. dagegen ist entsprechendes jedoch tradiert. In einer Lobrede des Nikolaus von Bari auf den Kaiser wird dieser einschließlich zweier seiner Vorgänger mit den drei Königen verglichen: *Magnus dominus avus suus, quia imperator Romanus* [s. l. Friedrich I.], *magnus dominus pater, quia imperator et rex Sicilie* [s. l. Heinrich VI.], *ipse maximus, quia imperator Romanus, rex Iherusalem et Sicilie* [s. l. Friedrich II.]. *Profecto hiis tres imperatores sunt quasi tres magi, qui venerunt cum muneribus Deum et hominem adorare, sed hic est adolescentior illis tribus, super quem puer Ihesus felices manus posuit et brachiola sacrosancta*[423]. Karl IV. hat bereits mit der Goldbulle im Bereich der Siegelkunst auf Friedrich II. zurückgegriffen. Vielleicht entspringen die versteckten Bildnisse auf Karlstein, auf dem Morgan-

---

[421] vgl. POLLEROSS, F., Identifikationsporträt, 1988, S. 177 u. Anm. 2; zur Ikonographie vgl. „Drei Könige", in: LCI, Bd. 1, Sp. 539-549; vgl. KEHRER, H., Die Heiligen drei Könige in Literatur und Kunst, Bd. 1, Leipzig 1908
[422] BÜTTNER, F. O., Imitatio Pietatis. Motive der christlichen Ikonographie als Modelle der Verähnlichung, Berlin 1983, S. 27
[423] zitiert nach BÜTTNER, F. O., Imitatio, 1983, S. 27

Diptychon sowie im Liber viaticus ebenfalls der Imitiatio seines kaiserlichen Vorgängers.

„Indem sich hier Karl IV. die Rolle eines des Trägers des heiligen Geschehens angeeignet hat, zögerte er nicht, sich selber als Heiligen auszugeben, in persona an der Szene der Anbetung des geborenen Heilandes teilzunehmen und sich so seinen Zeitgenossen in Gesellschaft der übrigen zwei Könige als Gleicher unter Gleichen vorzustellen."[424] Das Zitat ist einem Aufsatz PEŠINAS entnommen und interpretiert die rechte Tafel des Morgan-Diptychons. Bezogen auf die Epiphanieszenen auf Karlstein würde letzteres eher zutreffen. Mit Ornat und Attributen unterscheidet sich der dritte König nicht von den anderen, sieht man davon ab, dass der erste Magier aus ikonographischer Tradition sowieso oft ungekrönt erscheint. Alleine die physiognomischen Charakteristika lassen ihn als Karl IV. erkennen. Die Initialminiatur im Liber Viaticus und das Morgan-Diptychon selbst verbildlichen eher die Idee des *primus inter pares*: Im ersten Beispiel hebt sich der zweite König durch die Form und den Reichtum der Krone deutlich von den anderen beiden ab. Sie besteht aus einem Kronreif mit stilisierten Lilien auf der Oberseite. Darüber hinaus erhebt sich eine Art zwiebelförmige Haube, die der König unter der Krone trägt. Das Ornat mit dem mit Hermelin besetzten Mantel unterscheidet ihn ebenfalls von den anderen Magiern und nimmt seinerseits Bezug auf das Ornat des als Melchisedech kryptoporträtierten Karl IV. im Missale des Johann von Neumarkt. Auf der Morgan-Tafel unterscheidet sich die Form seiner Krone nur unwesentlich von der des dritten Königs, mit seinem Ornat hebt er sich jedoch deutlich von den übrigen Beteiligten ab. Über einem blauen Untergewand, das von einem goldenen Gürtel zusammen gehalten wird, trägt der Herrscher einen purpurnen Umhang mit geometrischem und zoomorphen Muster auf der Außenseite. Zwischen friesartigen Reihen aus Mäander und Wellenband sind stilisierte Adler zu sehen, die ihren Kopf nach links gewendet

---

[424] PEŠINA, J., Imperium et sacerdotium. Zur Inhaltsdeutung der sog. Morgan-Täfelchen, in: Umění 26, 1978, S. 521-528, S. 522

haben. Sie erinnern an die Adlermotivik auf der sog. Adlerdalmatika in Wien und können wohl als ein Zitat angesehen werden, zumal die Grundfarbe des Mantels ebenfalls übereinstimmt. Die nach links gewendeten, stilisierten Adler finden sich zudem auf der Bordüre des Goldmantels Karls IV. auf der Supraporta der Karlsteiner Katharinenkapelle und in vierpassförmige Medaillons eingebettet auf dem Mantel des Kaisers bei der Reliquienübergabe auf dem Prager Reliquienkreuz. Sie alle dürften im Wappenbild des Reichsadlers ihren Ursprung haben.

Was die innerbildliche Kommunikation anbelangt ergeben sich interessante Verbindungen zu anderen Bildnissen in der karolinischen Kunst. Der Blick der entsprechenden kryptoporträtierten Kaiserfigur wird in den Epiphanie-Szenen nicht erwidert, die Kommunikation bleibt einseitig. Die Einbindung in die Szene erfolgt durch die Thematik des Anbetens selbst. Formal findet man eine Adoration oder besser Devotion vor Christus und Maria bei den Devotionsbildern Karls IV. Die Verbindung zu den beiden wird durch Blicke und Gesten hergestellt, nicht durch narrative Elemente. Als Pendants sind das Altarbild der Karlsteiner Katharinenkapelle, das Votivbild Jan Očkos sowie die Szenen in der Lateinischen Bibel in Krakau, fol. 4r und im Pontifikale des Albert von Sternberg, fol. 34v genannt. Auf der Inhaltsebene durften beide Darstellungsformen der unmittelbar zum Ausdruck gebrachten Nähe zu Maria und zu Christus als identisch bezeichnet werden.

Über politische Inhalte des Motivs der Epiphanie schreibt STEHKÄMPFER: „Christus hatte nach der Huldigung und nach dem Empfang ihrer Gaben an den Heiligen Drei Königen das Königtum beglaubigt. Der Heiland selbst bezeugte damit dessen Gottesunmittelbarkeit. Begründet hatte er es übrigens dabei nicht. Denn er fand es vor. Die Kirche hingegen und das Papsttum hat Christus gestiftet. (...) Die Heiligen Drei Könige waren jedenfalls unbestreitbar die biblischen Zeugen einer gottunmittelbaren

IKONOGRAPHIE DER BILDNISSE KAISER KARLS IV.

Herkunft des Königsamtes."[425] Diesem Geist mag auch die Darstellung Ottos IV. von Braunschweig (1174-1218) im Kontext der Epiphanie-Darstellung auf der Stirnseite des Kölner Dreikönigschreins (um 1200, Köln, Dom) entsprungen sein: unter einer Arkade sitzt Maria thronend, das Jesuskind sitzt auf ihrem Schoß, beide sind nach rechts gewendet. Vor dort treten die drei Magier heran, der erste dabei in devotionaler Haltung, die beiden anderen einander zugewendet stehend. Sie tragen jeweils eine Krone auf dem Haupt. Dahinter befindet sich eine weitere, ungekrönte Figur. Die Umschrift benennt sie als *OTTO REX*. Der König erscheint – wenn auch etwas kleiner – gleichsam als vierter Magier bzw. als König bei der Szene der Anbetung selbst. Nimmt man die Dreizahl der Magier als ikonographische Konstante[426], besteht die logische Weiterentwicklung des Motivs darin, sich selbst zu einem der drei zu machen. Eine Wiedererkennbarkeit kann dabei durch die Wiedergabe physiognomischer Merkmale erzielt werden.

Die Morgan-Tafel mit dem Kryptoporträt Karls IV. steht nicht alleine. Als Pendant zur Anbetung der Könige illustriert die zweite Tafel des Morgan-Diptychons den Tod Mariae.[427] Maria liegt auf dem Sterbebett; vor dem Bett knien zwei Frauen, die jeweils in einem Buch lesen, hinter dem Bett sind die zwölf Apostel angeordnet. Durch ihre Attribute bzw. ihr Ornat werden zwei von ihnen hervorgehoben: in devotionaler Haltung erscheint Johannes, einen Palmwedel in der Hand haltend. Daneben steht Petrus in kostbarem Ornat und mit einer dreiteiligen Tiara auf dem Haupt. In seiner linken Hand hält er ein Buch, in seiner Rechten ein Szepter. Die Form der Tiara erinnert an Bildnisse Papst Bonifaz VIII. MATĚJČEK hat diesbezüglich Parallelen zur Kopfbedeckung der Figur Papst Innozenz VI. auf dessen Grabmal in

---
[425] STEHKÄMPFER, H., Könige und Heilige Drei Könige, in: Budde, R. (Hg.), Die Heiligen Drei Könige – Darstellung und Verehrung. Ausstellungskatalog, Köln 1982, S. 37-50, 1982, S. 37f.
[426] vgl. LCI, Bd. 1, Sp. 539ff
[427] zur Ikonographie vgl. LCI, Bd. 4, Sp. 333-338

Villeneuve-les-Avignon konstatiert und darauf hingewiesen, dass „(...) in der Ikonographie des Marientodes die Idee, Petrus als Papst darzustellen, hier zum ersten Mal vorkommt."[428] Die These hat nicht nur STEJSKAL[429] vertreten, auch PEŠINA[430] verwendet sie als eine Grundlage für seine ikonologische Analyse der Morgan-Tafeln. Demnach reagiere das Diptychon auf aktuelle politische Ereignisse im Jahr 1355, die Kaiserkrönung Karls IV. Die Tafeln „(...) sollten an die Krönung des Kaisers erinnern und zugleich Ausdruck der Loyalität und Dankbarkeit Karls IV. dafür sein, daß Innozenz VI. ihm die Erlangung dieser Würde ermöglicht hatte."[431]

Ikonographisch verwandt ist das Pilgerzeichen, das im Museum der Hauptstadt Prag verwahrt wird (nach 1355, Praha, Muzeum hlavního města Prahy, Inv.nr. 2 369). Man geht davon aus, dass es anlässlich der öffentlichen Weisung der Reichskleinodien entstand, für die bereits Papst Clemens VI. ab 1350 einen hohen Ablass gewährte. Das rundbogige, in Blei und Zinn gegossene Zeichen zeigt im unteren Bereich drei Wappenschilde. Auf dem linken erscheinen zwei gekreuzte Schlüssel, die beiden anderen tragen den Reichsadler und den Böhmischen Löwen als Bild. Zwei figürliche Darstellungen schließen sich nach oben an. Auf der linken Seite steht Petrus frontal zum Betrachter. Er hält einen Schlüssel in seiner linken Hand und trägt eine dreiteilige päpstliche Tiara auf dem Haupt. Die rechte Figur ist ins Profil gewendet, das Gesicht blickt den Betrachter frontal an. Sie hält eine Lanze in den Händen; auf dem Haupt trägt sie eine Bügelkrone. Die Kombination der heraldischen und herrschaftlichen Attribute findet sich auf den Siegeln Karls IV. wieder, die nach seiner Kaiserkrönung im Jahre 1355 entstanden sind (Kat. Nr. 1.5 und 1.6). Sie

---

[428] MATĚJČEK, A., Příspevky k dějinám deskového malířství českého, in: Památky archeologické 33, 1923, S. 235 (Beiträge zur Geschichte der böhmischen Tafelmalerei); zitiert nach PEŠINA, J., Imperium, 1978, S. 521
[429] siehe dazu die Literaturverweise in PEŠINA, J., Imperium, 1978, Anm. 4
[430] PEŠINA, J., Imperium, 1978
[431] PEŠINA, J., Imperium, 1978, S. 524

machen nicht nur eine Identifikation der Herrscherfigur als Karl IV. plausibel sondern weisen auf einen Terminus post quem für die Entstehung des Abzeichens von 1355 hin. Wie auf der Morgan-Tafel mit dem Marientod trägt die Figur des Petrus eine dreiteilige Tiara. Entsprechend ist auch hier ein Kryptoporträt Papst Innozenz VI. anzunehmen.

Die Bildnisabsicht in Epiphanie-Darstellungen war in der zweiten Hälfte des 14. Jh. und in der ersten Hälfte des 15. Jh. offenbar kein singuläres Phänomen aus dem Umkreis Karls IV. BÜTTNER[432] gibt diesbezüglich einen Abriss über mögliche Kryptoporträts weiterer mitteleuropäischer Herrscher: Karl V. von Frankreich (1338-1380) erscheine als jüngster Magier in einer Handschrift in Paris (Paris, Bibliothèque Nationale, ms n. a. lat 3093, p.50) ebenso wie Richard II. von England auf einem Tafelbild unbekannten Verbleibs. Dem jüngsten Magier in einer Handschrift in Paris (Paris, Musée Jacquemart André, ms 2, fol. 83v) seien die physiognomischen Züge Ludwigs von Orléans (1372-1407) verliehen worden, sowie Herzog Karl dem Kühnen von Burgund auf dem sog. Colombo-Altar des Rogier van der Weyden (München, Alte Pinakothek, WAF 1189). Aus der mittelbaren Nachfolge Karls IV. selbst werden Kryptoporträts in Epiphanie-Szenen in Zusammenhang mit Bildnissen Kaiser Sigismunds gebracht.[433]

---

[432] vgl. BÜTTNER, F. O., Imitatio, 1988, S. 197-199
[433] vgl. BÜTTNER, F. O., Imitatio, 1988, S. 197f.

6.2.5 Karl IV. als Christus?

6.2.5.1 Missale des Johann von Neumarkt *(Kat. Nr. 13)*

Die Initiale G des Wortes *Gaudeamus* beinhaltet eine Miniatur, die einen gekrönten, eine Sphaira und ein Szepter tragenden Herrscher zeigt. **(Abb. 31)** Hinter der steinernen Thronbank mit Sitzkissen befindet sich ein mit vegetabilem Muster versehener roter Vorhang, der gleichsam als Überwurf für die Thronbank selbst dient. Der Herrscher ist frontal zum Betrachter gerichtet, mit seiner Linken hält er die Sphaira vor der Brust, mit seiner Rechten trägt er das Szepter. Eine goldene, am Kronreif mit Dreipassformen besetzte Krone über einer weißen, zweispitzigen Mitra bildet die Kopfbedeckung. Das Ornat besteht aus einem blauen, innen rot gefütterten Mantel sowie einem hellblauen Schulterüberwurf. Zwei goldene Gurte kreuzen sich über der Brust. Die den Schlüssel als Attribut tragende Figur des Petrus flankiert die rechte Seite des Thrones, Paulus zur Linken mit Stirnglatze hält das Schwert. Beide stehen hinter der eigentlichen Thronbank, ihr Oberkörper scheint vor den Vorhang gebeugt, ihr Blick ist auf die thronende Herrscherfigur gerichtet.

Die Ikonographie der Herrschergestalt sowie die Form und Anordnung der Attribute finden ihre Parallelen bei den Siegelbildnissen Karls IV., insbesondere bei der Kaiserlichen Goldbulle (Kat. Nr. 1.5) und auf dem sog. Kaisersiegel (Kat. Nr. 1.6). In beiden Fällen thront Karl IV. frontal zum Betrachter gerichtet, in seiner Linken trägt er die Sphaira, in seiner Rechten das Szepter. Die Bügelkrone über einer doppelspitzigen Mitra krönt sein Haupt. Der Thron auf der Kaiserlichen Goldbulle wird flankiert von zwei Wappenschilden, auf dem sog. Kaisersiegel von zwei Adlern, die jeweils ein Wappenschild in ihren Schnäbeln halten. Die Position der heraldischen Elemente ist in der Handschrift durch die beiden Apostel ersetzt. Auf eine monumentale Umsetzung der Siegelikonographie wurde bereits in

Zusammenhang mit der thronenden Figur Karls IV. am Altstädter Brückenturm in Prag aufmerksam gemacht.

Bis hierher steht die Initialminiatur im Missale des Johann von Neumarkt in der Tradition thronender Herrscherbilder seit den Karolingern und stellt eine ikonographische Variante dar: Im Regensburger Sakramentar (um 1000, München, Bayerische Staatsbibliothek, Clm 4456, fol. 11v) thront Kaiser Heinrich II. umgeben von vier Gaben bringenden Personifikationen von Völkern. Die Miniatur zitiert das Thronbild Karls des Kahlen im Codex Aureus von St. Emmeram (um 870, München, Bayerische Staatsbibliothek, Clm 14000). Vier personifizierte Länder flankieren auch den thronenden Herrscher des Blattes aus Chantilly (um 983, Chantilly, Museé Condé, Inv.Nr. 15645). Bei den Herrscherbildern im Evangeliar Ottos III. (um 1000, München, Bayerische Staatsbibliothek, Clm 4453, fol. 24r) sowie in der Bamberger Flavius-Josephus-Handschrift (um 1000, Bamberg, Staatsbibliothek, Msc. Class. 79, fol. 1r) stehen jeweils zwei bewaffnete Krieger zur Linken, zwei Erzbischöfe zur Rechten des Regenten.

Die Apostel Petrus und Paulus treten in Zusammenhang mit zwei ottonischen Herrscherbildern in Erscheinung: Im Perikopenbuch Heinrichs II. (um 1012, München, Bayerische Staatsbibliothek, Clm 4452, fol. 2r, oberes Register) setzt der frontal zum Betrachter thronende Christus Kaiser Heinrich II. zu seiner Rechten und Kaiserin Kunigunde zu seiner Linken jeweils die Krone auf das Haupt. Die beiden werden begleitet von den Aposteln Petrus und Paulus, die als Fürsprecher vor Christus mit jeweils einer Hand die vor ihnen Stehenden berühren. Das Motiv der Krönung findet sich auch in einer Miniatur in der Bamberger Apokalypse (um 1010, Bamberg, Staatsbibliothek, Msc. Bibl. 140, fol. 59v, oberes Register) wieder. Der Herrscher mit Sphaira in seiner Linken und Szepter in seiner Rechten thront auf einer Thronbank. Zur Rechten steht der nimbierte Apostel Petrus, zur Linken der Apostel

Paulus. Beide halten ein Buch in einer Hand, während die andere die Krone auf das Haupt des Herrschers setzt.

Der Kreuznimbus hinter dem Haupt des Herrschers im Missale des Johann von Neumarkt hebt die Miniatur von allen bisher angeführten Herrscherbildern ab. Das Attribut Christi und Gottvaters spannt den Bogen zum Motiv der Maiestas Domini, bei der in der Regel Christus thronend, umgeben von den vier lebenden Wesen der Apokalypse bzw. den Evangelistensymbolen, in Erscheinung tritt. [434] Verschiedene Inhaltsebenen treffen bei der Miniatur aufeinander. Die kaiserlichen Attribute der Bügelkrone und der doppelspitzigen weißen Mitra, die in Kombination mit Szepter und Sphaira auch auf anderen Bildnissen Karls IV. vorkommen, stehen dem Kreuznimbus als Zeichen Christi und Gottvaters gegenüber. Der Nimbus selbst hinter einem bärtigen Männerkopf erinnert an Christusbilder bzw. Bilder Gottvaters in persona.[435] Gleichzeitig geben die physiognomischen Charakteristika keinen Anlass, in der thronenden Figur ein verstecktes Bildnis Kaiser Karls IV. zu erkennen, das im Falle der Melchisedech-Darstellung auf fol. 83r in derselben Handschrift als wahrscheinlich angesehen werden muss. Es ist wohl zu ungenau, die Miniatur als eine „(...) symbolic fusion of Charles IV. with the Godhead (...)"[436] zu bezeichnen. Viel mehr treffen Elemente der Christusikonographie und der Ikonographie Gottvaters auf Herrscherbildtraditionen, zeitgenössische imperiale Attribute finden dabei Verwendung.

---

[434] vgl. einführend LCI, Bd. 3, Sp. 325 und Sp. 136ff
[435] vgl. auch LCI, Bd. 2, Sp. 165ff
[436] ROSARIO, I., Art, 2000, S. 93

VII. ZUSAMMENFASSUNG UND AUSBLICK

Wie bereits in den einleitenden Worten angekündigt, soll die vorliegende Arbeit als Diskussionsbeitrag verstanden werden, der den so häufig verwendeten und doch so vagen Begriff 'Porträt' in die ikonographische Betrachtung mittelalterlicher Herrscherbilder einbinden will. Zu Grunde lag die These, dass die Frage nach dem Porträtcharakter im Herrscherbild des späten Mittelalters durchaus seine Berechtigung hat. Eine Wieder-Erkennbarkeit ist nicht nur für Karl IV. gegeben. Die sehr häufig anzutreffende kategorische Ablehnung des Begriffs für mittelalterliche Bildnisse versucht man mit 'Idealisierung' und 'Typisierung' als Vokabular für Bildnisqualitäten aufzuwiegen.

Ich habe bei der vorliegenden Arbeit Wert darauf gelegt, die Bildnisse selbst als Forschungsgrundlage für eine ikonographische/ikonologische Untersuchung heranzuziehen, und bin nicht, wie in vielen anderen Arbeiten zu dem Thema festzustellen, den umgekehrten Weg gegangen, ein wie auch immer geartetes ideologisches Konstrukt an Bildnissen/Porträts festzumachen, die als solche vorausgesetzt werden. Auf dieser Basis wurden Funktionen und Interpretationen unter Heranziehen weiterer Quellen aus dem jeweiligen Werk abzuleiten versucht. Als Quellen dienten im Wesentlichen Textquellen, vor allem die böhmische Hofchronistik, osteologische Untersuchungen und reale, tradierte Artefakte.

Die ikonographische Untersuchung fand in zwei Schritten statt.

Die für eine personale Zuordnung der Bildnisse unabdingbaren physiognomischen Charakteristika sowie die begleitenden Attribute wurden an den Anfang gestellt. Als Ausgangspunkt dienten Bildquellen, d.h. Bildnisse, bei denen Inschriften den Dargestellten als Karl IV. identifizieren. Neben den Wandmalereien in der Marienkirche auf Burg Karlstein, wo in drei Szenen Handlungen mit Reliquien vollzogen werden, wurden ebenfalls die kaiserliche Büste im Triforium von St. Veit in Prag sowie die

ZUSAMMENFASSUNG UND AUSBLICK

beiden Goldschmiedearbeiten in Prag und in Wien hinzugezogen. (Kapitel III) Die physiognomischen Charakteristika auf dem Prager Reliquienkreuz und auf dem Wiener Reliquiar gleichen sich dabei so sehr, dass sie zusammenfassend beschrieben wurden. Die Bildquellen wurden mit den beiden erhaltenen Beschreibungen des Herrschers verglichen; die Diskussion findet sich zusammenfassend in Kapitel III.1.2.1. Als zweite Referenzquelle wurden die Ergebnisse der Knochenuntersuchungen wiedergegeben, die in den Jahren 1928 und 1976 an den Gebeinen aus der Krypta von St. Veit unternommen worden waren.

Im Rahmen der Untersuchung der Herrschaftsattribute Karls IV. (Kapitel III.2) wurden nicht nur die Bildquellen sondern auch die Siegelbildnisse und die erhaltenen realen Insignien betrachtet. Eine Zusammenfassung ist in Kapitel III.2.3 gegeben.

Kapitel IV beschreibt und diskutiert die Physiognomie und die Insignien auf den (traditionell) Karl IV. zugeschriebenen Bildnissen. In Kapitel IV.1 werden die Devotionsbilder, in Kapitel IV.2 die historischen Ereignisbilder, in Kapitel IV.3 die dynastischen und/oder Familienbildnisse, in Kapitel IV.4 schließlich die Kryptoporträts betrachtet. Die physiognomischen Charakteristika werden beschrieben und abwägend mit den Daten aus Kapitel III in Korrelation gesetzt. Gleiches wurde mit den Insignien getan. Die Identifikation mit Karl IV. wurde dabei für alle genannten Devotionsbilder als plausibel erachtet. Eine Zusammenfassung findet sich in Kapitel IV.1.9. Die historischen Ereignisbilder sind in Bezug auf eine Identifikation weniger eindeutig. Die drei Miniaturen aus dem Pontifikale des Albert von Sternberg zeigen weder eine einheitliche Physiognomie, noch einheitliche Insignien.

Die thronende kaiserliche Figur als Altstädter Brückenturm in Prag korrespondiert nicht nur mit den physiognomischen Eigenschaften der Büste Karls IV. im Prager Triforium; auch die Fülle der heraldischen Elemente setzt einen Schwerpunkt auf das Heilige Römische Reich sowie das Königreich Böhmen. Im Unterschied dazu treten

ZUSAMMENFASSUNG UND AUSBLICK

bei der sog. Altan-Szene in Mühlhausen die herrschaftlichen Attribute ganz in den Hintergrund. Der Vergleich mit der Triforiumsbüste respektive der Figur am Altstädter Brückenturm macht eine Identifikation mit Karl IV. plausibel.

Auch in der Gruppe der Kryptoporträts wird auf die Tradition der Bildniszuschreibung – vor allem in der historischen und kunsthistorischen Literatur – hingewiesen. Die Identifikation mit Karl IV. wurde mit Ausnahme des herrschaftlichen Paares auf fol. 2r (vol. 2) im Vyšehrader Antiphonar (Kapitel IV.4.1) sowie der ins Paradies geführten Figur im Kreuzgang des Emmausklosters (Kapitel IV.4.2) in Aussicht gestellt.

Als Exkurs beschreibt Kapitel V den Begriff 'Porträtrealismus' im unmittelbaren Umfeld Karls IV. Am Beispiel der Prager Triforiumsbüsten bezeichne ich mit Familienphysiognomie dabei die äußerlich sichtbaren Verwandtschaftsgrade der Familie Karls IV., die in der Literatur vereinzelt als stilistische Typisierung umschrieben werden. Die Bildnisse Annas von Schweidnitz und Elisabeths von Pommern sowie der beiden Erzbischöfe Ernst von Pardubitz und Jan Očko von Vlašim bieten einerseits eine thematische Weiterführung der Arbeit und zeigen andererseits Probleme und Grenzen der Ikonographie im Sinne der Beschreibung von Porträteigenschaften auf.

In Kapitel VI wurden ikonographische Traditionen von (Herrscher-) Bildnissen aufgezeigt, Einflüsse und mögliche Vorbilder auf Bildnisse Karls IV. angesprochen. Ein Vergleich der Bildnisse innerhalb der ikonographischen Gruppen wurde gezogen, auf Parallelen zu anderen Bildnissen hingewiesen. Innerbildliche kommunikative Elemente wurden benannt. Die Funktion der Bildnisse wurde untersucht. Der historische Kontext wurde im Bezug auf ikonographische Fragen, Funktionsbestimmungen und Interpretationsansätze berücksichtigt. Schließlich wurde das System aus Ikonographie und Datierung diskutiert.

ZUSAMMENFASSUNG UND AUSBLICK

Bei den Siegelbildnissen Karls IV. (Kapitel VI.1) lassen sich in zwei Typen unterschieden. Das eine zeigt den Herrscher thronend und frontal zum Betrachter gerichtet, beim anderen erscheint Karl (IV.) als Reiter. Ihre Traditionswege wurden unter besonderer Berücksichtigung der Přemyslidenfürsten aufgezeigt.

Bei den Devotionsbildern (Kapitel VI.2.2) findet der Demutsgestus vor dem segnenden Christus, vor Christus am Kreuz, vor Christus und Maria, vor Christus, Maria und Gottvater, vor dem Hl. Wenzel oder im Kontext des Jüngsten Gerichts statt. Den ikonographischen Vergleich, auch in Hinblick auf die innerbildliche Kommunikation, liefert die Zusammenfassung VI.2.3

Wie bereits erwähnt ist die Identifikation der Herrscherbilder im Pontifikale des Albert von Sternberg nicht eindeutig. Der Stifter Albert von Sternberg sowie das Jahr der Stiftung der Handschrift 1376 sind in der Handschrift selbst genannt. Die Ikonographie der Bildnisse in Korrespondenz mit verschiedenen Textquellen lassen die entsprechenden Miniaturen als historische Ereignisbilder erscheinen. Die Ereignisse selbst – eine langwierige Krankheit Karls IV. sowie seine Krönung zum böhmischen König, zusammen mit seiner Gattin Blanche de Valois – fanden in den Jahren 1350 und 1357 statt.

Mit Reliquienszenen bezeichne ich narrative Szenen, in denen Karl IV. Handlungen mit verschiedenen Reliquien vollzieht. (vgl. Kapitel VI.4) Auf dem Prager Reliquienkreuz, auf dem Wiener Reliquienkästchen sowie in den ersten beiden Szenen der Karlsteiner Marienkirche nimmt der Kaiser dabei die Rolle des Reliquienempfängers ein. In der dritten Karlsteiner Szene legt er eine Kreuzreliquie in ein Goldkreuz ein. Die Reliquienszenen lassen sich zumeist hervorragend mit erhaltenen Textquellen in Einklang bringen. Meine ikonographische Untersuchung setzt den Schwerpunkt bei den historischen Grundlagen für die Bildnisentstehung. Eine Zusammenfassung bietet Kapitel VI.4.6.

ZUSAMMENFASSUNG UND AUSBLICK

Die Ikonographie der Dynastischen Bildnisse – Familienbildnisse (Kapitel VI.5) beschreibt das Skulpturenprogramm am Altstädter Brückenturm und die sog. Altanszene der Marienkirche in Mühlhausen sowie den Büstenzyklus in St. Veit.

Das Altstädter Brückenturm (Kapitel VI.5.1) steht dabei nicht nur in der Tradition von repräsentativen Herrscherbildnissen an Brückenbauten (z.B. Steinernen Brücke in Regensburg, Judithbrücke in Prag) sondern zeigt durch den Reichtum an Insignien und heraldischen Elementen Parallelen in der Siegelikonographie. In Hinblick auf allgemeine Bildnisfragen wurde die Verbindung zu den Statuen Papst Bonifaz VIII. beschrieben.

Drei inhaltliche Schwerpunkte wurden beim Büstenzyklus im Prager Dom (Kapitel VI.5.3) konstatiert: den genealogisch-dynastischen in der Tradition von Herrscher- und Ahnenreihen, den politischen bzw. kirchenpolitischen sowie den memorialen/sepulkralen.

Kapitel VI.6 gliedert die Kryptoporträts Karls IV. in ikonographische Typen bzw. Personen. Das sind Elias, Melchisedech, Konstantin der Große, ein Magier bei der Geburt Christi und möglicherweise Christus selbst. Interpretative Überlegungen dazu basieren im Wesentlichen auf Bibeltexten und ihre Exegese sowie zeitgenössischen Textquellen.

Die für den Verfasser wichtigen Zusammenfassungen wurden an den entsprechenden Stellen im Text gegeben. (Kapitel III. 1.2.1 und 2.3, Kapitel IV. 1.9, Kapitel VI. 4.6) und finden sich in Tabellenform im Anhang. (Kapitel VIII)

Im Folgende soll auf verschiedene Aspekte zur Ikonographie Kaiser Karls IV. aufmerksam gemacht werden, die in der Arbeit selbst zu kurz kamen und die zu weiter führenden Forschungen einladen:

ZUSAMMENFASSUNG UND AUSBLICK

Es werden Bildnisse Karls IV. diskutiert, die vor allem in Böhmen und zu Lebzeiten des Kaisers entstanden sind. Als Eckdaten sind demnach die Jahre 1316 und 1378 anzugeben. Von den außerhalb des böhmischen Königreichs entstandenen Werke wurde lediglich die Figurengruppe der Mühlhausener Marienkirche berücksichtigt.

Einen Überblick über die außerhalb Böhmens entstandenen Bildnisse liefert WAMMETSBERGER.[437] Sie verfolgt außerdem die Bildnisse Karls IV. post mortem bis ins 15. Jh. Interessant wäre eine Ikonographie des Kaisers bis in die Neuzeit.

Die Ergebnisse osteologischer Untersuchungen der sterblichen Überreste Karls IV. fanden Eingang in diese Arbeit. Die den Beschreibungen und Ergebnissen zu Grunde liegenden Daten der Knochenvermessungen blieben unberücksichtigt. Eine Übertragbarkeit sollte jedoch auf die Bildnisse, vor allem die Plastiken, möglich sein.

Mit Kapitel V wurde darauf hingewiesen, dass das Phänomen, physiognomische Charakteristika in Bildnisse zu integrieren, offenbar nicht alleine auf die Person Karls IV. beschränkt blieb, sondern bei verschiedenen Mitgliedern des Prager Hofes anzutreffen ist. Osteologische Untersuchungen zu verschiedenen Mitgliedern des Prager Hofs (u.a. die Gemahlinnen Karls IV., Wenzel IV. sowie Johanna von Bayern) stehen dabei zur Verfügung.(siehe auch Kapitel V. 2)

---

[437] vgl. WAMMETSBERGER, H., Individuum, 1967, S. 88ff

VIII. TABELLEN

Tabelle 1.1 Physiognomie Bildquellen

	Marienkirche Karlstein (Reliquienszenen)		Triforium St. Veit	Reliquienkreuz/ Reliquienkästchen	
Physis					
Größe	größer als die Assistenzfiguren				
Haltung	bucklig			bucklig	
Physiognomie					
Wangen	hervortretende Wangen		hervortretende Wangen	hervortretende Wangen	
Augen	große Augen; 1. Szene: etwas auseinander stehend		große Augen; etwas auseinander stehend	etwas auseinander stehend	
Mund		2., 3. Szene: leichter Überbiss des Oberkiefers	Leichter Überbiss des Oberkiefers		
Nase	1. Szene: lang, gerade, spitz	lang; breite Nasenflügel	groß breiter Rücken; breite Nasenflügel	lang, gerade; markante Nasenflügel	
Stirn	Stirn fast senkrecht ansteigend; Prominenzen über den Augen; 2. Szene: Prominenz zwischen den Augenbrauen		hohe Stirn, fast senkrecht ansteigend; Prominenzen über den Augen und zwischen den Augenbrauen	Reliquienkästchen: Prominenzen über den Augen	
Haare	schulterlang		kopflang	gewellt, schulterlang	
Bart	1.Szene: Vollbart 2.und 3.Szene:Oberlippenbart und Kinnbart		Oberlippenbart und Kinnbart	Vollbart, am Kinn zweigeteilt	Reliquienkreuz, Reliquienszene: Oberlippenbart und zweigeteilter Kinnbart

Tabelle 1.2 Physiognomie Textquellen

	Villani	Ebendorfer
Physis		
Größe	klein bis mittelgroß	klein
Haltung	bucklig	
Physiognomie		
Wangen	breites Gesicht/ hervortretende Wangen	
Augen	große Augen	
Mund		
Nase		
Stirn	Stirnglatze	
Haare	schwarze Haupthaare	
Bart	schwarze Barthaare	

Tabelle 1.3 Ornat und Attribute Bildquellen

	Marienkirche Karlstein	Triforium	Reliquienkreuz	Reliquienkästchen
Inschrift	*karolus IIII imperator*	*Karolus IIII Imp[er]ator ro[ma]noru[m] et boemie rex*	*... karolo iiii impe[r]atori romano[r]u[m]* und *ka[r]olus qua[r]tu[s] romano[r]u[m] i[m]perator*	*KAROLUS QUARTUS [I] MPERATOR*
Ornat	Szene 1: langärmeliges Untergewand; ärmelloser, innen grün gefütterter, außen weißer Mantel mit Muster: paarweise einander zugewandte papageienähnliche Vögel mit roten Schnäbeln und roten Krallen Szene 2: rotes, langärmeliges Untergewand mit rotem, innen mit Hermelin gefütterten Mantel darüber Szene 3: roter Brokatmantel mit goldenem vegetabilem Muster und grünem Innenfutter über roten Untergewändern		langes Untergewand; Pluviale, die an der Brunst von einer Rundfibel zusammengehalten wird; breite Bordüre an der Vorderseite; Reliquienszene: Pluviale trägt ein Muster aus Vierpässen und darin eingeschriebene stilisierte, nach links blickender Adler	langärmeliges Untergewand Mantel mit breiter Bordüre an der Vorderseite
Kopfbedeckung				
Krone	Bügelkrone ;Reif mit stilisierten Lilien an der Oberseite; Bügel mit Knäufen besetzt; goldene Pendilien über den Schläfen	Krone zerstört; beiderseits des Kopfes; fünfendige Pendilien	Bügelkrone; Reif mit stilisierten Lilien besetzt; Knauf am Scheitelpunkt des Bügels	Bügelkrone Reif mit stilisierten Lilien Bügel mit Knäufen besetzt
Mitra	doppelspitzige weiße Mitra mit infulae		doppelspitzige Mitra mit infulae	doppelspitzige Mitra mit infulae
Wappenschilde		Böhmischer Löwe links, Reichsadler rechts		

TABELLEN

Tabelle 2 Siegelbildnisse

	Siegel, Kat. Nr. 1.1	Siegel, Kat. Nr. 1.2	Siegel, Kat. Nr. 1.3
Herrschaftsstatus gemäß Inschrift	*marchio moravie*	*rex boemie comes lucemburgensis*	*rex romanorum rex boemie*
Attribute			
allgemein	Schwert in seiner rechten Hand, viergeteilter Schild in seiner Linken	Lilienkrone; Szepter in seiner rechten Hand, Reichsapfel mit Kreuz in seiner Linken	Lilienkrone; Szepter in seiner rechten Hand, Reichsapfel mit Kreuz in seiner Linken
Wappenschilde	Viergeteilter Wappenschild: Böhmischer Löwe, zweimal Luxemburger Löwe, Mährischer Adler	zwei Wappenschilde: Böhmischer Löwe Luxemburger Löwe	zwei Wappenschilde: Reichsadler Böhmischer Löwe

	Siegel, Kat. Nr. 1.4	Siegel, Kat. Nr. 1.5	Siegel, Kat. Nr. 1.6
Herrschaftsstatus gemäß Inschrift	*rex romanorum rex boemie*	*imperator romanorum rex boemie*	*imperator romanorum rex boemie*
Attribute			
allgemein	Laub- oder Lilienkrone mit infulae; Szepter in seiner rechten Hand, Reichsapfel mit Kreuz in seiner linken	Bügelkrone und zweigeteilte Mitra; Szepter in seiner rechten Hand, Reichsapfel mit Kreuz in seiner linken	Bügelkrone und zweigeteilte Mitra; Szepter in seiner rechten Hand, Reichsapfel mit Kreuz in seiner linken
Wappenschilde		zwei Wappenschilde: Reichsadler Böhmischer Löwe	zwei Wappenschilde: Reichsadler Böhmischer Löwe

TABELLEN

Tabelle 3.1 Physiognomie Devotionsbilder

	Pontifikale des Albert von Sternberg, fol. 34v	MSS Lat. 284 I-II, Kraków, fol. 4r	Wenzelskapelle, St. Veit
Physis			
Größe			
Haltung			
Physiognomie			
Wangen			markante Wangen
Augen	etwas eng stehende Augen		etwas auseinander stehend
Nase	lange gerade Nase	große Nase	lange und gerade Nase
Stirn	hohe Stirn	hohe Stirn	
Haare			Haare fallen auf die Schultern
Bart	fast Vollbart	Vollbart	dunkler Vollbart

	Votivbild des Jan Očko von Vlašim	Katharinenkapelle, Karlstein	Mosaik der Porta Aurea, St. Veit
Physis			
Größe			
Haltung		bucklig	leicht bucklig
Physiognomie			
Wangen			
Augen	große braune Augen		eng stehend
Nase	lang, leicht konkav gebogen mit breiten Nasenflügeln		lang und gerade
Stirn	hohe Stirn	hohe Stirn, hervortretende Augenbrauenpartie	hohe Stirn
Haare	lang und schwarz, fallen auf die Schulter	dunkelbraune haare	Haare fallen auf die Schulter
Bart	fast Vollbart	Vollbart	Oberlippenbart und Kinnbart, der sich unten zweiteilt

217

Tabelle 3.2 Ornat, Attribute und Gesamtikonographie Devotionsbilder

	Pontifikale des Albert von Sternberg, fol. 34v	MSS Lat. 284 I-II, Kraków, fol. 4r
Ornat	Mantel mit Fibel; langärmeliges Untergewand	Mantel und langärmeliges Untergewand
Kopfbedeckung		
Krone	Bügelkrone mit Knauf am Scheitelpunkt des Bügels	Bügelkrone reich verziert, mit stilisierten Lilien oder Dreipässen besetzt
Mitra	doppelspitzige weiße Mitra	doppelspitzige Mitra mit infulae
Attribute		
Gesamtikonographie	Variation eines Noli me tangere; Christus stehend mit Kreuznimbus, Lendenschurz und Wundmalen; er hebt seine rechte Hand und deutet auf seine Seitenwunde; er ist nach links gewendet; links und rechts davon zwei devotionale Figuren; zur Linken ein Bischof, zur Rechten Karl IV. in Blickkontakt mit Christus	thronender Christus, der seine rechte Hand zum Segensgestus erhoben hat und in seiner Linken einen goldenen Apfel hält. Devotionsfiguren entsprechend Pontifikale.

	Wenzelskapelle, St. Veit	Votivbild des Jan Očko von Vlašim
Ornat	goldener Mantel mit vegetabilem Muster überzogen; langärmeliges Untergewand	weißer Mantel mit goldenen vegetabilen Ornamenten; Untergewand entsprechend; mit Gürtel; rotes Untergewand mit langen Ärmeln
Kopfbedeckung		
Krone	reich verzierte Bügelkrone	Bügelkrone, reich mit Edelsteinen besetzt, am Reif mit Spitzen besetzt und mit Dreipässen; Pendilien
Mitra	doppelspitzige Mitra	weiße doppelspitzige Mitra mit infulae
Attribute		Wappenschild mit Reichsadler
Gesamtikonographie	Deesis; zwei Figuren links und rechts vom Kreuzfuß in devotionaler Haltung; außerdem rechts von Johannes weibliche Devotionsfiguren, links von Maria Karl IV.	thronende Madonna (Dexiokratusa) mit Apfel in der Hand; Blickkontakt zwischen Maria und Christus; Christus reicht Karl seine rechte Hand; rechts Wenzel kniend mit dem Hl. Wenzel hinter ihm stehend, links Karl IV. kniend mit Hl. Sigismund hinter ihm stehend

TABELLEN

Tabelle 3.3 Ornat, Attribute und Gesamtikonographie Devotionsbilder

	Katharinenkapelle, Karlstein	Relief der Maria-Schnee-Kirche, Prag
Ornat	roter Mantel; mintgrünes Untergewand	Mantel
Kopfbedeckung		
Krone	Bügelkrone, mit Dreipässen oder stilisierten Lilien besetzt; Pendilien	
Mitra	weiße doppelspitzige Mitra mit infulae	
Attribute		Buchstabe „K" an der rechten Figur; Wappenschild der Markgrafschaft Mähren
Gesamtikonographie	Maria Hodegetria, d.h. thronende Muttergottes, Christus sitzt auf ihrem linken Bein; dabei kein Blickkontakt mit dem Betrachter, sondern mit den beiden links und rechts vom Thron knienden Figuren; Maria reicht der weiblichen Figur die Hand, Christus Karl IV.; beide Devotionsfiguren ergreifen die Hände; flankierende Apostel Petrus und Paulus an den Innenwänden der Nische	thronender Gottvater als Gnadenstuhl, darunter Marienkrönung mit Christus auf der rechten und Maria auf der linken Seite

	Mosaik der Porta Aurea, St. Veit	Prager Universitätssiegel
Ornat	roter Mantel	Kettenhemd, Brustpanzer, gepanzerter Rock, kniehohe Stiefel; Schwert
Kopfbedeckung		
Krone	Bügelkrone mit Kreuz am Scheitelpunkt des Bügels und an der Stirnseite des Reifs; Reif mit stilisierten Lilien besetzt; Bügel mit Knäufen; Pendilien	Lilienkrone
Mitra	doppelspitzige weiße Mitra	
Attribute		
Gesamtikonographie	Weltgericht; Christus in der Mandorla, die von Engeln getragen wird; darunter die böhmischen Landespatrone; darunter zur Linken Christi weibliche Devotionsfigur, zur Rechten Karl IV.	Devotion vor bzw. Dedikation an den Hl. Wenzel Flankierende Wappenschilde mit dem Böhmischen Löwen rechts, dem Reichsadler links im Bild

TABELLEN

Tabelle 4.1 Physiognomie historische Ereignisbilder

	Pontifikale des Albert von Sternberg, fol. 161r	Pontifikale des Albert von Sternberg, fol. 224v	Pontifikale des Albert von Sternberg, fol. 226v
Physis			
Größe			
Haltung	sitzend, kleiner als die Assistenzfiguren		
Physiognomie	rundes, mondförmiges Gesicht		
Wangen		hervortretende Wangen	hervortretende Wangen
Augen	Kleine Augen, eng zusammen stehend		
Mund			
Nase	lang, gerade, spitz	lang und gerade mit breiten Nasenflügeln	lang und gerade mit breiten Nasenflügeln
Stirn	hohe Stirn	hohe Stirn	hohe Stirn
Haare	braune, gewellte, schulterlange Haare	dunkle, gewellte Haare, kopflang	dunkle, gewellte Haare, kopflang
Bart	ohne Bart	Vollbart	Vollbart

TABELLEN

Tabelle 4.2 Ornat, Attribute und Gesamtikonographie historische Ereignisbilder

	Pontifikale des Albert von Sternberg, fol. 161r	Pontifikale des Albert von Sternberg, fol. 224v	Pontifikale des Albert von Sternberg, fol. 226v
Ornat	blauer Mantel über rotem Untergewand		
Kopfbedeckung			
Krone	Goldkrone mit drei stilisierten Lilien auf der Oberseite	Goldkrone mit drei stilisierten Lilien auf der Oberseite	Goldkrone mit drei stilisierten Lilien auf der Oberseite
Mitra			
Attribute	Szepter mit stilisierten Lilien am oberen Ende in der linken, Sphaira in der rechten Hand		
Gesamtikonographie	Krönung durch zwei Bischöfe	Hl. Kommunion am Krankenbett	Krankensalbung

Tabelle 5.1 Physiognomie dynastische Bildnisse-Familienbildnisse

	Altstädter Brückenturm, Prag	Marienkirche, Mühlhausen
Physis		
Größe		
Haltung	gebückt	
Physiognomie	breites Gesicht	
Wangen	hervortretende Wangen	hervortretende Wangen
Augen	große Augen	
Mund	leichter Überbiss des Oberkiefers	leichter Überbiss des Oberkiefers
Nase	lang und gerade; breite Nasenflügel; hervortretende Nasenwurzel	lang und gerade; breite Nasenflügel
Stirn		fast senkrecht ansteigende hohe Stirn
Haare	schulterlang	gewellt, schulterlang
Bart	Oberlippenbart und Kinnbart	kurzer Kinnbart und Oberlippenbart

TABELLEN

Tabelle 5.2 Ornat, Attribute und Gesamtikonographie dynastische Bildnisse–Familienbildnisse

	Altstädter Brückenturm, Prag	Marienkirche, Mühlhausen
Ornat	Mantel und langärmeliges Untergewand; spitz zulaufende Schuhe; Schulterüberwurf aus aneinander gereihten Platten	langarmiges Untergewand; kaselartiges Obergewand und ein mit Knöpfen im Schulterbereich versehener Umhang darüber
Kopfbedeckung		
Krone	Plattenbügelkrone aus zwölf Platten, die oben abgerundet sind. Die vier Platten an Stirn- und Rückseite sowie an den beiden Seiten sind dabei größer; Pendilien	ursprünglich vermutlich Krone auf dem Haupt; unteres Ende des Kronreifes noch erhalten
Mitra	zweispitzige Mitra	
Attribute	Szepter bzw. Schwert und Reichsapfel mit Kreuz; am Baldachin über der Figur Wappenschilde mit dem Reichsadler und dem Böhmischen Löwen; rechts von der Figur Flügelhelm auf dem Wappenschild des römischen Reiches sitzend	
Gesamt-ikonographie	Die sitzende Figur Karls IV. ist Teil eines komplexen ikonographischen Programms, das die gesamte Ostfassade des Altstädter Brückenturmes umfasst. Die zentrale Figurengruppe formiert sich aus dem Hl. Veit, auf dem Brückenmodell der Karlsbrücke stehend, zu dessen Linken sich die sitzende Figur Wenzels IV. und zu dessen Rechten sich diejenige Karls IV. befindet. Oberhalb der Figurengruppe stehen die Hll. Adalbert und Sigismund. Das skulpturale Programm wird ergänzt durch eine Reihe von Wappenschilden.	Die Figur Karls IV. steht unmittelbar in Zusammenhang mit der Figur der Herrscherin zu seiner Rechten und den beiden flankierenden Hofangestellten auf dem Altan. Mittelbar ist die Altan-Szene in das plastische Programm der Südfassade eingebunden. Es zeigt oberhalb des Altans die Anbetung der Magier sowie den thronenden Christus in der Mandorla.

TABELLEN

Tabelle 6.1 Physiognomie Kryptoporträts

	Na Slovanech, Prag, Kreuzgang I	Na Slovanech, Prag, Kreuzgang II	Antiphonar von Vyšehrad, fol. 8r
Physis			
Größe	entsprechend dem Gegenüber	kleiner als Gottvater	
Haltung	Bereich Schulter-Hals leicht nach vorne gebeugt	gebeugt	
Physiognomie			
Wangen	markante Wangen		
Augen		Klein	große runde Augen
Mund	leichter Überbiss des Unterkiefers		leichter Überbiss des Oberkiefers
Nase	relativ groß, leicht konkav geschwungener Nasenrücken, breite Nasenflügel	Nase und Stirn gehen ohne Absatz ineinander über und haben den gleichen Winkel	groß und lang, konkav gebogen
Stirn	Senkrecht ansteigend	Fliehende, gewölbte Stirn	leicht gewölbt
Haare	fallen wohl auf die Schultern	fallen auf die Schultern	grau, kopflang
Bart	Oberlippenbart und Kinnbart	zotteliger Vollbart	grau, Vollbart

	Missale des Johann von Neumarkt, fol. 184r	Missale des Johann von Neumarkt, fol. 83r	Karlstein, Katharinenkapelle
Physis			
Größe			
Haltung			
Physiognomie	schmales Gesicht	breites Gesicht	
Wangen		hervortretende Wangen	hervortretende Wangen
Augen	eng stehende Augen		
Mund	kleiner Mund mit dicken Lippen		leichter Überbiss des Oberkiefers
Nase		lang und gerade	lang und gerade; breite Nasenflügel
Stirn		hohe Stirn	
Haare	braun, schulterlang, gewellt	gewellte, schulterlange, braune Haare	gewellte, schulterlange, braune Haare
Bart	Vollbart	brauner Vollbart, am Ende zweigeteilt	brauner Vollbart

Tabelle 6.2 Physiognomie Kryptoporträts

	Karlstein, Kreuzkapelle	Morgan-Tafel	Liber Viaticus des Johann von Neumarkt, fol. 97v
Physis			
Größe	die anderen Könige überragend		
Haltung	devotionale Haltung	stehend	stehend
Physiognomie		breites Gesicht	
Wangen		markante Wangen	markante Wangen
Augen	Prominenz zwischen den Augenbrauen	große Augen	etwas auseinander stehend, prominente Partie über den Augen
Mund	leichter Überbiss des Oberkiefers	Tendenz zum Überbiss des Oberkiefers, leicht fliehendes Kinn	
Nase	groß, leicht konkav gebogen, breite Nasenflügel	lange und gerade Nase	große und lange Nase, breite Nasenflügel
Stirn	hohe, gebogene Stirn		hohe Stirn
Haare		braune, schulterlange Haare	dunkle, gewellte, schulterlange Haare
Bart	Vollbart	brauner Vollbart	Vollbart

TABELLEN

Tabelle 6.3 Ornat, Attribute und Gesamtikonographie Kryptoporträts

	Na Slovanech, Prag, Kreuzgang I	Na Slovanech, Prag, Kreuzgang II	Antiphonar von Vyšehrad, fol. 8r
Ornat	roter Mantel	roter Mantel, blaues Untergewand	grünes Untergewand, außen roter, innen blauer Umhang
Kopfbedeckung			
Krone			Goldkrone mit drei sichtbaren dreipassförmigen Aufsätzen
Mitra			
Attribute			Kelch mit darüber schwebender Hostie
Gesamt-ikonographie	Elias erhält von der Witwe von Sarepta Wasser (1 (3) Könige17,8ff)	Bildunterschrift: *introductio enoch et elye* Gottvater fasst die Figur an der Hand, will sie ins Paradies führen	Melchisedech

TABELLEN

Tabelle 6.4 Ornat, Attribute und Gesamtikonographie Kryptoporträts

	Missale des Johann von Neumarkt, fol. 184r	Missale des Johann von Neumarkt, fol. 83r	Katharinen-kapelle, Karlstein
Ornat	blauer, innen rot gefütterter Mantel. Zwei goldene, sich vor der Brust kreuzende Gürtel.	Mantel mit einem mit Hermelin besetzten Kragen	goldenes, langärmeliges Untergewand; goldener Mantel darüber mit Bordüre, die schwarze, stilisierte, nach links blickende Adler zeigt
Kopfbedeckung			
Krone	Bügelkrone, am Reif mit stilisierten Dreipassformen besetzt.	Goldkrone mit gestelzten Dreipassformen an der Oberseite	Bügelkrone mit Pendilien, die auf die Schultern fallen
Mitra	doppelspitzige weiße Mitra		doppelspitzige weiße Mitra mit infulae
Attribute	Sphaira in der linken, Szepter in der rechten Hand	Kelch	
Gesamt-ikonographie	Maiestas Domini	Melchisedech	Konstantin, mit Helena das Kreuz haltend

	Karlstein, Kreuzkapelle	Morgan-Tafel	Liber Viaticus des Johann von Neumarkt, fol. 97v
Ornat		roter Mantel mit geometrischem Muster und Adlermotiven	Mantel mit einem mit Hermelin besetzten Kragen
Kopf-bedeckung			
Krone	Goldkrone	Krone mit gestelzten Vierpassformen an der Oberseite	Krone mit stilisierten Lilien auf der Oberseite
Mitra			mitraähnliche, zwiebelförmige Haube
Attribute	Kelch	Kelch in beiden Händen	Kelch in einer Hand
Gesamt-ikono-graphie	Dritter König bei der Anbetung der Magier	Zweiter König bei der Anbetung der Magier	Zweiter König bei der Anbetung der Magier

IX. KATALOG DER BILDNISSE KARLS IV.

Kat. Nr. 1

SIEGELBILDNISSE

Kat. Nr. 1.1   **Abb. 15**

Wachssiegel mit Karl als Markgraf von Mähren, vor 1346
Vorderseite

Umschrift:
KAROLUS P[RI]MOG[EN]IT[US] REGIS BOEMIE MARCHIO MORAVIE
(Posse, Bd. 2, Tf. 1,1)

Kat. Nr. 1.2   **Abb. 16**

Siegel mit Karl als böhmischer König und Graf von Luxemburg, 1346
Vorderseite

Umschrift:
[KA]ROLUS DEI GRACIA BOEMIE REX ET LUCEMBURGENSIS COMES
(Posse, Bd. 2, Tf. 1,3)

Kat. Nr. 1.3   **Abb. 17**

Wachssiegel mit Karl als böhmischer und römischer König, ab 1346
Vorderseite

KATALOG

Umschrift:
KAROLUS DEI GRACIA ROMANORUM REX SEPMPER AUGUSTUS ET BOEMIE REX
(Posse, Bd. 2, Tf. 1,5)

Kat. Nr. 1.4 Abb. 18

(Königliche) Goldbulle, ab 1347

Vorderseite

Inschrift:
KAROLUS DEI GR[ACI]A ROMANOR[UM] REX SEMP[ER] AUGUSTUS ET REX BOEMIE

Rückseite

Inschrift:
ROMA CAPUT MUNDI REGIT ORBIS FRENA ROTUNDI AUREA ROMA
(Posse, Bd. 2, Tf. 2,1)

Kat. Nr. 1.5 Abb. 19

(Kaiserliche) Goldbulle, ab 1355
Vorderseite

Inschrift:
KAROLUS QUARTUS DIVINA FAVENTE CLEMENCIA ROMANOR[UM] IMPERATOR SEMP[ER] AUGUSTUS ET BOEMIE REX
(Posse, Bd. 2, Tf. 3,6)

KATALOG

Kat. Nr. 1.6   Abb. 20

Wachssiegel mit Karl als böhmischer König und römischer Kaiser, ab 1355

Vorderseite

Inschrift:

Karolus Quartus Divina favente clemencia Romanor[um] Imperator semper Augustus et Boemie Rex

(Posse, Bd. 2, Tf. 3,4)

Literatur für Kat. Nr. 1.1 – 1.6:

ČAREK, J., O pečetech, 1938, S 1-56 - COLSMANN, G., Denkmale, Bd. 2, 1955, S. 251f. - DIEDERICH, T., in: Parlerkatalog, Bd. 3, 1978, S. 151ff - KRÁSA, J., Karlovy pečeti, in: Vaněček, V. (Hg.), Karolus Quartus, Praha 1984, S. 405-418 - POSSE, O., Siegel, Bd. 1, 1909; Bd. 2, 1910 - VOLKERT, W., Siegel, 1978, S. 308-312 - ZELENKA, A., Bemerkungen, 1978, S. 312-31

Kat. Nr. 1.7   Abb. 26

Siegel der Karlsuniversität, Prag

(Praha, Archiv Univerzity Karlovy/Prag, Archiv der Karlsuniversität)

zwischen 1348 und 1355

Siegelstock Silber, Durchmesser 60,5mm

Umschrift:

SIGILLVM UNIVERSITATIS SCOLARVM STVDII PRAGENSIS

Literatur:

PEŠINA, J., Podoba, 1955, S. 19 - ŠMAHEL, F., Rätsel, 2002 - STEJSKAL, K., Kultur, 1978, S. 233 - WAMMETSBERGER, H., Individuum, 1967, S.88

KATALOG

Kat. Nr. 2

KARLŠTEJN, KAPLE SV. KATEŘINY

(Karlstein, Katharinenkapelle)

Kat. Nr. 2.1

Altarbild

um 1356/1357

Literatur:

BOUŠE, Z., MYSLIVEC, J., Sakrální prostory, 1971, S. 280-282 - České umění gotické 1350-1420. Ausstellungskatalog, Praha 1970, S. 187f. - COLSMANN, G., Denkmale, Bd. 2, 1955, S. 183-185 - DVOŘÁKOVÁ, V. u.a., Gothic mural painting, 1964, S. 58, S. 86f. - DVOŘÁKOVÁ, V., MENCLOVÁ, D., Karlštejn, 1965, S. 84ff, S. 136 - FAJT, J. (Hg.), Theodoricus, 1998, S. 141f. - HERZOGENBERG, J.v., Bildnisse, 1978, S. 332 - HOMOLKA, J., Programme, 1978, S. 611 - KRAMÁŘ, V., Madona se sv. Kateřinou a Markétou Městského musea v Českých Budějovicích, Praha 1937 (Madonna mit der heiligen Katharina und Margarethe im Museum zu böhm. Budweis, dt. Zf. S. 39-58), S. 37, S. 52ff - KRAMÁŘ, V., La peinture, 1928, S. 206 - KVĚT, J., Vznik národního slohu v české knižní malbě, in: Příspěvky k dějinám umění. Acta Universitatis Carolinae, Praha 1960, S. 31-42, (La naissance du style national dans la miniature gothique en Bohême, franz. Zf. S. 46f.), S. 31ff - NEUWIRTH, J., Wandgemälde Karlstein, 1896, S. 43ff - OETTINGER, K., Altböhmische Malerei, in: Zeitschrift für Kunstgeschichte 6, 1937, S. 397-406, S. 402 - PAVELKA, J., Karlstejnské malby, 1949, S. 134 - PEŠINA, J., Podoba, 1955, S. 22 - POCHE, E., KROFTA, J., Na Slovanech,1956, S. 145 - SCHRAMM, P.E., MÜTHERICH, F., Denkmale, Bd. 2, 1978, S. 63 - STANGE, A., Deutsche Malerei, S. 20 - STEJSKAL, K., in: Parlerkatalog, Bd. 2, 1978, S.722 - STEJSKAL, K., Kultur, 1978, S.110f., S. 223f. - STEJSKAL, K., O malířích, 1967, S. 8ff, S. 18ff - WAMMETSBERGER, H., Individuum, 1967, S. 85, S. 89

KATALOG

Kat. Nr. 2.2

Supraporta

kurz vor oder um 1360

Abb. 33

Literatur:

BOUŠE, Z., MYSLIVEC, J., Sakrální prostory, 1971, S. 282 - České umění gotické 1350-1420. Ausstellungskatalog, Praha 1970, S. 188 - CHADRABA, R., Tradice druhého Konstantina a řecko-perská antiteze v umění Karla IV., in: Umění 16, 1968, S. 567-603 (Die Tradition des zweiten Kontantin und die griechisch-persische Antithese in der Kunst Karls IV., dt. Zf. S. 603) - CHADRABA, R., Triumph-Gedanke, 1967, S. 63ff - CHYTIL, K., K dátování, 1924, S. 26-40 - COLSMANN, G., Denkmale, Bd. 2, 1955, S. 183-185 - DVOŘÁKOVÁ, V., MENCLOVÁ, D., Karlštejn,1965, S. 91ff - DVOŘÁKOVÁ, V., Mezinárodní význam karlštejnského dvorského ateliéru malířského, in: Umění 12, 1964, S. 362-385 (Die internationale Bedeutung des Karlsteiner höfischen Malerateliers, dt. Zf. S.385f.), S. 380 - FAJT, J. (Hg.), Theodoricus, 1998, S. 143 - FRIEDL, A., Mikuláš Wurmser, 1956, S. 39f. - FRIEDL, A., Theodorikův epigon, 1958, S. 104ff - HERZOGENBERG, J.v., Bildnisse, 1978, S. 332 - HOMOLKA, J., Programme, 1978, S. 611 - KRAMÁŘ, V., Madona,1937, S. 37, S. 52ff - NEUWIRTH, J., Wandgemälde Karlstein, 1896, S. 43ff - PEŠINA, J., Podoba, 1955, S. 22 - ROSARIO, I., Art, 2000, S. 40ff - SCHRAMM, P.E., MÜTHERICH, F., Denkmale, Bd. 2, 1978, S. 63 - STEJSKAL, K., in: Parlerkatalog, Bd. 2, 1978, S. 722 - STEJSKAL, K., Kultur, 1978, S. 110f., S. 223f. - WAMMETSBERGER, H., Individuum, 1967, S. 89

KATALOG

Kat. Nr. 3   Abb. 34

KARLŠTEJN, KAPLE SV. KŘÍŽE

(Karlstein, Kreuzkapelle)

Epiphanie-Szene in der nordöstlichen Fensternische

1365-1367

Literatur:

CHYTIL, K., K dátování, 1924, S. 26-40 - DVOŘÁKOVÁ, V., Mezinárodní význam, 1964, S. 368ff - DVOŘÁKOVÁ, V. u.a., Gothic mural painting, 1964, S. 62ff - FAJT, J. (Hg.), Theodoricus, 1998, S. 498f. - FRIEDL, A., Magister Theodoricus, 1956, S. 57f. - FRIEDL, A., Mikuláš Wurmser, 1956, S. 40ff - HOMOLKA, J., Poznámky ke karlštejnským malbám, in: Umění 45, 1997, S. 122-140 (On the paintings at Karlstejn, engl. Zf. S. 122), S. 122-130, S. 122 und S. 133-136 - KARŁOWSKA, A., Malowidła ścienne z XIV wieku v Małujowicach kolo Brzegu, in: Zeszyty Naukowe Uniwersitetu im. A. Mickiewicza w Poznaniu. Historia Sztuki, Zeszyt 3,1961, S. 47-75 (Wandmalereien aus dem 14. Jahrhundert in Malujuwice bei Brzeg, dt. Zf. S. 74f.) - KRAMÁŘ, V., Madona, 1937, S. 36ff, S. 52ff - KRAMÁŘ, V., La peinture, 1928, S. 206 - KUBÁTOVÁ, T., Zpodobnění Karla IV. mistrem Theodorikem na Karlštejně, in: Umění 1, 1953, S. 210-214 (Die Darstellungen Karls IV. durch Meister Theoderich auf Karlstein), S. 210-214 - NEUWIRTH, J., Wandgemälde Karlstein, 1896, S. 65ff - PEŠINA, J., K nové syntéze dějin gotického umění, in: Umění 21, 1973, S. 240-247 (Zur neuen Synthese der Geschichte der gotischen Kunst) - PEŠINA, J., Podoba, 1955, S. 24ff - PODLAHA, A., HILBERT, K., Metropolitní chram, 1906, S. 222 - ROSARIO, I., Art, 2000, S. 101f. - SCHMIDT, G., Malerei, 1969, S. 202 - Stejskal,K., in: Parlerkatalog, Bd. 2, 1978, S. 725f. - STEJSKAL, K., Kultur, 1978, S. 122, S. 125ff - STEJSKAL, K., Theoderik, Byzanc a Banátky, in: Umění a řemesla II, 1978, S. 30-37 (Theoderich, Byzanz und Venedig, S. 30-37 - WAMMETSBERGER, H., Individuum, 1967, S. 89

KATALOG

Kat. Nr. 4   Abb. 4 – Abb. 6, Abb. 12 – Abb. 14

KARLŠTEJN, KOSTEL P. MARIE

(Karlstein, Marienkirche)

Reliquienszenen der Südwand

1356/57

Literatur:

České umění gotické 1350-1420. Ausstellungskatalog, Praha 1970, Nr. 260 - BOUŠE, Z., MYSLIVEC, J., Sakrální prostory, 1971, S. 282-285 - CHADRABA, R., Staroměstská mostecká věž, 1971, S. 67ff - CHYTIL, K., K dátování, 1924, S. 26-40 - COLSMANN, G., Denkmale, Bd. 2, 1955, S. 179-183 - DVOŘÁKOVÁ, V., Ideological Design, 1964, S.56ff - DVOŘÁKOVÁ, V.,MENCLOVA, D., Karlštejn, 1965, S. 77ff - DVOŘÁKOVÁ, V., Mezinárodní význam, 1964, S. 370ff - DVOŘÁKOVÁ, V., Karlštejn Castle-Phases I and II of the Pictorial Decoration-Stylistic Analysis, in: Dvořáková, V., u.a., Gothic mural painting in Bohemia and Moravia 1300-1378, London 1964, S. 80-100 S. 89ff - FAJT, J. (Hg.), Theodoricus, 1998, S. 145f. - FRIEDL, A., Mikuláš Wurmser, 1956, S. 31ff - HERZOGENBERG, J.v., Bildnisse, 1978, S. 331f. - HOMOLKA, J., Poznámky, 1997, S. 122-130 - HOMOLKA, J., Programme, 1978, S. 611 - KRAMÁŘ, V., Madona, 1937, S. 30, 36ff, 52ff - KRAMÁŘ, V., La peinture, 1928, S.206 - KROFTA, J., K problematice, 1958, S. 8ff - KUTAL, A., České umění gotické, Praha 1972, S. 59f. - MATĚJČEK, A., Podíl Cech, 1985 , S. 36 - NEUWIRTH, J., Wandgemälde Karlstein, Prag 1896, S. 21ff - PEŠINA, J., Podoba, 1955, S. 20ff - ROSARIO, I., Art, 2000, S. 35f. - Schmidt, G., Malerei, 1969, S. 192ff (Rezension in: Umění 1971, S. 372ff) - SCHRAMM, P.E., MÜTHERICH, F., Denkmale, Bd. 2, 1978, S.63f. - STEJSKAL, K., in: Parlerkatalog, Bd. 2, 1978, S. 723f. - STEJSKAL, K., Kultur, 1978, S. 112ff - STEJSKAL, K., Wandzyklen, 1998, S. 23f. - WAMMETSBERGER, H., Individuum, 1967, S. 89

KATALOG

Kat. Nr. 5   Abb. 22

KRAKÓW, BIBLIOTEKA JAGIELLOŃSKA, MSS Lat. 284 I-II
(Krakau, Jagiellonische Bibliothek)

Lateinische Bibel des Albert von Sternberg
zwischen 1371 und 1378

Fol. 4r: Thronender Christus zwischen zwei Devotionsfiguren

Literatur:

AMEISENOWA, Z., Rękopisy, 1958, S. 89ff - České umění gotické 1350-1420. Ausstellungskatalog, Praha 1970,S. 276f. - KRÁSA, J., in: Parlerkatalog, Bd. 2, 1978, S. 741 - KRÁSA, J., Rukopisy Václava IV, Praha 1970 (Die Handschriften Wenzels IV., dt. Zf. S. 284-291) S. 110f., S. 251 - PEŠINA, J., Doplněk, 1958, S. 188-189

KATALOG

Kat. Nr. 6   Abb. 28

MÜHLHAUSEN, THÜRINGEN, MARIENKRICHE

Altanszene der südlichen Querhausfassade

ca. 1370-1380

Die vier auf dem Altan sind zwischen 160cm und 167cm groß, in den sichtbaren, die Brüstung überragenden Teilen vollplastisch, unterhalb der Brüstung stelenhaft gearbeitet mit Resten von Farbfassung.

Literatur:

BADSTÜBNER, E., Mühlhausen, 1989 - BADSTÜBNER, E., Marienkirche, 1962 - BRÄUTIGAM, G., Frauenkirche, 1965, S. 170- 197.- DINGELSTEDT, K., Stilströmungen, 1932, S. 373- 424, S.392ff - FINDEISEN, P., in: Parlerkatalog, Bd. 2, 1978, S. 560 - HILGER, H. P., Skulpturen, 1960, S. 159- 164 - KUNZE, H., Plastik, 1925, S. 56 - MÖBIUS, F. u.a., Sakrale Baukunst, 1963, S. 203f. - MÖLLER, R., Steinkonservierung, 1973, S. 172-184 - NEUMAYER, A., The meaning, 1957, S. 305- 310 - PINDER, W., Plastik, 1925, S. 65 - PUTH, A., Emperor, 2000 - RICHTER, C., Marienkirche, 1990 - ULLMANN, E., in: Parlerkatalog, Bd. 2, 1978, S. 560f. - WAMMETSBERGER, H., Individuum, 1967, S. 90f.

KATALOG

Kat. Nr. 7   Abb. 35

NEW YORK, PIERPONT MORGAN LIBRARY

Diptychon mit dem Tod Mariae und der Anbetung der Könige (sog. Morgan-
Tafeln)
um 1360
Holztafeln mit Leinwand überzogen, Tempera, Höhe 29cm, Breite 18,5cm

Literatur:

L'art ancien en Tchécoslavique. Ausstellungskatalog, Paris 1957, Nr. 112 - FRY, R.E., Two pictures in the possession of Messrs. Dowdeswell, in: Burlington Magazine 2, 1903 (Reprint Nendeln, Liechtenstein 1968), S. 89f. - KUTAL, A., Gotische Kunst,1971, S. 64 - MATĚJČEK, A., Gotische Malerei in Böhmen. Tafelmalerei 1350-1450, Prag 1939, S. 78-80 - MATĚJČEK, A., PEŠINA, J., Gotische Malerei, 1955, S. 56 - OETTINGER, K., Malerei, 1937, S. 402 - RING, G., A century of French Painting 1400-1500, London 1949, Nr. 25 - ROSARIO, I., Art, 2000, S. 110f. - SCHMIDT, G., Malerei, 1969, S. 193 - STEJSKAL, K., Kultur, 1978, S. 58ff - STEJSKAL, K., Osobnost Mistra emauzského cyklu, in: Karłowa-Kamzowa, A. (Hg.), Gotyckie malarstwo ścienne w Europie srodkowo-wschodniej, Poznań 1977, S. 71-77 (Die Persönlichkeit des Meisters des Emmauser Zyklus), S. 71-77, S. 74 - SWARZENSKI, H., A Masterpiece of Bohemian Art, in: Bulletin of the Museum of Fine Arts, Vol. L, Boston 1952, S. 64-74, S. 65, S. 70f. - VOELKLE, W., in: Parlerkatalog, Bd. 2, 1978, S. 763 - WAMMETSBERGER, H., Individuum, 1967, S. 89

KATALOG

Kat. Nr. 8

PRAHA, KATEDRÁLA SV. VÍTA

Plastisches Programm im Ostchor

(Prag, Kathedrale St. Veit)

Kat. Nr. 8.0

Inschriftentafel am südöstlichen Pfeiler des Südturmes von St. Veit (um 1396)

Die wohl im Auftrag von Wenzels von Radecz geschaffene Marmortafel gibt einen Überblick über die Genese des St. Veitsdoms in Prag. Sie erinnert an die Grundsteinlegung des Domes im Jahre 1344 durch Johann von Böhmen und Karl IV., an die Wölbung und Weihe des Chores 1385 bis zur Fundamentlegung im Westen der Kirche im Jahre 1392.

Anno d[omi]ni mcccxliiii die t[e]rc[i]a mens[is] marcii sublimata e[st] s[an]c[t]a pragen[sis] ecc[lesi]a in metropolitana[m] p[er] d[omi]n[u]m Clemente[m] papa [m] Ecia[m] eodem anno [et] die positus est p[ri]mus lapis fundamen[ti] novi Chori pragen[sis] p[er] Se[re]niss[imum] p[ri]ncipe[m] d[omi]n[u]m Joh[ann]em Rege[m] Boem[ie] co[m]ite[m] luczeburgen[sem] ac se[re]nissi[m]os p[ri]ncipes d[omi]nos karol[um] tunc marchione[m] morauie p[ost] i[n] imp[er]atore[m] p [ro]motu[m] Joh[ann]em duce[m] karinthie e[t] Tirolis [e]tc natos d[omi]ni Regis p[re]d[i]c[t]i [et] multis nobilib[us] Baronib[us] Regni p[re]fati p[rese]ntib[us] ac Reu[e]rendissi[m]o p[at]re d[omi]no Arnesto p[ri]mo Archiep[iscop]o pragen [si] cu[m] eisde[m] p[ri]ncipib[us] p[ri]mu[m] lapid[em] inpone[n]te Ite[m] Anno d[omi]ni mccclxv Reu[er]end[us] p[ate]r d[omi]n[u]s Joh[ann]es s[e]c[un]dus Archie[pisco]pus pragen[sis] quonda[m] Olom[ucensis] Ep[iscopu]s f[ac]t[u]s [et] creatus e[st] prim[us] legatus natu[s] ap[osto]lice sedis i[n] tota sua p[ro] uincia nec no[n] in Bambergen[si] Ratisbonen[si] misnen[si] dioce[sibus] [et] Civi tatib[us] cu[m] suis successorib[us] vniu[ersi]s p[er] d[omi]n[u]m vrbanu[m] papa[m] v Qui p[ost] fuit f[ac]tus s[anc]te Roman[e] Ecc[lesi]e t[i]t[uli] xii ap [osto]lor[um] p[re]sby[ter] Cardinalis p[er] d[omi]n[u]m vrbanu[m] papa[m] vi felicit[er] p[ro]motus Item anno d[omi]ni mccclxxxv in vigilia s[an]c[t]e margarethe xii hora orlogii co[m]pleta e[st] testudo Chori p[ra]gens[is] infra

237

KATALOG

missar[um] solempnia Ite[m] anno d[omi]ni mccclxxxv in festo s[an]c[t]i Remigii Co[n]secratus e[st] chorus pragens[is] in honore b[ea]te marie [et] s[an]c[t]i Viti p[er] Reu[er]endum p[at]rem d[omi]n[u]m Johanne[m] Archiep[iscopu]m pragen [sem] tercium ap[osto]lice sedis legatum s[e]c[un]d[u]m olim misnen[sem] Ep [iscopu]m Item anno d[omi]ni mccclxxxxii in festo penthecostes hora vesp[er]or [um] positus est primus lapis fundamen[ti] s[an]c[t]e pragen[sis] Ecc[lesi]e p[er] Se[re]nissimos p[ri]ncipes d[omi]nos wenceslaum primu[m] Romanor[um] Rege [m] [et] Boemie Regem [et] d[omi]n[u]m Johannem gorlicen[sem] duce[m] marchionem Brandeburgen[sem] natos Se[re]nissimi p[ri]ncipis d[omi]ni karoli Roman[orum] Imperntoris [=Imperatoris] b[e]n[e]factoris p[re]cipui Ecclesie pragen[sis] ac Reue[re]ndissimu[m] p[at]rem do[mi]n[u]m Johannem Archiepiscopum pragen[sem] tercium cum nonnullis aliis p[at]ribus d[omi]nis Epis [copis] et p[re]latis Ac vice et nomi[n]e serenissimi p[ri]ncipis d[omi]ni Sigismu [n]di hungar[ie] [et] dalmacie regis [e]tc nati d[omi]ni Imp[er]atoris p[re]fati nec no[n] vice [et] nomine Se[re]nissima[rum] p[ri]ncipiss[arum] [et] d[omi]nar[um] Elizabeth Romanor[um] Imp[er]atricis Anne Regine Anglie Margarethe Consortis d [omi]ni Purgrauii Norinbergen[sis] filiarum domini Imperatoris prefati In honore visitacionis(?) s[an]c[t]e marie [et] s[an]c[t]or[um] wenceslai viti adalberti Sigism [u]ndi [et] alior[um] Boemie p[at]ronor[um] s[u]b directore fabrice pragen[sis] wenceslao de Radec[z] Canonico pragen[si] Et petro de gemund magistro fabrice prefate Ite[m] anno d[omi]ni mccclxxxxvi in festo s[an]c[t]i adalberti tr[a]nslatu [m] est corp[us] s[an]c[t]i a[da]lb[er]ti ei[us]dem p[at]roni boe[m]ie cu[m] reliquiis s[an]c[t]or[um] q[ui]nq[ue] fr[atru]m de antiq[ua] Ecc[lesi]a i[n] medium nove p[ra]gen[sis] Ecc[lesi]e p[re]side[n]te Reu[er]endo p[at]re d[omi] no wolframo el[e]c[t]o Archiep[iscop]o pragen[si] [e]tc
(transkribiert vom Verfasser)

Literatur:

KOTRBA, V. Kdy přišel Petr Parléř do Prahy. Příspěvek k historii počátků parléřovské gotiky ve střední Evropě, in: Umění 19, 1971, S. 109-135 (Wann kam Peter Parler nach Prag. Ein Beitrag zur Geschichte der Anfänge der Parlergotik in Mitteleuropa, dt. Zf. S. 131-135), Abb.4. Eine freiere, interpunktierte Transkription samt Übersetzung findet sich bei: Benešovská, K., Peter Parler 1999, S. 149ff

KATALOG

Büsten im sog. unteren Triforium von St. Veit

Alle Büsten bis auf diejenige Wenzels von Radecz sind aus Sandstein, Höhe 50-60cm, Breite 47-55cm. Die Nummerierung folgt dabei nicht der Abfolge im Triforium, sondern fasst Personengruppen zusammen. Sie ist dem angefügten Lageplan zu entnehmen. Die Büsten selbst sind zwischen 1376 und vermutlich 1385 zu datieren, die Inschriften oberhalb der Triforiumsbüsten entstanden zwischen 1389 und 1417

Kat. Nr. 8.1   Abb. 7 und Abb. 8

Karl IV.

Karolus IIII Imp[er]ator ro[ma]noru[m] et boemie rex h[ic](?) f[u]ndavit nova[m] p[ra]gen[sem] eccl[esi]a[m] de su[m]ptuoso ope[re] ut aparet ac s[u]nptib[us] p [ro]p[r]iis laboravit h[ic](?) [e]t impet[ra]vit a sede ap[ostoli]ca eccl[esi]am p [ra]gen[sem] e[r]igi i[n] met[ro]politana[m] p[er] cleme[n]te[m] p[a]pa[m] VI [e]t archiep[iscopu]m legatu[m] ap[ostoli]ce sed[is] fi[eri]...p[er] d[o]mi[n]e urbanu[m] p[a]pam V tu[m] collegiu[m] om[n]i[um] s[an]c[t]orum i[n] castro [e]t ma[n]sionarios i[n] ecclesia (?) p[ra]gen[si] i[n]stituit [e]t dotavit studiu[m] p [ra]gen[se] i[n]stituit po[n]te[m] nov[u]m p[er] multauia[m] laborari p[re]cepit amator cult[us] d[i]v[i]n[i] [e]t cleri p[re]cipuus morit[ur] p[ra]ge A[nno] d [omini] MCCCLXXVIII die pe[n]ulti[m]a nove[m]br[is] etat[is] sue an[n]o LXIIII
(vgl. BENEŠOVSKÁ, K. u.a., Peter Parler, 1999, S. 154f.; vgl. PODLAHA, A., HILBERT, K., Metropolitní chram, 1906, Abb. 132)

Die beiden Wappenschilde zeigen links den Böhmischen Löwen, rechts den Reichsadler.

Kat. Nr. 8.2

Elisabeth von Pommern

239

KATALOG

Elizabet de stetina filia duas bohuslai mater sigismundi regis ungarie [e]t marchionis brandeburge[n]si[s] Johan[n]is duc[is] Gorliczen[sis] [e]t Anne regine anglie
(vgl. PODLAHA, A., HILBERT, K., Metropolitní chram, 1906, Abb. 135)

Die beiden Wappenschilde zeigen links einen geflügelten, nach links ins Profil gewendeten Greif, rechts den Reichsadler.

Kat. Nr. 8.3

Anna von Schweidnitz

Anna de bosna de regno dalmacie mater domini Wenczeslai regis ro[ma]norum [e]t boemie
(vgl. PODLAHA, A., HILBERT, K., Metropolitní chram, 1906, Abb. 136)

Die beiden Wappenschilde zeigen links den Schweidnitzer Adler, rechts den Reichsadler.

Kat. Nr. 8.4

Anna von der Pfalz

Anna ro[ma]nor[um] [e]t boemie regi[n]a que co[n]struxit [e]t dotavit altare s [ancti] nicolai i[n] medio chori...i[n] ec[c]l[esi]a p[ra]gen[sis] ac(?) ecia[m] donavit ec[c]l[es]ie...dicte duas casulas cu[m] perlis solempnisimas corona[m] ac (?) sua[m] pdectore sepulchri...We[nceslaus] IIII....donavit cu[m]...obijt III pu[r] ificac[i]o(?) s[an]c[t]e marie
(vgl. PODLAHA, A., HILBERT, K., Metropolitní chram, 1906, Abb. 137)

Der Wappenschild links ist horizontal zweigeteilt; es zeigt oben einen (?) Löwen, unten diagonal verlaufende Rauten; auf dem rechten Wappenschild ist der böhmische Löwe abgebildet.

Kat. Nr. 8.5

KATALOG

Margareta, gen. Blanca von Valois

Margareta d[i]c[t]a blanczie ro[ma]nor[um] [e]t boemie regina illustria q[uae] co [n]strux[i]t [e]t dotavit altare s[ancte] lodom[il]a regi[ne] fran[ci]e i[n] choro novo...i[n] ecc[lesi]a p[ra]gen[sis] ac(?) ecia[m] donavit dicte ecc[lesi]e cortinas nobilissi[m]as de rubeo [e]t albo cu[m] armis...auro...[e]t alias strifeas...cu[m] casula bona obijt i[n] die...

(vgl. PODLAHA, A., HILBERT, K., Metropolitní chram, 1906, Abb. 138)

Die beiden Wappenschilde zeigen links ein Lilienwappen, rechts den Böhmischen Löwen.

Kat. Nr. 8.6 Abb. 36

Johann Heinrich von Mähren

Johan[n]es fr[ater] karoli marchio marauie morit[ur] A[nno] D[omini] MCCCLXXV die XII me[n]sis nove[m]br[is] hic co[n]struxit monasterium fratru [m] he[re]mitaru[m] in bru[n]na ibidem sepult[ur] Ite mo[na]steriu[m] Cartusien [sis] prope brunna

(vgl. PODLAHA, A., HILBERT, K., Metropolitní chram, 1906, Abb. 139)

Die beiden Wappenschilde zeigen links den Böhmischen Löwen, rechts den Reichsadler (?).

Kat. Nr. 8.7

Wenzel von Luxemburg

D[omi]n[u]s Wenczeslaus dux luczemburgens[sis] [e]t brabancie fr[ater] karoli et ioh[ann]is marchio[n]is morauie hic morit[ur] Anno d[o]m[ini] MCCCLXXX sepultus

(vgl. PODLAHA, A., HILBERT, K., Metropolitní chram, 1906, Abb. 140)

Die beiden Wappenschilde zeigen links den Luxemburger Löwen, rechts den Böhmischen Löwen.

KATALOG

Kat. Nr. 8.8

König Johann von Böhmen

Johan[n]es fili[us] henrici imp[er]ator comes lutzemburgen[sis] rex boemie VIII duxit elizabet[h] filiam regis ve[n]ceslai hic moritur in bello i[n] fra[n]cia...anglie A[nno] d[omini] MCCCXLVI i[n] die ruth(?) hic fundavit monaster[iu]m carthusie [nsis] prope pr[a]gam
(vgl. PODLAHA, A., HILBERT, K., Metropolitní chram, 1906, Abb. 133)

Die beiden Wappenschilde zeigen links den Böhmischen Löwen, rechts den Luxemburger Löwen.

Kat. Nr. 8.9

Elisabeth von Böhmen

Elizabeth regina boemie mater illustrissim pri[n]cipis d[o]m[ini] karoli ro[ma]noru[m] [e]t boemie regis obijt in die s[an]c[t]oru[m] cosme [e]t damiani martirum
(vgl. PODLAHA, A., HILBERT, K., Metropolitní chram, 1906, Abb. 134)

Die beiden Wappenschilde zeigen links den Luxemburger Löwen, rechts den Böhmischen Löwen.

Kat. Nr. 8.10

Wenzel IV.

Wenczeslaus p[ri]mus ro[ma]noru[m] [e]t boemie rex comes luce[m]burgen[sis] natus se[re]nissimi principis d[o]m[ini] karoli IIII ro[ma]noru[m] Imp[er]atoris
(vgl. PODLAHA, A., HILBERT, K., Metropolitní chram, 1906, Abb. 141)

Die beiden Wappenschilde zeigen links den Böhmischen Löwen, rechts den Reichsadler.

KATALOG

Kat. Nr. 8.11

Johanna von Bayern

Johan[n]a ro[ma]nor[um] [e]t boemie regina illusstrisimi d[o]m[ini] alb[i]a duas holandrie filia Uxor p[ri]ma se[re]nissimi pri[n]cipis d[o]m[ini] Wen[czeslai] ro [ma]no[rum] [e]t boemie reg[is] obijt A[nno] D[omini] MCCCLXXXVI in vig[i]lia circu[m]cisionis(?) d[o]m[ini]
(vgl. PODLAHA, A., HILBERT, K., Metropolitní chram, 1906, Abb. 142)

Die beiden Wappenschilde zeigen links den Böhmischen Löwen, rechts ein Rautenwappen.

Kat. Nr. 8.12

Ernst von Pardubitz

Arnestus pri[mus] archiepi[scopus] pragen[sis] fundavit et dotavit ac p[er]fecit ad plenum monasterium s[anc]te marie can[onicorum] regular[iu]m i[n] glacz Ite[m] mo[nas]t[e]ria eiusde[m] ord[in]is zaczka [sic] [et] i[n] rokiczano ac hospitale i [n] broda boemi cali (?) fu[n]davit p[er]fecit [et] dotavit [Hic] mo[r]it[ur] i[n] rudnicz A[nno] d[omini] MCCCLXIIII die ultima mens[is] Junii sepultus in glacz p [ri]mus oficium correctoris ad rep[ri]m[en]da[m] i[n] soli[n]c[i]am (?) clericorum i[n]stituit
(vgl. BENEŠOVSKÁ, K. u.a., Peter Parler, 1999, S. 156 und PODLAHA, A., HILBERT, K., Metropolitní chram, 1906, Abb. 143)

Die beiden Wappenschilde zeigen links einen goldenen Querbalken, das Wappen des Erzbistums Prag, rechts ein Pferdewappen (?).

Kat. Nr. 8.13

Jan Očko von Vlašim

243

KATALOG

Johannes II. archiep[is]c[opus] p[ra]gen[sis] ....legat dotavit altaria s[anc]ta marie i[n] capella om[n]i[um] s[an]c[t]or[um] s[an]c[t]or[um] erharde [e]t Otilie in ec[c]l[es]ia p[ra]gen[sis] Item construxit dotavit hospitale s[an]c[t]e marie sub Wissegrado Item hospitale s[a]n[cti] Anthonii [e]t s[an]c[t]e Elizabeth in hradczano p[r]o clericis pauperibus i[n] finis hic moritur Anno d[o]m[ini] MCCCLXXX die XII mensis Januarii orate pro
(vgl. PODLAHA, A., HILBERT, K., Metropolitní chram, 1906, Abb. 144)

Die beiden Wappenschilde zeigen links zwei Geierköpfe, rechts einen goldenen Querbalken, das Wappen des Erzbistums Prag.

Kat. Nr. 8.14

Johannes von Jenstein

Johannes tertius archiep[is]c[opus] p[ra]gen[sis] apostolici sedis legatus sed ac (?) olim ep[iscop]us misnen[sis] hic redificavit castru[m] keisperg[ensis] cu[m] magnis muris [e]t turrim forti castro fundavit
(vgl. PODLAHA, A., HILBERT, K., Metropolitní chram, 1906, Abb. 145)

Die beiden Wappenschilde zeigen links einen goldenen Querbalken, das Wappen des Erzbistums Prag, rechts zwei Geierköpfe.

Kat. Nr. 8.15

Nikolaus gen. Holubecz

Nicolaus dictus holubecz canonicus pragen[sis] s[e]cundus director fabrice pragen [sis] hic obijt Anno d[omini] MCCCLV
(vgl. PODLAHA, A., HILBERT, K., Metropolitní chram, 1906, Abb. 147)

Kat. Nr. 8.16

Busco Leonardi

KATALOG

Busco leonardi archidiacon[us]...canonicus p[ra]gen[sis] primus fabrice director obijt anno d[o]m[ini] MCCCL
(vgl. PODLAHA, A., HILBERT, K., Metropolitní chram, 1906, Abb. 146)

Kat. Nr. 8.17

Beneš Krabice

Benesius dictus crabiczie canonicus pragen[sis] studiosus director fabrice tercius obijt anno d[o]m[ini] MCCCLXXV die XXVII mensis Julij
(vgl. PODLAHA, A., HILBERT, K., Metropolitní chram, 1906, Abb. 148)

Kat. Nr. 8.18

Andreas gen. Kotlik

Andreas dictus kotlik canonic[us] [e]t altarista sancti dionisi in ec[clesi]a pragen [sis] director fabrice IIII. obijt Anno d[o]m[ini] MCCCLXXX
(vgl. PODLAHA, A., HILBERT, K., Metropolitní chram, 1906, Abb. 149)

Kat. Nr. 8.19

Peter Parler

petrus henrici arleri de polonia m[a]g[ist]ri de gemunde[n] in suevia secu[n]dus m [a]g[iste]r hui[us] fabrice que[m] imperator karolus IIII adduxit de dicta civitate [e]t fecit eu[m] magistr[um] h[uius] eccle[sie] [e]t ac(?) fu[er]at anor[um] XXIII et i[n]cepit rege[re] A[n]no d[o]m[ini] MCCCLVI et p[er]fecit chor[um] istu[m] A [n]no d[o]m[ini]...MCCCLXXXVI qu[o] a[n]no i[n]cepit sedila chori illi[us] [e]t infra t[em]p[u]s p[re]script[um] ecia[m] i[n]cep[i]t et p[er]fecit chor[um] omn [ium] s[anc]tor[um] [e]t rexit po[n]te[m] mltauie [e]t i[n]cepit a f[u]ndo chor [um] i[n] colonya circa albiam
(vgl. BENEŠOVSKÁ, K. u.a., Peter Parler, 1999, S. 152f.; PODLAHA, A., HILBERT, K., Metropolitní chram, 1906, Abb. 152)

Die Büste trägt ein Wappenschild mit dem Parlerzeichen.

KATALOG

Kat. Nr. 8.20

Mathias von Arras

mathias natus de arras civitate fra[n]cie p[rimus] m[a]g[iste]r fab[ri]ce h[uius] ecc [lesi]e que[m] karolus IIII...marchio moravie cu[m] el[e]ctis fu[e]rat i[n] rege[m] ro [ma]nor[um] ...abi[n]de ...ad fab[ri]candu[m] ecc[lesi]am ista[m] qua[m] a fu[n]do i[n]cepit an[n]o d[o]m[ini] miiixlii [e]t...ad...in quo obijt
(vgl. PODLAHA, A., HILBERT, K., Metropolitní chram, 1906, Abb. 151)

Die Büste trägt ein Wappenschild, das eine Steinzange zeigt.

Kat. Nr. 8.21

Wenzel von Radecz

Wenczeslaus de radecz can[oni]cus p[ra]g[e]n[sis] et decan[us] ecc[lesi]e s[anc]ti appolin[aris] p[ra]g[e]n[sis] dir[e]c[t]or fabrice qui[n]tus qui totu[m] Chorum pragen[sem] testudinari procuravit de pecuniis fabrice
(vgl. BENEŠOVSKÁ, K. u.a., Peter Parler, 1999, S. 157; vgl. PODLAHA, A., HILBERT, K., Metropolitní chram, 1906, Abb. 150)

Literatur:

Zu den Inschriften:
BENEŠOVSKÁ, K. u.a., Peter Parler, 1999, S. 152ff - PODLAHA, A., HILBERT, K., Metropolitní chram, 1906, S. 102ff
Zur Heraldik:
ADAMOVÁ, K., K heraldické výzdobě, 1982 - KOLÁŘ, M., heraldika, 1902

KATALOG

Grabtumben der Přemyslidenfürsten im Chor von St. Veit

Die Nummerierung folgt der Reihenfolge von Nord nach Süd und ist dem angefügten Lageplan zu entnehmen.

Kat. Nr. 8.22

Bořivoj II. (-1124)
Länge 194cm, Breite 79cm, Höhe 89cm

Die Tumba zeigt auf der vorderen Längsseite zwei Wappenschilde, das linke mit dem Böhmischen Löwen, das rechte mit dem geschachten Adler Mährens

Kat. Nr. 8.23

Břetislav II. (-1100)
Länge 207cm, Breite 81cm, Höhe 90cm

Die Tumba zeigt auf der vorderen Längsseite zwei Wappenschilde, das linke mit einem nach links gerichteten Flammenadler, das rechte mit dem Böhmischen Löwen.

Kat. Nr. 8.24

Spytihněv II. (-1061)
Länge 215cm, Breite 89cm, Höhe 88cm

Die Tumba zeigt auf der vorderen Längsseite zwei Wappenschilde, das linke mit einem nach links gewendeten Flammenadler, rechts mit einem Adleremblem, der ein sichelförmiges Band über der Brust trägt.

Kat. Nr. 8.25

Břetislav I. (-1055)

KATALOG

Länge 206cm, Breite 82cm, Höhe 98cm

Die Tumba zeigt auf der vorderen Längsseite zwei Wappenschilde mit einem Adler, der ein sichelförmiges Band über der Brust trägt links, und mit einem Flammenadler rechts.

Kat. Nr. 8.26

Otokar II. Přemysl (-1278)
Länge 205cm, Breite 88cm, Höhe 96cm

Die Tumba zeigt auf der vorderen Längsseite drei Wappenschilde. Das linke zeigt den Böhmischen Löwen, das mittlere einen Flammenadler, das rechte wohl das Emblem des Bistums Prag.

Kat. Nr. 8.27

Otokar I. Přemysl (-1230)
Länge 205cm, Breite 89cm, Höhe 94cm

Die Tumba zeigt auf der vorderen Längsseite zwei Wappenschilde, links mit einem nach links gewendeten Flammenadler, rechts mit dem Böhmischen Löwen.

Litaratur:

BENEŠOVSKÁ, K. u.a., Peter Parler, 1999, S. 85ff

KATALOG

Büsten im sog. oberen Triforium von St. Veit

um oder nach 1380

Die Nummerierung folgt dabei nicht der Abfolge im Triforium. Sie ist dem angefügten Lageplan zu entnehmen.

Kat. Nr. 8.28

Christus

Kat. Nr. 8.29

Maria

Kat. Nr. 8.30

Hl. Veit

Kat. Nr. 8.31

Hl. Sigismund

Kat. Nr. 8.32

Hl. Method

Kat. Nr. 8.33

Hl. Cyrill

Kat. Nr. 8.34

Hl. Wenzel

KATALOG

Kat. Nr. 8.35

Hl. Ludmilla

Kat. Nr. 8.36

Hl. Adlabert

Kat. Nr. 8.37

Hl. Prokop

Kat. Nr. 8.38

Tumba Jan Očkos von Vlašim

Marmor, Länge 228cm, Breite 116cm, Höhe 106cm

An der Westseite der südwestlichen Radialkapelle des Chors von St. Veit

An der rückwärtigen, westlichen Wand der Kapelle finden sich drei Wappenschilde. Das linke ist viergeteilt; Feld 1 und 4 zeigt rote Dreiecke auf dunklem Grund, Feld 2 und 3 paarweise rote Geierköpfe auf dunklem Grund. Das mittlere ist ebenfalls viergeteilt. Es zeigt anstelle der Dreiecke in Feld 1 und 4 das Bild des Prager Erzbistums. Der rechte Wappenschild trägt zwei rote Geierköpfe auf dunklem Grund im Bild.

Literatur zu Kat. Nr. 8:

BACHMANN, H., Plastik bis zu den Hussitenkriegen, in: Swoboda, K.M. (Hg.), Gotik in Böhmen, München 1969, S. 110-166, S.125ff - BENEŠOVSKÁ, K. u.a., Peter Parler 1999, S. 94-102 - BIRNBAUM, B., K dátování portrétní galerie v triforiu chrámu

KATALOG

svatovítského, in: Listy z dějin umění, Praha 1947 (Zur Datierung der Porträtgalerie im Triforium von St. Veit) - COLSMANN, G., Denkmale, Bd. 2, 1955, S. 243-245 - HAGER, L., Büste und Halbfigur in der deutschen Kunst des ausgehenden Mittelalters, Würzburg 1938 - HAUSSHERR, R., Auftrag, 1971, S. 27-46 - HERZOGENBERG, J.V. Bildnisse, 1978, S. 325f. - HOMOLKA, J., in: Parlerkatalog, Bd. 2, 1978, S. 655-657 - HOMOLKA, J., Ikonografie, 1978, S. 568ff - HOMOLKA, J., Programme, 1978, S. 613ff - KLETZL, O., Peter Parler, 1940 - KLETZL, O., Zur künstlerischen Ausstattung des Veitsdomes in vorhussitischer Zeit, in: Germanoslavica 1, 1931/32, S. 247-277, v.a. S. 255ff - KLETZL, O., Parlerplastik, 1933/34, S. 106ff - KOTRBA, V., Petr Parléř, 1971, S. 109-135 - KUTAL, A., České gotické sochařství, 1962, S. 46-56 - LIEBMANN, M. J., Plastik, 1984, S. 64f. - OPITZ, J., Plastik, 1936, v.a.S.79-97 - PODLAHA, A., HILBERT, K., Metropolitní chrám, 1906, S. 102ff - ROSARIO, I., Art, 2000, v.a. S. 121f. - SCHMIDT, G., Peter Parler, 1970, v.a. S. 145ff - SCHRAMM, P.E., MÜTHERICH, F., Denkmale, Bd. 2, 1978, S.70 - SCHWARZ, M., Höfische Skulptur,1986, 388ff - SCHWARZ, M., Peter Parler, 1992, S. 55-84 - STEJSKAL, K., Kultur, 1978, S. 181ff - SWOBODA, K.M., Peter Parler, 1940, S. 31ff - SWOBODA, K.M., Klassische Züge in der Kunst des Prager deutschen Dombaumeisters Peter Parler, in: Swoboda, K. M., Bachmann, E., Studien zu Peter Parler, Brünn, Leipzig 1939, S. 9-25 - WUNDRAM, M., Körper und Raum in der böhmischen Kunst zur Zeit Karls IV. Versuch einer Begriffsbestimmung, in: Seibt, F. (Hg.), Kaiser Karl IV. Staatsmann und Mäzen, München 1978, S. 371-377, S. 372f.

KATALOG

Lageplan

2. Elisabeth von Pommern 1. Karl IV.

3. Anna von Schweidnitz
4. Anna von der Pfalz
5. Blanche de Valois
6. Johann Heinrich von Mähren
7. Wenzel von Luxemburg
17. Beneš Krabice
18. Andreas gen Kotlik
19. Peter Parler
20. Mathias von Arras
21. Wenzel von Radecz

8. König Johann von Böhmen
9. Elisabeth von Böhmen
10. Wenzel IV.
11. Johanna von Bayern
12. Ernst von Pardubitz
13. Jan Očko von Vlašim
14. Johannes von Jenstein
15. Nikolaus gen. Holubecz
16. Busco Leonardi

24. Spytihněv II.
23. Břetislav II.
22. Bořivoj II.

25. Břetislav I.
26. Otokar II. Přemysl
27. Otokar I. Přemysl
38. Jan Očko von Vlašim

KATALOG

                29. Maria   **28.** Christus

     34. Hl. Wenzel   **30.** Hl. Veit

      35. Hl. Ludmilla   **31.** Hl. Sigismund

       36. Hl. Adalbert   **32.** Hl. Method

37. Hl. Prokop   **33.** Hl. Cyrill

KATALOG

PRAHA, KATEDRÁLA SV. VÍTA

(Prag, St. Veitsdom)

Kat. Nr. 9

Kaple sv. Václava, Ostwand

(Prag, St. Veit, Wenzelskapelle)

Christus am Kreuz

um 1372

Literatur:

České umění gotické 1350-1420. Ausstellungskatalog, Praha 1970, Nr. 277 - COLSMANN, G., Denkmale, Bd. 2, 1955, S. 190-193 - DVOŘÁKOVÁ, V., cykly, 1961, S. 157 - HAUSSHERR, R., Auftrag, 1971, S. 24f. - HERZOGENBERG, J.v., Bildnisse, 1978, S. 325 - HOMOLKA, J., Ikonografie, 1978, S. 564-575, S. 567 - HOMOLKA, J., Programme, 1978, S. 613 - KLETZL, O., Ausstattung, 1931/32, S. 252ff - KOTRBA, V., Kaple svatováclavská, 1960, S. 329-356 - KRÁSA, J., New Cathedral, 1964, S. 66ff - KRÁSA, J., Paintings in the Cathedral of St Vitus, Prague, in: Dvořáková, V. u.a., Gothic mural painting in Bohemia and Moravia 1300-1378, London 1964, S. 122-125 - KOTRBA, V. u.a., Rezension: Swoboda, K.M., Gotik in Böhmen, München 1969, in: Umění 19, 1971, S. 358-401, S. 372ff - NEUWIRTH, J., Die Wandgemälde in der Wenzelskapelle des Prager Domes und ihr Meister, in: Mittheilungen des Vereins für Geschichte der Deutschen in Böhmen, 1900, S. 128-154 - NEUWIRTH, J., Die Wochenrechnungen und der Betrieb des Prager Dombaues in den Jahren 1372-1378, Prag 1890, S. 494ff - PEŠINA, J., Kaple, 1940 - PEŠINA, J., Podoba, 1955, S. 29 - PODLAHA, A., HILBERT, K., Metropolitní chrám, 1906, S. 217-222 - SCHMIDT, G., Malerei, 1969, S. 204ff - ROSARIO, I., Art, 2000, S. 58 - SCHRAMM, P.E., MÜTHERICH, F., Denkmale, Bd. 2, 1978, S. 68f. - STANGE, A., Deutsche Malerei, 1936, S. 42ff - STEJSKAL, K., in: Parlerkatalog, Bd. 2, 1978, S. 728 - STEJSKAL, K., Kultur, 1978, S. 194ff - VÍTOVSKÝ, J., Nástenné malby, 1976, S. 473ff - WAMMETSBERGER, H., Individuum, 1967, S. 89

KATALOG

Kat. Nr. 10   Abb. 25

Mosaik der Porta Aurea

1370/71

Literatur:

České umění gotické 1350-1420. Ausstellungskatalog, Praha 1970, S.198 - BENEŠOVSKÁ, K. u.a., Peter Parler, 1999, S.158 - COLSMANN, G., Denkmale, Bd. 2, 1955, S. 223-229 - HAUSSHERR, R., Auftrag, 1971, S. 24f. - HERZOGENBERG, J.V., Bildnisse, 1978, S. 325 - HETTEŠ, K., O původu, 1958, S. 22 - HOMOLKA, J., in: Parlerkatalog, Bd. 2, 1978, S. 728 - HOMOLKA, J., Ikonografie, 1978, S. 567 - HOMOLKA, J., Programme, 1978, S. 613 - KLETZL, O., Ausstattung, 1931/32, S. 255 - KRÁSA, J., NEMEC, J., Svatovítská mozaika. K restauraci obrazu Posledního soudu na jižním portálu katedrály, in: Umění 8, 1960, S. 374-386 (Das Mosaik von St. Veit. Zur Restaurierung des Bildes des Jüngsten Gerichtes am Südportal der Kathedrale) - KOTRBA, V. u.a. Rezension, 1971, S. 380ff - MATĚJČEK, A., Mosaikbild 1915, S. 106-139 - PEŠINA, J., Podoba, 1955, S. 28f. - PEŤAS, F., Das Jüngste Gericht-Mittelalterliches Mosaik vom Prager Veitsdom, Prag 1958 - PODLAHA, A., HILBERT, K., Metropolitní chram, 1906, S. 215-217 - ROSARIO, I., Art 2000, S. 85ff - SCHRAMM, P.E., MÜTHERICH, F., Denkmale Bd. 2, 1978, S. 67f. - STEJSKAL, K., in: Parlerkatalog, Bd. 2, 1978, S. 728 - WAMMETSBERGER, H., Individuum, 1967, S. 90

KATALOG

Kat. Nr. 11

PRAHA, KLÁŠTER NA SLOVANECH

(Prag, Emmauskloster)

Wandmalereien im Kreuzgang

vor 1372

Literatur:

BLAŽEJ, J., Nástěnné malby ambitu kláštera Na Slovanech. Stav zachování a malířská technika, in: Umění 14, 1966, S. 151-157 (Wandmalereien im Kreuzgang des Klosters Na Slovanech. Erhaltungszustand und Maltechnik) - České umění gotické 1350-1420. Ausstellungskatalog, Praha 1970, Nr. 268 - DVOŘÁKOVÁ, V., Mezinárodní význam, 1964, S. 368ff - KROFTA, J., K dátování, 1939-1946, S. 94ff - NEUWIRTH, J., Die Wandgemälde im Kreuzgange, 1898 - PEŠINA, J., K nové syntéze, 1973, S. 240-247 - POCHE, E., KROFTA, J., Na Slovanech, 1956 - SCHMIDT, G., Karlstein, der Emmauskreuzgang und das Wurmser-Problem, in: Swoboda, K.M. (Hg.), Gotik in Böhmen, München 1969, S. 189-196 - STEJSKAL, K., in: Parlerkatalog, Bd. 2, 1978, S. 726f. - STEJSKAL, K., Emmaus, 1971, S. 11-17 - STEJSKAL, K., Kultur, 1978, S. 145ff, S. 224 - STEJSKAL, K., Na Slovanech, 1984, S. 328-335 - STEJSKAL, K., Nástěnné malby, 1968, S. 125-150 - STEJSKAL, K., in: Praha středověká. Čtvero knih o Praze, Praha 1983, S. 514ff - STEJSKAL., K., O malířích, 1967, S. 1-65 - STEJSKAL, K., Osobnost, 1977, S. 71-77 - STEJSKAL, K., Slawenkloster, 1974 - STEJSKAL, K., Typological Cycle in the Cloisters of Emmaus. Iconographical analysis, in: Dvoráková, V. u.a., Gothic mural painting in Bohemia and Moravia 1300-1378, London 1964, S. 71-79 - STEJSKAL, K., Wandmalerei, 1978, S. 718-721 - STEJSKAL, K., Wandzyklen, 1998, S. 19-23 - STOCKHAUSEN, H.A., Entwurf, 1941, S. 609f. - VŠETEČKOVÁ, Z., Gotické nástěnné malby v křížové chodbě kláštera Na Slovanech, in: Umění 44, 1996, S. 131-148 (Gotische Wandmalereien im Kreuzgang des Klosters Na Slovanech, dt. Zf. S. 131) - WAMMETSBERGER, H., Individuum, 1967, S. 89

KATALOG

Kat. Nr. 12

PRAHA, KNIHOVNA KRÁLOVSKÉ KANONIE PREMONSTRÁTŮ NA STRAHOVĚ, **Dg I 19**
(Prag, Bibliothek des Prämostratenserklosters Strahov)

Pontifikale des Albert von Sternberg
nach 1376
151 fol., Pergament, 415mm x 305mm

Fol. 34v: Christus in der T-Initiale, flankiert von zwei Devotionsfiguren
Fol. 226v: Letzte Ölung Kaiser Karls IV. im Krankenbett
Fol. 224v: Hl. Kommunion am Krankenbett Karls IV.
Fol. 161r und *fol. 169r*: Krönung eines Herrscherpaares

Literatur:

Česká a moravská knížní malba XI. - XVI. stol., Führer zur Ausstellung, Praha 1955-56, Nr. 73 (Böhmische und mährische Buchmalerei vom 11.-16. Jh.) - České umění gotické 1350-1420. Ausstellungskatalog, Praha 1970, Nr. 358 - FRIEDL, A., Magister Theodoricus, 1956, S. 89 - KRAMP, M. (Hg.), Krönungen, 2000, Nr.6.17 - KRÁSA, J., in: Parlerkatalog, Bd. 2, 1978, S. 741 - KRÁSA, J., Rukopisy, 1971, S. 110f., S. 251 - KRÁSA, J.,Výstava rukopisů knihovny Národního Muzea v Praze, in: Umění 14, 1966, S. 600-609 (Die Ausstellung der Handschriften der Bibliothek des Nationalmuseums in Prag), S. 603 - MATĚJČEK, A., Malířství, in: Wirth, Z. (Hg.), Dějepis výtvarného umění v Čechách, I. Díl, Středověk, Praha 1931, S. 240-379 (Malerei), S. 292 - PEŠINA, J., Podoba, 1955, S. 30 - SCHMIDT, G., Malerei, 1969, S. 216 - SCHMUGGE, L., Das Pontifikale des Bischofs Albert von Sternberg, in: Mediaevalia Bohemica 3, 1970, S. 49-86 - STEJSKAL, K., Kultur, 1978, S. 76, S. 231 - STANGE, A., Deutsche Malerei 1936, S. 18 - WAMMETSBERGER, H., Individuum, 1967, S. 90

KATALOG

Kat. Nr. 13   Abb. 31 und Abb. 32

PRAHA, KNIHOVNA METROPOLITNÍ KAPITULY U SV. VÍTA, cim. 6
(Prag, Bibliothek des Metropolitankapitels)

Missale des Johann von Neumarkt
nach 1364
235 fol., Pergament, 445mm x 320mm

Fol. 83r: Melchisedech
Fol. 184r: Thronender Christus zwischen Petrus und Paulus

Literatur:

Česká a moravská knížní malba XI. – XVI. stol., Führer zur Ausstellung, Praha 1955-56, Nr.81 - České umění gotické 1350-1420. Ausstellungskatalog, Praha 1970, Nr. 352 - CHYTIL, K., Památky českého umění illuminátorského, I., Praha 1915 (Denkmale der böhmischen Miniaturkunst), S. 52 - KRAMÁŘ, V., Madona, 1937, S. 30 - KRÁSA, J., Rukopisy, 1971, S. 105, S. 107, S. 126, S. 250 - KRÁSA, J., in: Parlerkatalog, Bd. 2, 1978, S. 739 - L'art ancien en Tchécoslovaquie. Ausstellungskatalog, Paris 1957, Nr. 114 - MIODOŃSKA, B., Opatovický brevíř. Neznámý český rukopis 14. století, in: Umění 16, 1968, S. 213-254 (The Opatovice Breviary. An unknown Czech Manuscript of the 14th century, engl. Zf. S. 252-254), S.231 - Moravská knížní malba XI. až XVI. století. Ausstellungskatalog, Brno 1955, Nr. 81 - PODLAHA, A., ŠITTLER, E., Die Bibliothek des Metropolitankapitels, Prag 1904 (= Topographie der historischen und Kunst-Denkmale im Königreiche Böhmen von der Urzeit bis zum Anfange des XIX. Jahrhunderts) (= PODLAHA, A., Knihovna kapitulní, Praha 1903(= Soupis památek historických a uměleckých v království českém od pravěku do počatku XIX. století)), S. 38-43 - ROSARIO, I., Art, 2000, S. 92ff - SCHMIDT, G., Johann von Troppau und die vorromanische Buchmalerei, in: Dettweiler, F. (Hg.), Studien zur Buchmalerei und Goldschmiedekunst des Mittelalters. Festschrift für Karl Hermann Usener zum 60. Geburtstag am 19. August 1965, Marburg 1967, S. 275-292, S.276 - SCHMIDT, G., Malerei, 1969, S. 208 -

KATALOG

Stange, A., Deutsche Malerei, 1936, S. 17f. - Stejskal, K., Kultur, 1978, S. 230 - Swarzenski, H., Květ, J., Czechoslovakia. Romanesque and gothic illuminated manuscripts, Paris 1959, S. 20

KATALOG

Kat. Nr. 14

PRAHA, KNIHOVNA NÁRODNÍHO MUZEA, XIII A 12
(Prag, Bibliothek des Nationalmuseums)

Liber Viaticus des Johann von Neumarkt
um 1353/54-1364
138 fol., 310mmx435mm

Fol: 97v: Epiphanie-Szene in einer O-Initiale

Literatur:

České umění gotické 1350-1420. Ausstellungskatalog, Praha 1970, Nr. 349 - CHYTIL, K., Památky, 1915, S. 16ff - KROFTA, J., Mistr Breviře Jana ze Středy, Praha 1940 (Der Meister des Breviers Johanns von Neumarkt) - KUTAL, A., Gotische Kunst, 1971, S. 65, S.91 - KVĚT, J., Der "Liber viaticus" des Johann von Neumarkt, in: Prager Rundschau VIII, 1937, S. 363-376 - KRÁSA, J., in: Parlerkatalog, Bd. 2, 1978, S. 736 - SCHMIDT, G., Malerei, 1969, S. 180ff u. Anm. 82 - STANGE, A., Deutsche Malerei, 1936, S. 11ff

KATALOG

Kat. Nr. 15

PRAHA, MUZEUM HLAVNÍHO MĚSTA PRAHY, Inv.nr. 2 369
(Prag, Museum der Hauptstadt Prag)

Pilgerzeichen
nach 1355
Höhe 60mm, Breite 35mm, Blei und Zinn

Literatur:

PEŠINA, J., Imperium, 1978

KATALOG

Kat. Nr. 16 Abb. 24

PRAHA, NÁRODNÍ GALERIE, Inv.Nr. VP 315-318
(Prag, Nationalgalerie)

Relief der Maria-Schnee-Kirche
vor 1346

fünf Teile, Sandstein, Mittelteil 138cm x 134cm, Seitenteile 135cm x 123cm und 113cm x 119cm, Oberteil 188cm x 135cm

Literatur:

BACHMANN, H., Plastik, 1943, S. 54-58 - BLAŽÍCKOVÁ, N., Tympanon, 1973, S. 106-115 - ČERNÁ, M.A., Ikonografický rozbor, 1980, S. 53-73 - COLSMANN, G., Denkmale, Bd. 2, 1955, S. 239 - DENKSTEIN, V., Památky gotické, in: Denkstein, V. u.a., Lapidarium Národního musea, Praha 1958, S. 53 - DENKSTEIN, V., Původ, 1993, S. 76-100 - FAJT, J., SRŠEŇ, L. (Hg.), Lapidarium 2000, Nr. 126 - FAJT, J., HLAVÁČKOVÁ, H., ROYT, J., Relief, 1993/94, S. 16-27 - GROSSMANN, D., Stifterrelief, 1998, S. 188-201 - HOMOLKA, J., Ikonografie, 1978, S. 564-575, Anm. 7 - HOMOLKA, J., Programme, 1978, S. 608 - JUDL, S., Tympanon, 1981, S. 43-53 - KUTAL, A., O reliéfu 1973, S. 480-496 - MAYER, J., 1974, S. 426-431 - OPITZ, J., Plastik, 1936, S. 9 - PEČÍRKA, J., Plastika, 1931, S. 209 - SCHWARZ, M., Höfische Skulptur, 1986, S. 334f. - Staré české umění. Sbírky Národního Galerie v Praze, Jiřský Klášter. Katalog, Nr. 101 - STEJSKAL, K., Kultur, 1978, S. 42f u. S. 225 - VYSKONČIL, J.K., Šest století kostela a kláštera u P.Marie Sněžné, Praha 1947, S. 55-57 (Sechs Jahrhunderte Kirche und Kloster Maria-Schnee) - WAMMETSBERGER, H., Individuum, S. 90

KATALOG

Kat. Nr. 17   Abb. 23

PRAHA, NÁRODNÍ GALERIE, Inv.Nr. O 84

(Prag, Nationalgalerie)

Votivbild des Jan Očko von Vlašim

1376-1378

181cm x 96 cm, Tempera auf mit Leinwand überzogenem Tannenholz

Literatur:

L'art ancien en Tchécoslavique. Ausstellungskatalog, Paris 1957, Nr. 137 - Les Primitifs de Bohême. L'art gothique en Tchécoslavique 1350-1420. Ausstellungskatalog, Bruxelles 1966, Nr. 34 - České umění gotické 1350-1420. Ausstellungskatalog, Praha 1970, Nr. 304 - FRIEDL, A., Theodorikův epigon, 1958, S. 91ff - FRIEDL, A., Magister Theodoricus, 1956, S. 87-89 - HERZOGENBERG, J.V., Bildnisse, 1978, S. 333f. - KÉRY, B., Sigismund, 1972, S. 26 - KRAMÁŘ, V., La peinture, 1928, S. 209 - KRAMP, M. (Hg.), Krönungen, 2000, Nr. 6.16 - KROFTA, J., K problematice, 1958, S. 24 - MATĚJČEK, A., Gotische Malerei, 1939, S. 91-93 - MATĚJČEK, A., PEŠINA, J., Gotische Malerei, 1955, S. 58f. - MATĚJČEK, A., Podíl Čech, 1984, S. 37 - MUSPER, H., Gotische Malerei nördlich der Alpen, Köln 1961, S. 160 - OETTINGER, K., Malerei, 1937, S. 402 - PEŠINA, J., Podoba, 1955, S. 27f. - RYNEŠ, V., K osudům, 1967, S. 104-108 - ROSARIO, I., Art, 2000, S. 91, S. 117f. - SCHMIDT, G., Malerei, 1969, S. 215f. - SCHRAMM, P.E., MÜTHERICH, F., Denkmale, Bd. 2, 1978, S. 68 - Staré české umění. Sbírky Národního Galerie v Praze, Jirský Klášter. Katalog., Praha 1988, Nr. 26 - STEJSKAL, K., Kultur, 1978, S. 72ff, S. 227 - WAMMETSBERGER, H., Individuum, 1967, S. 85, S. 90 - ZINSERLING, L, Stifterdarstellungen,1957, S. 25ff, S. 155f.

KATALOG

Kat. Nr. 18　　　　　　　　　　　　　　　　　　　　Abb. 9 und Abb. 10

Praha, poklad svatovítský, Inv. Nr. HS 3360

(Prag, Domschatz)

Reliquienkreuz

Italien und Böhmen (?), ca.1368-1370

Höhe 31,3cm, Breite 23cm, Tiefe 1,5cm, Gold mit Nielloeinlagen und Edelsteinen

Inschrift am linken Querbalken:

Pe[tr]us d[e] belliforti[s] cardinalis　　　　　　　Vrbanus papa qui[n]tu[s]

Inschrift am rechten Querbalken:

ka[r]olus qua[r]tu[s] romano[r]u[m] i[m]perator　　　Venzislau[s] qua[r]t[us]
　　　　　　　　　　　　　　　　　　　　　　　　　boemie rex karoli fili[us]

Inschrift am unteren Längsbalken:

de panno cruentato quo xpt [christus] precinctus fuit in cruce datum per urbanu[m]
papa[m] V karolo iiii impe[r]atori romano[r]u[m]

Literatur:

České umění gotické 1350-1420. Ausstellungskatalog, Praha 1970, Nr. 430 - Cibulka, J., Umělecké řemeslo, in: Wirth, Z. (Hg.), Dějepis výtvarného umění v Čechách, I. Díl, Středověk, Praha 1931, S. 380-417 (Kunsthandwerk), S. 392 – Colsmann, G., Denkmale, Bd. 2, 1955, S. 266-268 - Les Primitifs de Bohême. L'art gothique en Tchécoslavique 1350-1420. Ausstellungskatalog, Bruxelles 1966, Nr. 55 – Kramp, M. (Hg.), Krönungen, 2000, Nr.6.31 - Pešina, J., Podoba, 1955, S. 30 - Šittler, E., Podlaha, A., Soupis památek historických a uměleckých. Poklad

KATALOG

svatovítský, Praha 1903 (Verzeichnis der historischen und künstlerischen Denkmale. Der Domschatz von St. Veit), S.42-44 - POCHE, E., in: Parlerkatalog, Bd. 2, 1978, S. 706f. - PODLAHA, A., ŠITTLER, E., České korunovační kříže v pokladu svatovítském, in: Památky archeologické 20, 1892 (Böhmische Krönungskreuze im Domschatz von St. Veit), S. 1 - PODLAHA, A., Illustrierter Katalog des Prager Domschatzes, Prag 1930, Nr. 85 - ROSARIO, I., Art, 2000, S. 111f - SCHRAMM, P.E., MÜTHERICH, F., Denkmale, Bd. 2, 1978, S. 66f - ŠITTLER, E., PODLAHA, A., Soupis památek historických a umeleckých. Poklad svatovítský, Praha 1903(Verzeichnis der historischen und künstlerischen Denkmale. Der Domschatz von St. Veit), Nr. 26 - STEJSKAL, K., Kultur, 1978, S. 89, S. 233 - WAMMETSBERGER, H., Individuum, 1967, S. 90

Kat. Nr. 19　　　　　　　　　　　　　　　　　　　　　　　　　　Abb. 27

PRAHA, STAROMĚSTSKÁ MOSTECKÁ VĚŽ

(Altstädter Brückenturm)

Westfassade

nach 1376

Seit 1978 werden wichtige Stücke des Fassadenschmucks im Lapidarium des Nationalmuseums in Prag verwahrt. Sie wurden am Altstädter Brückenturm durch Repliken ersetzt.

Erstes Obergeschoss:

Kaiser Karl IV. als Kaiser des Heiligen Römischen Reiches (Bauhütte Peter Parlers, um 1380, Sandstein, Höhe 216cm; seit 1978 im Lapidarium des Nationalmuseums in Prag (Praha, Lapidarium Národního muzea, Kat. Nr. 179)

Wenzel IV. als römischer König (Bauhütte Peter Parlers, um 1380, Sandstein, Höhe 213cm; seit 1978 im Lapidarium des Nationalmuseums in Prag Praha, Lapidarium Národního muzea, Kat. Nr. 181)

Hl. Veit (Bauhütte Peter Parlers, um 1380, Sandstein, Höhe 223cm; seit 1978 im Lapidarium des Nationalmuseums in Prag (Praha, Lapidarium Národního muzea, Kat. Nr. 180)

Wappenschild des Heiligen Römischen Reiches (Bauhütte Peter Parlers, um 1380, Sandstein mit Resten von Bemalung und Vergoldung, Höhe 189cm, seit 1378 im

KATALOG

Lapidarium des Nationalmuseums in Prag (Praha, Lapidarium Národního muzea, Kat. Nr. 182)

Wappenschild des Königreichs Böhmen (Bauhütte Peter Parlers, um 1380, Sandstein mit Resten von Bemalung und Vergoldung, Höhe 189cm, seit 1378 im Lapidarium des Nationalmuseums in Prag (Praha, Lapidarium Národního muzea, Kat. Nr. 183)

zweites Obergeschoss:

Hl. Adalbert (Bauhütte Peter Parlers, um 1380, Sandstein mit Resten von Bemalung und Vergoldung, Höhe 237cm; seit 1978 im Lapidarium des Nationalmuseums in Prag (Praha, Lapidarium Národního muzea, Kat. Nr. 184)

Hl. Sigismund (Bauhütte Peter Parlers, um 1380, Sandstein mit Resten von Bemalung und Vergoldung, Höhe 223cm; seit 1978 im Lapidarium des Nationalmuseums in Prag (Praha, Lapidarium Národního muzea, Kat. Nr. 185)

Literatur:

ADAMOVÁ, K., K heraldické výzdobě, 1982, S. 44-62 - CHADRABA, R., Charles Bridge, 1974, 12ff - CHADRABA, R., České gotické sochařství, 1991, S. 55- 135 - CHADRABA, R., Staroměstská mostecká věž, 1971 - CHADRABA, R., Triumph-Gedanke, 1967, S.65ff - CHADRABA, R., Ikonographie, 1981, S. 411-418 - COLSMANN, G., Denkmale, Bd. 2, 1955, S.390f. - FAJT, J., SRŠEŇ, L., Lapidarium, 2000, Nr. 179-Nr. 186 - HOMOLKA, J., in: Parlerkatalog, Bd. 2, 1978, S. 666ff - HOMOLKA, J., Programme, 1978, S. 616ff - HOMOLKA, J., Staroměstská mostecká věž, 1974, S. 11-55 - HORSKÝ, Z., Založení, 1979, S. 197- 212 - KUTAL, A., České gotické sochařství, 1962, S. 56-58 - LIEBMANN, M., Die deutsche Plastik 1350-1550, Gütersloh 1984, S. 65f. - OPITZ, J., Plastik, 1936, S. 98ff - ROSARIO, I., Art, 2000, S. 77ff, S. 102ff - SCHWARZ, M.,

KATALOG

Höfische Skulptur, 1986, S. 382ff - SWOBODA, K.M., Peter Parler, 1940, S. 38f. - VOJTÍŠEK, V., O erbech, 1958, S. 72-78 - VÍTOVSKÝ, J., K datování,1994, S. 15-42 - VÍTOVSKÝ, J., Stavitel, 1994, S. 1-6

KATALOG

Kat. Nr. 20 Abb. 29 und Abb. 30

VORAU, BIBLIOTHEK DES AUGUSTINER-CHORHERRENSTIFTS, cod. 259, 4 vol.

Antiphonar von Vyšehrad

um 1360 (?) und Ende des 15. Jh.

Vol. 3, fol. 8r: Melchisedech
Vol. 2, fol. 2r: Herrscherpaar

Literatur:

BUBERL, P., Handschriften, 1911, S. 205ff - FANK, P., Catalogus Voraviensis seu codices manuscripti bibliothecae canoniae in Vorau, Graz 1936, S. 144-146 - HENSLE-WLSAK, H., Bilderschmuck, 1988 (Rezension in: Das Münster 43, 1990, S. 353ff) - KRÁSA, J., in Parlerkatalog, Bd. 2, 1978, S. 737 - KRÁSA, J., Rukopisy Václava IV, Praha 1970 (Die Handschriften Wenzels IV., dt. Zf. S. 284-291), S. 107f. - KROFTA, J., O dátováni, 1939-46, S. 94-101 - KVĚT, J., Vznik národního slohu v české knižní malbě, in: Příspěvky k dějinám umění. Acta Universitatis Carolinae, Praha 1960, S. 31-42 (La naissance du style national dans la miniature gothique en Bohême, franz. Zf. S. 46f.), S. 37ff - SCHMIDT, G., Malerei, 1969, S. 207 - SOCHOR, S., Antifonář českého původu v klášteře Vorau ve Štýrsku, in: Památky archeologické 25, 1913, S. 1-8 (Ein Antiphonar böhmischen Ursprungs im Kloster Vorau in der Steiermark), S. 1-8 - STANGE, A., Deutsche Malerei, 1936, S. 18 - STEJSKAL, K., Kultur, 1978, S. 120, S. 231 - WAMMETSBERGER, H., Individuum, 1967, S. 89

KATALOG

Kat. Nr. 21   Abb. 11

WIEN, KUNSTHISTORISCHES MUSEUM, SCHATZKAMMER, Inv.-Nr. XIII 29

Reliquienkästchen für die Kettenglieder der Apostel Johannes, Petrus und Paulus

Rom oder Prag, um 1370

Breite 12,5cm, Tiefe 5,1 cm Höhe 2,8cm, Gold graviert mit schwarzer Füllmasse, Email, Schmucksteine, Eisen

Inschrift auf dem Deckel:
S[ANCTUS] IOANNE[S] EV[ANGELISTA] S[ANCTUS] PETRU[S] S[ANCTUS] PAULUS

Inschrift auf der Vorderseite:
PAPA URBANUS QUINTUS   KAROLUS QUARTUS [I]MPERATOR

Literatur:

COLSMANN, G., Denkmale, Bd. 2, 1955, S. 335f. - FILLITZ, H., Insignien, 1954, S. 28, S. 62 – FILLITZ, H., Schatzkammer, 1964, S. 129, 141 - OTAVSKÝ, K., in: Parlerkatalog, Bd. 2, 1978, S.704 - PEŠINA, J., Podoba, 1955, S. 30f. - ROSARIO, I., Art, 2000, S. 111f. - SCHRAMM, P.E., MÜTHERICH, F., Denkmale, Bd. 2, 1978, S. 66 - STEJSKAL, K., Kultur, 1978, S. 89 - WAMMETSBERGER, H., Individuum, 1967, S. 89f.

X. LITERATUR

1. ABGEKÜRZT ZITIERTE LITERATUR

LCI =	KIRSCHBAUM, E., BRAUNFELS, W. (Hg.), Lexikon der Christlichen Ikonographie, 8 Bde., Freiburg i.Br. 1968-1976
LexMA =	Lexikon des Mittelalters, 8 Bde. und Registerband, München 1980-1999
LThK =	BUCHBERGER, M. (HG.), Lexikon für Theologie und Kirche, 10 Bde., Freiburg i.Br. 1930-1938
Parlerkatalog =	LEGNER, A., (Hg.), Die Parler und der Schöne Stil 1350-1400. Europäische Kunst unter den Luxemburgern. Ausstellungskatalog, 4 Bde., Köln 1978
Rdk =	Reallexikon zur deutschen Kunstgeschichte, begonnen von SCHMITT, O. (Hg.), Bd. 1-6, Stuttgart 1937-1962, Bde. 7ff, München 1981ff

2. QUELLEN

Chronica Heinrici surdi de Selbach: BRESSLAU, H. (Hg.) Chronica Heinrci surdi de Selbach, Berlin 1964 (unveränderter Nachdruck der Auflage von 1922) (= Monumenta Germaniae Historica N.S.T.I)

Chronicon Benessi de Weitmil: EMLER, J. (Hg), Chronicon Benessi de Weitmil (Kronika Beneše z Weitmile), in: Emler, J. (Hg.), Fontes rerum Bohemicarum (Prameny dějin českých), Bd. 4, Pragae (Praha) 1884, S. 459-548

Chronicon Francisci Pragensis: EMLER, J. (Hg.), Chronicon Francisci Pragensis (Kronika Františka Pražského), in: Emler, J. (Hg.), Fontes rerum Bohemicarum (Prameny dějin českých), Bd. 4, Pragae (Praha) 1884, S. 347-456

LITERATUR

Chronicon Mathiae de Nuwenburg: HOFMEISTER, A. (Hg.), Die Chronik des Mathias von Neuenburg, 2.Auflage Berlin 1955 (= Monumenta Germaniae Historica N.S.T.IV Chronicon Mathiae de Nuwenburg)

Edmund de Dynter, Chronica nobilissimorum ducum Lotharingae et Brabantiae ac regum Francorum: RAM, P.F.DE (Hg.), Edmund de Dynter, Chronica nobilissimorum ducum Lotharingae et Brabantiae ac regum Francorum, 3 Bde., Bruxelles 1854-1860

Johannis de Marignola Chronicon: EMLER, J. (Hg.), Johannis de Marignola Chronicon (Kronika Jana z Marignoly), in: EMLER, J. (Hg.), Fontes rerum Bohemicarum (Prameny dějin českých), Bd. 3, Pragae (Praha) 1878, S. 487-604

Karoli IV. imperatoris Romanorum vita ab eo ipso conscripta: EMLER, J. (Hg.), Karoli IV. imperatoris Romanorum vita ab eo ipso conscripta, Praha 1878 (Fontes rerum Bohemicarum, Bd. 3, S. 336ff)

Karoli IV Imp. Rom. Vita ab eo ipso conscripta: PFISTERER, K., BULST, W. (Hg.), Karoli IV Imp. Rom. Vita ab eo ipso conscripta, Heidelberg 1950 (= Editiones Heidelbergenses 16)

Sermones port mortem Karoli IV imperatoris per Johannem, Archiepiscopum Pragensem, et Mag. Adalbertum Ranconis de Ericina facti: EMLER, J. (Hg.), Sermones port mortem Karoli IV imperatoris per Johannem, Archiepiscopum Pragensem, et Mag. Adalbertum Ranconis de Ericina facti (Řeči, jež měli při pohřbu císaře Karla IV Jan Očko, arcibiskup pražský, a Vojtěch Rankův z Ericina), in: Emler, J. (Hg.), Fontes rerum Bohemicarum (Prameny dějin českých), Bd. 3, Pragae (Praha) 1878, S. 421-441

Zbraslavská Kronika. Chronicon Aulae Regiae, Praha 1976 (Die Chronik von Zbraslav)

EMLER, J. (Hg.), Fontes rerum Bohemicarum (Prameny dějin českých), Bd. 3, Pragae (Praha) 1878

LITERATUR

EMLER, J. (Hg.), Fontes rerum Bohemicarum (Prameny dějin českých), Bd. 4, Pragae (Praha) 1884

EMLER, J. (Hg.), Fontes rerum Bohemicarum (Prameny dejin českých), Bd. 5, Pragae (Praha) 1893

GUIFFREY, J., Inventaires de Jean Duc de Berry, 2 Bde., Paris 1894-1896

HERQUET, K., Urkundenbuch der ehemals freien Reichsstadt Mühlhausen in Thüringen, Halle 1874 (= Geschichtsquellen der Provinz Sachsen, Bd. 3)

HILLENBRAND, E., Vita Caroli Quarti. Die Autobiographie Karls IV. Einführung, Übersetzung, Kommentar, Stuttgart 1979

JENŠOVSKÝ, F. (Hg.), Acta Urbani V 1362-1370, Pragae 1944 (= Monumenta Vaticana res gestas Bohemicas illustrantia, Bd. 3)

NOVÁK, J.F. (Hg.), Acta Innocenti VI 1352-62, Pragae 1907 (= Monumenta Vaticana res gestas Bohemicas illustrantia, Bd. 2)

PRIBRAM, A.F., Thomas Ebendorfers Chronica regum Romanorum, in: Mittheilungen des Instituts für österreichische Geschichtsforschung, Ergänzungsband 3, 1894, S. 38-223

3. KATALOGE

Bayern. Kunst und Kultur. Ausstellungskatalog, München 1972

Europäische Kunst um 1400. Ausstellungskatalog, Wien 1962

Bilder vom Menschen in der Kunst des Abendlandes. Jubiläumsausstellung der Preußischen Museen Berlin 1830-1980. Ausstellungskatalog, Berlin 1980

BUDDE, R. (Hg.), Die Heiligen Drei Könige - Darstellung und Verehrung. Ausstellungskatalog, Köln 1982

České umění gotické 1350-1420. Ausstellungskatalog, Praha 1970 (Böhmische gotische Kunst 1350-1420)

LITERATUR

FANK, P., Catalogus Voraviensis seu codices manuscripti bibliothecae canoniae in Vorau, Graz 1936

HAUSSHERR, R. (Hg.)., Die Zeit der Staufer. Geschichte – Kunst – Kultur. Ausstellungskatalog, 5 Bde., Stuttgart 1977

Kaiser Karl IV. 1316-1378. Führer durch die Ausstellung des Bayerischen Nationalmuseums München auf der Kaiserburg Nürnberg, München 1978

KIRMEIER, J., u.a. (Hg.), Kaiser Heinrich II. 1002-1024. Ausstellungskatalog, Augsburg 2002

KRAMP, M. (Hg.), Krönungen. Könige in Aachen – Geschichte und Mythos. Ausstellungskatalog, 2 Bde., Mainz 2000

L'art ancien en Tchécoslavique. Ausstellungskatalog, Paris 1957

Les Primitifs de Bohême. L'art gothique en Tchécoslavique 1350-1420. Ausstellungskatalog, Bruxelles 1966

LEGNER, A. (Hg.), Kunst der Gotik aus Böhmen präsentiert von der Nationalgalerie Prag. Ausstellungskatalog, Köln 1985

LEGNER, A., (Hg.), Die Parler und der Schöne Stil 1350-1400. Europäische Kunst unter den Luxemburgern. Ausstellungskatalog, 4 Bde., Köln 1978

Les Primitifs de Bohême. L'art gothique en Tchécoslavique 1350-1420. Ausstellungskatalog, Bruxelles 1966

Moravská knížní malba XI. až XVI. století. Ausstellungskatalog, Brno 1955 (Mährische Buchmalerei vom 11.bis 16.Jahrhundert)

PUHLE, M (Hg.), Otto der Große. Magdeburg und Europa. Ausstellungskatalog, 2 Bde., Mainz 2001

SALIGER, A. u.a., Dom-und Diözesanmuseum Wien. Katalog, Wien 1987

Schatzkammer der Residenz München. Katalog, München 1970[3]

Staré české umění. Sbírky Národního Galerie v Praze, Jiřský Klášter. Katalog., Praha 1988 (Alte Böhmische Kunst. Die Sammlungen der Nationalgalerie in Prag, Georgskloster)

WIECZOREK, A., HINZ, H.-M. (Hg.), Europas Mitte um 1000. Ausstellungskatalog, 3 Bde., Stuttgart 2000

Vídeňská gotika. Sochy, sklomalby a architektonická plastika z dómu Sv. Štěpána ve Vídni. Ausstellungskatalog, Prag 1991/92 (Wiener Gotik. Skulptur, Glasmalerei und Bauplastik vom Wiener Stephansdom)

4. SEKUNDÄRLITEARTUR

ADAMOVÁ, K., K heraldické výzdobě Staroměstské mostecké veže. Právně historický pohled, in: Pražský sborník historický 15, 1982, S. 44-62 (Zum heraldischen Schmuck des Altstädter Brückenturms. Rechtshistorische Studic, dt. Zf. S. 61f.)

ALBERT, R. (Hg.), Herrscherporträts in der Numismatik, Speyer, 1985

AMEISENOWA, Z., Rękopisy i pierwodruki illuminowane Biblioteki Jagiellońskiej, Wrocław u.a. 1958 (Handschriften und Erstausgaben der Jagiellonischen Bibliothek)

BACHMANN, E. (Hg.), Romanik in Böhmen. Geschichte, Architektur, Malerei, Plastik und Kunstgewerbe, München 1977

BACHMANN, E., Karolinische Reichsarchitektur, in: Seibt, F. (Hg.), Kaiser Karl IV. Staatsmann und Mäzen, München 1978, S. 334-339

BACHMANN, H., Gotische Plastik in den Sudetenländern vor Peter Parler, Brünn u.a. 1943

BACHMANN, H., Plastik bis zu den Hussitenkriegen, in: Swoboda, K.M. (Hg.), Gotik in Böhmen, München 1969, S. 110-166

BADSTÜBNER, E. u.a., Das alte Mühlhausen. Kunstgeschichte einer mittelalterlichen Stadt, Leipzig 1989

BADSTÜBNER, E. u.a., Die Marienkirche zu Mühlhausen, Berlin 1962 (= Das christliche Denkmal H.49)

LITERATUR

BANDMANN, G., Mittelalterliche Architektur als Bedeutungsträger, Berlin 1951

BARTLOVÁ, M., Christliche Kunst des Mittelalters in Böhmen, in: Das Münster 49, 2, 1996, S. 94-97

BAUCH, K., Das mittelalterliche Grabbild, Berlin 1976

BAUMÜLLER, B., Der Chor des Veitsdomes in Prag. Königskirche Karls IV., Berlin 1994

BECKER, H.-J., Die Symbolik der Reichskleinodien, in: Die Reichskleinodien. Herrschaftszeichen des Heiligen Römischen Reiches, S. 146-161 (= Schriften zur staufischen Geschichte und Kunst 16, 1997)

BĚLOHLÁVEK, A., Die böhmischen Krönungsinsignien, in: Zeitschrift für Kunstgeschichte 53, 1990, S. 209-215

BĚLOHLÁVEK, A., Osudy českých korunovačních insignií, in: Společenské vědy ve škole 3, 1986/87, S. 70-74 (Die Ursprünge der böhmischen Krönungsinsignien)

BENEŠOVSKÁ, K., Benediktinský klášter Na Slovanech s kostelem Panny Marie a slovanských patronů: pokus o revizi názorů na stavební vývoj ve 14. století, in: Umění 1996, 44, 2, S. 118-130 (Das Benediktinerkloster Na Slovanech mit der Kirche Mariae und den slawischen Patronen, dt. Zf. S. 118)

BENEŠOVSKÁ, K., Das Frühwerk Peter Parlers am Prager Veitsdom, in: Umění 47, 1999, S. 351-378

BENEŠOVSKÁ, K., HLOBIL, I., Peter Parler & St Vitus's Cathedral 1356-1399, Prague 1999

BERGIUS, R., Französische und belgische Konsol- und Zwickelplastik, Diss. , Würzburg 1957

Berschr. Darstellung der ältesten Bau- und Kunstdenkmäler des Kreises Mühlhausen, Halle 1881

BIAŁOSTOCKI, J., Spätmittelalter und beginnenden Neuzeit, Frankfurt a. M. u.a. 1990 (= Propyläen Kunstgeschichte, Bd. 7)

LITERATUR

BIANCHI BANDINELLI, R., Rom. Das Ende der Antike, München 1971 (= Universum der Kunst)

BIRNBAUM, B., K dátování portrétní galerie v triforiu chrámu svatovítského, in: Listy z dějin umění, Praha 1947 (Zur Datierung der Porträtgalerie im Triforium von St. Veit)

BLÁHOVÁ, M. u.a., Kroniky doby Karla IV., Praha 1987 (Chroniken zur Zeit Karls IV.)

BLÁHOVÁ, M., Zur Fälschung und Fiktion in der offiziellen Historiographie der Zeit Karls IV., in: Fälschungen im Mittelalter. Internationaler Kongreß der Monumenta Germaniae Historica München 16 -19. September 1986, Teil 1, Hannover 1988, S. 377-394 (= Monumenta Germaniae Historica 33, 1)

BLASCHKA, A. (Hg.), Kaiser Karls IV. Jugendleben und St.-Wenzels-Legende, Weimar 1956

BLASCHKA, A. Die St.-Wenzels-Legende Kaiser Karls IV., Prag 1934

BLAŽEJ, J., Nástěnné malby ambitu kláštera Na Slovanech. Stav zachování a malířská technika, in: Umění 14, 1966, S. 151-157 (Wandmalereien im Kreuzgang des Klosters Na Slovanech. Erhaltungszustand und Maltechnik)

BLAŽÍČKOVÁ, N., Tympanon od Panny Marie Sněžné, in: Staletá Praha 6, 1973, S. 106-115 (Das Tympanon von der Maria-Schnee-Kirche, dt. Zf. S. 225)

BLOCH, P., "Dedikationsbild", in: LCI, Bd. 1, Sp.491-494

BLOCH, P., Bildnis im Mittelalter. Herrscherbild – Grabbild – Stifterbild, in: Bilder vom Menschen in der Kunst des Abendlandes. Jubiläumsausstellung der Preußischen Museen Berlin 1830-1980, Ausstellungskatalog, Berlin 1980, S. 107-120

BOSL, K., Herzog, König und Bischof im 10. Jahrhundert, in: Seibt, F. (Hg.) Bohemia sacra. Das Christentum in Böhmen 973-1973, Düsseldorf 1974, S. 269-306

LITERATUR

Bouše, Z., Myslivec, J., Sakrální prostory na Karlštejně. Příspěvek k problematice jejich programu, in: Umění 19, 1971, S. 280-293 (Les sanctuaires du château de Karlštejn, franz. Zf. S. 293-295)

Braun, J., Die Reliquiare des christlichen Kultes und ihre Entwicklung, Freiburg i.Br. 1940

Braun, J., Tracht und Attribute der Heiligen in der deutschen Kunst, 3. unverändert. Aufl. Berlin 1988

Bräutigam, G., Die Nürnberger Frauenkirche. Ideen und Herkunft ihrer Architektur, in: Schlegel, U., Zoege von Manteufel, C. (Hg.), Festschrift für Peter Metz, Berlin 1965, S. 170-197

Buberl, P., Die illuminierten Handschriften in der Steiermark, Leipzig 1911

Buchner, E., Das deutsche Bildnis der Spätgotik und der frühen Dürerzeit, Berlin 1953

Budde, R. (Hg.), Die Heiligen Drei Könige - Darstellung und Verehrung. Ausstellungskatalog, Köln 1982, S. 37-50

Buschor, E., Bildnisstufen, München 1947

Buschor, E., Das Porträt. Bildnisse und Bildnisstreifen, München 1960

Büttner, F. O., Imitatio Pietatis. Motive der christlichen Ikonographie als Modelle der Verähnlichung, Berlin 1983

Büttner, F. O., Allegorisches Porträt und verwandte Bildnisdarstellungen, in: Scriptorium 32, 1978, S. 296-303

Čarek, J., O pečetech českých knížat a králů z rodu Přemyslova, in: Sborník příspěvku k dějinám hlavního města Prahy 8, 1938, S. 1-56 (Über die Siegel der böhmischen Fürsten und Könige aus dem Geschlecht der Přemysliden)

Čechura, J., Karel IV. na dvojím trůně, Praha 1998 (Karl IV. auf dem Doppelthron)

Černá, M.A., Ikonografický rozbor tympanonu Korunování Panny Marie od Panny Marie Sněžné v Praze, in: Acta Universitatis Carolinae, Philosophica et

Historica 4, 1980, S. 53-73 (Das Tympanon an der Maria-Schnee-Kirche zu Prag, dt. Zf. S. 72f.)

Česká a moravská knížní malba XI.-XVI. stol., Führer zur Ausstellung, Praha 1955-56, Nr. 73 (Böhmische und mährische Buchmalerei vom 11.-16. Jh.)

CHADRABA, R., Charles Bridge, Prague 1974

CHADRABA, R., Der "zweite Konstantin". Zum Verhältnis von Staat und Kirche in der karolinischen Kunst Böhmens, in: Umění 26, 1978, S. 505-520

CHADRABA, R., Der Triumph-Gedanke in der böhmischen Kunst unter Karl IV. und seine Quellen, in: Wissenschaftliche Zeitschrift der Friedrich-Schiller-Universität Jena, Gesellschafts- und sprachwissenschaftliche Reihe, 16, 1967, S. 63-78

CHADRABA, R., Kaiser Karls IV. devotio antiqua, in: Mediaevalia Bohemica 1, 1969, S. 51-68

CHADRABA, R., Rex Cyrus Christum Significat. Typologische Dimensionen des idealen Herrscherbildes, in: Umění 42, 1994, S. 339-358

CHADRABA, R., Staroměstská mostecká věž a triumfální symbolika v umění Karla IV., Praha 1971 (Der Altstädter Brückenturm und die Triumphsymbolik in der Kunst Karls IV., dt. Zf. S. 99-109)

CHADRABA, R., Staroměstská mostecká věž a její vyzdoba ve vztahu ke korunovaci českých králů, in: Staletá Praha 21, 1991, 55- 135 (Der Altstädter Brückenturm und seine Gestaltung unter Bezugnahme der Krönung der tschechischen Könige, dt. Zf. 292f.

CHADRABA, R., Tradice druhého Konstantina a řecko-perská antiteze v umění Karla IV., in: Umění 16, 1968, S. 567-603 (Die Tradition des zweiten Kontantin und die griechisch-persische Antithese in der Kunst Karls IV., dt. Zf. S. 603)

CHADRABA, R., Zur Ikonographie der thronenden Herrscherfiguren am Altstädter Brückenturm in Prag, in: Wissenschaftliche Zeitschrift der Friedrich-Schiller-

LITERATUR

Universität Jena. Gesellschafts- und sprachwissenschaftliche Reihe 30, 3,4, 1981, S. 411-418

CHAPEAUROUGE, D.DE, Der Christ als Christus. Darstellungen der Angleichung an Gott in der Kunst des Mittelalters, in: Wallraf-Richartz-Jahrbuch 48/49, 1987/88, S. 77-96

CHAPEAUROUGE, D. DE, Theomorphe Porträts der Neuzeit, in: Vierteljahrsschrift für Literaturwissenschaft und Geistesgeschichte 42, 1968, S. 262-302

CHYTIL, K., K dátování maleb Karlštejnských, in: Ročenka kruhu pro pěstování dějin umění za rok 1923, Praha 1924, S. 26-40 (Zur Datierung der Karlsteiner Malereien)

CHYTIL, K., Malby z doby Karlovy v katedrálním chrámě sv. Víta, in: Památky archeologické a Místopisné 12, 1882-1884, Sp. 81-84 (Malereien zur Zeit Karls IV. in der Kathedralkirche St. Veit)

CHYTIL, K., Mistr Osvald a jeho účastenství při výzdobě chrámu svatovítského, in: Památky archeologické a Místopisné 15, 1890-1892, Sp.26-30 (Meister Oswald und seine Beteiligung an der Ausstattung der Kirche St. Veit)

CHYTIL, K., Památky českého umění illuminátorského, I., Praha 1915 (Denkmale der böhmischen Miniaturkunst)

CHYTIL, K., Typ sv. Václava na pečeti University Karlovy a ve viatiku Jana ze Středy a jeho deriváty, in: Památky archeologické 36, 1928-30, S. 201-219 (Der Typus des Hl. Wenzel auf dem Siegel der Karlsuniversität und im viaticus des Johann von Neumarkt und seine Ableitungen)

CHYTIL, K., u.a., Korunovační klenoty království českého, Praha 1912 (= Soupis památek historických a uměleckých král. Hlavního města Prahy) (Die Krönungskleinodien des böhmischen Königreichs)

CIBULKA, J., Český řád korunováční a jeho původ, Praha 1934 (Die böhmische Krönungsordnung und ihr Ursprung)

LITERATUR

CIBULKA, J., Umělecké řemeslo, in: Wirth, Z. (Hg.), Dějepis výtvarného umění v Čechách, I. Díl, Středověk, Praha 1931, S. 380-417 (Kunsthandwerk)

COLSMANN, G., Die Denkmale der deutschen Kaiser und Könige im 14.Jahrhundert, 2 Bde., Diss. masch., Göttingen 1955

CONANT, K. J., Carolingian and romanesque architecture 800 to 1200, Harmondsworth 1959 (= Pelican History of Art 13)

COUDERC, C., Album de Portrait d'après les Collections du Département des Manuscrits. Bibliothèque Nationale, Paris 1908

DECKER-HAUFF, H. (in Zusammenarbeit mit P.E. Schramm), Die ‚Reichskrone', angefertigt für Kaiser Otto I., in: Schramm, P.E., Herrschaftszeichen und Staatssymbolik. Beiträge zu ihrer Geschichte vom dritten bis zum sechzehnten Jahrhundert, 3 Bde., Stuttgart 1954-1956 (= Monumenta Germaniae Historica 13, 1-3), S. 560-637

DECKERT, H., Zum Begriff des Porträts, in: Marburger Jahrbuch für Kunstwissenschaft 5, 1929, S. 261-284

DELBRÜCK, R., Antike Porträts, Bonn 1912

DENKSTEIN, V., Památky gotické, in: Denkstein, V. u.a., Lapidarium Národního musea, Praha 1958

DENKSTEIN, V., Původ a význam kamného reliéfu (tzv. tympanonu) ze hřbitovní zdi kostela Panny Marie Sněžné v Praze, in: Umění 41, 1993, 76 - 100 (Bedeutung und Ursprung des Steinreliefs (sog. Tympanon) in der Friedhofsmauer der Maria-Schnee-Kirche in Prag, dt. Zf. S. 97 - 100)

DENKSTEIN, V., Stavební historie klášterního kostela Panny Marie Sněžné v Praze, in: Ročenka Kruhu pro pěstování dějin umění za rok 1931, Praha 1932, S. 29-47 (Baugeschichte der Klosterkirche Maria-Schnee in Prag)

DEUSCH, W. R., Deutsche Malerei des 13. und 14. Jhs. Die Frühzeit der Tafelmalerei, Berlin 1940

LITERATUR

DIEDERICH, T., Siegelkunst, in: Legner, A., (Hg.), Die Parler und der Schöne Stil 1350-1400. Europäische Kunst unter den Luxemburgern. Ausstellungskatalog, Bd. 3, Köln 1978, S. 151f.

DINGELSTEDT, K., Stilströmungen der mitteldeutschen Plastik im späten 14. Jh. unter besonderer Berücksichtigung des böhmischen Einflusses, in: Sachsen und Anhalt 8, Magdeburg 1932, S. 373-424

DOLEZEL, H., Die Gründung des Prager Slavenklosters, in: Seibt, F. (Hg.), Kaiser Karls IV. Staatsmann und Mäzen, München 1978, S. 112-114

DRECHSLER, H., "Regalia", in: Enciclopedia dell'arte medievale 9, 1998, S. 863-868

DROBNÁ, Z., Gotische Zeichnung in Böhmen, Prag 1956

DURAND, G., Monographie de l'église Notre-Dame, Cathédrale d'Amiens, Amiens u.a. 1901

DVOŘÁK, K., Příspěvek ke genezi emauzského typologického cyklu, in: Z tradic slovanské kultury v Čechách. Sázava a Emauzy v dějinách české kultury, Praha 1975, S. 101-102 (Ein Beitrag zur Enststehung des Emmauser typologischen Zyklus, dt. Zf. S. 102)

DVOŘÁKOVÁ, V., u.a., Gothic mural painting in Bohemia and Moravia 1300-1378, London 1964 (Rezensionen in: Kunsthistorisk Tidskrift 1965, S. 119f.; Umění 15, 1967; Zeitschrift für Kunstgeschichte 1966; Burlington Magazine 1956, S. 640f.)

DVOŘÁKOVÁ, V., Kaple sv. Kříže na Karlštejně, Praha 1978 (Die Kapelle des Heiligen Kreuzes, dt. Zf. ohne Seitenzahlen)

DVOŘÁKOVÁ, V., Karlštejn Castle – Phases I and II of the Pictorial Decoration – Stylistic Analysis, in: Dvořáková, V., u.a., Gothic mural painting in Bohemia and Moravia 1300-1378, London 1964, S. 80-100

DVOŘÁKOVÁ, V., Karlštejnské schodištní cykly. K otázce jejich vzniku a slohového zařazení, in: Umění 9, 1961, S. 109-169 (Les cycles des légendes tchèques

LITERATUR

peints sur les parois de l'éscalier du dinjon du château fort de Karlštejn, franz. Zf. S. 169-171)

DVOŘÁKOVÁ, V., Meister Theoderich, Prag 1967

DVOŘÁKOVÁ, V., MENCLOVÁ, D., Karlštejn, Praha 1965 (Karlstein, dt. Zf. S. 269f.)

DVOŘÁKOVÁ, V., Mezinárodní význam karlštejnského dvorského ateliéru malířského, in: Umění 12, 1964, S. 362-385 (Die internationale Bedeutung des Karlsteiner höfischen Malerateliers, dt. Zf. S. 385f.)

DVOŘÁKOVÁ, V., Srovnávací typologie dvorských legend. Příspěvek ke studiu literárních předloh české malby dvorského okruhu Karla IV., in: Z tradic slovanské kultury v Čechách. Sázava a Emauzy v dějinách české kultury, Praha 1975, S. 85-93 (Vergleichende Typologie der höfischen Legenden, dt. Zf. S. 92f.)

DVOŘÁKOVÁ, V., The Ideological Design of Karlstejn Castle and its Pictorial Decoration, in: Dvořáková, V., u.a., Gothic mural painting in Bohemia and Moravia 1300-1378, London 1964, S. 51-65

DVOŘÁKOVÁ, V., Zum Prozess der Typisierung der höfischen Ikonographie des 14. Jahrhunderts, in: Karłowskiej-Kamzowej, Alicji (Hg.), Gotyckie malarstwo ścienne w Europie srodkowo - wschodniej. Materiały Konferencji naukowej Instytutu Historii Sztuki, Poznań 1977, S. 25-41

EGGERT, W., ...einen Sohn Namens Wenceslaus. Beobachtungen zur Selbstbiographie Karls IV., in: Engel, E. (Hg.), Karl IV. Politik und Ideologie im 14. Jahrhundert, Weimar 1982, S. 171-178

EICHMANN, E., Die Kaiserkrönung im Abendland, 2 Bde., Würzburg 1942

ERLANDE-BRANDENBURG, A., Das Herrscherbild im Mittelalter-Erbe oder Aneignung, in: Kramp, M. (Hg.), Krönungen. Könige in Aachen - Geschichte und Mythos. Ausstellungskatalog, 2 Bde., Mainz 2000, S. 77-85

ESCHBORN, M., Karlstein. Das Rätsel um die Burg Karls IV., Stuttgart 1971

LITERATUR

FAJT, J., HLAVÁČKOVÁ, H., ROYT, J., Das Relief der Maria-Schnee-Kirche in der Prager Neustadt, in: Bulletin Národní Galerie v Praze III-IV, 1993/94, S. 16-27

FAJT, J., Karl IV. - Herrscher zwischen Prag und Aachen. Der Kult Karls des Großen in der karolinischen Kunst, in: Kramp, M. (Hg.), Krönungen. Könige in Aachen - Geschichte und Mythos. Ausstellungskatalog, 2 Bde., Mainz 2000, S. 489-500

FAJT, J., ROYT, J., The pictorial decoration of the Great Tower at Karlstejn Castle. Ecclesia Triumphans, in: Fajt, J. (Hg.), Magister Theodoricus. Court Painter to emperor Charles IV. The pictoral decoration of the shrines at Karlstejn Castle, Prague 1998, S. 107-205

FAJT, J., SRŠEŇ, L., Das Lapidarium des Nationalmuseums in Prag. Führer durch die ständige Exposition der böhmischen Bildwerke aus Stein aus dem 11.-19. Jahrhundert auf dem Ausstellungsgelände in Prag, Prag 2000

FAJT, J., Theodoricus. Court Painter to emperor Charles IV. The pictoral decoration of the shrines at Karlštejn Castle, Prague 1998 (= Fajt, J. (Hg.)., Magister Theodoricus. Dvorní malíř Cisaře Karla IV., Praha 1997)

FAJT, J., u.a., Geheiligte Räumlichkeiten der Burg Karlstein, Prag 1998

FILLITZ, H., Die Insignien und Kleinodien des heiligen Römischen Reiches, Wien, München 1954

FILLITZ, H., Die Krone des Heiligen Römischen Reiches. Zur Rekonstruktion der ursprünglichen Form, in: Dettweiler, F. u.a. (Hg.), Studien zur Buchmalerei und Goldschmiedekunst des Mittelalters. Festschrift für Karl Maria Usener zum 60. Geburtstag am 19. August 1965, Marburg 1967, S. 21-26

FILLITZ, H., Die Reichskleinodien, in: Kramp, M. (Hg.), Krönungen. Könige in Aachen-Geschichte und Mythos. Ausstellungskatalog, 2 Bde., Mainz 2000, S. 141-149

FILLITZ, H., Die Schatzkammer in Wien, Wien, München 1964

FILLITZ, H., Katalog der weltlichen und der geistlichen Schatzkammer, Wien 1956^2

LITERATUR

FLAJŠHANS, V., Klaret a jeho družina, Bd. 1, Praha 1926 (Klaret und sein Gefolge)

FOLZ, R., Der Brief des italienischen Humanisten Beccari an Karl IV., in: Historisches Jahrbuch 82, 1963, S. 148-162

FRIEDL, A., Magister Theodoricus. Das Problem seiner malerischen Form, Prag 1956

FRIEDL, A., Mikuláš Wurmser, mistr královských portretů na Karlštejně, Praha 1956 (Nikolaus Wurmser, Meister der königlichen Porträts auf Karlstein)

FRIEDL, A., Počátky Mistra Theodorika, Praha 1963 (Die Anfänge Meister Theoderichs, dt. Zf. S. 110-122)

FRIEDL, A., Theodorikův epigon, in: Kniha o Praze 1958, S. 91-110 (Theoderichs Epigon)

FRIND, A., Die Kirchengeschichte Böhmens im Allgemeinen und in ihrer besonderen Beziehung auf die jetzige Leitmeritzer Diöcese in der Zeit des erblichen Königthums bis zum Tode Carl's I. (IV.) (Die goldene Zeit der Kirche Böhmens), Prag 1866

FRY, R.E., Two pictures in the possession of Messrs. Dowdeswell, in: Burlington Magazine 2, 1903 (Reprint Nendeln, Liechtenstein 1968)

GERSTENBERG, K., Die deutschen Baumeisterbildnisse des Mittelalters, Berlin 1966

GÖTZE, H., Castel del Monte. Gestalt und Symbol der Architektur Friedrichs II., München 1984

GRAF, A., Herrscherporträts in Dreikönigsdarstellungen im 15. Jh., Diss. masch., Salzburg 1988

GRASS, N., Reichskleinodien – Studien aus rechtshistorischer Sicht, Wien u.a. 1965

GROSSMANN, D., Das Stifterrelief von Maria-Schnee zu Prag, in: Fajt, J. u.a. (Hg.), Gotika v západních Čechách (1230-1530). Sborník příspěvků z mezinárodního vědeckého symposia, Praha 1998, S. 188-201

GÜNTHER, G., KORF, W., Mühlhausen Thomas-Müntzer-Stadt, Leipzig 1986 (= Kunstgeschichtliche Stadtbücher)

LITERATUR

HAGER, L., Büste und Halbfigur in der deutschen Kunst des ausgehenden Mittelalters, Würzburg 1938

HAGER, W., Das geschichtliche Ereignisbild. Beitrag zu einer Typologie des weltlichen Geschichtsbildes bis zur Aufklärung, München 1939

HAMANN-MACLEAN, R., Die Reimser Denkmale des französischen Königtums im 12. Jahrhundert. Saint-Remi als Grabkirche im frühen und hohen Mittelalter, in: Beumann, H. (Hg.), Beiträge zur Bildung der französischen Nation im Früh - und Hochmittelalter, Bd. 4, Sigmaringen 1983, S. 93-260

HAUSSHERR, R., Zu Auftrag, Programm und Büstenzyklus des Prager Domchores, in: Zeitschrift für Kunstgeschichte 34, 1971, S. 21-46

HAUTECOEUR, L., Histoire du Louvre 1200-1928, Paris 1928

HELBLING, H., Saeculum Humanum, Napoli 1958

HENSLE-WLSAK, H., Der Bilderschmuck im Codex 259 der Vorauer Stiftsbibliothek. Ein Beitrag zur böhmischen Buchmalerei des Spätmittelalters, Diss. masch. Graz 1988 (Rezension in: Das Münster 43, 1990, S. 353ff)

HERTLEIN, E., In Frederici imperatoris incoluminate salus imperii consistit. Antike und mittelalterliche Herrscher-Auffassungen am Grabmal Friedrichs III. in Wien, in: Jahrbuch der Kunsthistorischen Sammlungen in Wien 81, 1985, S. 33-103

HERZOGENBERG, J.v., Die Bildnisse Kaiser Karls IV., in: Seibt, F. (Hg.), Kaiser Karl IV. Staatsmann und Mäzen, München 1978, S. 324-334

HETTEŠ, K., O původu skla svatovítské mosaiky v Praze, in: Zprávy památkové péče 18,1958, S. 22-30 (Über den Ursprung der Gläser des Mosaiks von St. Veit in Prag)

HILGER, H.P., Die Skulpturen an der südlichen Querhausfassade von St. Marien zu Mühlhausen, in: Wallraf-Richartz-Jahrbuch 22, 1960, S. 159-164

HLEDÍKOVÁ, Z., Kirche und König zur Zeit der Luxemburger, in: Seibt, F. (Hg.), Bohemia sacra. Das Christentum in Böhmen 973-1973, Düsseldorf 1974, S. 307-314

LITERATUR

HLOBIL, I., Die Wenzelsstatue mit Peter Parlers Zeichen im Veitsdom, in: Umění 47, 1999, S. 385-388

HLOBIL, I., Heinrich IV. Parler und der Parlier Heinrich. Die Rechnungsbücher des Veitsdoms in Prag beziehen sich auf den Parlier Heinrich, nicht auf Heinrich Parler, in: Umění 55, 1997, S. 141-152

HOMOLKA, J., Ikonografie katedrály sv. Víta v Praze, in: Umění 26, 1978, S. 564-575 (Die Ikonografie der Kathedrale St. Veit in Prag)

HOMOLKA, J., Poznámky ke karlštejnským malbám, in: Umění 45, 1997, S. 122-140 (On the paintings at Karlštejn, engl. Zf. S. 122)

HOMOLKA, J., Staroměstská mostecká věž a její okruh, in: Studie k počátkům umění krásného slohu v Čechách. Acta Universitatis Carolinae, Philosophica et historica, Monographia 55, Praha 1974, S. 11-55 (Studie zu den Anfängen des "schönen Stils" in Böhmen, dt. Zf. S. 103-109)

HOMOLKA, J., The pictorial decoration of the palace and lesser tower of Karlštejn castle, in: Fajt, J. (Hg.), Magister Theodoricus. Court Painter to emperor Charles IV. The pictoral decoration of the shrines at Karlštejn Castle, Prague 1998, S. 45ff

HOMOLKA, J., Zu den ikonographischen Programmen Karls IV., in: Legner, A. (Hg.), Die Parler und der Schöne Stil 1350-1400. Ausstellungskatalog, Bd. 2, Köln 1978, S. 607-618

HOMOLKA, J., Zur Kunst der Gotik in Böhmen, in: Legner, A. (Hg.), Kunst der Gotik aus Böhmen präsentiert von der Nationalgalerie Prag. Ausstellungskatalog, Köln 1985, S. 37-71

HORSKÝ, Z., Založení Karlova mostu a kosmologická symbolika staroměstské mostecké věže, in: Staletá Praha 9, 1979, 197- 212 (Die Gründung der Karlsbrücke und die kosmologische Symbolik des Altstädter Brückenturmes, dt. Zf. 314f.)

LITERATUR

JEČNÝ, H., PÍŠA, V., Slovanské benediktinský klášter v Praze (Poznámky k úpravám a stavebním vývoji), in: Monumentorum tutela 4, 1967/68, S. 127-156 (Das slawische Benediktiner-Kloster in Prag (Anmerkungen über die Veränderung und die bauliche Entwicklung, dt. Zf. S. 158-160)

JENKINS, M., The State Portait, its Origin and Evolution. College Art Association, Studies Nr.3, New York 1947

JUDL, S., Tympanon kláštera u Panny Marie Sněžné, in: Heraldická ročenka, 1981, S. 43-53 (Das Tympanon des Klosters Maria-Schnee)

KALISTA, Z., Das cyrillo-methodianische Motiv bei Karl IV., in: Cyrillo-Methodianische Fragen, Slavische Philologie und Altertumskunde 1968, 141 (= Annales Intituti Slavici I/4)

KARŁOWSKA, A., Malowidła ścienne z XIV wieku v Małujowicach kolo Brzegu, in: Zeszyty Naukowe Uniwersytetu im. A. Mickiewicza w Poznaniu. Historia Sztuki, Zeszyt 3,1961, S. 47-75 (Wandmalereien aus dem 14. Jahrhundert in Malujuwice bei Brzeg, dt. Zf. S. 74f.)

KAŠIČKA, F. u.a., Vyšehrad a Karel IV., in: Staletá Praha 9, 1979, S. 103-125 (Der Vysehrad und Karl IV., dt. Zf. S. 309f.)

KAVKA, F., Am Hofe Karls IV., Stuttgart 1990

KAVKA, F., Karl IV. (1349-1378) und Aachen, in: Kramp, M. (Hg.), Krönungen. Könige in Aachen - Geschichte und Mythos. Ausstellungskatalog, 2 Bde., Mainz 2000, S. 477-488

KEHRER, H., Die Heiligen drei Könige in Literatur und Kunst, Bd. 1, Leipzig 1908

KEHRER, H., Die gotischen Wandmalereien in der Kaiser-Pfalz zu Forchheim. Abhandlung der Königlich Bayerischen Akademie der Wissenschaften, Philosophisch- philologische und historische Klasse, Bd. 26, 3. Abhandlung, München 1912

KELLER, H., Das Nachleben des antiken Bildnisses von der Karolingerzeit bis zur Gegenwart, Freiburg i. Br. 1970

LITERATUR

Keller, H., Die Bauplastik des Sieneser Domes, in: Kunstgeschichtliches Jahrbuch der Bibliotheca Hertziana, I, 1937, S. 139 - 216

Keller, H., Die Entstehung des Bildnisses am Ende des Hochmittelalters, in: Römisches Jahrbuch für Kunstgeschichte 3, 1939, S. 227ff

Kemmerich, M., Die frühmittelalterliche Porträtmalerei in Deutschland bis zur Mitte des XIII. Jahrhunderts, München 1907

Kéry, B., Kaiser Sigismund Ikonographie, München 1972

Kiessling, G., Deutsche Kaiserbildnisse des Mittelalters. Ein Beitrag zur Geschichte mittelalterlichen Kaisertums und zur Entwicklung der Porträtkunst, Leipzig 1937

Kimpel, D., Suckale, R., Die gotische Architektur in Frankreich 1130-1270, München 1985

Kirschbaum, E. (Hg.), Lexikon der christlichen Ikonographie, 8 Bde., Freiburg i. Br. 1968 - 1976

Klapper, J., Johann von Neumarkt. Bischof und Hofkanzler. Religiöse Frührenaissance in Böhmen zur Zeit Kaiser Karls IV., Leipzig 1964

Klare, W., Die Wahl Wenzels von Luxemburg zum Römischen König 1376, München 1990

Kletzl, O., Zur Parlerplastik, in: Wallraf- Richartz- Jahrbuch, N.F. II/III, 1933/34, S. 100-154

Kletzl, O., Peter Parler, der Dombaumeister von Prag, Leipzig 1940

Kletzl, O., Studien zur Böhmischen Buchmalerei, in Marburger Jahrbuch für Kunstwissenschaft 7, 1933,

Kletzl, O., Zur künstlerischen Ausstattung des Veitsdomes in vorhussitischer Zeit, in: Germanoslavica 1, 1931/32, S. 247-277

Kolář, M., Českomoravská heraldika, Bd. I., Praha 1902 (Böhmisch-mährische Heraldik)

LITERATUR

Kosegarten, A., Plastik am Wiener Stephansdom unter Rudolf dem Stifter, Diss. masch., Freiburg i.Br.1960

Kotrba, V. u.a., Rezension: Swoboda, K.M., Gotik in Böhmen, München 1969, in: Umění 19, 1971, S. 358-401

Kotrba, V. Der Dom zu St. Veit in Prag, in: Seibt, F. (Hg.), Bohemia sacra. Das Christentum in Böhmen 933 - 1973, Düsseldorf 1974, S. 511-548

Kotrba, V. Kaple svatováclavská v pražské katedrále, in: Umění 8, 1960, S. 329-356 (Die St. Wenzelskapelle in der Prager Kathedrale)

Kotrba, V. Kdy přišel Petr Parléř do Prahy. Příspěvek k historii počátků parléřovské gotiky ve střední Evropě, in: Umění 19, 1971, S. 109-135 (Wann kam Peter Parler nach Prag. Ein Beitrag zur Geschichte der Anfänge der Parlergotik in Mitteleuropa, dt. Zf. S. 131-135)

Kotrba, V., Nové město pražské - "Karlstadt" v universální koncepci císaře Karla IV., in: Z tradic slovanské kultury v Čechách. Sázava a Emauzy v dějinách české kultury, Praha 1975, S. 53-66 (Die Prager Neustadt - 'Karlstadt' in der universalen Konzeption Kaiser Karls IV.)

Kovács, E., Kopfreliquiare des Mittelalters, Leipzig 1964

Kraft, W., Schwemmer, W., Kaiser Karl IV. Burg und Wappensaal zu Lauf, Nürnberg 1960

Kramář, V., La peinture et la sculpture du XIVe siècle an Bohême, in: L'art vivant 4, 1928, S. 202-215

Kramář, V., Madona se sv. Kateřinou a Markétou Městského musea v Českých Budějovicích, Praha 1937 (Madonna mit der heiligen Katharina und Margarethe im Museum zu böhm. Budweis, dt. Zf. S. 39-58

Krása, J., Karlovy pečeti, in: Vaněček, V. (Hg.), Karolus Quartus, Praha 1984, S. 405-418

Krása, J., Nemec, J., Svatovítská mozaika. K restauraci obrazu Posledního soudu na jižním portálu katedrály, in: Umění 8, 1960, S. 374-386 (Das Mosaik von St.

LITERATUR

Veit. Zur Restaurierung des Bildes des Jüngsten Gerichtes am Südportal der Kathedrale)

KRÁSA, J., O zlatnících Karla IV., in: Umění a řemesla II, 1978, S. 14-22 (Über die Goldschmiede Karls IV.)

KRÁSA, J., Paintings in the Cathedral of St Vitus, Prague, in: Dvořáková, V. u.a., Gothic mural painting in Bohemia and Moravia 1300-1378, London 1964, S. 122-125

KRÁSA, J., Rukopisy Václava IV, Praha 1970 (Die Handschriften Wenzels IV., dt. Zf. S. 284-291)

KRÁSA, J.,The New Cathedral and the Subjects of its Pictorial Decoration, in: Dvoráková, V. u.a., Gothic mural painting in Bohemia and Moravia 1300-1378, London 1964, S. 66-70

KRÁSA, J.,Výstava rukopisů knihovny Národního Muzea v Praze, in: Umění 14, 1966, S. 600-609, S. 603 (Die Ausstellung der Handschriften der Bibliothek des Nationalmuseums in Prag)

KROFTA, J., K otázce slohového a ikonologického hodnocení nástěnných maleb v Emauzích, in: Z tradic slovanské kultury v Čechách. Sázava a Emauzy v dějinách české kultury, Praha 1975, S. 103-112 (Zum Problem der stilgemäßen und ikonologischen Wertung der Wandmalereien im Stift Emmaus, dt. Zf. S. 111f.)

KROFTA, J., Mistr Brevíře Jana ze Středy, Praha 1940 (Der Meister des Breviers Johanns von Neumarkt)

KROFTA, J., O dátování nástěnných maleb v křížové chodbě emauzského kláštera v Praze, in: Památky archeologicke. Skupina historická 42, 1939-46, S. 94-101 (Sur la date des fresques dans le cloitre du convent d'Emauzy à Prague, franz. Zf. S. 151)

KROFTA, J., K problematice karlštejnských maleb, in: Umění 6, 1958, S. 2-30 (Zur Problematik der Karlsteiner Malereien)

LITERATUR

KROPÁČEK, J., K fundacím Karla IV. na Novém Městě pražském, in: Staletá Praha 9, 1979, S. 231-250 (Zu den Fundationen Karls IV. in der Prager Neustadt, dt. Zf. S. 316f.)

KUBÁTOVÁ, T., Zpodobnění Karla IV. mistrem Theodorikem na Karlštejně, in: Umění 1, 1953, S. 210-214 (Die Darstellungen Karls IV. durch Meister Theoderich auf Karlstein)

KUGLER, G., Die Reichskrone, Wien u.a. 1986²

KUNZE, H., Die gotische Skulptur Mitteldeutschlands, Bonn 1925

KUNZE, H., Die Plastik des vierzehnten Jahrhunderts in Sachsen und Thüringen, Berlin 1925

KUTAL, A., České gotické sochařství 1350-1450, Praha 1962 (Böhmische gotische Skulptur 1350-1450, dt. Zf. S. 178-181)

KUTAL, A., Gotische Kunst in Böhmen, Prag 1971 (= Kutal, A., České umění gotické, Praha 1972)

KUTAL, A., O reliéfu od P. Marie Sněžné a některých otázách českého sochařství 1. poloviny 14. století, in: Umění 21, 1973, S. 480-496 (Über das Relief der Maria-Schnee-Kirche und einige Fragen der böhmischen Skulptur 1. Hälfte des 14. Jahrhunderts, dt. Zf. S. 495 - 496)

KVĚT, J., Der "Liber viaticus" des Johann von Neumarkt, in: Prager Rundschau VIII, 1937, S. 363-376

KVĚT, J., Vznik národního slohu v české knižní malbě, in: Příspěvky k dějinám umění. Acta Universitatis Carolinae, Praha 1960, S. 31-42 (La naissance du style national dans la miniature gothique en Bohême, franz. Zf. S. 46f.)

LACHNER, E., "Dedikationsbild", in: Rdk, Bd. 3, Sp.1189-1197

LACHNER, E.,"Devotionsbild", in: RdK, Bd. 3, Sp.1367-1373

LADNER, G., Die Anfänge des Kryptoporträts, in: Deuchler, F. u.a. (Hg.), Von Angesicht zu Angesicht. Porträtstudien. Michael Stettler zum 70.Geburtstag, Bern 1983, S. 78-97

LITERATUR

LADNER, G., Die Papstbildnisse des Altertums und des Mittelalters, Bd. II, Von Innozenz II. zu Benedikt XI., Vatikanstadt 1970

LADNER, G.,Die Papstbildnisse des Altertums und des Mittelalters, Bd. III, Addenda et corrigenda, Anhänge und Exkurse, Schlußkapitel: Papstikonographie und allgemeine Porträtikonographie im Mittelalter, Register, Vatikanstadt 1984

LASKO, P., Ars sacra 800 - 1200, Harmondsworth 1972 (= Pelican History of Art)

LEGNER, A.,Ikon und Porträt, in: Legner, A., (Hg.), Die Parler und der Schöne Stil 1350-1400. Europäische Kunst unter den Luxemburgern. Ausstellungskatalog, Bd. 3, S. 217-235

LÍBAL, D., Gotická architektura v Čechách a na Moravě, Praha 1948 (Gotische Architektur in Böhmen und Mähren)

LÍBAL, D., Katedrála sv. Víta na Pražském hradě, Praha 1999 (Die Kathedrale St. Veit auf der Prager Burg)

LÍBAL, D., Pražské gotické kostely, Praha 1946 (Gotische Kirchen in Prag)

LIEBENWEIN, W., Privatoratorien des 14. Jahrhunderts, in: Legner, A., (Hg.), Die Parler und der Schöne Stil 1350-1400. Europäische Kunst unter den Luxemburgern. Ausstellungskatalog, Bd. 3, S. 189-193

LIEBMANN, M., Die deutsche Plastik 1350-1550, Gütersloh 1984

LORENC, V., Nové město pražské, Praha 1973 (= Lorenc, V., Das Prag Karls IV. Die Prager Neustadt, Stuttgart 1982)

LOUDA, J., Znaky na Staroměstké mostecké věži, in: Umění 1985, S. 357-359 (Wappen am Altstädter Brückenturm)

MACHILEK, F., Privatfrömmigkeit und Staatsfrömmigkeit, in: Seibt, F. (Hg.), Karl IV. Staatsmann und Mäzen, München 1978, S. 87-101

MAŠÍN, J., K problematice románského sochařství v českých zemích. Poznámky k reliéfu z věže Juditina mostu, in: Sborník k sedmdesátinám Jana Květa. Acta Universitatis Carolinae, Philosophica et historica 1965, S. 76-81 (Contibution aux problèmes de la sculpture romane en Bohême. Remarques sur le relief de la tour du Pont Judith, franz. Zf. S. 80f.)

MAŠÍN, J., Malerei und Plastik der Romanik, in: Bachmann, E. (Hg.), Romanik in Böhmen, München 1977, S. 138ff

MATĚJČEK, A., Malířství, in: Wirth, Z. (Hg.), Dějepis výtvarného umění v Čechách, I. Díl, Středověk, Praha 1931, S. 240-379 (Malerei)

MATĚJČEK, A., Das Mosaikbild des Jüngsten Gerichtes am Prager Dome, in: Jahrbuch des kunsthistorischen Institutes der k.k. Centralkommission für Denkmalpflege 9, 1915, S. 106-139

MATĚJČEK, A., Die böhmische Malerei des XIV. Jahrhunderts, Leipzig 1921

MATĚJČEK, A., Gotische Malerei in Böhmen. Tafelmalerei 1350-1450, Prag 1939

MATĚJČEK, A., PEŠINA, J., Gotische Malerei in Böhmen. Tafelmalerei 1350-1450, Prag 1955 (= Matějček, A., Pešina, J., Česká malba gotická 1350-1450, Praha 1950; = Matějček, A., Pešina, J., Czech Gothic mural painting 1350-1450, Prague 1950; = Matějček, A., Pešina, J., La peinture tchèque 1350-1450, Prague 1950)

MATĚJČEK, A., Podíl Čech na vzniku portrétu ve 14. století. Vorlesung auf dem 14. Internationalen Kongress der Kunstgeschichte in Bern, 6. Oktober 1936, publiziert in: Matějček, A., Cesty umění, Praha 1984, S. 35-39

MATIEGKA, J., Tělesné pozůstatky českých králů a jejich rodin v hrobce svatovítského chrámu v Praze, Praha 1932 (Les ossements des rois de Bohême et leur familles dans la crypte de la cathédrale Saint Guy à Prague, franz. Zf. S. 21-24)

MAUMENÉ, CH., D'HARCOURT, L., Iconographie des rois de France. Première parie de Louis IX à Louis XIII, Paris 1929

MAYER, J., Kde bydlil Karel, syn Jana Lucemburského, na Starém Městě pražském? In: Staletá Praha 9, 1979, S. 92-102 (Wo wohnte Karl, der Sohn Johanns von Luxemburg, in der Prager Altstadt? dt. Zf. S. 308f.)

LITERATUR

MAYER, J., Poznámky k reliéfum brany a kostela P. Marie Sněžné na Novém Městě Pražském, in: Umění 22, 1974, S. 426-431 (Anmerkungen zum Relief des Turms und der Kirche Maria-Schnee in der Prager Neustadt)

MAYER, J., Sochy z gotického průčelí domu u zvonu na Staroměstském náměstí, in: Umění 15, 1977, S. 97-129 (Die Steinskulpturen von der Westfassade des Hauses "Zur Glocke" auf dem Altstädter Ring zu Prag, dt. Zf. S. 125-129)

MENCL, V., Česká architektura doby lucemburské, Praha 1949 (Gotische Architektur zur Zeit der Luxemburger)

MENCL, V., Poklasicka gotika jižní Francie a Švábska a její vztah ke gotice české, in: Umění 19, 1971, S. 217-253 (Le Gothique postclassique de la France meridionale et de Souabe et son rapport à l'égard du gothique de Bohême, franz. Zf. S. 253-254)

MENCL, V., Praha, Praha 1969 (Prag)

MENCLOVÁ, D., Karlštejn a jeho ideový obsah, in: Umění 5, 1957, S. 277-301 (Karlstein and ist ideological purport, engl. Zf. S. 405f.)

MERHAUTOVÁ-LIVOROVÁ, A., Reliéf ne věži bývalého Juditina mostu, in: Umění 19, 1971, S. 70-75 (Das Relief am Turm der ehemaligen Judithbrücke)

MICHEL, A. u.a., Histoire de l'art depuis premiers temps chrétiens jusqu'à nos jours, Paris 1907ff

MIODOŃSKA, B., Opatovický brevíř. Neznámý český rukopis 14. století, in: Umění 16, 1968, S. 213-254 (The Opatovice Breviary. An unknown Czech Manuscript of the 14th century, engl. Zf. S. 252-254)

MÖBIUS, F. u.a., Sakrale Baukunst. Mittelalterliche Kirchen in der Deutschen Demokratischen Republik, Berlin 1963

MÖLLER, R., Steinkonservierung. Skulpturen der Marienkirche in Mühlhausen, in: Denkmale in Thüringen, Weimar 1973, S. 172-184

MORAND, K., Jean Pucelle, Oxford 1962 (Rezension in: Umění 13, 1965, S. 194-202)

LITERATUR

MÖSENEDER, K., Lapides Vivi. Über die Kreuzkapelle der Burg Karlstein, in: Wiener Jahrbuch für Kunstgeschichte 34, 1981, S. 39-69

MÜLLEJANS, H., Karl der Große und sein Schrein in Aachen, Mönchengladbach 1988

MUSPER, H., Gotische Malerei nördlich der Alpen, Köln 1961

NEUBERT, K. u.a., Karlsbrücke, Prag 1991

NEUMAYER, A., The meaning of the balcony scene of the church of Muehlhausen in Thuringia. A Contribution to the History of 14th century illusionism, in: Gazette des Beaux Arts 50, 1957, S. 305-310 (Reprint 1968)

NEUREITHER, H., Das Bild Karls IV. in der zeitgenössischen französischen Geschichtsschreibung, Diss., Heidelberg 1964

NEUWIRTH, J., Der Bildercyklus des Luxemburger Stammbaumes aus Karlstein, Prag 1897

NEUWIRTH, J., Der verlorene Cyklus böhmischer Herrscherbilder in der Prager Königsburg, Prag 1896

NEUWIRTH, J., Die Wandgemälde im Kreuzgange des Emausklosters in Prag, Prag 1898

NEUWIRTH, J., Die Wandgemälde in der Wenzelskapelle des Prager Domes und ihr Meister, in: Mitteilungen des Vereins für Geschichte der Deutschen in Böhmen, 1900, S. 128-154

NEUWIRTH, J., Die Wochenrechnungen und der Betrieb des Prager Dombaues in den Jahren 1372-1378, Prag 1890

NEUWIRTH, J., Mittelalterliche Wandgemälde und Tafelbilder der Burg Karlstein in Böhmen, Prag 1896

NILGEN, U., Amtsgenealogien und Amtsheiligkeit. Königs- und Bischofsreihen in der Kunstpropaganda des Hochmittelalters, in: Bierbauer, K. u.a. (Hg.), Studien zur mittelalterlichen Kunst 800-1250. Festschrift für Florentine Mütherich zum 70. Geburtstag, München 1985, S. 217 - 234

LITERATUR

NOACK, F., Triumph und Triumphbogen, in: Saxl, F. (Hg.), Vorträger der Bibliothek Warburg. Vorträge 1925-1926, 1928, S. 147-201

NOVONTNÝ, K., POCHE, E., The Charles Bridge of Prague, Prague 1947

OETTINGER, K., Altböhmische Malerei, in: Zeitschrift für Kunstgeschichte 6, 1937, S. 397-406

OLDŘICH, S., Pražské kostely, Praha (1936) (Prager Kirchen)

OPITZ, J., Die Plastik zur Zeit der Luxemburger, Teil 1, Prag 1936 (= OPITZ, J., Sochařství v Čechách za doby Lucemburků I., Praha 1935)

OTAVSKÝ, K., Die Sankt Wenzelskrone im Prager Domschatz und die Frage der Kunstauffassung am Hofe Kaiser Karls IV., Bern u.a. 1992 (= Europäische Hochschulschriften, Reihe XXVII, Kunstgeschichte, Bd. 142)

PÄCHT, O., Die Gotik der Zeit um 1400 als gesamteuropäische Kunstsprache, in: Europäische Kunst um 1400. Ausstellungskatalog, Wien 1962, S. 52-65

PANOFSKY, E., Grabplastik. Vier Vorlesungen über ihren Bedeutungswandel von Alt-Ägypten bis Bernini, Köln 1993

PAVELKA, J., Karlštejnské malby, in: Cestami umění. Sborník prací k poctě šedesátých narozenin Antonína Matějčka, Praha 1949, S. 128-137 (Karlsteiner Malereien)

PEČÍRKA, J., K dějinám sochařství v lucemburských Čechách, in: Český časopis historický 39, 1933, S. 12-35 (Zur Geschichte der Plastik in Böhmen zur Zeit der Luxemburger)

PEČÍRKA, J., Plastika, in: Wirth, Z. (Hg.), Dějepis výtvarných umění v Čechách I, Praha 1931, S. 181-239 (Plastik)

PEŠINA, J., Doplněk k ikonografii Karla IV., in: Umění 6, 1958, S. 188-189 (Ergänzung zur Ikonographie Karls IV.)

PEŠINA, J., Imperium et sacerdotium. Zur Inhaltsdeutung der sog. Morgan-Täfelchen, in: Umění 26, 1978, S. 521-528

PEŠINA, J., K nové syntéze dějin gotického umění, in: Umění 21, 1973, S. 240-247 (Zur neuen Synthese der Geschichte der gotischen Kunst)

LITERATUR

PEŠINA, J., Kaple sv. Václava v chrámu sv. Víta v Praze, Praha 1940 (Die Kapelle des Hl. Wenzel in der Kirche St. Veit in Prag)

PEŠINA, J., Podoba a podobizny Karla IV. Příspěvek k poznání českého portrétního realismu ve 14. století, in: Universitas Carlina, Philosophica vol 1, no. 1, 1955, S. 1-60 (Gestalt und Porträts Karls IV. Ein Beitrag zur Erkenntnis des böhmischen Porträtrealismus im 14. Jahrhundert)

PEŠINA, J., The master of the Hohenfurth Altarpiece and Bohemian Gothic panel painting, Prague 1982

PEŤAS, F., Das Jüngste Gericht – Mittelalterliches Mosaik vom Prager Veitsdom, Prag 1958

PIEPER, J., Das gotische Schatzhaus der Reichskleinodien Burg Karlstein bei Prag, in: Daidalos 53, 1994, S. 78-81

PINDER, W., Die deutsche Plastik des 14. Jahrhunderts, München 1925

PIRCHAN, G., Karlstein, in: Schreiber, R. (Hg.), Prager Festgabe für Theodor Mayer, Freilassing, Salzburg 1953, S. 56-90

POCHE, E., K stavební historii kláštera Na Slovanech, in: Z tradic slovanské kultury v Čechách. Sázava a Emauzy v dějinách české kultury, Praha 1975,S. 67-72 (Zur Baugeschichte des Emmausklosters, dt. Zf. S. 72)

POCHE, E., KROFTA, J., Na Slovanech. Stavební a umělecký vývoj pražského kláštera, Praha 1956 (Na Slovanech. Bauliche und künstlerische Entwicklung des Prager Klosters)

POCHE, E., Pražské umělecké řemeslo za Karel IV., in: Staletá Praha 9, 1979, S. 126-146 (Das Prager Kunsthandwerk zur Zeit Karls IV., dt. Zf. S. 310f.)

POCHE, E., Zwei böhmische Königskronen, in: Umění 26, 1978, S. 481-494

PODLAHA, A., HILBERT, K., Metropolitní chram sv. Víta v Praze, Praha 1906 (Die Metropolitankirche St. Veit in Prag)

PODLAHA, A., Illustrierter Katalog des Prager Domschatzes, Prag 1930

LITERATUR

PODLAHA, A., ŠITTLER, E., České korunovační kříže v pokladu svatovítském, in: Památky archeologické 20, 1892 (Böhmische Krönungskreuze im Domschatz von St. Veit), S. 1ff

PODLAHA, A., ŠITTLER, E., Chrámový poklad u sv. Víta v Praze. Jeho dějiny a popis, Praha 1903 (Der Domschatz von St. Veit in Prag. Seine Geschichte und Beschreibung)

PODLAHA, A., ŠITTLER, E., Der Domschatz in Prag, Prag 1903 (Topographie der historischen und Kunst-Denkmale im Königreiche Böhmen von der Urzeit bis zum Anfange des XIX. Jahrhunderts)

PODLAHA, A., ŠITTLER, E., Die Bibliothek des Metropolitankapitels, Prag 1904 (= Topographie der historischen und Kunst-Denkmale im Königreiche Böhmen von der Urzeit bis zum Anfange des XIX. Jahrhunderts) (= PODLAHA, A., Knihovna kapitulní, Praha 1903(= Soupis památek historických a uměleckých v království českém od pravěku do počátku XIX. století))

POLLEROSS, F., Das sakrale Identifikationsporträt. Ein höfischer Bildtypus vom 13. bis zum 20. Jahrhundert, 2 Bde., Worms 1988

POLLEROSS, F., Die Anfänge des Identifikationsporträts im höfischen und städtischen Bereich, in: Frühneuzeit-Info, Jg.4, Heft 1, 1993, S. 17-36

POSSE, O., Die Siegel der deutschen Kaiser und Könige, Bd. 1, Dresden 1909; Bd. 2, Dresden 1910

Praha středověká. Čtvero knih o Praze, Praha 1983 (Mittelalterliches Prag)

PUTH, A., The Emperor on the Gallery: the South Transept Façade of St Mary's at Mühlhausen, Magisterarbeit, London 2000

RASH, N., Boniface VIII and Honorific Portraiture: Observations on the Half-Length Image in the Vatican, in: Gesta 26, 1, 1987, S. 47-58

RAVE, P.O., "Bildnis", in: RdK, Bd. 2, Sp. 639-680

Die Reichskleinodien. Herrschaftszeichen des Heiligen Römischen Reiches, Göppingen 1997 (= Schriften zur staufischen Geschichte und Kunst, Bd. 16)

REINLE, A., Das stellvertretende Bildnis. Plastiken und Gemälde von der Antike bis ins 19. Jahrhundert, Zürich, München 1984

RICHTER SHERMAN, C., The portraits of Charles V. of France (1338-1380), New York 1969 (Rezension in: Zeitschrift für Kunstgeschichte 34, 1971, S. 72-88)

RICHTER, C., Die Thomas-Müntzer-Gedenkstätte Marienkirche zu Mühlhausen, 2.Auflage Mühlhausen 1990 (= Mühlhauser Beiträge, Sonderheft 7)

RING, G., A century of French Painting 1400-1500, London 1949

ROSARIO, I., Art and propaganda. Charles IV of Bohemia, 1346-1378, Woodbridge 2000 (Rezension von J. FAJT, in: Speculum. A journal of medieval studies, 78, 4, 2003, S. 1383-1385)

ROYT, J., Die ikonologische Interpretation der Glatzer Madonnentafel, in: Umění 46, 1998, S. 51-60

RUPPERT, K.E., Studien zum Herrscherbild des frühen Mittelalters (306-1024), 2 Bde., Diss. masch., Erlangen 1974

RYNEŠ, V., K osudům a ikonografické náplní votivního obrazu Jana Očka z Vlašimi, in: Umění 15, 1967, S. 104-108 (Zum Schicksal und zum ikonographischen Inhalt des Votivbildes des Jan Očko von Vlašim)

SAUERLÄNDER, W., Gotische Skulptur in Frankreich 1140-1270, München 1970

SCHALLER, H.M., Die Wiener Reichskrone – entstanden unter König Konrad III., in: Die Reichskleinodien. Herrschaftszeichen des Heiligen Römischen Reiches, S. 58-105 (= Schriften zur staufischen Geschichte und Kunst 16, 1997)

SCHARF, H., Kleine Kunstgeschichte des deutschen Denkmals, Darmstadt 1984

SCHEFFLER, W., Die Porträts der deutschen Kaiser und Könige im späten Mittelalter von Adolf von Nassau bis Maximilian I., in: Repertorium für Kunstwissenschaft 33, 1910, S. 222-232, S. 318-338, S. 424-442, S. 509-524

SCHMIDT, G., Johann von Troppau und die vorromanische Buchmalerei, in: Dettweiler, F. (Hg.), Studien zur Buchmalerei und Goldschmiedekunst des

Mittelalters. Festschrift für Karl Hermann Usener zum 60. Geburtstag am 19. August 1965, Marburg 1967, S. 275-292

SCHMIDT, G., Karlstein, der Emmauskreuzgang und das Wurmser-Problem, in: Swoboda, K.M. (Hg.), Gotik in Böhmen, München 1969, S. 189-196

SCHMIDT, G., Malerei bis 1450. Tafelmalerei – Wandmalerei – Buchmalerei, in: Swoboda, K.M., Gotik in Böhmen, München 1969, S. 167-321

SCHMIDT, G., Peter Parler und Heinrich IV. Parler als Bildhauer, in: Wiener Jahrbuch für Kunstgeschichte 23, 1970, S. 108-153

SCHMUGGE, L., Das Pontifikale des Bischofs Albert von Sternberg, in: Mediaevalia Bohemica 3, 1970, S. 49-86

SCHNEIDER, R., Karls IV. Auffassung vom Herrscheramt, in: Historische Zeitschrift, N. F. Beiheft 2, München 1973, S. 122-150

SCHNEIDER, R., Karolus, qui et Wenceslaus, in: Jäschke, K.-U., Wenskus, R. (Hg.), Festschrift Helmut Beumann zum 65. Geburtstag, Sigmaringen 1977, S. 365-387

SCHNITZLER, H., Der Dreikönigsschrein, Würzburg 1939

SCHRAMM, P.E., Das Herrscherbild in der Kunst des frühen Mittelalters, in: Bibliothek Warburg, Vorträge 1922/23, 1, Berlin 1924, S. 145-226

SCHRAMM, P.E., Die deutschen Kaiser und Könige in Bildern ihrer Zeit, Teil 1. Bis zur Mitte des 12. Jahrhunderts (751-1152), 2 Bde., Berlin 1928

SCHRAMM, P.E., Herrschaftszeichen und Staatssymbolik. Beiträge zu ihrer Geschichte vom dritten bis zum sechzehnten Jahrhundert, 3 Bde., Stuttgart 1954-1956 (= Monumenta Germaniae Historica 13, 1-3)

SCHRAMM, P.E., Kaiser, Könige und Päpste. Gesammelte Aufsätze zur Geschichte des Mittelalters, 4 Bde., Stuttgart 1968 - 1971

SCHRAMM, P.E., MÜTHERICH, F., Denkmale der deutschen Könige und Kaiser, Bd. 2, Ein Beitrag zur Herrschergeschichte von Rudolf I. bis Maximilian I. 1273-1519, München 1978

LITERATUR

SCHRAMM, P.E., Sacerdotium und Regnum im Austausch ihrer Vorrechte. Eine Skizze der Entwicklung zur Beleuchtung des "Dictatus papae" Gregors VII., in: Studi Gregoriani per la storia di Gregorio VII e della riforma Gregoriana, Bd. 2, 1947, S. 403-457

SCHRAMM, P.E., Sphaira, Globus, Reichsapfel. Wanderung und Wandlung eines Herrschaftszeichens von Caesar bis zu Elisabeth II. Ein Beitrag zum "Nachleben" der Antike, Stuttgart 1958

SCHWARZ, M., Höfische Skulptur im 14. Jahrhundert. Entwicklungsphasen und Vermittlungswege im Vorfeld des Weichen Stils, Worms 1986

SCHWARZ, M., Peter Parler im Veitsdom. Neue Überlegungen zum Prager Büstenzyklus, in: Winner, M. (Hg.), Der Künstler über sich in seinem Werk. Internationales Symposium der Bibliotheca Hertziana Rom 1989, Weinheim 1992, S. 55-84

SCHWARZENBERG, K., Die Sankt-Wenzelskone und die böhmischen Insignien, Wien u.a. 1982[2]

SEDLÁČEK, A., Českomoravská heraldika, Bd. II, Praha 1925 (Böhmisch-mährische Heraldik)

SEIBT, F. (Hg.), Kaiser Karl IV. Staatsmann und Mäzen, München 1978

SEIBT, F. (Hg.), Bohemia sacra. Das Christentum in Böhmen 973-1973, Düsseldorf 1974

SEIBT, F., Karl IV. Ein Kaiser in Europa 1346 - 1378, München 1978

SEIBT, F., Karlstein, in: Schock-Werner, B., Hofrichter, H. (Hg.), Burg- und Schlosskapellen, Stuttgart 1995, S. 3-8

SIBILIA, S., L'iconografia di Bonifacio VIII, in: Società Romana di Storia Patria. Bolletino della Sezione per il Lazio meridionale I, 1951, S. 21-54

SICHTERMANN, H., KOCH, G., Griechische Mythen auf römischen Sarkophagen, Tübingen 1975

LITERATUR

SIMSON, O. v., Das Mittelalter II. Das hohe Mittelalter, Frankfurt a. M. u.a. 1990 (= Propyläen Kunstgeschichte, Bd. 6)

ŠITTLER, E., PODLAHA, A., Soupis památek historických a uměleckých. Poklad svatovítský, Praha 1903 (Verzeichnis der historischen und künstlerischen Denkmale. Der Domschatz von St. Veit)

SKÝBOVÁ, A., České korunovační klenoty, Praha 1982 (Die böhmischen königlichen Krönungskleinodien, dt. Zf. S. XI-XV)

ŠMAHEL, F., Das Rätsel des ältesten Prager Universitätssiegels, in: Bohemia 43, 2002, S. 89-115

SMITH, F.B., Architectural Symbolism of Imperial Rome and the Middle Ages, Princeton 1956

SOCHOR, S. , Antifonář českého původu v klášteře Vorau ve Štýrsku, in: Památky archeologické 25, 1913, S. 1-8 (Ein Antiphonar böhmischen Ursprungs im Kloster Vorau in der Steiermark)

SPĚVÁČEK, J., Der Machtaufschwung der Luxemburger in Mitteleuropa, in: Legner, A. (Hg.), Kunst der Gotik aus Böhmen präsentiert von der Nationalgalerie Prag. Ausstellungskatalog, Köln 1985, S. 19-35

SPĚVÁČEK, J., Die Epoche Karls IV., in: Legner, A., (Hg.), Die Parler und der Schöne Stil 1350-1400. Europäische Kunst unter den Luxemburgern. Ausstellungskatalog, Bd. 2, Köln 1978, S. 585-605

SPĚVÁČEK, J., Frömmigkeit und Kirchentreue als Instrument der politischen Ideologie Karls IV., in: Engel, E. (Hg.), Karl IV. Politik und Ideologie im 14. Jahrhundert, Weimar 1982, S. 158-170

STANGE, A., Deutsche Malerei der Gotik, Bd. 2. Die Zeit von 1350-1400, Berlin 1936

STEHKÄMPFER, H., Könige und Heilige Drei Könige, in: Budde, R. (Hg.), Die Heiligen Drei Könige - Darstellung und Verehrung. Ausstellungskatalog, Köln 1982, S. 37-50

LITERATUR

STEJSKAL, K., Das Slawenkloster zu Prag – Emmaus und seine künstlerische Ausstattung, in: Alte und moderne Kunst 16, Nr. 116, 1971, S. 11-17

STEHLÍKOVÁ, D., Některé heraldické problémy v uměleckohistorickém bádání o českém středověku, in: Heraldická ročenka 1984 (Einige heraldische Probleme in der Kunstgeschichtsforschung zum böhmischen Mittelalter)

STEJSKAL, K., Das Slawenkloster, Prag 1974 (= STEJSKAL, K., Klášter Na Slovanech, Praha 1974)

STEJSKAL, K., Die Rekonstruktion des Luxemburger Stammbaums auf Karlstein, in: Umění 26, 1978, S. 535-562

STEJSKAL, K., Die Wandmalerei, in: Legner, A. (Hg.), Die Parler und der Schöne Stil 1350-1400. Ausstellungskatalog, Bd. 2, Köln 1978, S. 718-721

STEJSKAL, K., Die Wandzyklen Kaiser Karls IV. Bemerkungen zu Neudatierungen und Rekonstruktionen der im Auftrag Karls IV. gemalten Wandzyklen, in: Umění 41 1/2, 1998, S. 19-41

STEJSKAL, K., Eléments antiquisants dans les sculptures provenants du Chantier de Pierre Parlér, in: Umění 10, 1972, S. 234-248

STEJSKAL, K., Karl IV. und die Kultur und Kunst seiner Zeit, Prag 1978 (= STEJSKAL, K., Umění na dvoře Karla IV., Praha 1978)

STEJSKAL, K., Klášter Na Slovanech, Pražská katedrála a dvorská malba doby Karlovy, in: Dějiny českého výtvarného umění I/1, Praha 1984, S. 328-335 (Das Kloster Na Slovanech, die Prager Kathedrale und die Hofmalerei zur Zeit Karls)

STEJSKAL, K., Matouš Ornys a jeho "Rod císaře Karla IV." (K otázce českého historizujícího manýrism), in: Umění 24, 1976, S. 13-55 (Matouš Ornys und sein "Stammbaum Kaiser Karls IV." (Zur Frage des böhmischen historisierenden Manierismus, dt. Zf. S. 55-58))

STEJSKAL, K., Nástenné malby kláštera Na Slovanech v Praze-Emauzích z hlediska etnografického a kulturně historického, in: Český lid 55, 1968, S. 125-150

LITERATUR

(Wandmalereien im Kloster "Na Slovanech" in Prag-Emaus vom ethnographischen und kulturhistorischen Standpunkt, dt. Zf. S. 150-152)

STEJSKAL, K., O malířích nástěnných maleb kláštera na Slovanech, in: Umění 15, 1967, S. 1-65 (Die Wandmalereien im Emmauskloster zu Prag und ihre Meister, dt. Zf. S. 62-65)

STEJSKAL, K., Osobnost Mistra emauzského cyklu, in: Karłowa-Kamzowa, A. (Hg.), Gotyckie malarstwo ścienne w Europie srodkowo-wschodniej, Poznań 1977, S. 71-77 (Die Persönlichkeit des Meisters des Emmauser Zyklus)

STEJSKAL, K., Prag als kaiserliche Residenz, in: Wissenschaftliche Zeitschrift der Friedrich-Schiller-Universität Jena, Gesellschafts- und sprachwissenschaftliche Reihe 30, 3/4, 1981, S. 401-409

STEJSKAL, K., Spor o Theodorika pokračuje, in: Umění 17, 1969, S. 425 - 489 (Der Streit um Theoderich geht weiter, dt. Zf. 484-489)

STEJSKAL, K., Theoderik, Byzanc a Banátky, in: Umění a řemesla II, 1978, S. 30-37 (Theoderich, Byzanz und Venedig)

STEJSKAL, K., Typological Cycle in the Cloisters of Emmaus. Iconographical analysis, in: Dvoráková, V. u.a., Gothic mural painting in Bohemia and Moravia 1300-1378, London 1964, S. 71-79

STEJSKAL, K., Nástěnné malby, in: České umění gotické 1350-1420. Ausstellungskatalog, Praha 1970, S. 191-194 (Wandmalereien)

STOCKHAUSEN, H.A., Der erste Entwurf zum Straßburger Glockengeschoß und seine künstlerischen Grundlagen, in: Marburger Jahrbuch für Kunstwissenschaft 11/12, 1941, S. 579-618

STOOB, H., Kaiser Karl IV. und seine Zeit, Graz, Wien 1990

STRANSKÝ, A.J., Podoby českých panovníků na Pražském hradě, in: Ročenka kruhu pro pěstování dějin umění za rok 1919, Praha 1920 (Die Gestalten böhmischer Herrscher auf der Prager Burg)

LITERATUR

SUCKALE, R., Die Glatzer Madonnentafel des Prager Erzbischofs Ernst von Pardubitz als gemalter Marienhymnus, in: Wiener Jahrbuch für Kunstgeschichte 46/47, 1993/94, S. 737-756

SUCKALE, R., Die Hofkunst Kaiser Ludwigs des Bayern, München 1993

SUCKALE, R., Die Porträts Kaiser Karls IV. als Bedeutungsträger, in: Büchsel, M., Schmidt, P. (Hg.), Das Porträt vor der Erfindung des Porträts, Mainz 2003, S. 191-204

ŠUSTA, J., Karel IV. – za císařskou korunou 1346-1355, Praha 1948 (Karl IV. – hinter der Kaiserkrone)

SWARZENSKI, H., A Masterpiece of Bohemian Art, in: Bulletin of the Museum of Fine Arts, Vol. L, Boston 1952, S. 64-74

SWARZENSKI, H., KVĚT, J., Czechoslovakia. Romanesque and gothic illuminated manuscripts, Paris 1959

SWOBODA, K.M. (Hg.), Gotik in Böhmen, München 1969 (Rezension in: Umění 19, 1971, S. 358-401)

SWOBODA, K.M., Klassische Züge in der Kunst des Prager deutschen Dombaumeisters Peter Parler, in: Swoboda, K. M., Bachmann, E., Studien zu Peter Parler, Brünn, Leipzig 1939, S. 9-25

SWOBODA, K.M., Peter Parler. Der Baukünstler und Bildhauer, Wien 1940

TOMEK, W., Geschichte der Stadt Prag, Band 1, Wien 1972 (unveränderter Nachdruck der Ausgabe von Prag, 1856)

TRNEK, H., Die Insignien des Heiligen Römischen Reiches in der Schatzkammer in der Wiener Hofburg, in: Die Reichskleinodien. Herrschaftszeichen des Heiligen Römischen Reiches, S. 10-29 (= Schriften zur staufischen Geschichte und Kunst 16, 1997)

TROESCHER, G., Burgundische Malerei. Maler und Malwerke um 1400 in Burgund, dem Berry mit der Auvergne und in Savoyen mit ihren Quellen und Ausstrahlungen, 2 Bde., Berlin 1966

LITERATUR

ULLMANN, E., Kunst unter den Luxemburgern und das Problem der Renaissance nördlich der Alpen, in: Engel, E. (Hg.), Karl IV. Politik und Ideologie im 14. Jahrhundert, Weimar 1982, S. 290-313

URBÁNKOVÁ, E., STEJSKAL, K., Pasionál Přemyslovny Kunhuty. Passionale Abbatissae Cunegundis, Praha 1975

VANĚČEK, V. (Hg.), Karolus Quartus, Praha 1984

VIOLETT-LE-DUC, E., Dictionaire raisonné de l'architecture française du XIe au XVIe siècle, Paris 1854ff

VÍTOVSKÝ, J., K datování, ikonografii a autorství Staroměstské mostecké věže, in: Průzkumy Památek II, 1994, S. 15ff-42 (Zur Datierung, Ikonographie und Autorschaft des Altstädter Brückenturmes in Prag, dt. Zf. S. 42-44)

VÍTOVSKÝ, J., Nástěnné malby ze 14. století v pražské katedrále, in: Umění 24, 1976, S. 473-502 (Wandmalereien aus dem 14. Jh. in der Prager Kathedrale, dt. Zf. S. 503)

VÍTOVSKÝ, J., Několik poznámek k problematice Karlštejna, in: Zpravy památkové péče 11, 1992, S. 3f. (Einige Anmerkungen zur Problematik Karlsteins)

VÍTOVSKÝ, J., Stavitel Karlova mostu mistr Oto – k otázce vztahů mezi stavební činností Jana IV. z Dražic a Karla IV., in: Zprávy památkové péče 54, 1994, S. 1-6 (Der Erbauer der Karlsbrücke Meister Oto – Zur Frage der Beziehungen zwischen der Bautätigkeit Johanns IV. von Dražic und Karls IV., dt. Zf. S. 106)

VLČEK, E., Karel IV., jeho tělesné vlastnosti a zdravotní stav, in: Staletá Praha 9, 1979, S. 79-91, (Karl IV., seine körperlichen Eigenschaften und Gesundheitszustand, dt. Zf. 307f.)

VLČEK, E., Tělesné vlastnosti Karla IV., in: Vaněček, V. (Hg.), Karolus Quartus, Praha 1984, S. 471-493 (Die körperlichen Eigenschaften Karls IV.)

VOJTÍŠEK, V., O erbech na Staroměstské Mostecké Věži, in: Kniha o Praze 1958, S. 72-78 (Über die Wappen am Altstädter Brückenturm)

LITERATUR

VOLKERT, W., Die Siegel Karls IV., in: Seibt, F. (Hg.), Kaiser Karl IV. Staatsmann und Mäzen, München 1978, S. 308-312

VŠETEČKOVÁ, Z., Gotické nástěnné malby v křížové chodbě kláštera Na Slovanech, in: Umění 44, 1996, S. 131-148 (Gotische Wandmalereien im Kreuzgang des Klosters Na Slovanech, dt. Zf. S. 131)

VŠETEČKOVÁ, Z., Nástěnné malby v přízemní kapli domu u zvonu, in: Umění 38, 1990, S. 377-398 (Die Wandmalereien der Kapelle im Erdgeschoß des Hauses zur Glocke, dt. Zf. S. 398-400)

VYSKONČIL, J.K., Šest století kostela a kláštera u P. Marie Sněžné, Praha 1947, S. 55-57 (Sechs Jahrhunderte Kirche und Kloster Maria-Schnee)

WAETZOLD, W., Die Kunst des Porträts, Leipzig 1908

WAMMETSBERGER, H., Individuum und Typ in den Porträts Kaiser Karls IV., in: Wissenschaftliche Zeitschrift der Friedrich-Schiller-Universität Jena, Gesellschafts- und sprachwissenschaftliche Reihe 16, 1967, S. 79-93

WARNKE, M., Das Bild als Herrschaftsbestätigung, in: Busch, W., Schmoock, P (Hg.), Kunst. Geschichte ihrer Funktion, Weinheim, Berlin 1987, S. 419-437

WARNKE, M., Hofkünstler. Zur Vorgeschichte des modernen Künstlers, Köln 1985

WEINBERGER, M., Arnolfo und die Ehrenstatuen Karls von Anjou, in: Martin, K. u.a. (Hg.), Studien zur Geschichte der europäischen Plastik. Festschrift Theodor Müller zum 19. April 1965, München 1965, S. 63-71

WILLEMSEN, C.A., Kaiser Friedrich II.- Triumphtor zu Capua, Wiesbaden 1953

WINANDS, K., BREUER, H., Aachen – Nürnberg – Prag – Eine Miszelle zur Architekturrezeption unter Karl IV., in: Jansen, M., Winands, K. (Hg.), Architektur und Kunst im Abendland. Festschrift zur Vollendung des 65. Lebensjahres von Günther Urban, Rom 1992, S. 165-178

WIRTH, Z. (Hg.), Dejepis výtvarného umění v Cechách 1, Středověk, Praha 1931 (Geschichte der bildenden Kunst in Böhmen 1, Mittelalter)

LITERATUR

WITTE, M.M., Elias und Henoch als Exempel, typologische Figuren und apokalyptische Zeugen. Zur Verbindung von Literatur und Theologie im Mittelalter, Frankfurt a.M. 1987

WOLF, G.G., Die Wiener Reichskrone, Wien 1995 (= Schriften des Kunsthistorischen Museums 1)

WOLFRAM, H., Constantin als Vorbild für den Herrscher des hochmittelalterlichen Reiches, in: Mitteilungen des Instituts für österreichische Geschichtsforschung 68, 1960, S. 226-243

WUNDRAM, M., Körper und Raum in der böhmischen Kunst zur Zeit Karls IV. Versuch einer Begriffsbestimmung, in: Seibt, F. (Hg.), Kaiser Karl IV. Staatsmann und Mäzen, München 1978, S. 371-377

ZELENKA, A., Der Wappenfries aus dem Wappensaal zu Lauf, Passau 1976

ZELENKA, A., Heraldische Bemerkungen, in: Seibt, F. (Hg.), Kaiser Karl IV. Staatsmann und Mäzen, München 1978, S. 312-317

ZINSERLING, L., Stifterdarstellungen in der altdeutschen Tafelmalerei. Eine Untersuchung ihrer formalen Gestaltung, Diss. masch., Jena 1957

5. REGISTER

AACHEN, Domschatz

   G 69 (Reliquienbüste Karls des Großen) 48, 74, 165, 190

   Karlsschrein 182

Adalbert, Heiliger 58, 85, 99, 101, 110, 137, 145, 162, 222, 238, 253, 267

Akklamatio 155

Albert von Sternberg 19, 51f., 60, 62, 78, 94ff, 113ff, 118ff, 190, 200, 208, 210, 217f., 220f., 234, 257

AMIENS, Notre-Dame, Beau Pilier 102, 174

Anbetung der Magier *siehe* Epiphanie

Andreas gen. Kotlik 161, 245, 252

Anna von der Pfalz 80, 82, 159, 168, 178, 240, 252

Anna von Schweidnitz 56, 74, 79f., 82ff, 134, 159f., 168, 178, 192, 209, 240, 252, Anm. 73

Antiphonar von Vyšehrad *siehe* VORAU, Bibliothek des Augustiner-Chorherrenstifts

Arma Christi 107, 110

BAMBERG, Staatsbibliothek

   Msc. Class. 79 (Flavius-Josephus-Handschrift) 205

   Msc. Bibl. 140 (Apokalypse) 205

Beneš (Krabice), Chronist 98, 100, 107, 111f., 118f., 127, 136, 161f., 169, 188, 245, 252, Anm. 137-140, 149, 170f., 182, 187, 196ff, 213, 228, 241, 249, 259, 280, 310, 324, 333, 335, 381, 394f.

BERLIN, Gemäldegalerie

   Kat. Nr. 1624 (Glatzer Madonna) 84, Anm. 199, Abb. 37

BERLIN, Staatsbibliothek

   Ms. theol. lat. Fol. 58 92

REGISTER

Bibelstellen

    1 (3) Könige 17, 8ff 185

    1 (3) Könige 18, 19ff 188

    Gen 14, 17-20 189

    Gen 24, 11-20 185

    Hebr 6, 20 190

    Hebr 7, 1-17 190

    Lk 9,19 186

    Mk 6,15 186

    Mk 9,1 186

    Mt 16,14 186

    Mt 17,10 186

    Mt 2,1-12 197

    Psalm (109)110 190

Blanche de Valois 82, 105, 108, 119f., 135, 159, 168, 172, 178, 210, 241, 252

Bonifaz VIII., Papst 149ff, 166, 182f., 191, 201, 211

Bořivoj II. 162, 247

Břetislav I. 162, 176, 247, 252, Anm. 241

Břetislav II. 162, 247, 252, Anm. 241

BRISTOL 163

Bügelkrone 29, 41f., 45, 50, 52ff, 59, 61ff, 66, 73, 75, 89, 96, 112, 138, 142, 193, 202, 204, 215f., 218f., 222, 226

Busco Leonardi 161, 244f.

CAPPENBERG, Stiftskirche

    Büste Friedrichs I. Barbarossa 182

CAPUA 147f., 152, Anm. 293

CHANTILLY, Museé Condé,
  Inv.Nr. 15645 205
Charles V. *siehe* Karl V., König von Frankreich
Christus 51ff, 57f., 62, 72f., 85, 92ff, 120, 122, 154, 181, 185, 190, 192, 200, 205, 210f., 218f., 222, 234, 249, 253f., 257f., 264, Anm. 246
Clemens Romanus 182
Clemens VI., Papst 117, 175, 202, Anm. 324
Cyrill, Heiliger 162, 179, 249, 253

Dedikationsbild 23, 93f., 114
Deesis 154, 218
Devotionsbild 10f., 18, 23, 33, 43, 51, 60ff, 71, 77, 92ff, 99, 108, 113f., 200, 208, 210, 217ff
Dreifaltigkeit 124
Dynter, Edmund de, Chronist Anm. 341

Ebendorfer, Thomas, Chronist 15, 37, 214, Anm. 264
Elias, Prophet 70, 183, 185ff, 198, 211, 225
Elisabeth von Böhmen, Königin 79f., 109, 147, 160, 167, 169, 171, 179, 192, 242, 252
Elisabeth von Pommern 53, 58, 82ff, 159, 164, 167f., 209, 239, 252, Anm. 307
Epiphanie 25, 75ff, 154, 156f., 181, 196ff, 203, 222, 226, 232, 260,

FORCHHEIM 16
Franz von Prag, Chronist 112, 119, 140, 174, 176, Anm. 137, 182, 187, 197, 242f., 259, 324, 349f., 356, 393
Friedrich I. (Barbarossa) 88, 182, 198
Friedrich II. 147f., 198, Anm. 277, 293

Goldbulle 42, 44f., 87f., 143, 198, 204, 228

Heinrich II., Kaiser 120, 205
Heinrich VII., Kaiser 17, 89f., 149, 160, 169, 171
Helena 74, 84, 134, 192f., 195, 226
Henricus surdi de Selbach 117f.

Infulae 41f., 45, 50, 55f., 75, 87, 89, 95, 122f., 152, 193, 215f., 218f., 226
Innozenz VI., Papst 121, 129f., 201f.

Jan Očko von Vlašim 16ff., 20f., 23f., 39f., 54, 60, 78, 84ff, 99ff, 103, 113ff, 161, 171, 174, 179, 187f., 194f., 200, 209, 217f., 243, 250, 252, 263, Anm. 147, Abb. 39, 40
Jan ze Středy *siehe* Johann von Neumarkt
Jean de la Grange 102, 174
Jean le Bon 18, 27ff, 30f., 173, Anm. 214, Abb. 1
Johann der Gute *siehe* Jean le Bon
Johann Heinrich von Mähren 79ff, 105, 109, 147, 160, 167, 169, 241, 252, Abb. 36
Johann von Böhmen, König 79ff, 109, 147, 160, 167, 170f., 175, 178, 237, 242, 252
Johann von Neumarkt 62, 71f., 76f., 189, 190, 196f., 199, 204., 223, 226, 258, 260, Anm. 420
Johanna von Bayern 53, 80, 97, 161, 168f., 212, 243, 252
Johannes der Täufer 102, 109, 173f.
Johannes von Jenstein 161, 244, 252, Anm. 306
Judithbrücke 140, 146, 211
Jüngstes Gericht *siehe* Weltgericht

Kaisersiegel 45, 89, 204, Anm. 102

Karl der Große 48, 74, 165, 171, 182, 190
Karl V., König von Frankreich 22f., 27f., 30, 102, 125f., 130, 134, 147, 173f., Abb. 3
Karlsbrücke 39, 65, 136f., 140f., 156, 222
KARLSTEIN siehe KARLŠTEJN
KARLSTEIN, Katharinenkapelle siehe KARLŠTEJN, kaple sv. Kateřiny
KARLSTEIN, Kreuzkapelle siehe KARLŠTEJN, kaple sv. Kříže
KARLSTEIN, Marienkirche siehe KARLŠTEJN, kostel P. Marie
KARLŠTEJN, kaple sv. Kateřiny
 Altarbild 16f., 55, 60, 82, 103, 115, 200
 Supraporta 17, 39, 69f., 74ff, 82ff, 192, 195, 200, 231, Abb. 33
KARLŠTEJN, kaple sv. Kříže
 Epiphanie-Szene 17f., 75, 134, 196f., 224, 226, 232, Anm. 419, Abb. 34
KARLŠTEJN, kostel P. Marie
 Reliquienszenen 16ff, 21, 24, 33f., 37, 41, 50, 52ff, 59, 66, 74, 121, 124f., 134f., 195, 210f., 213, 233, Abb. 4-6, 12-14
KÖLN, Dom, Dreikönigschrein 157, 201
KÖLN, Schnütgenmuseum
 Büste mit dem Parler-Zeichen 164
Kommunion 63, 116ff, 221, 257
Konrad III. 88
Konstantin 74, 84, 134, 192ff, 198, 211, 226, Anm. 246
KRAKAU siehe KRAKÓW
KRAKÓW, Biblioteka Jagiellońska
 MSS Lat. 284 I-II (Lateinische Bibel des Albert von Sternberg) 52f., 60, 63, 71, 78, 95f., 190, 200, 234, Abb. 22
Krankensalbung 63, 116, 118, 221
Krönung 15, 22, 62ff, 95, 104, 107, 112, 119f., 136, 143ff, 165, 177, 202, 205, 210, 221, 257

Lateinische Bibel des Albert von Sternberg *siehe* KRAKÓW, Biblioteka Jagiellońska

Lendentuch Christi 94, 96, 122, 132

Liber viaticus des Johann von Neumarkt *siehe* PRAHA, knihovna Národního muzea

Lilienkrone 42, 44f., 48f., 56, 59, 62f., 74f., 77, 87, 116, 119, 133, 142f., 152, 199, 215f., 218f., 221, 226

LITOMYŠL 96, Anm. 420

Loysius Gonzaga von Mantua 128

Ludmilla, Heilige 58, 85, 162, 250, 253, Anm. 150

Ludwig der Bayer 17, 88f., 129, Anm. 102

Ludwig der Deutsche 92

Ludwig der Heilige 110

Ludwig von Ungarn 128

Magdeburger Antependium *siehe* NEW YORK, The Metropolitan Museum of Art

Maria 53, 56f., 76, 92, 97, 99, 101ff, 107ff, 110, 114, 154f., 162, 173f., 179, 182, 196f., 200f., 210, 218f., 236, 249, 253, Anm. 141, 381, 246

Maria Dexiokratusa 54

Maria Hodegetria 55, 114, 219

Marienkrönung 57, 104, 108f., 219

Marignola, Johannes von, Chronist 172

Mathias von Arras 106, 161, 178, 246, 252

Melchisedech 72ff, 189ff, 199, 206, 211, 225f., 258, 269, Anm. 88, Abb. 29, 32

Method, Heiliger 162, 179, 249, 253

Missale des Johann von Neumarkt *siehe* PRAHA, knihovna metropolitní kapituly u sv. Víta

Mitra 41, 45, 50, 52ff, 59, 61f., 66, 73, 75, 77, 87, 89, 94f., 99, 112, 116, 138, 142f., 193, 204, 215f., 218f., 221f., 225f.

Morgan-Tafeln *siehe* NEW YORK, Pierpont Morgan Library

MÜHLHAUSEN, Marienkirche 19, 22, 154ff, 209, 211f., 221f., 235, Abb. 28
MÜNCHEN, Bayerische Staatsbibliothek
    Clm 14000 (Codex Aureus von St. Emmeram) 205
    Clm 4452 (Perikopenbuch Heinrichs II.) 205
    Clm 4453 (Evangeliar Ottos III.) 205
MÜNCHEN, Schatzkammer der Residenz
    Gebetbuch Karls des Kahlen 92f.

NEW YORK, Pierpont Morgan Library
    Diptychon mit dem Tod Mariae und der Anbetung der Könige (sog. Morgan-Tafeln) 72, 76f., 196ff, 199, 201, 203, 224, 226, 236, Abb. 35
NEW YORK, The Metropolitan Museum of Art
    Inv.Nr. 41.100.157 (Elfenbeintafel vom sog. Magdeburger Antependium mit der Maiestas Domini) 92
Nikolaus gen. Holubecz 161, 164, 244, 252
Nuwenburg, Mathias de, Chronist 118

Otokar I. Přemysl 88, 90, 108f., 162, 176, 248, 252, Anm. 241
Otokar II. Přemysl 45, 88, 162, 177, 248, 252, Anm. 241
Otto I. 92, 194
Otto III. 88, 120, 205
Otto IV. von Braunschweig 157, 201

PARIS, Bastille 147
PARIS, Bibliothèque Nationale
    ms.fr. 2813 (Grandes Chroniques de France) 19ff
PARIS, Grand Vis du Louvre 173, 175

PARIS, Musée du Louvre
   Parament de Narbonne 30, 126, Abb. 3
   Tafelbild des Jean le Bon 18, 27, 29ff
PARIS, Notre-Dame, Porte Rouge 109
Paulus, Apostel 72, 103, 120, 123f., 148, 204f., 219, 258, 270, Anm. 206
Pendilien 41f. 48, 50, 55, 66, 75, 138, 193, 215, 218f., 222, 226
Peter Parler 161, 178f., 245, 252, 266f.
Petrarca, Francesco 20
Petrus, Apostel 72, 103, 113, 120, 123, 148, 202ff, 219, 258, 270
Philipp II., der Kühne von Frankreich 182
Philipp von Schwaben 145
Pilgerzeichen *siehe* PRAHA, muzeum hlavního města Prahy
Pontifikale der Albert von Sternberg *siehe* PRAHA, knihovna Královské kanonie premonstrátů na Strahově
PRAG, Agneskloster *siehe* PRAHA, Anežský klášter
PRAG, Altstädter Brückenturm *siehe* PRAHA, Staroměstská mostecká věž
PRAG, Domschatz *siehe* PRAHA, poklad svatovítský
PRAG, Emmauskloster *siehe* PRAHA, klášter Na Slovanech
PRAG, Georgskloster, Tympanon *siehe* PRAHA, Národní Galerie
PRAG, Haus zur Glocke *siehe* PRAHA, dům U kamenného zvonu
PRAG, Maria-Schnee-Kirche *siehe* PRAHA, Národní Galerie
PRAG, St. Veit *siehe* PRAHA, Katedrála sv. Víta
PRAG, St. Veit, Wenzelskapelle *siehe* PRAHA, katedrála sv. Víta, kaple sv. Václava
PRAHA, Anežský klášter 146
PRAHA, Archiv Univerzity Karlovy
   Universitätssiegel 59, 61, 112, 114, 219, 229, Abb. 26
PRAHA, dům U kamenného zvonu 105, 109, 146

REGISTER

PRAHA, katedrála sv. Víta

Porta Aurea 18, 55, 58, 73, 82f., 110, 113, 217, 219, 255, Abb. 25

Ostchor 237ff

kaple sv. Václava 39, 53, 55, 60, 73, 77f., 82f., 97f., 113ff, 217f., 254

Triforium 11, 15ff, 19f., 23, 33, 35, 39, 42, 50, 52, 55f., 60f., 66f., 69, 79f., 82ff, 86, 116, 136, 138, 144, 157ff, 162ff, 173f., 179, 192, 207ff, 213, 215, 239, 249, Anm. 137, 147, 182, 237, 307

PRAHA, klášter Na Slovanech 69f., 183, 188f., 209, 223, 225, 256

PRAHA, knihovna Královské kanonie premonstrátů na Strahově

Dg I 19 (Pontifikale des Albert von Sternberg) 19, 51f., 62f., 78, 94f., 113ff, 118ff, 190, 200, 208, 210, 217f., 220f., 257

PRAHA, knihovna metropolitní kapituly u sv. Víta

cim. 6 (Missale des Johann von Neumarkt) 62, 71f., 76, 189f., 199, 203ff, 223, 226, 258, Abb. 31, 32

Cod. IX 130

P7 (Graduale des Ernst von Pardubitz) 85, Anm. 199, Abb. 38

PRAHA, knihovna Národního muzea

XIII A 12 (Liber Viaticus des Johann von Neumarkt) 77, 196f., 199, 224, 226, 260, Anm. 420

PRAHA, muzeum hlavního města Prahy

Inv.nr. 2 369 (Pilgerzeichen) 202, 261

PRAHA, Národní Galerie

Fragmente eines Tympanons (vielleicht von St. Georg auf dem Hradschin) 108

Inv.Nr. O 84 (Votivtafel des Jan Očko von Vlašim) 15ff, 20f., 23f., 39f., 54f., 60, 78, 85, 99ff, 113ff, 174, 200, 217f., 263, Abb. 23, 39

Inv.Nr. O 6786-6794 (Altar des Meisters von Hohenfurth) 86, Abb. 41

Inv.Nr. VP 315-318 (Relief der Maria-Schnee-Kirche) 17, 20, 57, 61, 104ff, 124, 219, 262, Anm. 74, Abb. 24

Sign. AA 2015 (Codex Heidelbergensis) Anm. 341

PRAHA, Národní knihovna

Sign. XIV A 17 (Passional der Äbtissin Kunigunde) Anm. 241

PRAHA, poklad svatovítský

Inv. Nr. K 36/94 (Reliquienkreuz) 15, 17, 19, 33, 35f., 42, 50, 52, 54ff, 71ff, 76f., 96, 114, 121ff, 132ff, 189, 200, 208, 213, 215, 264, Abb. 9, 10

Wenzelskrone 49, 141, 165

PRAHA, Staroměstská mostecká věž 15ff, 19ff, 65, 69, 136, 138, 141ff, 153f., 156, 166, 178, 205, 208f., 211, 221f., 266, Anm. 239, 246

Prokop, Heiliger 58, 85, 99, 162, 250, 253, Anm. 150

RAUDNITZ 100f., Anm. 150

REGENSBURG, Steinerne Brücke 145, 211

Reitersiegel 44, 46, 89f., Abb. 15

Roger de Fécamp *siehe* Clemens VI., Papst

ROM, San Clemente 182

ROM, Santa Sabina 120

Rudolf IV. von Österreich 27, 29, 31, 168, 175, Abb. 2

Sacra Conversazione 99, 101, 103

SAINT-DENIS 126, 182

Sainte-Chapelle 126

Sigismund, Heiliger 58, 100f., 115, 118, 137, 145, 162, 218, 222, 249, 253, 267, Anm. 150

Sigismund, Kaiser 24, 159, 168, 203

Sphaira 62, 73, 95, 99, 104, 119, 142, 152, 203ff, 221, 226

Spytihněv II. 162, 247, 252, Anm. 241

Stifterbild 17, 20, 23, 92, 94, 99, 107, 109, 111ff, 141, 188f.

REGISTER

Strabo, Walafried 186

Szepter 44, 50, 62, 66, 72f., 87ff, 119, 138, 142, 149, 152f., 201, 203ff, 216, 221f., 226

TANGERMÜNDE 172
Tišnov, Zisterzienserinnenkloster, Tympanon 109
Trimberg, Hugo von 186

Universitätssiegel *siehe* PRAHA, Archiv Univerzity Karlovy
Urban V., Papst 97, 121ff, 132, 134, 239, 264, 270, Abb. 9, 11

Väterbuch 186
Vera ikon 103
Veit, Heiliger 58, 85, 99, 101, 137, 141ff, 162, 222, 237, 249, 253, 266
Villani, Matteo, Chronist 15f., 20f., 36ff, 52f., 55f., 59f., 65, 67, 69, 73, 76, 138, 214
Vladislav I. 88, 146, Anm. 241
VORAU, Bibliothek des Augustiner-Chorherrenstifts
    cod. 259, 4 vol. (Antiphonar von Vyšehrad) 71f., 189f., 209, 223, 225, 269, Abb. 29, 30
Votivbild des Jan Očko von Vlašim *siehe* PRAHA, Národní Galerie, Inv.Nr. O 84

Weltgericht 58, 110ff, 114, 154, 179, 210, 219
Wenzel II. 88, 90, 169
Wenzel IV. 17, 24, 36, 53f., 65, 79, 97, 99ff, 115f., 117, 125, 136f., 142ff, 153, 159ff, 168f., 177, 187, 212, 218, 222, 242, 252, 266, Anm. 150, 306f., 341, Abb. 10
Wenzel von Luxemburg 79, 81, 160f., 167, 169, 241, 252
Wenzel von Radecz 161, 237, 239, 246, 252, Anm. 306f.

REGISTER

Wenzel, Heiliger 58f., 98, 101, 112, 115, 145, 162, 165, 210, 218f., 249, 253, Anm. 150, 241

WIEN, Kunsthistorisches Museum, Schatzkammer
Adlerdalmatika 48, 50, 77, 133, 193, 200
Inv.-Nr. XIII 1 (Reichskrone) 47, 50, 52f., 61, 66, 75, 143, Abb. 21
Inv.-Nr. XIII 20 (Kreuzreliquie) 127f.
Inv.-Nr. XIII 29 (Reliquienkästchen) 17, 19, 33, 35f., 42f., 50, 52f., 55f., 59, 73, 123, 132ff, 210, 213, 270, Abb. 11
Szepter 48

WIEN, Nationalbibliothek
cod. 8043 Anm. 338
cod. 8330 172, Anm. 341
WOLFENBÜTTEL, Herzog August-Bibliothek
cod. 60.5 Aug.2 172

6. ABBILDUNGSNACHWEIS

Archiv Marco Bogade 8, 24, 25, 27, 28, 36, 37, 40
Archiv Pražského hradu, Knihovna metropolitní kapituly, Praha 31, 32, 38
Chorherrenstift Vorau, Stiftsbibliothek 29, 30
Kunsthistorisches Museum, Wien 11
Otto-Friedrich-Universität Bamberg, Diathek für Kunstgeschichte 1, 2, 3, 4, 5, 6, 7, 9, 10, 12, 13, 14, 15, 16, 17, 18, 19, 20, 21, 23, 26, 33, 34, 35, 39, 41
Uniwersitet Jagielloński, Biblioteka Jagiellońska, Kraków 22

XI. Abbildungen

ABBILDUNGEN

Abb. 1: Tafelbild des Jean le Bon
(um 1360, Paris, Musée du Louvre)

ABBILDUNGEN

Abb. 2: Herzog Rudolf IV. von Österreich
(um 1360, Wien, Dom- und Diözesanmuseum)

ABBILDUNGEN

Abb. 3: Karl V. von Frankreich. Parament de Narbonne
(um 1373-1378, Paris, Musée du Louvre)

ABBILDUNGEN

Abb. 4: Kaiser Karl IV. Karlstein, Marienkirche. Erste Reliquienszene. *Kat. Nr. 4*

ABBILDUNGEN

Abb. 5: Kaiser Karl IV. Karlstein, Marienkirche. Zweite Reliquienszene. *Kat. Nr. 4*

ABBILDUNGEN

Abb. 6: Kaiser Karl IV. Karlstein, Marienkirche. Dritte Reliquienszene. *Kat. Nr. 4*

ABBILDUNGEN

Abb. 7: Kaiser Karl IV. Prag, St. Veit, Triforiumsbüste. *Kat. Nr. 8.1*

Abb. 8: Kaiser Karl IV. Prag, St. Veit. Triforiumsbüste.
Abguss im Lapidarium des Nationalmuseums Prag. *Kat. Nr. 8.1*

ABBILDUNGEN

Abb. 9: Kaiser Karl IV. und Papst Urban V. Reliquienkreuz
(Praha, Poklad svatovítský, Inv. Nr. HS 3360) *Kat. Nr. 18*

ABBILDUNGEN

Abb. 10: Kaiser Karl IV. und Wenzel IV. Reliquienkreuz, Detail
(Praha, Poklad svatovítský, Inv. Nr. HS 3360) *Kat. Nr. 18*

ABBILDUNGEN

Abb. 11: Papst Urban V. und Kaiser Karl IV. Reliquienkästchen
(Wien, Kunsthistorisches Museum, Schatzkammer, Inv.-Nr. XIII 29) *Kat. Nr. 21*

ABBILDUNGEN

Abb. 12: Karlstein, Marienkirche. Erste Reliquienszene. *Kat. Nr. 4*

ABBILDUNGEN

Abb. 13: Karlstein, Marienkirche. Zweite Reliquienszene. *Kat. Nr. 4*

ABBILDUNGEN

Abb. 14: Karlstein, Marienkirche. Dritte Reliquienszene. *Kat. Nr. 4*

ABBILDUNGEN

Abb. 15: Karl (IV.) als Markgraf von Mähren. Siegelabdruck. *Kat. Nr. 1.1*

ABBILDUNGEN

Abb. 16: Karl (IV.) als böhmischer König und Graf von Luxemburg. Siegel. *Kat. Nr. 1.2*

ABBILDUNGEN

Abb. 17: Karl IV. als böhmischer und römischer König. Siegelabdruck. *Kat. Nr. 1.3*

ABBILDUNGEN

Abb. 18: Sog. Königliche Goldbulle Karls IV. *Kat. Nr. 1.4*

ABBILDUNGEN

Abb. 19: Sog. Kaiserliche Goldbulle Karls IV. *Kat. Nr. 1.5*

ABBILDUNGEN

Abb. 20: Karl IV. als böhmischer König und römischer Kaiser. Siegelabdruck. *Kat. Nr. 1.6*

ABBILDUNGEN

Abb. 21: Reichskrone (Wien, Kunsthistorisches Museum, Schatzkammer, Inv.-Nr. XIII 1)

ABBILDUNGEN

Abb. 22: Thronender Christus zwischen zwei Devotionsfiguren. Lateinische Bibel des Albert von Sternberg, fol. 4r (Kraków, Biblioteka Jagiellońska, MSS Lat. 284 I-II) *Kat. Nr. 5*

ABBILDUNGEN

Abb. 23: Kaiser Karl IV. Votivtafel des Jan Očko von Vlašim. Detail (Praha, Národní Galerie, Inv.Nr. O 84) *Kat. Nr. 17*

ABBILDUNGEN

Abb. 24: Prag, Relief der Maria-Schnee-Kirche. *Kat. Nr. 16*

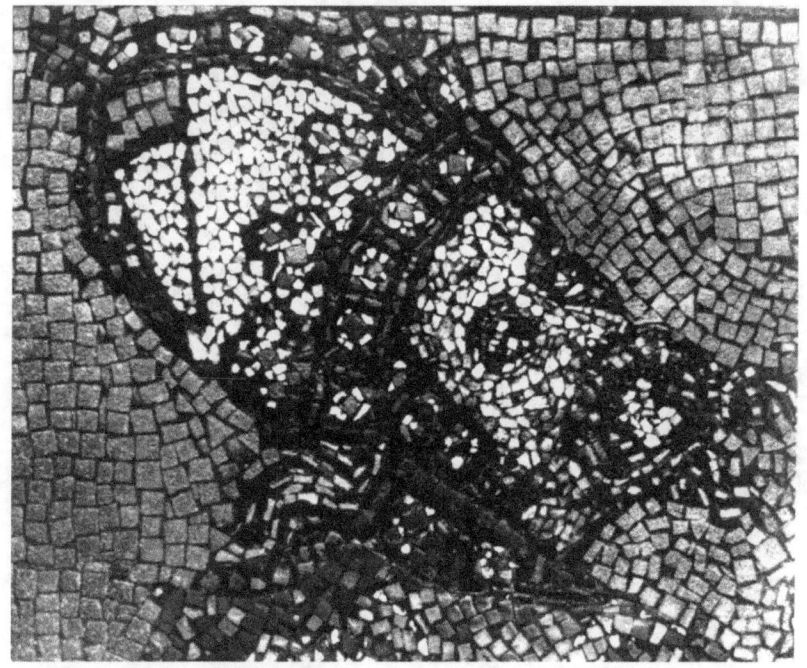

Abb. 25: Kaiser Karl IV. Prag, St. Veit, Mosaik der Porta Aurea. Detail. *Kat. Nr. 10*

ABBILDUNGEN

Abb. 26: Prager Universitätssiegel (Praha, Archiv Univerzity Karlovy). *Kat. Nr. 1.7*

ABBILDUNGEN

Abb. 27: Kaiser Karl IV. Prag, Altstädter Brückenturm
(Praha, Lapidarium Národního muzea, Kat. Nr. 179) *Kat. Nr. 19*

ABBILDUNGEN

Abb. 28: Männliche Herrscherfigur. Mühlhausen, Thüringen. Marienkirche, Altan der Südquerhausfassade. *Kat. Nr. 6*

ABBILDUNGEN

Abb. 29: Melchisedech. Antiphonar von Vyšehrad, vol. 3, fol. 8r
(Vorau, Bibliothek des Augustiner-Chorherrenstifts, cod. 259, 4 vol.) *Kat. Nr. 20*

Abb. 30: Herrscherpaar. Antiphonar von Vyšehrad, vol. 2, fol. 2r
(Vorau, Bibliothek des Augustiner-Chorherrenstifts, cod. 259, 4 vol.) *Kat. Nr. 20*

ABBILDUNGEN

Abb. 31: Christus zwischen den Aposteln Petrus und Paulus. Missale des Johann von Neumarkt, fol. 184r (Praha, Knihovna metropolitní kapituly u sv. Víta, cim. 6) *Kat. Nr. 13*

ABBILDUNGEN

Abb. 32: Melchisedech. Missale des Johann von Neumarkt, fol. 83r
(Praha, Knihovna metropolitní kapituly u sv. Víta, cim. 6) *Kat. Nr. 13*

ABBILDUNGEN

Abb. 33: Kaiser Karl IV. Karlstein, Katharinenkapelle. Supraporta. *Kat. Nr. 2.2*

ABBILDUNGEN

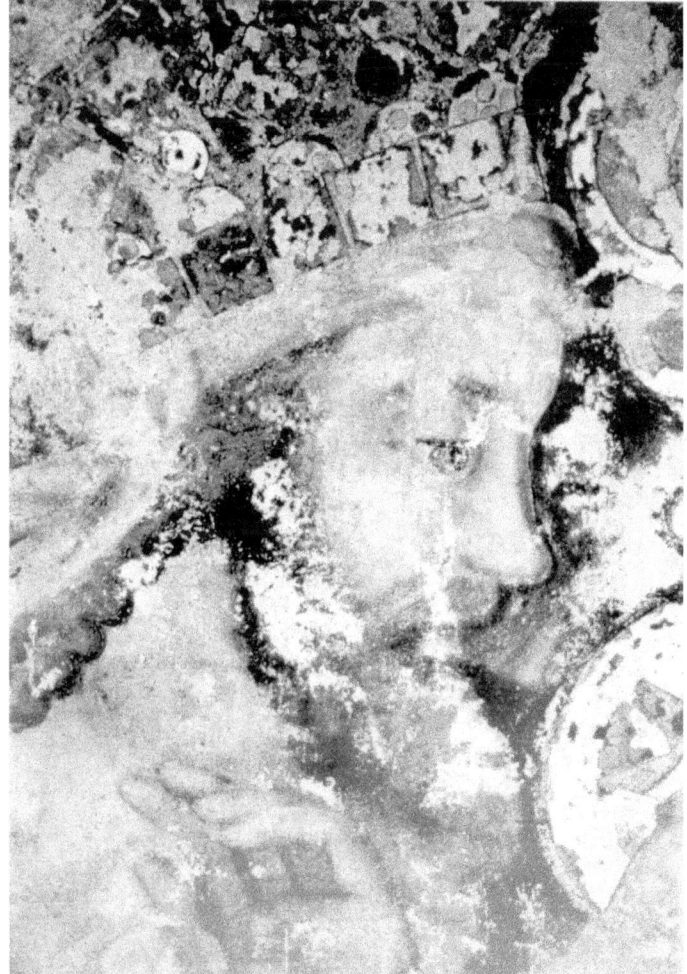

Abb. 34: Anbetung der Magier. Karlstein, Kreuzkapelle. Detail des dritten Königs. *Kat. Nr. 3*

ABBILDUNGEN

Abb. 35: Anbetung der Magier. Rechte Tafel des sog. Morgan-Diptychons (New York, Pierpont Morgan Library) *Kat. Nr. 7*

ABBILDUNGEN

Abb. 36: Johann Heinrich von Mähren. Prag, St. Veit. Triforiumsbüste. Abguss im Lapidarium des Nationalmuseums Prag. *Kat. Nr. 8.6*

ABBILDUNGEN

Abb. 37: Ernst von Pardubitz. Glatzer Madonna. Detail

ABBILDUNGEN

Abb. 38: Thronender Christus und Ernst von Pardubitz in devotionaler Haltung. Graduale des Ernst von Pardubitz, fol. 1v (1363, Knihovna metropolitní kapituly u sv. Víta, P7)

Abb. 39: Votivtafel des Jan Očko von Vlašim. Detail mit dem Stifter (Praha, Národní Galerie, Inv.Nr. O 84) *Kat. Nr. 17*

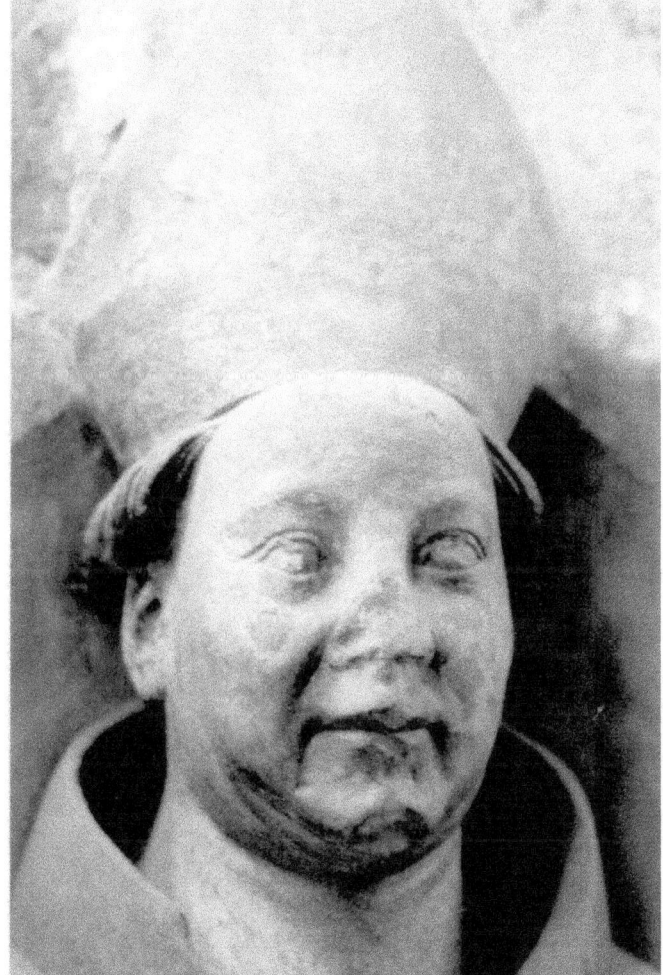

Abb. 40: Jan Očko von Vlašim. Prag, St. Veit. Triforiumsbüste. *Kat. Nr. 8.13*

ABBILDUNGEN

Abb. 41: Himmelfahrt Christi. Detail. Meister von Hohenfurth
(um 1350, Praha, Národní Galerie, Inv. Nr. O 6793)

LEBENSLAUF

PERSÖNLICHES

Familienname	Bogade
Vornamen	Marco Alexander Helmut
Geburtsdatum	09.04.1974
Geburtsort	Bamberg

SCHULE

1993 Allgemeine Hochschulreife

STUDIUM

Otto-Friedrich-Universität Bamberg WS 93/94 Archäologie, Volkskunde und Denkmalpflege
SS 94-WS 94/95 Kunstgeschichte, Archäologie des Mittelalters, Denkmalpflege
Freie Universität Berlin SS 1996 Kunstgeschichte, Archäologie, Niederländische Philologie
Otto-Friedrich-Universität Bamberg WS 96/97-WS 99/00 Kunstgeschichte, Archäologie des Mittelalters, Denkmalpflege
Univerzita Palackého Olomouc, Tschechische Republik 1997 vierwöchiges DAAD-Sprachstipendium für Tschechisch an der Letní Škola Slovanských Studií

1999 Abschluss als Magister Artium (M:A:)

PROMOTION

Otto-Friedrich-Universität Bamberg Promotionsstudium März 2000-März 2003
Dissertation bei F. O. Büttner mit dem Thema: Kaiser Karl IV. Ikonographie und Ikonologie

2004: Promotion

***ibidem*-**Verlag
Melchiorstr. 15
D-70439 Stuttgart

info@ibidem-verlag.de

www.ibidem-verlag.de
www.edition-noema.de
www.autorenbetreuung.de

www.ingramcontent.com/pod-product-compliance
Lightning Source LLC
Chambersburg PA
CBHW051803230426
43672CB00012B/2617